宋徽宗时代

时代 03

路的尽头

END OF THE ROAD

未央先生 著

台海出版社

图书在版编目（CIP）数据

宋徽宗时代.03，路的尽头 / 未央先生著 . -- 北京：台海出版社，2022.8（2023.12 重印）

ISBN 978-7-5168-3334-6

Ⅰ.①宋… Ⅱ.①未… Ⅲ.①中国历史—研究—北宋 Ⅳ.① K244.07

中国版本图书馆 CIP 数据核字（2022）第 114514 号

宋徽宗时代.03，路的尽头

著　　者：未央先生

出 版 人：蔡　旭　　　　　　　　　封面设计：新华尤品
责任编辑：赵旭雯

出版发行：台海出版社
地　　址：北京市东城区景山东街 20 号　　邮政编码：　100009
电　　话：010-64041652（发行，邮购）
传　　真：010-84045799（总编室）
网　　址：www.taimeng.org.cn/thcbs/default.htm
E-m a i l：thcbs@126.com

经　　销：全国各地新华书店
印　　刷：三河市嘉科万达彩色印刷有限公司
本书如有破损、缺页、装订错误，请与本社联系调换

开　　本：710 毫米 ×1000 毫米　　　　　1/16
字　　数：350 千字　　　　　　　　印　　张：22
版　　次：2022 年 8 月第 1 版　　　　印　　次：2023 年 12 月第 3 次印刷
书　　号：ISBN 978-7-5168-3334-6

定　　价：58.00 元

目 录

楔　子

鲁迅曾经说过，地上本没有路，走的人多了，也便成了路。这天下的路千姿百态——有的路宽，有的路窄，有的是康庄大道，有的是泥泞小径。

路上的人，也形态各异。有人驷马高车，有人蹇驴瘦马，有人徒步而行。有人闲庭信步，有人行色匆匆，有人步履蹒跚。有人悠然自得，在望风景；有人不知不觉，成了风景。有人事不关己，在看热闹，有人卑微窘迫，成了热闹。

有的人，生下来就在某条路上，不急不缓，徐徐行之，犹是赢家；有的人，穷尽一生，挤上某条路，刚上路却翻了车，悔不当初。原以为路是可以选的，到头来才发现，是天注定的。

有人喜欢走新路，有人喜欢走老路。有人走在老路上，偏说这就是新路；有人走在新路上，却说这是条老路。

是路，就有尽头。

站在路尽头，有人喜，有人忧。喜的人少，忧的人多。

试问，这世上有多少人，身后有余时，忘了缩手，眼前无路时，才想回头？

可，人生哪有回头路？

第一章

钩心斗角

公元 1126 年 1 月 19 日，农历腊月二十三。小年。

北宋，东京。

风大，雪也大。

风雪间，天地茫茫。

京城，全无往日喧嚣，街上行人寥寥，车马稀少。

皇宫里，皇帝寝宫外，很多人进进出出，乱哄哄地忙着。几乎每个人都哭丧着脸，表情僵硬而木讷。徽宗皇帝正斜躺在御榻上，盖着几层被子。这年他 44 岁，正应年富力强。可此刻他脸色惨白，嘴唇不停地哆嗦，很虚弱，很憔悴。他不时看向门口的方向。显然，他在等人。

太子，赵桓。

这年，赵桓 26 岁，被立为太子 11 年了。

见太子被大臣们簇拥着进了寝宫，徽宗挣扎着坐正了身子。在太子跪下行礼时，旁边的宦官将早已备好的御袍披在了他的身上。赵恒惊地站了起来，一把扯掉御袍，赶紧跪下向父皇请罪。旁边的宦官再次为他披上御袍。太子吓得大哭，一边哭一边躲。

徽宗终于说话了，让太子披上御袍。他声音有些微弱，但语气很坚定。显然，他早就下定了决心。他说，如果太子拒绝，就是不孝。这是很重的话了。即使如此，太子也不就范。边哭边说，披上才是更加不孝。父子俩就这样僵持着。

皇帝宝座，天下多少人梦寐以求、多少人为之出生入死，甚至不惜父子相残、兄弟相杀，如今却似烫手的山芋。父亲极力地想甩手，儿子却死活不愿接。

这咄咄怪事，其实并不奇怪。十余万金国铁骑，正分东西两路大举南下，摧枯拉朽、势如破竹，东京城已危若累卵。

徽宗有些不耐烦了，他朝宰相摆摆手。宰相明白皇帝的心思，不再顾虑太子的反应，让几个力壮的宦官，架着太子就往外走。目的地是福宁殿，新皇登基大典，将在那里举行。

太子一路走、一路哭、一路号，还一度晕了过去。随行的太医赶紧上来又是摁、又是捏。太子醒来，众人继续往福宁殿走。终于，他被强行摁在御座上，宰相带着群臣山呼万岁。

太子成了天子，北宋第九位皇帝，宋钦宗。

宋徽宗，赵佶，成了太上皇。

福宁殿的嘈杂，赵佶听不到一丝一毫，终于清静了。多日来的提心吊胆、担惊受怕，似乎也终结了。卸下这副担子，他就可以走了，离开东京城。

窗外的北风刮得更紧了。随着这风声，他的思绪开始飘荡，离开了这糟心的现实，想起了很多人、很多事。过往的一幕幕，在脑海中浮现。他脸上的表情，时而陶醉、时而落寞，时而欢喜、时而悲伤，似笑非笑，似哭非哭。

如烟往事，浮上心头。

皇嫂的反转人生

往事由人而生。

先来说说赵佶的两位嫂子吧。

公元 1100 年正月，年仅 23 岁的哲宗驾崩，弟弟赵佶继位，是为宋徽宗。哲宗生前有两任皇后，孟皇后和刘皇后，这二位便是徽宗的皇嫂了。

要是说命运多舛、人生传奇，那必是孟皇后。

当然，所有的传奇都有个平凡的开始。

她平凡得甚至没有留下名字，我们只好称她为孟氏。

孟氏，洺州（今河北永年）人，公元 1073 年出生在官宦世家，祖父孟元曾任眉州防御使、马军都虞候。说是世家，从其祖父的武官官职和宦海经历来看，显然并非显赫人家。

然而，命运就是这般安排的。大宋朝皇帝的后宫嫔妃，多是从中下级官员家庭中选拔，这也是祖宗成法，这样的出身，外戚很难形成庞大的势力，便难以威胁到皇权。

公元 1089 年，在临朝听政的太皇太后的安排下，百余名官宦人家的女孩进入皇宫，16 岁的孟氏便在其中。这年哲宗 12 岁，祖母是在为他谋划婚姻大事。

16 岁，如花的年纪，女人一生中最绽放的年华。然而，纵是如此青春，孟氏也没有耀眼的光泽。她太普通了，无论容颜姿色、舞姿歌声，还是琴棋书画，她都毫无过人之处，在一群芳菲之中，她平凡得如同路边的野花。这样的条件，几乎注定她的皇宫生涯将是一生孤寂。

皇宫的生活，只是外表光鲜，实际上却是压抑、枯燥和烦琐的，对爱做梦的少女们来说，着实难熬。或许，正是相貌平平、心态安然，孟氏竟适应得非常好。加之，她生性温厚、待人宽和、禀性娴雅、知书达礼，在后宫颇有口碑，也因此幸运地得到了太皇太后和皇太后的双重赏识。

高太后出身名门，是英宗的发妻、神宗的母亲、哲宗的祖母，此时临朝听政，有一言九鼎之尊。向太后是神宗的皇后、哲宗的嫡母，是皇宫里的第二号人物。有这两人的赏识，意义非凡。

凭借无上的权威和丰富的阅历，在众多的女孩里，高太后相中了平凡的孟氏。她给出了两句评语：孟氏能执行妇礼，应当正位为皇后；异日国有事变，必此人当之。

不得不说，老太后真是目光如炬、眼光毒辣。

她的评语和决定，不仅改变了孟氏的人生，也改变了大宋的国运，甚至可以说，替大宋延长了一百多年的国祚。

皇祖母有话，哲宗就得执行。8岁登基以来，他大大小小所有的事情都是皇祖母包办的，没有任何拒绝和腾挪的空间。如此婚姻大事，他自然也只能照办不误。

公元1092年，在皇宫文德殿，朝廷举办皇后册封大典，15岁的哲宗正式册封孟氏为皇后。这场大典，是那年皇宫里最大的盛事，也是孟氏一生中最难忘的甜蜜时刻。从此，那钟鸣鼓瑟之声便始终回荡在她的耳旁，经久不息。

这年，孟氏19岁，入宫刚刚三年。回望离家时的迷茫，初入皇宫时的懵懂，仅仅三年而已，她便由普通的邻家女孩成为大宋皇后，这又是一段灰姑娘般的人生传奇。

传奇，就意味着起伏。

没有起伏的命运，又哪来人生的传奇？

实际上，即使在册封大典上，孟氏也有一丝的不安。因为，她看到了哲宗的眼神。那眼神里，并没有多少宠爱和柔情，更多的只是漠然。是的，对于哲宗来说，这只是皇祖母交代的又一件不得不做的事。

对于哲宗来说，值得庆幸的是，这样的事越来越少了。在他大婚的次年，公元1093年九月，太皇太后病逝，哲宗开始亲政。

亲政的哲宗带着少年特有的叛逆和深深的恨意，推翻了皇祖母所做的一切。在朝廷大政上，祖母重用旧党，他便将旧党全部赶走，重新起用新党。在对待西夏上，祖母息事宁人，他就厉兵，立志开疆拓土。凡是祖母定下的事，他都要翻过来，翻得越彻底越好；凡是祖母用的人，他都要赶走，赶得越远越好。

那孟皇后呢？她也是祖母定下的。

在旁人看来，孟皇后的位子已经岌岌可危了。

不过，或许是少年夫妻多少有些情分吧，哲宗并没有为难孟氏。更加幸运的是，哲宗亲政不久，孟皇后便怀孕了。刚刚手握乾坤，上天又要降下皇子，对哲宗而言，这无疑是天大的喜讯。

就连皇太后向氏也兴奋不已，立孟氏为后，她也出力不少。高滔滔去世，向太后便成了后宫之主。不过，她只是哲宗的嫡母，哲宗生母朱太妃尚在，且与她多有不和。如此微妙的关系，让向太后自然更加亲近孟皇后，不希望她有任何变故。

所有人的目光，都投向了皇后的肚子。只要她诞下皇子，大宋血脉有了新的传承，很多问题都会迎刃而解。当然，最紧张的还是孟氏。她明白自己的处境，天天求神拜佛、焚香祈祷。

可惜，上天没有再次垂青她。孟氏生的是个女儿。这个结果让很多人失望，包括皇太后，也包括哲宗。尽管如此，毕竟是哲宗的第一个孩子，毕竟皇帝正值青春，一切才刚刚开始，很多人也都给予了宽容。

18岁的哲宗，初为人父，给予了女儿无限的宠爱，封为福庆公主。这个寓意美好的封号，就是父爱的完美体现。有了女儿这个纽带，哲宗对孟氏也多了几分温柔，来皇后这里的次数也多了，语气也更温和了。孟氏绷紧的心舒缓了许多。

她也因此更加相信道家所言。在她怀孕的时候，偶然见过一个道人。他对孟氏说，腹中的孩子是她的救星，只要孩子平安无事，她就一生富贵安然。

皇后寝宫里，孟氏抱着女儿，哲宗在旁边逗乐，公主小手乱抓，不时做个表情，惹得两人笑个不停。这些平常的场景、欢笑的时刻，最让孟氏追忆，也是她一生中最幸福的时光。

很多时候，我们对眼前的生活不满意，总是想着远方，总以为未来会更好。殊不知，等到最后回首，那些不满意的现在，那些平淡如水的曾经，恰是人生最好的岁月。

孟皇后不奢望未来，她珍惜当下。可是，生活从来不会因为你珍惜，就少了起伏，该来的灾祸一样也不会少。

这就是命吧。

福庆公主病了，病得很重，药石罔效。

宫里的御医来了一拨又一拨，换了一批又一批。可是，公主的病不仅没有丝毫好转，反而越发严重了，这让孟氏心急如焚。这时，皇后的姐姐进宫探望，还自作主张地带了道士的符咒，劝皇后烧了化水让公主喝下，称如此就能祛病康复。

见到符咒，孟氏大吃一惊。入宫数年，她深知皇宫里最忌讳符咒之事。历朝历代这都是大忌，因符咒兴起的大狱、枉死的人命更是不知几何。她赶忙让姐姐处理掉，不能留下一丝痕迹。

事后不久，哲宗来探望女儿。心神不宁的皇后还是将此事告诉了皇帝，并再三解释姐姐的无心之失。年轻的哲宗倒是不以为意，他甚至觉得试试也未尝不可，还安慰了皇后几句。这让孟氏内心安稳了许多。

可惜，小公主还是没能保住。

这位福庆公主终究还是命太薄了，生在天子之家，且为嫡长女，人生开局无以复加，却既没有福气也没有寿禄，更没有给母亲带来幸福，相反，孟皇后从此便厄运连连。

长女夭折，哲宗很难过，追封她为邠国公主。最伤心的还是孟皇后，她悲痛欲绝、肝肠寸断。她后悔没用姐姐的法子，如果当初尝试了，也许女儿就能活了。她又想起道长的话，更加觉得是自己做错了。

带着深深的思念和无边的悔恨，皇后在养母和姐姐等人的劝说下，在宫里给亡女做了一场法事，祈祷女儿来世福寿绵长。这便出事了，惹了大祸。

俗话说，不怕贼偷，就怕贼惦记。

皇后之位，璀璨耀眼、万人瞩目，不知有多少双眼睛盯着，又有多少人迫不及待、跃跃欲试地想取而代之。有人苦心谋划，有人静待时机，有人蠢蠢欲动。有关皇后的一切，无事都能生非，何况这么大的破绽？

后宫更是连着朝政。孟皇后由太皇太后所选，新党上台后，作古的老太后便被疯狂地清算，朝堂上要求追夺她谥号的呼声此起彼伏。这时候，作为老太后生前扶上位的孟皇后便成了一个牌位、一种象征、一块阵地，是新党的眼中钉、肉中刺。

也许有人会说，孟皇后待人宽厚、与人为善，并没有与任何人结怨，为何还会惹祸呢？

原因很简单——争斗。有时候并不是你招惹了谁，即使你什么也没做，争斗也依然会有。争斗背后的本质是位子和权力。只要你有这些，你就成了斗争的目标。这并不无辜。

瞄准孟皇后的，是刘婕妤。

她苦等这个机会许久了。

婕妤是称号，她的名字叫清菁。刘清菁，这个有着美丽名字的嫔妃，正是哲宗皇帝最宠爱的女人。

刘婕妤出生在公元 1079 年，出身和籍贯不详，只知道她很小就进宫了，从侍女开始做起。据说，刘姑娘生得非常貌美，艳冠后庭，且多才多艺。她比孟皇后小六岁，更年轻、更可人、更娇艳欲滴，是后宫最亮丽惹眼的那朵鲜花。

她自幼在宫里长大，只比哲宗小两岁，两人名义上是主仆，可能也是青梅竹马的玩伴。待到祖母去世，哲宗可以按照自己的标准喜欢女人了，貌美如花、娇羞可人的刘姑娘便成了他的最爱。

刘姑娘不仅人长得漂亮，还很会说话，懂得讨喜，深得向太后和朱太妃的欢心。这两位素来不和，能同时得到她们的恩宠实属不易，可见刘姑娘心机非凡。短短两年内，她便连升数级，由侍女到平昌郡君，再晋升到美人。公元 1096 年，17 岁的她又为哲宗生下皇三女，晋封为婕妤，离皇后之位不再遥远了。

孟皇后痛丧爱女，失去了和皇帝之间最大的纽带。而刘婕妤却刚刚产下三公主，哲宗的宠爱日甚一日，甚至默许她不向皇后行礼。此消彼长，这两人的争斗几乎不可避免。

实际上，刘婕妤一直都对孟皇后不服气。这里面既有恃宠而骄的味道，还有以主欺客的意思。道理不复杂，稍想下就明白了。刘婕妤从小在宫里生活，虽只是侍女，但那也是她的地盘，与小皇帝朝夕相处，哪个侍女不梦想着成为皇后？相比之下，孟皇后就是闯入者，来了才三年，就夺走了她们十多年的梦想，能不招人嫉恨？

据说，有一次皇宫饮宴，众嫔妃齐聚大殿等候向太后。在孟皇后的带领下，众嫔妃都站立迎候，唯有刘婕妤大大咧咧地坐在椅子上，显示着与众不同的恩宠，直到向太后入殿才匆忙起身。

等向太后示意大家免礼就座时，不知何人抽空了刘婕妤的椅子，她往后一坐，结果摔了个四脚朝天，惹得众人大笑，弄得颜面尽失。恼羞成怒的她，将此事牢牢记在孟皇后头上，决意要报复。当然，后宫里面所有的报复，情感只是表象，最终的目标都是皇后或者太后之位。

深究起来，刘婕好身后，极有可能还站着宰相章惇。他是新党领袖，是清算高老太后、扳倒孟皇后的积极分子。他从哲宗这里无法正面突破，借助刘婕好迂回出击，就是自然之举。如此，他助刘婕好登上皇后之位，刘婕好帮他清除旧党势力。

有皇帝的恩宠，有宰相的支持，刘婕好出手几乎就是必然了。问题是，什么样的借口，能将孟皇后一次性扳倒？

听到孟皇后在宫里为亡女办法事，刘婕好喜上眉梢。

实际上，先前孟皇后的姐姐带符咒入宫之事，刘婕好早已得知。只因时机不成熟，且哲宗又有明言，她便隐忍不发了。如今小公主夭折，孟氏没了最后的依靠，刘婕好便再无所顾虑。

她抓住机会，老账新账一起算，恶狠狠地开始揭发。前面的符咒、后面的法事，都被说成了处心积虑、蛇蝎心肠。最要命的是，她将这事引向了哲宗，污蔑孟氏以镇魇之术诅咒皇帝。小公主则被说成是误伤而死，替皇帝抵了命。甭管合不合逻辑，听上去确实耸人听闻。

哲宗一向身体不好，少年时即有咯血的情况，继位后身体也是时好时坏。刘婕好此言，正好击中了哲宗的软肋，他勃然大怒，下令彻查。

如狼似虎的差役冲进皇后宫里，抓走了她的乳母、姐姐及宫女、宦官数十人。在刘婕好甚至是章惇的指使下，为拿到切实的口供，这些人无所不用其极。令人诧异的是，这些弱不禁风的女子和宦官倒是铮铮铁骨，严刑拷打之下，纵是皮开肉绽、体无完肤，却没有一人将此事攀扯到皇后身上，也不承认镇魇之事。孟氏待人宽厚，平日里攒下的功德，此时起了大作用。

无奈之下，刘婕好等人只好伪造供词呈给哲宗。盛怒的皇帝不辨真伪，下诏将皇后乳母、姐姐及众人一并斩首示众。对孟皇后，则夺其名位，发配到废黜嫔妃居住的瑶华宫强迫出家，法号华阳教主、玉清妙静法师，法名冲真。

孟氏，从19岁做皇后到23岁被废，短短四年，人生便经历了一次过山车，不仅从云端摔到平地，还坠入了深谷。不仅失去了皇帝的恩宠、皇后的名位，还失去了乳母、姐姐和最爱的女儿，这便是她做了四年皇后的代价。

更大的代价便是余生。如不出意外，她将在青灯之下，孤独地熬过无数个漫漫长夜，再悄无声息地离开人世。

至于哲宗，他到底是不明就里，还是装糊涂，就只有天知道了。当初孟氏主动提及符咒之事，他并没有怀疑，反而表现得很大度。时过不久，为何态度迥然不同？纵观后世对他的评价，虽然做事操切、急于求成，但很少有人批评他昏聩。更大的可能是，他心里清楚孟皇后是被冤枉的，只不过是借题发挥罢了。

至于原因，更多还是政治上的。到公元 1096 年，朝堂上的旧党势力已被铲除一空，孟皇后几乎成了高老太后时代唯一的旗帜。哲宗不能容忍这样的旗帜继续飘扬。他身体不好，一旦有变，孟皇后就是孟太后，如果又是一个支持旧党的太后，那么他所苦心推行的新法新政又将被推翻，这是他绝不容许出现的。

或许，这才是他下决心废后的真正原因。

只是可怜了孟氏，她被别人贴上了政治的标签，不仅自己撕不下来，还因此备受打击、饱受颠簸。可怕的是，这才刚刚开始。

扳倒了孟皇后，新党心满意足，刘婕好称心如意。

不久后，她便晋封为婉仪。皇后之位空缺，刘婉仪品级最高，已经是事实上的后宫之主。一年后，刘婉仪又生了皇四女，再晋封为贤妃，离皇后之位仅一步之遥。

公元 1099 年八月，刘贤妃再为哲宗生下皇子赵茂。在位 14 年、亲政 6 年的哲宗，在 22 岁时，终于等来第一个皇子。他激动得喜极而泣、欣喜若狂，他的江山终于后继有人了。哲宗嫡母向太后、生母朱太妃，更是忙不迭地焚香祈祷、告慰先祖。

要知道，此时的哲宗已经重病缠身，甚至有好几次病危，朝堂内外到处都是流言蜚语，各种势力暗流涌动。赵茂的出生，不仅让哲宗如释重负，也让那些蠢蠢欲动的人瞬间失去动力。

刘贤妃为江山社稷立下头功。

很快，哲宗下旨，正式册立刘氏为皇后。

20 岁的刘氏，终于登上皇后宝座，膝下有一名皇子、两名公主。这一切，从她成为哲宗身边人算起，历时 6 年；从扳倒孟皇后算起，不过 3 年。

看看宋朝历史，要论皇后之路、诞下皇子的顺利程度，很少有人能超过刘皇后。回头看，她与孟氏的较量也不过是小试牛刀，并没有费太多心思。再往上看，她所期待的，便是皇太后之位了。她是皇后，又生有皇子，这是水到渠成的。不过，这也急不得，毕竟哲宗还年轻。

事实上，也未必会太久。对于哲宗的病情，她非常清楚。若非有皇子的巨大精神激励，他可能早就卧床不起了。即使如此，哲宗的身体也终究难以持久。这让刘氏有些担忧。

好在，她还有皇子。只要有皇子在，即使哲宗驾崩，她一样可以怀抱幼子登基。且不说中原王朝有太多这样的先例，就是隔壁的西夏，从李谅祚起连续三代都是太后辅佐幼主登基，这些都是刘皇后熟知的。

看上去，太后大位，20 岁的刘氏已经触手可及。

这时候，她应该会想到前朝另一位刘太后——刘娥。不过，她也许看不上刘娥，且不说刘娥出身低贱，20 岁的刘娥更什么都不是，而她已经生下皇子、坐稳了皇后大位。不过，刘娥的权势令人垂涎，她或许期待有朝一日能比肩甚至超过刘娥。这是有可能的，毕竟相比刘娥，她起步够早，还有皇子这张王牌。假以时日，她的人生开启更大的辉煌，也未可知。

当然，这一切，都有一个根本前提，那就是她的儿子、哲宗的独子赵茂，能够安然长大。

可惜，赵茂是个短命的。

有多短呢？只有短短的 46 天。

赵茂，这个刘皇后人生最坚实的柱石、哲宗唯一的希望，可以改写无数人命运的小皇子，急匆匆地告别了人世。

可以想见，早已重病缠身的哲宗，听闻此噩耗，内心是多么悲凉和绝望。身为帝王，他富有四海，却连有个儿子这么小小的愿望，都被老天爷无情地夺走。

可以想见，此刻刘皇后是怎样的心情，巅峰的快感和愉悦瞬间被抽空，所有的梦想和期待瞬间被摔得粉碎。

在万般悲痛之余，有人会忍不住仰天长叹，甚至气急败坏、痛骂不止。老天爷，这世间万物的主宰，最让人捉摸不定，他能让你看到最美好的未来，又能在瞬间抹掉这一切。

可怕的是，噩耗还在继续。

仅仅四天后，刘皇后的小女儿，两岁的皇四女又夭折了。

姐姐招来了弟弟，弟弟却连姐姐一起带走了。

老天爷确实够狠的。他帮你的时候，什么都会给你，多得让你受宠若惊；他毁你的时候，什么都拿走，直让你怀疑人生。

连续的重击，让刘皇后几乎万念俱灰。哲宗皇帝从此精神萎靡，重病不起。仅仅四个月后，公元 1100 年正月，哲宗归天，一个时代结束。

从八月皇子出生，到九月皇子、四公主双双夭折，再到来年正月哲宗驾崩，短短半年，这个皇帝、皇后组成的五口之家，只剩下了刘皇后和三公主两个人。

命运的残酷，真是让人唏嘘。

唏嘘之余不禁感慨，历史确实充满了偶然性。比如赵茂的夭折，同样是夭折，活了46天是夭折，活了460天还是夭折。不过，要是后者的话，一切都将不同了。

如果哲宗离世时，赵茂依然存活，作为哲宗嫡子且唯一的血脉，即使在襁褓中，他也定会被抱上皇座、继位为帝。如此，刘皇后便成了刘太后，向太后则升格为太皇太后。这样的话，朝廷的权力格局就将大大不同。

赵茂如能多撑个一年半载，届时皇位再次悬空，向太后是否还有一言九鼎的实力，刘太后是否会有自己的人选，朝廷重臣将如何站队，这些都成了未知数。还有一点，赵佶继承哲宗的皇位是兄终弟及，这无可厚非；如果他接下赵茂的皇位，便成了叔叔继承侄子，这在中原王朝还是少见的。如果赵茂继位后再夭折，则由同辈宗室继承大统的可能性更大。

如此这般，一切都变了。那时候，刘太后依然是刘太后，赵佶则只能依然是端王，那么后续的历史都要改写，也就没有了后来的很多很多事。

可历史就是这样，可以多想，却无法假设。

哲宗驾崩，膝下无子，弟弟赵佶继位。

刘皇后成了新皇帝的皇嫂。在皇权体系中，皇后、皇太后是有法定地位的，可皇嫂呢？无疑，这是个尴尬的存在。

好在赵佶厚道，尊刘氏为元符皇后，依旧住在宫里，开支用度一切如前。元符是哲宗用过的年号。当然，此皇后已绝非彼皇后。她上面不仅有哲宗嫡母向太后、生母朱太妃，前面还有徽宗的王皇后，即使不算徽宗的那些宠妃，她也只能排名第四。这距离她曾经的巅峰和梦想，何止十万八千里。即使如此，她的排序还得再往后调，因为孟皇后又回来了。

这是向太后的主意。

在确立新君的御前会议上，向太后一言九鼎，把赵佶推上了皇位。登基之后，赵佶投桃报李，请她临朝听政，向太后的权势达到了顶峰。

在朝政上，向太后和婆婆高老太后一样，也是支持旧党的。在她的主导下，一批旧党重臣陆续回朝。朝堂上新一轮的政治力量大轮换，又要开始了。

这时候，有人想起了被废出家的孟皇后。

当初，立孟氏为后，向太后便出力不少。如今，她大权在握，又经旧党人士请命，便顺水推舟，复了孟氏的皇后之位，而且排名在元符皇后之前。当然，这一切都是以徽宗的名义进行的。赵佶新立，对向太后的旨意自然照单全收。

孟氏自从被废，在冷宫出家已经四年了。这四年里，她带着失去皇后之位的落寞、痛丧爱女的苦楚和被哲宗辜负的伤心，可以想见有多么地难挨。不仅如此，她还要提防刘皇后的穷追猛打。

刘皇后担心孟氏咸鱼翻身，一直劝哲宗赐死她。好在哲宗守住了底线，不仅明确拒绝，还下严旨确保孟氏的安全，为他们的夫妻情义留下了最后的温度。刘皇后权衡再三，终究没敢使出小动作。就这样，日子虽然难挨，孟氏毕竟活了下来。

听闻哲宗驾崩，孟氏念起曾经的一家三口，独留下她一人，不禁伤心欲绝。接到恢复皇后之位的诏书，孟氏更是感慨万千。她绝不会想到，这辈子居然还能重见天日。想想吧，如果哲宗驾崩，刘皇后升格太后，她接到的可能就是赐死的诏书了。命运的翻转，就是这样天差地别。

因孟氏在哲宗元祐年间被废，徽宗尊其为元祐皇后。

元祐、元符是哲宗用过的两个年号，他也留下了两位皇后。

如今，元祐皇后、元符皇后再见面，不知又是怎样的沧海桑田。这年孟氏27岁，刘氏21岁，如此青春的年纪，生命却都有了旁人难以想象的剧烈颠簸。

皮之不存，毛将焉附？

哲宗不在了，她们曾经争过的一切，已毫无意义。

如此，能否相逢一笑泯恩仇？

估计不能。女人间的仇恨，远比男人的更浓，也更难以化解。不过，也无须和解，老天留给她们并肩而立的时间并不多。

很快，局势又为之一变。

一年后，向太后病逝。朝局再次发生逆转。

徽宗坐稳了皇位，开始重用蔡京等新党人士，旧党人士被赶出朝堂、驱逐出京，这次动静更大，牵扯的人更多。

可怜的孟氏、元祐皇后，在失去向太后的靠山后，再次因为身上的旧党标签被人攻击。徽宗随即下旨，再次废了她的皇后之位，重回瑶华宫出家。

生活就是最好的魔术师。一年前，好运不期而至，一年后，霉运猝不及防。短短一年，孟氏又经历了一次巨大的人生反转。也许，她的内心早已波澜不惊，安之若素了。元祐皇后，原本就是虚名，换了主人的皇宫，远不如瑶华宫清净。徽宗虽然废了孟氏的皇后之位，生活上却关怀备至，算是有情有义了。

不知，孟氏再次被废，元符皇后刘氏又会做何感想？估计，她很难再有当年的欢喜了，更多的恐怕只有悲凉。毕竟物是人非，毕竟物伤其类。

事实上，皇位易主，时代不同了，孟氏、刘氏无论是否有皇后的名号，都已是明日黄花，成了边缘人物。若能深刻认识这个道理，清净无争、安然度日，应是她们的本分，也是福分。

孟氏就是这样做的，她再次出现在史书里，是二十余年后。刘氏却不甘寂寞，她敏锐地观察着朝局变化，似乎总能看到新的机会，也时常弄出动静来。

公元 1102 年，哲宗生母朱太妃去世，被追册为皇后，谥号钦成，陪葬神宗的永裕陵。说起来，钦成皇后也是苦命人，一直被向太后压着，一辈子也不得舒展。即使她生下两个皇子、五个公主，即使儿子做了皇帝，她生前也没有做过一天皇后，更别提太后了。

后宫里，随着向太后、朱太妃接连离世，孟氏再度被废，元符皇后刘氏的辈分就最高了。此外，她当年和章惇等人合力扳倒孟皇后，身上也有了一层新党的色彩。如今，徽宗厉行新政、重用新党，她身上的政治标签便被放大了。

公元 1103 年，在新党支持下，徽宗尊刘氏为元符太后，搬入崇恩宫居住。崇恩宫作为历代太后居所，是后宫最高权力的象征。刘氏的太后梦终于实现了。

在刘娥之后，大宋朝又有了刘太后。

这年，她不过 24 岁。

同为刘太后，这会给元符太后很多的想象吧。

80年前，刘娥临朝听政，手握乾坤、权倾天下，那般风光，让人无限神往。或许，她也会想，相同的姓氏、相同的尊位，彼可为之，我又有何不可呢？

这人啊，就怕生出不切实际的执念。

玩政治，最讲实力。有实力，再低的位子，权力也是实的；没有实力，再高的位子，权力也是虚的。

据说，自从被尊为太后，刘氏便小动作不断，常常利用时机展现影响力，还不时对朝政指指点点。更有甚者，说她在徽宗生病期间，居然串联朝臣，妄图临朝听政。很显然，这是严重越界的行为，也引起了徽宗的极大警惕和强烈不满。

据说，她还难挨寂寞春光，与外臣通奸，淫乱后宫。

作为前朝皇后，这样的操作实在是太不理智了。果然，在忍了数年之后，早已坐稳江山的徽宗出手了。

公元1113年，徽宗与近臣们商议，准备废黜刘氏太后之位。徽宗有意，众臣自然无人反对。或许，是想提前给刘氏以警示，徽宗派宦官到其宫中责问。

可以想见，这撕破脸前的责问，能有什么好话呢？更多的恐怕就是羞辱和威胁了。刘太后或是做贼心虚，或是不堪其辱，或是内心悲凉，在宦官走后，便用帘钩自缢而死，终年34岁。

刘氏既已死，死者为大，也就没有了废黜之说。徽宗给她上谥号昭怀，史称昭怀皇后，陪葬哲宗的永泰陵。

以上就是史书中对刘氏在徽宗在位期间所做行为及死因的记载。虽然很清晰，却难免让人心生疑惑。考虑她曾竭力扳倒孟皇后的旧事，不排除她利欲熏心的可能，痴想重走刘娥之路、比肩刘娥之势，但终究让人觉得有些牵强。

她自幼进宫，历经两任太后、两朝天子，身处权力核心，耳濡目染之下，对权力的运作逻辑，真就一窍不通？作为前朝皇后，难道真就如此自不量力？真就不懂此一时彼一时的道理？

也许，这一切都另有隐情。

徽宗继位之后，说她不甘失去权力、留恋昔日繁华，这是有可能的，但要说她屡屡干预朝政，甚至妄图临朝听政，这或许有些过了。至于说她淫乱后宫，这在北宋皇宫里更是极少见的，这水有点太脏了。

从历史上看，过气的政治人物就好比落水狗，最容易成为别人的靶子，成为有些人取悦今上、谋取富贵的阶梯。不过，既已走上政治这条路，有这样的结局也不意外，上路之前就该有心理准备。换句话说，你曾经有多辉煌，结局就可能有多落寞。

对于刘氏来说，她张扬过、辉煌过，登上过巅峰、傲视过人间，如今即使真是被诬陷、被泼脏水，恐怕也只能认下了。也许，她只有到了阴间，见到哲宗再诉衷肠了。

回顾她这一生，真让人感慨。如果人生如花，那么她绽放的时间特别短，也就五六年的光景。花开的时候，姹紫嫣红、灿烂无比，世间有多美好，她就有多美好。可盛开之后的零落，却持续了十多年，那般凄苦和孤寂，非亲历者，又有谁人能体会？

元符太后去世这年，孟氏还在出家修行。

对于刘氏的起起落落，史书没有记载孟氏的任何态度。她更多的应是无喜无悲吧，既已修行，自当不问世间事。缄口不言既是她的性格，也是一种聪明的自保手段。

实际上，孟氏的沉默还要再持续 13 年，直到公元 1126 年，也就是北宋靖康元年。靖康是宋钦宗的年号。钦宗是徽宗的儿子，徽宗此时已是太上皇。

这年初，瑶华宫突发大火。这是孟氏居住、修行之所，她在这里前后住了20 多年。瑶华宫化为灰烬，孟氏只好移居延宁宫。没想到的是，时隔不久延宁宫也被烧毁，孟氏只好再度搬家。只是，两次火灾之后，宫里已无她容身之处。

这时候，金兵南下肆虐、东京危如累卵，无论徽宗还是钦宗都顾不上孟氏这个前朝废后了。她只好自行搬离皇宫。多年的冷宫修行加上火灾，已让她身无长物。据说，她是步行出宫的，独自穿过大半个东京城，来到大相国寺旁的侄子家暂住了下来。堂堂前朝皇后，沦落到如此地步，让人唏嘘。

听闻孟氏遭遇，太上皇心有不忍，他与身边人商议，想恢复孟氏的皇后之位，据说连诏书都写好了。

钦宗则无暇顾及，金军已经兵临东京城下了。

东京城破。

金人拿着名单图册，将包括徽宗、钦宗父子在内的皇室宗亲们，几乎被一网打尽，全数押解北上。孟氏因为是前朝废后，又住在私宅，不在名单之上，侥幸逃过一劫。徽宗第九子康王赵构，也幸运地逃脱了。

山河破碎之下，孟氏和赵构，一个在京城、一个在河北，成了赵宋皇室仅有的代表人物。

就这样，清净修行 20 多年的孟氏，被历史推到了风口浪尖之上。似乎之前所有的不幸遭遇，都是为了此刻的力挽狂澜。而孟氏的表现，到底没有辜负大宋皇后的身份，没有辜负赵家人。

或许，这就是历史的安排吧，也是天意如此。

女真人撤离东京前，扶持张邦昌成立伪楚政权。

张邦昌自知德不配位，在金军离开后，赶紧请出孟氏，入住延福宫，尊为宋太后。在众人建议下，又恢复了孟氏元祐皇后的尊号，并由其垂帘听政。

身居冷宫、出家多年的孟氏，当此国难之际，没有任何的忸怩和推辞。要知道，在这时候出来为赵宋站台、把自己置于刀枪锋镝之下，是有极大风险的。毕竟，谁知道张邦昌葫芦里卖的是什么药？何况，金军此去不远，杀个回马枪也是有可能的。

很显然，孟氏没有考虑这些。

主政之后，孟氏立即派人持密诏找到赵构，催促其马上称帝。赵构接到诏书，不免内心狂喜。对于他来说，这无异于雪中送炭，助其解决了大问题。

要知道，徽宗、钦宗被掳北上，关于皇位继承并没有明确交代，更没有留下诏书让赵构继位。国不可一日无君，作为徽宗唯一幸免于难的儿子，赵构自然有继位的合法性。问题是他的皇位继承自谁，徽宗还是钦宗，甚至是伪楚的张邦昌？这在素来讲究法统的中原王朝，是个非常严重的问题。

这个问题解决不了，赵构即使登基，天下人也不会服气。别忘了，太祖、太宗有无数子孙，他们虽血脉疏远，但天下大乱之际，依然有登高一呼的合法性。光武帝刘秀就是最好的例子。

当此关键之时，孟氏作为哲宗的皇后，徽宗册封的元祐皇后，由其来拥立赵构继位，赵构便是大宋正宗，也解决了正统的问题。

接诏后，赵构旋即于南京应天府（今河南商丘市）即皇帝位，是为宋高宗。不久，元祐皇后撤帘归政，被尊为元祐太后。后来，因元字犯其祖父孟元的名讳，改为隆祐太后。

毫无疑问，这是孟氏为赵宋皇家立下的不世之功。这也足可见，当年的高老太后目光如炬、慧眼识人。尽管哲宗、徽宗、钦宗三代帝王都对孟氏有所亏欠，但孟氏终无愧于赵家人。

此后，孟太后和赵构作为赵宋皇室的代表，在金军的穷追猛打之下，历经艰难终于把南宋朝廷立了起来。其间还经历了一次兵变，赵构被乱军逼为太上皇，由年幼的太子继位，孟太后再次垂帘听政。好在孟太后识大体、明大义，在众臣的帮助下，很快平息了叛乱，帮助赵构复了皇位。

正因为孟太后的两次再造之恩，赵构对她，这位事实上的大伯母非常尊敬。据说，孟太后晚年住在临安皇宫里，赵构每日清晨必去问安，经年累月从不间断。遇到太后身体有恙，赵构亲自端茶递药，极其恭敬。

公元 1131 年，孟太后病逝，享年 58 岁，安葬在杭州附近的会稽县上皇村。此时，中原沦陷，东京已是金朝国土，孟氏自然无法与哲宗合葬。起初，谥号昭慈献烈皇后，后来改为昭慈圣献皇后。由献烈改为圣献，这其中的意思还是大不同的。

对孟氏的感激和尊敬，赵构应是发自内心的。

追忆孟氏，这又是怎样的人生呢？

她的人生是被动的，在被动中承受，在被动中煎熬，在被动中修行。不过，在她生命的暮年，虽然依旧被动，却顺势而为、敢作敢当，绽放出绚丽的光芒。前后相比，判若两人。

少女时进入皇宫，应该不是她自己的选择。入宫之后，周围莺莺燕燕、环肥燕瘦，以她的资质，做好分内事、不做他想，才是应有的态度。然而，命运却将其推上皇后之位。可就连这天大的幸福，她也只能被动地接受。做了皇后、生下皇女，又被动地卷入政治纷争。旧党的标签是别人贴上的，她根本撕不下来。

她被人嫉妒、遭人算计，在女儿夭折、乳母和姐姐惨死后，被废了皇后之位，贬到瑶华宫，被迫出家。这前前后后，史书没有记载她的一句怨言，她选择了静默无声，似乎这一切都是必然要承受的。不这样的话，又能如何呢？

四年后，哲宗驾崩，她这个几乎被遗忘的人，又被动地迎来命运的反转，刚被恢复后位，又迅速地再被夺去，重新打回冷宫。

在这来回折腾的一路上，她就像个木偶一样，被人推出来，再被人推进去，没人在意她的态度，更没人在意她的情绪。这又是怎样的无奈和悲凉呢？

算起来，她入宫近40年，欢乐的时光少得可怜，却饱受赵宋皇家的冷落，被陷害、被排挤，两度被立、两度罢黜，大半生都是在孤寂清冷中度过。

在山河破碎的紧要关头，她依然是被动的，被重新迎立回宫，被重新尊为元祐皇后。只是，这次她不再被动，而是果断担起大宋皇后的责任，不计往日恩怨，为挽救社稷奋不顾身。

更为难得的是，功成之后，在富贵和权力面前，她立刻交权，不纠结、不恋栈，那份风轻云淡，那份宽容大度，比起大男人也毫不逊色。这时候，再想起曾经和她争位的刘婕好，后来的元符皇后、元符太后，一个为自己不择手段，一个为天下不计荣辱，两者相比，判若云泥。或许，在孟氏心里，从来就没拿刘氏当对手，刘氏也确实不配。

好在南宋立住了，好在赵构孝顺，让她有个尊贵安然的晚年。

纵观孟氏的一生，不争、不闹、不恨，虽历经磨难、半生受辱，关键时刻被推上风口浪尖，顶得上、扛得起、放得下，这是个有大智慧的人。作为大宋皇后，一朝为后，终身为后，她用逆境时的个人修为、险境时的家国担当，诠释了何为真正的母仪天下。

孟氏，赵宋的恩人，也是民族的功臣，值得被历史铭记。

御座旁的皇叔

说完赵佶的两位嫂子，再来说说他的叔叔和兄弟们。

先说说赵颢，徽宗的二叔。这是个很重要的人，他曾经距离皇位非常之近，可谓一步之遥。当年他这步迈过去了，也就没有哲宗了，更不可能有赵佶什么事了。

话说当年，英宗赵曙与皇后高滔滔夫妻恩爱，两人生育了四子四女，长子神宗赵顼，次子吴王赵颢，三子润王赵颜（夭折），幼子益王赵頵。

赵颢，初名仲纠，生于公元1050年，即仁宗皇佑年间。这时候，正是仁宗盛世，四海升平、天下大治，可御座上的仁宗却整日忧心忡忡，忧的是江山后继无人。他有过数名皇子，却都先后夭折，以致"颗粒无收"。赵颢的父亲作为嗣君的"备胎"，虽然时常被大臣举荐，却都遭到了仁宗的抵制，他不甘心啊。

也就是说，赵颢出生时，父亲只是普通宗室，并没有储君之位，一切都在未知之间。至于他本人，这样的皇孙，东京城里一年不知降生多少。按常理，赵颢一生，莫说皇位，可能连郡王的边都摸不到。

这世间，时间最能化腐朽为神奇。当我们两眼茫茫、没有方向时，静观时间的流淌，可能恰是最好的选择。

果然，12年后，公元1062年八月，赵颢的人生迎来天翻地覆的变化。仁宗病重，他的父亲被立为皇帝嗣子并赐名赵曙，赵颢也摇身一变，成了最高贵的正牌皇孙。次年，仁宗驾崩，父亲继位，是为宋英宗，赵颢一跃而成当今皇次子。

父亲由闲散宗室一步登天、继位为君，全家人搬入皇宫、化家为国，这样的机缘，可谓千年难遇。13岁的少年赵颢，该是喜出望外的。

皇次子的尊贵，更是非比寻常。这份尊贵让他从千万皇孙之中脱颖而出，如鹤立鸡群，如云端俯瞰人间。赵颢正是英姿少年，能不踌躇满志？

当然，他心里也不免有一丝遗憾。毕竟，普天之下，还有一人在他之上，那便是他的长兄——赵仲针。要说荣耀、要说尊贵，长兄更胜一筹，一切似乎都已经注定了。

四月初一，英宗刚继位，即封长子赵仲针为安州观察使、光国公；同年五月，受经于东宫；九月，又加封忠武军节度使、同中书门下平章事，封淮阳郡王，改名为赵顼。

在东宫学习和改名，这些都是再明显不过的信号。尤其是改名，这在宋朝几乎是确立太子前的惯例。太祖、太宗之下，宋朝宗室如是三字名，在立为太子之前，会由皇帝改为两字名，比如，宋真宗由赵元侃改名赵恒，宋仁宗由赵受益改名赵祯，宋英宗由赵宗实改名赵曙。

看上去，赵顼已提前锁定太子之位。

赵颢，13 岁的皇次子，该什么都懂了吧。虽然懂了，但不会甘心，更不可能心如止水。实际上，但凡有机会登顶皇位，任何人站在他这个位置，活动活动心思，都是正常的。

对于赵颢来说，他当然心存希望了，毕竟父皇才刚刚登基，时间还长着呢。别忘了，时间会改变一切。更重要的是，他还有撒手锏，那便是母后的宠爱。

母后的宠爱，威力巨大。

稍懂历史的人，很快就会想到现成的例子。

比如，隋文帝杨坚一家。当年，杨坚也是一步登天、化家为国，五位皇子也都是皇后独孤氏嫡出。他登位不久，便封长子杨勇为太子，但在独孤氏的干预下，最终登上皇位的却是次子杨广。

与之相比，英宗一家何其相似？隋去宋不过几百年，这样的前朝旧事，赵颢岂能不知？知道了，又岂能不动心？

俗话说，皇家爱长子，百姓爱幺儿。可高滔滔与独孤氏一样，不爱长、不爱幼，都偏爱老二，独孤氏爱杨广、高滔滔爱赵颢。

爱到什么程度呢？看看封爵就清楚了。

英宗继位，四月封赵颢为乐安郡公，八月封祁国公。对比兄长，时间上也就稍晚个把月；职位上，国公对郡王，一个台阶而已。转过年，赵颢便获封东阳郡王。而此前不久，兄长刚封颍王，所差仍是一级而已。

如此细微的差别，引起了朝臣的不安。这些人饱读诗书，对历史典故烂熟于心，嫡长子的尊贵无法彰显，可不是件小事。这不仅会让他人有非分之想，假以时日，稍有不慎，更会祸起萧墙。

大臣们先后上书，反复陈述这并不复杂的道理，可惜都石沉大海，没有丝毫回应。道理，英宗应该是明白的，可明白又有什么用呢？比起杨坚畏独孤氏如虎，他畏高滔滔也差不多。一句话，没办法。

转眼，到了公元1066年，赵颢已年方十六，按照祖宗家法，已是出阁之年，理应搬出皇宫居住。可在母亲的庇护下，他依然安居皇宫大内。而此时，朝局又到了关键节点。

这年十月，英宗病重，渐有不起之势，国家却依然没有储君。虽然长子赵顼在爵位、地位上，胜过其他皇子，但毕竟没有太子名分。也就是说，直到此时，英宗在世的三位皇子都有继位的可能。所谓嫡长子，也就是站位稍稍靠前而已。

如此紧要关头，赵颢长留宫中居住，就显得意味深长了。

是英宗糊涂吗？当然不是。他庙号英宗，又岂是糊涂之人？

除了他对自己的身体抱有侥幸之外，或许高滔滔仍在为赵颢力争。也许，在立太子的问题上，夫妻俩还没达成一致意见。

也就是说，赵颢还有机会。

就这样，又拖了两个月。

这两个月，赵颢忙得跟小蜜蜂一样。他在母亲那里卖力地表演，这是他能成功的最大凭借。当然，母子俩也都知道，越过赵顼继位的难度很大。这不仅要挑战朝堂上的幽幽之口，还有千百年来嫡长子继承的传统。

熬到十二月，英宗已是病入膏肓、行将就木了，在大臣们的反复劝诫下，长子赵顼终于被立为太子。仅仅一个月后，英宗驾崩，赵顼继位，是为宋神宗。

对于赵顼来说，作为嫡长子，虽然占尽天时地利，却直到最后关头才锁定胜局登上了皇位，可以说赢得十分惊险。换个角度来讲，赵颢也只是输了最后一步而已。这倒未必是他有多大能量，而是他背后的母亲高滔滔，这个女人确实厉害。

过程虽惊险，结果还不错。杨勇的悲剧、杨广的逆袭，到底没在大宋朝重新上演。毕竟大宋不是大隋，毕竟高滔滔不是独孤氏，毕竟赵颢不是杨广。这是大宋的福气，也是神宗的福气。

或许，正是因为皇位来得如此不易，神宗才那样励精图治，重用王安石、厉行新政，欲做一代大有为之主。他要为父亲正名，更为自己正名，让天下人知道，他们父子的皇位是上天之选。

也许，正是由于心中的不快和不甘，终神宗一朝，高太后对儿子的变法新政始终不感冒，甚至可以说是最大的反对者。以致后来神宗驾崩，在她的主导下，几乎将儿子的新政毁得一干二净。追根溯源，神宗就不是她心中的皇帝人选，对此神宗应该心中有数。

作为某种妥协和默契，神宗继位后立刻封赏弟弟们。赵颢从东阳郡王晋封昌王，当年九月以英宗升祔太庙，再晋封岐王。此时，赵颢已由皇子变成皇弟且已结婚生子，可依然住在宫里。神宗的四弟赵頵，也跟着二哥继续住在宫里。这也是一种补偿吧。

亲王成亲后，依然留居宫禁的，在宋朝也有先例。当年真宗继位后，幼弟赵元俨就一直住在宫里，但那是真宗愿意。对赵颢，神宗是否心甘情愿呢？

当然不是了。母亲对二弟的偏爱，朝野上下尽人皆知，父皇病危时，赵颢的小动作、小心思，他更是终生难忘。不过，他也不好说什么，刚登基就将弟弟撵出宫有损圣誉，何况还得考虑母亲的情绪。也许，神宗是想等弟弟自己请出，如此各方都好看。可赵颢就是装傻，根本不提这碴儿。

几年后，朝廷有个小官不揣冒昧上书神宗，建议将两位皇弟迁出宫外居住以避嫌疑。神宗尚未表态，高太后就已勃然大怒，神宗不得已，只好将上书官员贬黜了事。

想来，神宗心里应该不是滋味。更难过的是，这时神宗已经20多岁，却依然膝下无子。不仅无子，头顶上还有太皇太后和皇太后，他就更没有理由让弟弟们出宫居住了。

神宗没有儿子，赵颢却有。如此，他之所以一直迁延不出，应该还是抱有希望吧。即使他没希望了，也许下一代有呢。

生儿子这种事，越着急越没用。

之后，神宗陆续有了几位皇子，却都夭折了。

直到公元 1073 年，神宗继位七年后，才终于有了第一个活过周岁的皇子。这让神宗大喜过望，他给皇子赐名赵俊，授检校太尉、彰信军节度使，封永国公。

神宗如此大张旗鼓、郑重其事，就是在诏告天下人，江山后继有人了。也是在告诉母亲和朝臣们，他不是仁宗，不需要借助旁系来传承皇位。更是在提醒弟弟赵颢，赶紧搬出皇宫吧，别再抱有不切实际的幻想了。

这年，赵颢已经 23 岁，也确实没什么理由再住下去了。延至次年二月，拖不过去的赵颢终于上书神宗，请求出宫就第。

皇弟主动提出，神宗也不好直接准奏，那样失之于礼。虽然心里巴不得赵颢早点走，他还是得下旨挽留，以示天下人皇家兄弟情深。这原本就是演戏，弟弟上书、皇兄挽留，弟弟又上书，皇兄又挽留，弟弟再上书、皇兄准奏，如此三番五次，各方面子都有了，戏也就演完了。

可赵颢偏偏不按剧本演，只上书一回，神宗刚挽留，他就不往下演了，而是心安理得地继续安居宫中。或许，这原本就是高太后的主意。

这般套路，让神宗徒呼奈何？

雪上加霜的是，皇子赵俊不到 3 岁又夭折了。在其之后，还有两位皇子，也都先后夭折。先前的大张旗鼓，如今看起来就像是个笑话了。看这光景，神宗正大步走在当年仁宗的老路上。

如果真是如此，那赵颢岂不是又有机会了？

其实，不光在儿子的问题上，赵颢有领先优势，在朝政上，他也隐隐然是座山头了。

继位后，神宗重用王安石开始变法，朝野上下一片反对之声。高太后及皇族宗室，便是重要的反对力量。太后不便出面，赵颢替母传话，很有些皇族反对者领袖的味道。

据说，在好几次皇家宴会上，赵颢代表宗室劝诫神宗，希望停止新政变法，还天下人安宁。且不论政见如何，单是这为皇室宗族请命的身份，就令神宗十分警惕。顾忌母亲的情绪，神宗多是隐忍不发，但越是这样，赵颢越是得寸进尺。

长此以往，这是个大问题。怎么办呢？

恰在这时，来了个机会。

太祖子孙被谋反

公元 1075 年，朝廷发生赵世居谋反大案。

这是当年的惊天大案，朝野震动，波及甚广。

这年，朝廷新法已推行六年多，正是新旧两党激烈交锋之时。此前一年，在太皇太后曹氏和皇太后高氏的哭诉下，迫于舆论的强大压力，王安石被罢相。神宗任命韩绛接任宰相、吕惠卿担任参知政事，继续推行新法。谋反大案就发生在这个节骨眼上。

赵世居是皇室宗亲，太祖赵匡胤五世孙，秦王赵德芳曾孙，南阳侯赵从贽第三子，时任右羽林军大将军、秀州团练使。

案件的源起倒很简单，一个平民举报一位不入流的小官。在山东沂州，平民朱唐告发前余姚县主簿李逢谋叛。朝廷得报后，派人前去调查，结论是李逢虽有一些悖逆狂妄的言论，但并无谋反的实迹。换句话说，这只是个爱发牢骚的狂妄仕人而已。

按照祖宗家法，言者无罪，何况宋朝厚养仕人，爱发牢骚、对政府和时政指手画脚的人多的是，李逢不过是个小角色。所以，众人也都没太当回事。

谁料，结论报到朝廷，神宗很不满意，派了更高级别的官员再去核查。皇帝重视，调查官员级别提高，这本身就是一种态度。下面人看出风向，案件结论也就不同了，这回不仅李逢谋反属实，还顺藤摸瓜牵出个大人物，便是太祖子孙赵世居。

宗室、谋反，这样的组合，放在任何朝代都是重磅炸弹。更重要的是，赵世居还是太祖子孙，这炸弹的威力就更非同小可了。众所周知，北宋开国之后，太祖子孙并没有享国，皇位一直在太宗系传承。这其中的蹊跷，伴随着"斧声烛影"之谜，成了太祖和太宗子孙的最大心结，天下人也为此津津乐道。正因为如此，朝廷对太祖子孙格外"关照"，对他们的生活、言行高度关注，稀松平常的小事都会被放大、再放大，何况谋反？

就这样，案件陡然升级。

赵世居拿到了案件的"冠名权"，也成了此案的主攻方向。

赵世居此人，志趣高雅、喜好文学、为人豪气、交友甚众，在京城颇有声誉。上至王公大臣、下至李逢等微末官员及江湖人士，他都多有交往，与众人常有诗词唱和及书信往来。朝廷便由诗词、信件入手，庙堂之上、乡野之中，很多人被牵扯了进来。

这其中，有个叫李士宁的人，很是不同凡响。

围绕这个人，案件再度升级。

要说李士宁，得先说说章詧。

章詧，字隐之，祖上是福建人，后来迁居四川成都。此人博通经学，尤长《易》《太玄》，写有《发隐》三篇。他才高八斗，却不愿做官，过着以道自裕、尊生养气的闲散生活，号冲退居士。

据说，某日章詧做了个梦，梦里有人送信来，便问是谁的信，对方答，东岳道士。早上醒来，他便忘了此事，依约与李士宁结伴出游。当渡船行至青城山时，他们在水中沐足，眼见青山绿水、清新如画，章詧诗兴大发，吟出上句：脚踏西溪流去水。李士宁神秘一笑，接了下句：手持东岳寄来书。章詧大惊，这场景正是他梦中所见。回去不久，章詧便死了。

听上去颇为离奇，似是传说，但确有章詧此人，宋史列传里便有《章詧传》。这则小故事，则出自东坡先生的《仇池笔记》。苏轼与章詧是同代人，又是四川同乡，所记之事的真实性当有保证。

在章詧的故事里，李士宁似有未卜先知、鬼神莫测之能。

李士宁，四川蓬州（今四川仪陇南）人。据说，他曾在青城山学道多年，道法高深，深不可测。他还有项特殊才能，便是出口成诗。不过，他的诗所用皆是古人之句，是对前人诗句的重新组合。他创造的这种"士宁体"诗，仿效之人甚众，风靡一时。

学成之后，他云游天下，纵论朝局，时有高论，被誉为世外奇人。等他到了东京汴梁，很快就火遍京城，有了一大批追随者。

这些人里就有赵世居，两人相见恨晚、交往甚密。据说，当年英宗生母去世时，仁宗曾为其作过一首挽歌。李士宁摘取其中的四句，把这首挽歌改头换面一番，变成了世居要当皇帝的天机，并赠给他一把金刀。据说，世居闻之大喜，重重赏赐了李士宁。

图谶天机之说，历朝历代都有，屡见不鲜。不信者，如乱风过耳；信者，则奉如圭臬。很显然，赵世居拿这个当回事了。看来，所谓的天机，不过读心术而已，李士宁所言，只是算准了赵世居的心思。再说，这所谓的天机，也是有源头的。

据说，当年太祖安葬时，司天监看到太祖陵墓风水，脱口而出说了一句话，太祖之后当再有天下。从此，这句流传甚广的话，便种在了太祖子孙的心里，也成了太宗系天子的心病。

李士宁的所谓天机，只是这句话的翻版。不过，京城里太祖子孙何其多，他独独对赵世居讲，应该还是精心挑选的。这也可以旁证，在太祖子孙里，赵世居确实才华出众。

至于李士宁，也绝非故弄玄虚、妖言惑众之人。此人应该还是有些才学的，因为他还得到了王安石的赏识，在宰相府里一住就是半年多，这样的待遇非常人所有。两人常常纵论天下，当时正值变法的关键时期，他的见解对王安石多有启发，是王安石重要的幕后智囊。

王安石和李士宁如此密切的关系，是否也传导到了赵世居呢？普通人难免产生联想；有心人则更会深想几层。

就这样，从李逢到赵世居，再从赵世居到李士宁，又从李士宁到王安石，朝廷官员、皇族宗室、当朝宰相，全部牵扯案中。

很显然，这是团乱麻。

虽然是乱麻，但还是理得清。

剖析这种所谓惊天大案，最好的路径还是朝政和权斗。

宋朝当时最大的朝政，就是王安石的变法新政。随着变法的深入，朝野上下新旧两党泾渭分明，几乎所有人都主动、被动地卷入其中，相互之间的争斗也在不断升级、日趋激烈。

在旧党方面，太皇太后曹氏、皇太后高氏都为其站台，更有司马光、苏轼、苏辙等重臣为之摇旗呐喊。新党方面，王安石自然是新党领袖，但迫于强大的舆论压力，案发前一年刚被罢相谪居江宁，接替他的新党领袖是韩绛和吕惠卿。

赵世居案此时爆发，给了所有人想象的空间，新旧两党迅速开始行动，都希望能主导案件的走向，抓住机会打击对手。

最先出手的是新党。

站在新党的角度看，赵世居是宗室成员，背后站着皇族且牵扯到两宫太后，如能借助此案压制皇族反对变法的声音，则变法大业便少个拦路虎，路会更加顺畅。

这点，从神宗对此案的重视，也能看出端倪。继位推行变法以来，他饱受皇族的质疑和抵制，憋了一肚子窝囊气。他想借机把案件做大，威慑宗室的意图非常明显。

有把柄在手，又有皇帝支持，新党的这次借力打力是着好棋。节外生枝的却是吕惠卿，他夹带了太多私货。

变法以来，他坚定追随王安石，由此一路青云直上，成了新党的核心人物。王安石被罢黜，他踌躇满志，结果接任宰相的却是韩绛，他只是出任参知政事，也就是副宰相，这让他很窝火。不过，韩绛为人谦和，吕惠卿借机扩权，成了实际上的宰相。

大权在握后，吕慧卿的想法就多了。他敏锐地注意到，神宗很留恋王安石，经常流露出重新拜王安石为相的意思。只要王安石回朝，他就得交出权力，这是他万不能接受的。所以，他便抓住李士宁和王安石的关系做文章，试图将火烧到王安石身上。打击旧党之外，还能阻止王安石回朝，一石二鸟、公私两全。

旧党方面，原本很是被动，不过随着案件牵扯到王安石，他们先是很错愕，接着也就乐观其成了。

就这样，在各方力量的作用下，赵世居谋反案形成了某种平衡，也变得更加扑朔迷离。

那么，这件大案又将如何收场呢？

解铃还须系铃人。

神仙打架，还得神仙拉架。

正当谋反大案陷入胶着时，王安石再次拜相回到京城。看来，无论吕慧卿怎样处心积虑，也无法撼动，更无法抹黑王安石在神宗心目中的位置。对此大案，君臣二人有过多次深入交流。

神宗还是希望把案件做大，借此敲山震虎，扫清变法障碍。倒是一向显得激进的王安石，偏向于从轻发落。这倒不是要洗白他和李士宁的关系，他能再任宰相，这个问题就已无须多虑了。他担心如果扩大此案，会在朝野上下掀起大狱，更会在朝中掀起告密之风，这非臣子之福，更非王朝之幸。

最终，神宗听从了王安石的意见。

神宗下诏，主犯赵世居被赐死，子孙免死监禁，名字中的宗室排行字被取消，从皇家族谱中除名。赵世居的叔伯、兄弟、子侄等也都遭到降级处分，妻女、儿媳等女眷出家为尼。

李士宁，在王安石的力保下，仅受杖脊并流放湖南了事。在此案中，李士宁绝非无辜之人。他向赵世居赠诗赠刀，背后必有复杂的政治考量和野心私欲，能够全身而退就算万幸了。

吕惠卿，这个案件升级的最大幕后推手，值得多说几句。他由王安石一路提携登上副宰相之位，却在王安石被贬后落井下石，甚至将王安石牵扯进谋反大案。为了巩固手中权力，他如此以怨报德、不择手段，私德、人品可见一斑。

一朝大权在握，在执行新法上，吕惠卿也是恶评如潮。据说，他制定五等丁产簿，让百姓自报家财，连一两只禽畜都不许遗漏。他还鼓励告发隐瞒家产者，用被告者财产的三分之一奖赏告发之人。如此折腾百姓，可见其公德大节之劣。

这样的人，登上高位、手握重权、私欲膨胀，稍有不慎就会给国家带来滔天大祸。司马光甚至认为，朝野上下对王安石的非议多是拜吕惠卿所赐。王安石在退处金陵后，也深悔错信了吕惠卿。

后来，吕惠卿被贬陈州，远离了政治中心。再之后，新党无论是章惇、曾布，还是蔡京当政，都十分厌恶吕惠卿，质疑他的品性而不引其入朝。从此，他只能在地方辗转为官直至去世，身后名列《宋史·奸臣传》。

一场宗室谋反的惊天大案，居然就这般落下了帷幕，不禁让所有人都长舒了一口气。想来，这也就是发生在大宋朝吧，换个朝代，那可能就是人头滚滚、血流成河了。

那么，赵世居是否真的谋反呢？

这是个问题。

在史书记载里，他是面目模糊的，更是没有声音的。事实上，作为一个被处死的谋反者，即使贵为皇族，我们也不可能听到他任何自辩的声音。

先来看看他与神宗的关系。

宋太祖→赵德芳→赵惟能→赵从赟→赵世居

宋太宗→宋真宗→宋仁宗→宋英宗→宋神宗

按辈分，赵世居与神宗同辈，也就是徽宗的叔叔辈。

按照民间说法，高祖、曾祖、祖父、父亲、自身五代，算是五服。凡后世子孙，如高祖为同一人，则在五服之内，还算家人。赵世居和神宗则已出了五服，血脉早已疏远。

不过，他毕竟还是宗室，出生在一个富贵家族。

他的父亲赵从赟，累至左屯卫大将军、温州团练使，兼御史大夫上柱国天水郡开国公。仁宗年间病逝，身后赠邓州观察使、追封南阳侯。

赵从赟生前富贵、身后哀荣，留下了12个儿子、9个孙子。赵世居就出生在这样的大家庭，兄弟排行老五。

有时候，这样的出身是令人绝望的。说是皇亲贵胄没错，但和皇帝已然血脉疏远；说是衣食无忧也没错，但远谈不上大富大贵。顶着宗室之名，便无法考取功名，也无法担任公职、握有实权，空有官衔而已。即使在众兄弟里，这种非嫡非长、位列中间的，也几乎难有出头之日。

这正是赵世居的人生困境。

史书没有记载他的生年，根据其父生在公元1007年、故在1050年及他的兄弟排行来推测，赵世居可能出生在公元1035年左右。父亲去世时，他不过是个少年，到其涉案被杀时，也就40岁上下。这一生的时光，又是如何的蹉跎呢？

从李士宁的选择来看，赵世居应该是个人物，在皇室宗亲里属于出类拔萃的角色。不过，从他贸然接受李士宁的赠诗赠刀来看，他显然又缺乏足够的政治历练和警惕性。看上去，他不是那种深谋远虑、工于心计的狠角色，更像个为人率真、大大咧咧、缺乏防人之心的厚道人。

这场所谓的宗室谋反大案，更大的可能是因为赵世居言行不够谨慎，先是被人利用，再被各方政治势力左右，又经多方煽风点火而酿成的冤案。赵世居不过是权力斗争的牺牲品。

宋人爱写笔记，魏泰便对此案有详细的记录。他是北宋有名的世家子弟，姐夫曾布后来担任宰相，本人与赵世居、李士宁都很熟悉，很多事情都是亲身经历，所记应有一定的可信度。他便认为这是一桩冤狱：引士宁者，意欲有所诬蔑。

也就是说，查李逢是为引出赵世居，由赵世居牵出李士宁，则是为了扯上王安石。说到底，这是一桩各种政治势力相互交织、自始至终被权力裹挟、被个人利益左右的政治案件。自古以来，所谓惊天大案，不多是如此吗？

赵世居不幸入局，最终成了弃子。

他有个侄子叫赵令穰，也就是赵大年，我们在本书第二卷中有过详细的介绍，就是那位父子三人为宗室代言的山水画家。赵大年面临的困境与世居相似，叔叔的人生悲剧他更是见证者，所以他选择将人生完全寄托于笔墨丹青，就更加顺理成章了。

纵观赵世居的一生，与皇位相隔千山万水，却因此赔上了性命，多么不值。倒是几十年后他的侄孙赵伯璩，有过极好的机会。南宋高宗继位后，太子夭折、膝下无子，便从太祖子孙里物色皇位继承人。赵伯璩与后来的宋孝宗幸运入围，两人同被立为宗子，养在宫里。赵伯璩一度非常接近皇位，只是最后惜败。

看来，赵世居这一支注定与皇位无缘。

赵世居，是两宋历史上，唯一被冠以谋反罪名处死的宗室。

唉，这个唯一，不要也罢。

亲王闹离婚

赵世居谋反大案，又怎么少得了赵颢呢？

这里面，有位叫刘育的医官涉案，事后遭凌迟处死，是少数被处以极刑的人。处罚之重，足以证明他涉案之深。而他曾在神宗的四弟嘉王赵頵府上任职，与赵颢也很熟识。

很显然，这又是条线索。

刘育被千刀万剐，把赵頵吓得不轻，为避免嫌疑，他主动上书神宗，请求迁往宫外。见弟弟如此姿态，赵颢只好附和，也要求出宫居住。

应该说，这是将两位皇弟清理出宫的好机会。不过，神宗还是选择按套路来，他赐给弟弟们方团、玉带，摆出兄友弟恭的姿态，兄弟俩只好就坡下驴，继续留居皇宫了。不过，他们从此低调了很多，嘴巴上也多了禁忌，不再多说话了。

实际上，赵世居案确实让皇室成员感受到了强烈冲击。这建国百余年来砍向皇室的第一刀，让这些金枝玉叶们猛然意识到，他们并没有免死金牌，惹皇帝不高兴，一样是要掉脑袋的。

赵颢、赵頵是神宗的胞弟、亲王，在皇族里地位最尊贵，就连他们都开始低调行事，不再公开指责新政变法，其他人也就更不敢再非议国事了。

神宗借机敲打皇族的目标，应该基本实现了。他留两位弟弟继续住在宫里，就说明局势已经完全掌握。既然如此，何不做出姿态给天下人看呢？

试问，在最高权力面前，父子之间、兄弟之间、夫妻之间有没有真情？当然有。但更多的，应该还是表演。

从现有的史料里，看不到赵颢与赵世居案有直接的关联。不过，以他在皇族的地位，似乎不应该完全置身事外。毕竟，事情已经牵扯到了赵頵，距离他也只有一步之遥。

或许，案件原本也牵扯到了他，只是母亲出面替他摆平了。他要求迁出宫外避嫌，可为旁证。而接下来发生的事，更可以看出高太后有多么宠他，为了他真是够拼的了。

公元 1079 年三月，岐王赵颢所住的宫殿起火，高太后强势介入，由此引发的风波持续多年，甚至牵动了神宗、哲宗两朝的朝局，起伏动荡了足有 20 年。

事情，还得从赵颢的正室冯氏说起。

冯氏，名门之后、大家闺秀，曾祖父冯拯历经太祖、太宗、真宗、仁宗四朝，官至宰相，一代名臣。

对于婚前的冯氏，我们只知道这些，至于她的出生年月，以及如何被皇家选中嫁给亲王、何年成婚等，史书都语焉不详。

考虑到皇家的重重规矩，赵颢和冯氏不会是两情相悦的自由结合。冯氏应该是经过层层选拔，最终由高太后亲自选定的幸运儿。能入高太后的眼，除了门第之外，冯氏的相貌、才情也必是出类拔萃的，即使没有绝色之美，端庄大方、秀外慧中也是自然的。

可怜天下父母心。为了儿子的大婚之事，高太后想必也是费尽了心思。一个贵为亲王、一个大家闺秀，至少看上去很是般配。

赵颢住在宫里，大婚典礼自然在宫中举行。算起来，自仁宗之后，英宗、神宗父子都是在继位前就已经完婚，皇宫里已经多年没有举行过大婚典礼了。就这样，出于补偿也好，源于宠爱也罢，在母后的强力加持下，赵颢和冯氏的婚礼盛大而隆重，虽是亲王的婚礼，在排场和奢华程度上，却尽显皇家的雍容和气度。这样的大婚典礼，神宗也没有享受过。如此，赵颢的心理平衡了些。

娇羞的新娘冯氏被封为崇国夫人，在盛大的婚礼上，成为万众瞩目的焦点。嫁给王子，是所有女孩的梦想，这份梦寐难求的荣耀，根本不是求来的，是上天的恩赐。

她带着被命运选中的激动，尽情畅想着未来的美好生活。虽然她的夫君不是皇帝，只是亲王，但从女性的角度来看，这样的生活倒可能更加幸福。没有皇后嫔妃的政治责任，没有后宫佳丽的激烈竞争，作为亲王的正妻，她的未来似乎注定是富贵悠然的。

新婚的日子美妙而甜蜜。一年后，冯氏顺利生下了儿子。这时神宗尚未生子、四弟赵頵还未婚配，这个初生的男婴成了英宗和高太后的长孙。可以想见，作为祖母的高太后该有多么的高兴。

对于赵颢而言，这个孩子也有非比寻常的意义。至少，在接班人上，他又压过了皇兄一头，可以继续做少年时的梦了。

对于冯氏而言，作为亲王明媒正娶的发妻，又生下嫡子，尊贵的位置似乎固若金汤了。殊不知，处在高位的人，越是得意的时候，越容易招来灾祸。倒不是做错了什么，只是因为嫉妒。

冯氏便让人嫉妒上了。这也是个女人，赵颢的乳母。千万不要小看乳母的能量。在皇家，皇子们多数由乳母一手带大，相比生母，他们与乳母的感情往往更亲密。

女人之间的嫉妒是没有理由的。实际上，不只是嫉妒，女人之间的很多事情，可能都说不出个子丑寅卯来。或许，嫉妒本身就是理由。乳母开始在赵颢耳旁嚼舌根，也在高太后面前搬弄是非。

说来说去，这母子二人还真信了，渐渐地都开始看冯氏不顺眼了。就这样，在乳母的挑拨下，虽然生下了嫡子，冯氏的日子却越发艰难了。

史书记载，"冯氏失爱于王，屏居后阁者数年"。就是说，冯氏失去了赵颢的宠爱，一人独居已有数年了。这时候，她再想起皇宫大婚时的荣耀，刚生下儿子时的喜悦，恍如隔梦。

或许，她已经认命了。

可惜，树欲静而风不止。

风暴正在袭来。起因是，赵颢住的宫殿发生了火灾。

火势并不大，很快就被扑灭了。独居他处的冯氏听闻此事，赶忙派两名宫女前去探视。作为正妻，这既是职责所在，也是关心与示好。可惜，冯氏的这番好意，再次变成了赵颢乳母借题发挥的由头。

这次她出手更狠。她伙同赵颢的两个宠妾反咬一口，诬陷冯氏正是火灾的幕后主谋。这事听上去有些无厘头。可能的原因是，乳母对宫殿着火负有失察之责，她害怕受过，便嫁祸给冯氏了。

问题是，赵颢听了，居然就信了。他大怒，令人对两名宫女严刑拷打。可怜的宫女，受不了酷刑被屈打成招，承认是冯氏指使人纵火。

拿到口供后，赵颢径直前往母亲宫中哭诉，当即要求与冯氏离婚。高太后勃然大怒，离婚岂能泄心头恨？她当即给神宗下达旨意，要求将冯氏斩杀。

纵火、离婚、杀人。听了这些，神宗能说什么呢？

想他整日操劳国事，宵衣旰食、殚精竭虑，却还要为此等家事劳心。更令他气愤的是，赵颢恃母而骄，不仅常在母亲面前嚼舌根，遇事还习惯用母亲压他，以前是国事，现在是家事。

是可忍，孰不可忍。

这回，神宗没有顺从母意，他知道冯氏必是冤枉的。对于冯氏的德行，他心中有数。夫妻不睦是事实，但远没到纵火杀夫的地步，何况他们是住在皇宫里，这得有多大的胆子？再说，哪有指使人纵火，再派人探望的道理？这贼喊捉贼的伎俩也太拙劣了。

神宗对母亲说，冯氏毕竟出自公卿之家，怎好轻言杀戮，还是核查之后再做定夺。他令人彻查，结论是冯氏与火灾毫不相干。虽然查明了真相，但太后余怒未消，神宗不好正面与母亲硬顶，便让冯氏向太皇太后曹氏求情。

曹氏是仁宗的皇后，是高太后的姨母兼婆婆，在后宫年纪最长、地位最高，也最尊贵。最后，还是曹氏做主，免了冯氏死罪。

死罪可免，活罪难逃。高太后不依不饶，火灾之外，又再三逼问冯氏有无诅咒岐王的言论。冯氏不敢隐瞒，只好承认说，在夫妻闹别扭时，确实有过口不择言的情况。高太后抓住把柄，再次要求严惩冯氏，即使不杀，也绝不能让她再住在儿子身边。

冯氏哭诉道，她是小户人家出身、德浅福薄，不配做亲王的正妻，请求削发为尼，以赎其罪。

事情到了这一步，还能有更好的选择吗？

太皇太后曹氏，准了冯氏出家。

在姨母面前，高太后也不好再说什么。两位老太太点头了，神宗也只好照办，将冯氏送到瑶华宫出家。

瑶华宫便是皇宫里的冷宫了。百余年来，从皇后到贵妃，从嫔妃到命妇，多少人曾经被贬瑶华宫。不同的是，有的人去了，又幸运地离开了，后来还越走越高；有的人去了，便留下了，在那里了却残生。

不知冯氏踏进瑶华宫是怎样的心情，眼前的一花一木，都是一段一段悲情的往事。触景伤情，又是怎样的人生感慨。

实际上，冯氏还是幸运的，能在这起事件中全身而退，算是最好的结局了。此事如果晚发生几个月，那时太皇太后归天，神宗再有心维护她，也是扛不住高太后的。至于贬到冷宫、出家修行，实际的伤害并不大，原先她就已经独居并备受冷落。

何况神宗很厚道，不仅提高了冯氏的生活待遇，将以往的月俸五十缗增加一倍，还让人传话安慰她，要她安心修行，待岐王气缓了，便将她接回宫。说起来，神宗这个大伯哥还是很有些人情味的。

对于那位满口胡喷的赵颢乳母，神宗也找借口修理了她一顿，既是对赵颢的警告，也出口恶气。

回头来看，这事很有些蹊跷。赵颢为何轻信谗言？高太后又为何杀气腾腾？都说清官难断家务事，我们还是来尝试着分析一下。

在将宫女屈打成招后，赵颢第一反应是和冯氏离婚。这应该是他最主要的诉求。高太后听到消息，却要斩杀冯氏。这个处理结果，应该不是赵颢的初衷。

离婚和杀头，这两种处理结果差异太大。

很显然，这源于两人对事件认识的不同。先来看赵颢这边。

时过境迁，他对冯氏早无当年的恩爱甜蜜，反而想抓住机会废了冯氏的正妻之位。乳母懂他的心思，甚至他们演的就是双簧。乳母负责诬告，赵颢负责审讯并向太后报告。至于他的两位宠妾，或许就是潜在的正妻继任者。无利不起早。

或许，有人会问，赵颢如此费力，难道只是为了离婚？

离婚需要费这么大周章，搞这么大动静吗？他是皇弟、亲王，一纸休书不就搞定了吗？为何要搞得这么复杂？

实际上，事情远没有那么简单。

在宋代，平民的婚姻讲究父母之命媒妁之言，有一套约定俗成的规范。相比民间，皇室的婚姻从家世的筛选、人选的甄别、才情的考察到正式完婚，则有着更加严格的规定。

即使是皇帝，在婚姻上也是被动的。宗室的婚姻，则视与皇帝的亲疏远近而定，关系越亲密，自主权越小，由皇帝钦定也是常见的。皇室的婚姻，体现的是君权的意志，充满了浓厚的政治色彩和象征意味。

当然，凡事都有例外。据说，仁宗的曹皇后就曾许配人家，后因男方逃婚而作罢。真宗的皇后刘娥，更是实实在在地嫁过人。

不过，随着王朝延续，皇室的婚姻制度也越来越健全，到北宋中晚期，像刘娥这样的事情，就很难再发生了。

结婚如此，离婚又是怎样呢？

是的，古代也有离婚，叫和离。北宋已有一套成熟的和离制度，女性主动提出离婚诉讼也不是新鲜事。重要的是，社会很宽容，离婚再嫁理所当然，更不会因此而受到歧视。

宋朝的法律，至少有三条保护女性诉讼离婚的权利：丈夫没有能力养活妻子，妻子有权利离婚；丈夫离家三年未归，妻子有权利离婚；妻子被夫家亲属性侵犯，妻子有权利离婚。

放妻书，便是夫妻离婚在法律上的凭证。这个"放"字，既有放手、放开之意，也有放飞、恢复自由的意思。敦煌曾出土唐宋时期的放妻书，写得温文尔雅、情意绵绵，既有往日甜蜜的回忆，也有今日不和的剖析，还有分手后的祝福，有情义、有温度。

当然，这是民间的和离，皇室的离婚则要复杂得多。

皇室因其特殊的政治地位，与名门大户的联姻，多是为利益而结合的政治婚姻。为防止皇室成员随意离婚而影响皇权稳定，在皇族的离婚上，北宋朝廷有诸多限制。

皇族离婚，要先提交管理皇族事务的宗正司，由宗正司在半个月内核查清楚。如果夫妻确实不睦、有能离婚的事实，可以酌情而定；如果核查发现离婚理由不充分，则要受到弹劾。

回到赵颢这里，他如果走正常程序，能和冯氏离婚吗？

显然不能。冯氏名门之后、明媒正娶，婚后并无失德之处，又生下嫡长子，赵颢根本提不出过硬的理由和事实。

那么，走神宗的后门呢？因为反对变法、可能牵扯赵世居谋反案等，赵颢与神宗早已是貌合神离，即使他私下去请求，神宗也未必会准他。

大道、小路都不通。冯氏是清白的，这点赵颢心知肚明。想离婚，他除了诬陷、给冯氏扣帽子、用下三滥手段，便无计可施了。作为皇弟、亲王，连和妻子离婚的权利都没有，估计赵颢心里也不是滋味。

对于赵颢来说，这就是一步的差距。这一步，天壤之别。迈过去了，他是皇帝，是万物的主宰，可以随心所欲；迈不过去，他只是空有富贵的皮囊而已。

不过，赵颢还是想得浅了。就这富贵的皮囊，一朝不慎，也是会被扒掉的。高太后之所以要斩杀冯氏，就是看到了这一层。

皇家无小事。

宫中起火，更不是件小事。这事就看怎么说了，可以说成无心之过，也可以说成被人纵火，还可以说成主动放火，这其中的意思相差甚远，结果也大不相同。

在太宗朝，皇长子赵元佐很受器重，曾是储君的首选，后来因为纵火焚烧宫室被废为庶人，彻底与皇位无缘。他的幼弟赵元俨，即后世传颂的八贤王的原型，也因为宫室起火被削官降封端王，出居宫外。

这些不远的皇宫旧事，即使赵颢托大疏忽了，高太后不可能不清楚。她担心，如果失火案不找个替罪羊，赵颢会被神宗以此为借口惩治，像几位前辈亲王那样被降爵并逐离皇宫。她借机发飙欲斩杀冯氏，就是要把这黑锅扣在冯氏的身上。如此，赵颢不仅无罪，还成了受害人。赵颢很快明白了母亲的心思，后背发凉之余赶紧附和。

对神宗来说，这事则让他非常窝火。这原本是个将赵颢兄弟赶出宫的好机会，此事前朝有实实在在的先例，处理起来就是执行祖宗家法，理直气壮、天经地义。只是，他没想到太后如此机敏，来个先下手为强，他无力翻盘，只好让冯氏做了牺牲品。

至此，这场可大可小的火灾，在高太后的强烈干预下，赵颢轻松过关。他还借机与冯氏离婚，将昔日的枕边人贬到冷宫出家。

看上去，冯氏成了唯一的牺牲品。太后母子三人的心结，最终却拿她来背锅，也真是无语了。不过，她的故事还没完。实际上，从走入皇家那天起，她的人生已经被政治绑定，命运随着朝局起伏是注定的。

至于赵颢，这年他已虚龄三十，在皇兄登基 12 年后，他还继续赖在宫中。放在历史上，这样的皇宫"钉子户"并不多见。

就这样，又过了四年。公元 1083 年五月，神宗突然下诏，明确要求两位弟弟出宫就第并立刻修建王府。皇帝态度之坚决、动作之迅速，前所未有。

这次，神宗为何不管不顾了？

原因很简单，神宗的身体出了大问题。

这年，神宗 35 岁，登基 16 年，虽是盛年，却已是诸病缠身。此前，神宗曾多次因为病情取消朝会，甚至严重到要由大臣代为祈福天地、祭祀宗庙的地步。身体如此糟糕，神宗必须严肃考虑身后事了。换句话说，他必须要为儿子继位清除威胁。

神宗一共生育了 11 个儿子，却只有六个活到赐名。到这年五月，仅有三位皇子在世，八岁的六皇子赵佣、一岁的九皇子赵佖、半岁的十一皇子赵佶。

没儿子焦虑，有儿子还是焦虑，担心长不大啊。

是的，如果从经验来判断，这三个存世的皇子能否长大，都在两可之间。当年真宗的嫡长子周王，长到九岁还夭折了，何况这八岁、一岁、半岁的娃娃？神宗焦虑的心情可以想见。

除了担心儿子们夭折，弟弟赵颢对皇位的觊觎才是更大的威胁。他必须先把赵颢从皇宫清理出去。否则，一旦他驾崩，赵颢人在宫中，即使他有传位诏书，他的儿子也未必能顺利继位。

皇位面前，神宗不再顾及母亲的情绪和兄友弟恭的名声了。面子重要，儿子的皇位更重要。

次年二月，神宗再次下诏，严令两座亲王府加快施工。很显然，他有些迫不及待了。到了三月，神宗在集英殿宴请群臣，特意让仅有七岁的赵佣侍立在旁，借机与大臣们见面。赵佣小小年纪，仪容举止庄重得体，引得群臣纷纷向皇帝祝贺。神宗如此行事，意思再明白不过了。这是在告诉天下人，他要传位给皇子。

按当时的情形，神宗应该速立赵佣为太子，这才是万全之策。或许，他与父亲英宗当年一样，都心存侥幸，觉得身体能扛过去。毕竟，这年神宗才 36 岁。可惜，在数月后的秋宴上，神宗突然中风，随之病情越发严重，渐已口不能言。这时候，再想立太子，就未必由得了他了。

皇帝驾崩在即，朝廷却没有立储君。

这个问题大了。

我们来看看当时的形势。

神宗病重，日趋衰朽，三名皇子远未成年且没立太子。

太皇太后曹氏已去世，高太后是后宫第一人。她最宠爱赵颢，而赵颢和赵颢就住在皇宫里，后者唯赵颢马首是瞻。

这样微妙的时刻，不免让人遐想，皇位将传给谁？

朝野上下，可能人人都在心里打起了小算盘。他们必须精准地计算，要计算大宋的江山社稷，更要计算自己的富贵前程。

当然，算得最用心的是赵颢。这年他 34 岁，正是年富力强、大展宏图之时，如此良机，岂能不动心？岂能不精心算计？

他当然动心了。换作任何人，都很难心如止水。兄病侄幼，他占有天时；身居宫禁，他占有地利；太后恩宠，他占有人和。

如此天时地利人和，他的胜算很大。何况，本朝还有太祖、太宗兄终弟及的先例，他若继位，也算是遵照祖宗家法。

说起来，在皇位交接的关键时刻，身居何处、能否及时到位是关键的关键。当年太祖驾崩，在宦官王承恩的协助下，太宗先于德昭、德芳到达宫中，由此一举确立帝位。

赵颢赖在宫中多年，不就是为了这一刻吗？人在宫中，一旦神宗驾崩，他立刻抢先继位，谁能奈何？再腹黑点，在夜半时分、宫门落锁之际，他若趁神宗病危做点手脚，从宫里递出一道圣旨，也能登上九五之位。

很显然，这是赵颢离皇位最近的一次，很近，很近。

可惜，他还是失之交臂了。

从神宗中风到来年三月离世，中间隔着好几个月，对赵颢来说，这是黄金般的时间。这中间到底发生了什么？他到底做了什么？没人说得清。

当然，史书是有记载的，最主要的依据便是《神宗实录》。不过，在这本以神宗为绝对主角的实录里，对赵颢的所作所为，是不可能详细记述的，更不可能真实地记述。

实际上，两宋皇帝实录里，神宗实录修改的次数最多。神宗驾崩后，在太皇太后高氏的主持下，哲宗朝前期便修了《神宗实录》，即墨本《神宗实录》；哲宗亲政后，又重修了实录，即朱本《神宗实录》；到了南宋高宗朝，又对实录进行了修改。

在来来回回的修改中，王安石变法是个重点，随着新旧党的轮流上台，关于变法的表述及王安石的评价大相径庭；再就是神宗立储的过程，也是修改的重点。

按照最后定稿的说法，哲宗是高太后拥立的，说她在最后关头禁止赵颢出入神宗寝宫，还安排人提前做好孩子穿的龙袍，等等。

至于赵颢，则被描写成了语焉不详、鬼鬼祟祟的小角色。可惜，这种春秋笔法不仅不合逻辑，更有欲盖弥彰之嫌。在当时的皇宫里，赵颢才是绝对的主角和核心。

他应该做了很多事。

首先，是强化母亲的支持。

高太后宠爱赵颢，天下无人不知。他要做的，就是将母亲对儿子的无限亲情，转化成太后对皇子继位的鼎力支持。

这方面，赵颢做得很成功，至少有两点可为例证。

先看看神宗确立太子的时间。随着病情加重，神宗再有侥幸心理，应该也不抱幻想了吧。按常理，他应该尽早确立太子以备不虞，可事实上直到他驾崩前八天，赵佣才被改名赵煦，立为太子。由此可见，确立太子是如此匆忙。换句话说，抵制拥立太子的力量，又是何其的强大。

那么，谁能阻止神宗立储呢？唯有高太后。

神宗病重，高太后虽然没有临朝称制，却已是国家事实上的主宰。她之所以强力阻止神宗立储，唯一合理的解释，就是在为赵颢争取时间。

再看看出宫就第的问题。皇宫乃是非之地，在皇位继承的关键时刻更是如此。如果高太后果真从一开始就拥立哲宗，那就应该立即让赵颢兄弟出宫居住以避嫌疑，可她并没有这么做。按《神宗实录》的说法，在神宗弥留之际，高太后禁止赵颢出入神宗寝宫。这或许是事实，但这恰恰说明，在此之前赵颢可以自由出入神宗寝宫。后来之所以禁止，更大的可能是那时赵颢败局已定，做给天下人看罢了。

有太后的强力支持，赵颢锁定了一半胜局。此外，他还必须要争得大臣们的支持。宰相王珪、副宰相蔡确等人，是他主要的争取对象，尤其是掌握实权的蔡确更是重中之重。

不过，后面发生的事情很是扑朔迷离。

按《神宗实录》的说法，蔡确等人试图拥立赵颢继位，还通过收买高太后的弟弟来游说太后，遭到了严词拒绝。看到风向不对，蔡确等人又改口拥立哲宗。

这明显不合逻辑，而且与后来发生的很多事情相互矛盾。

真相，可能和史书记载恰恰相反。高太后母子合谋，通过太后之弟游说蔡确支持赵颢，却遭到了蔡确的严词拒绝。

要知道，蔡确身为朝廷实际上的宰相，代表的可不仅仅是他个人，而是整个文官集团。大宋朝，天子与士大夫共治天下，朝臣们坚决反对，赵颢断无强行继位的可能。他毕竟不是宋太宗，没有那么深的根基，也没有那份威慑群臣的底气。

可高太后母子并不甘心，他们和群臣之间应该有激烈的相持。最终，占尽天时地利的赵颢，正是因遭到以蔡确为首的大臣强烈抵制，才悻悻然退出皇位之争。眼见大局已定，高太后才在最后关头转而支持皇孙继位。至于提前做龙袍之类的，很可能都是事后打的补丁。

到哲宗继位，高太后临朝听政、大权在握，就开始散播流言，把事情反过来说，把脏水全部泼到蔡确身上，她倒成了坚定拥立哲宗的人。政治斗争就是这样，谁上台谁就有发言权，谁发言谁正确。

后来，高太后严厉整肃蔡确并引发"车盖亭诗案"，将其连续贬谪至死。可见，高太后对蔡确刻骨的仇恨，她必须要出这口恶气，也为赵颢报一箭之仇。

关于高太后母子颠倒黑白，蔡确因抵制赵颢继位被泼脏水、被整肃的推测，还有个旁证。等到高太后离世，亲政的哲宗立即给蔡确平反，下诏恢复他为正议大夫，后来又赠太师，谥曰忠怀，还派专使保护他的棺椁下葬，又在京城赏赐其后人宅第。徽宗继位后，更是让蔡确配飨哲宗庙庭，还手书"元丰受遗定策殊勋宰相蔡确之墓"赏赐给蔡家，尊崇之盛，无以复加。

请问，受遗定策殊勋，是什么功勋？哲宗、徽宗兄弟这般行事，又说明了什么？正是他们心里清楚，当年若非蔡确坚决抵制，父亲的皇位就被赵颢接过去了，他们兄弟根本没机会继位。

不过，此事到了南宋又有反转，高宗再次将蔡确定为奸臣，剥夺一切政治待遇，高太后又被重新树立起来。如此，也不难理解，毕竟无论哲宗、徽宗、高宗都是高太后的子孙，家丑不可外扬，只好牺牲蔡确了。

为了储君之位，朝野上下暗流涌动，朝堂内外剑拔弩张。

可怜的神宗，却只能在御榻上苦苦煎熬。只要有一口气在，他仍是皇帝。可他现在这样子，又是怎样的皇帝呢？

据说，他看着榻前盘桓不去的赵颢，已口不能言，只好怒目视之，稍转过身去，便是泪流满面。这一幕，让侍候在旁的大臣们都不忍直视。皇帝，何以至此啊？

好在，有大宋百余年日趋成熟的文官制度，有蔡确等人的强力抵制，最终帮助神宗实现了人生最后的愿望，传位给皇子。如此，神宗可以安心上路了。不过，直到驾崩，他的另一个心愿也没能实现，那就是将赵颢撵出皇宫。

这么说起来，除了没拿到皇位，赵颢也未必是输家。

哲宗即位，太皇太后高氏临朝听政，赵颢的好日子来了。他由岐王改封扬王，赐赞拜不名。就是说，赵颢见到哲宗，参拜时不用报自己名字，这对臣子是莫大的荣誉。纵观历史，赞拜不名、入朝不趋、剑履上殿，再加九锡，这基本是权臣篡位的固定节奏。

赵颢，已经迈出了权臣的第一步。

不过，他还是得搬出去了。父皇、皇兄在位，作为皇子、皇弟可以住在宫里；侄子继位，作为皇叔住在宫里，实在太不像话了。为堵天下人的嘴，高氏终于下旨，让赵颢出外就第。之后，为了安抚赵颢，高氏数次带上哲宗临幸他的王府，向朝野上下昭告太后的恩宠一切如故。

大权在握的高太后，在折腾整肃蔡确等人之余，还想起来了一位旧人——赵颢的前妻、被贬瑶华宫的冯氏。她下旨，赐冯氏法名守冲，赐紫衣，号希真凝寂大师，待遇减半。

这是何意呢？原来，当年神宗虽将冯氏送去修道，但并没有落发，也没有法号，准确地说，只是幽居冷宫而已。高氏这么做，就是把这事给夯实了，冯氏必须彻底落发修道了。

不知这是谁的主意，是高太后还是赵颢？若是赵颢所为，夫妻一场，睚眦必报如此，那他的心眼也太小了点。

可能还是高太后。她确实厌恶冯氏，还"恨屋及乌"，由于冯氏出身公卿世家，她给哲宗选皇后时便不再选类似的家世，最终选了出身小户的孟氏，即后来的孟皇后。这才有了后面的许多故事。

历史就是这样，看似杂乱无序，实则环环相扣，因果相循。

前妻被逼正式出家，赵颢却是春风得意，日趋人生巅峰。

公元 1088 年八月，哲宗再改封叔父赵颢为徐王。每改封一次，赵颢的权势就更上一层楼。大权在手，他开始大肆提拔王府属官，派往朝廷中枢和地方任职。所有出自徐王府的官员，都被打上了标签，称为徐邸官。皇叔赵颢，威风八面。

四年后，公元 1092 年八月，哲宗再赐赵颢剑履上殿，就是可以佩着剑穿着鞋上朝，这是极大的礼遇。

权臣之路，赵颢再迈进一大步。

按步骤，再往前，就是加九锡了。加九锡，即服饰、朱户、纳陛、车马、乐则、弓矢等九种礼器，是古时天子赐给有特殊功勋的诸侯、大臣的九种器物，表示最高礼遇。看看王莽、司马昭、刘裕等人的上位之路，到了加九锡，就该改朝换代或新君登基了。

距离皇位，赵颢仍是一步之遥。

相比加九锡，对于赵颢来说，或许他更希望母后长命百岁。

只要太后在，他什么都有了。可他的愿望注定会落空。

人怎么能不死呢？无论贵为太皇太后，还是街头老妪，在生老病死面前，都是一样的。对于死亡，上了年纪、有些阅历的人，可能都会认同这是老天爷最公平的地方。

公元 1093 年九月，太皇太后高氏终于死了。这个终于，是对哲宗说的。这些年，在祖母的压制和威慑下，他实在是受够了。

终于，哲宗亲政了。朝政大反转，新党上台，高太后支持的旧党一律走人。对于皇叔赵颢，他也采取了动作，下了三步棋。

第一步棋，立刻贬黜徐邸官，让这些人远离朝廷中枢。赵颢的女婿石澈，时任京城东面巡检，握有部分兵权，也被哲宗迅速撤职。这很好理解，哲宗必须削弱赵颢的力量，以防不测。

第二步棋，借着高氏升祔太庙，改封赵颢为冀王，赐入朝不趋，再改封楚王。这步棋就有意思了。表面上，哲宗对皇叔依然恩遇有加，实则另有玄机。

赞拜不名、入朝不趋、剑履上殿，再加九锡，这是固定的套路。之前，赵颢已获赐剑履上殿，哲宗没按套路往下走，反而往回再赐入朝不趋。朝野上下，凡读书之人，谁不明白这里面的顺序？哲宗有意反着来，无异于在天下人面前戏耍皇叔。很显然，这是更高明、也更解气的报复。如此封赐，赵颢怕是哭笑不得吧。更令他没想到的是，哲宗后面还有招。

第三步棋，哲宗下诏，希真凝寂大师复封崇国夫人。这位大师，正是冯氏，赵颢的前妻。这些年风光无限的赵颢，可能早就把她忘了。可哲宗没忘，不仅没忘，还郑重其事地下诏让冯氏还俗、重新册封，连爵位都和以前一样。这就是赤裸裸的报复和羞辱。不错，哲宗内心所指，正是祖母高太后和皇叔赵颢。

面对哲宗的步步紧逼，看上去依然尊贵的楚王赵颢，实则已是羽毛落尽的凤凰，真是不如一只鸡。没了太后的荫庇，在侄子哲宗皇帝面前，他什么都不是，也毫无招架之力。

作为皇子、亲王、皇叔，赵颢生来富贵、养尊处优。哲宗这一连串的出招，应该让他重新体验了人生，理解了什么是人走茶凉、什么是世态炎凉、什么是沧海桑田。

夜半时分，他一定苦笑不已。原以为距离皇位一步之遥，没想到离他真正一步之遥的，是地狱之门。

当然，哲宗还不至于对皇叔举起屠刀。不过，忧愤惊惧之下，赵颢很快就病倒了。公元1096年九月，高太后去世仅三年，赵颢薨，终年46岁，追封燕王，赐谥荣。

在政治斗争中，只有对手死了，才算彻底安全。剩下的，就是表演了。皇叔去世，哲宗辍朝五日，更是四次亲临王府祭奠，葬礼规格之高，在北宋亲王里很是少见。

一边打压，一边封赐，一边肆意羞辱，一边高调祭奠，哲宗时年不过19岁，如此年纪，帝王权术就已玩得炉火纯青。

赵颢人虽死了，恶心他的事还在继续。

赵颢离世，嫡子赵孝骞按例将父亲遗表上奏天子。

赵孝骞，正是冯氏的儿子。

在遗表里，他赫然请求让冯氏还俗，由瑶华宫重回王府。

哲宗御笔一挥，同意。

这显然不可能是赵颢的遗愿，要么赵孝骞夹带了私货，想让母亲安享晚年，要么出自哲宗的授意。就这样，赵颢尸骨未寒，他曾经费尽心思逼走的冯氏，便风风光光地重回了王府。不久，哲宗还下诏恢复了冯氏的待遇。

冯氏待遇这件小事，已经折腾好几回了。起初，冯氏被贬瑶华宫，神宗在其原有待遇上加倍，以示体恤；神宗驾崩，高太后推倒儿子的规定，将冯氏待遇在原有基础上减半；如今哲宗亲政，又恢复了冯氏的原有待遇。

看似是件小事，背后都是权力在作祟，体现的也是政治风向。在亲情的外表之下，高太后、神宗、哲宗，这血浓于水的祖孙三代在政治上的角力，从来都是不遗余力，也不放过任何一件小事。

毫无疑问，无论怎么折腾，冯氏是实实在在的受害者。她少时嫁入皇家、生下嫡子，却遭赵颢冷落，被遗弃别宫数年，后来又被嫁祸纵火、咒骂夫君而被贬冷宫、被迫出家。

从公元 1079 年到 1096 年，冬去春来，花开花落，一年又一年，过了十七载。人生又有几个 17 年呢？可怜绣户侯门女，独卧青灯古佛旁。那般清冷和孤寂，又有谁人知？

好在，冯氏熬出来了。如今婆婆、夫君都已离世，儿子继承家业，她历经沧桑重回王府，地位尊崇，生活优渥，儿孙绕膝。如果这就是故事的大结局，那也堪称美好了。真若这样，那冯氏还算是个有福之人。

可惜，故事不仅没结束，还再次出现了大反转。

公元 1099 年，在回到王府三年后，崇国夫人冯氏又闹出大动静。这次，她和王府属官刘靖发生了私情。以冯氏的尊贵身份和特殊经历，一朝东窗事发，便会立刻传遍京城，成为街头巷尾热议的花边新闻。

此事很快传到皇宫，让哲宗大感意外，更是怒不可遏。

他和父亲神宗对冯氏多有关照，在情感之外，更多夹杂着政治考量。可以说，冯氏是这父子俩对抗高太后及赵颢的一枚棋子，也是一块招牌。如今冯氏红杏出墙，无异于抹黑招牌，不仅令皇家颜面无存，神宗父子也顺带被人嘲笑。

很快，哲宗下诏，严令冯氏再去瑶华宫出家，赐法号守真大师。守真，守贞，守住贞节，这显然是极大的侮辱。赵孝骞也受母亲牵连被贬官，由崇信军节度留后降为莱州防御使。至于和冯氏私通的刘靖，史书没有记载他的结局，想来不会太好。

再之后，便彻底没有了冯氏的消息。早已人过中年的冯氏，应该再没踏出瑶华宫半步。从此，青灯做伴，了却残生。

回顾冯氏一生，这是怎样的一个人？

毫无疑问，这是个不幸的人。

而她所有的不幸，是从嫁入皇室开始的，尽管这曾经被看作巨大的荣耀。是啊，能够嫁给皇族，成为亲王的正妻，放在任何年代，都是很多女孩的梦想。谁料，一入侯门深似海。大红门的背后，是外人难以窥测的沧桑。

从此，皇族成员便成了她最大的标签。可这个标签带给她的，除了短暂的快乐，便是长久的幽暗岁月。表面上看，她命运的悲剧，起自赵颢的移情别恋，实际上更多是因为皇家内部的权力争斗。这样的内斗，并非神宗朝独有，也并非北宋独有，只要有王朝，只要有最高权力，斗争就不会停止。

冯氏深陷权力旋涡，无论被贬、被释、再被贬，她只能随波逐流、随遇而安。说到底，她只是一个工具，掌权者行使权力、彰显权力的工具，用来打击对手、羞辱对手的工具，如此而已。

她和刘靖私通之事，因何缘起，早已无从考证。想来，以她的年纪、阅历和地位，这段情愫定是她完全无法拒绝，根本抵抗不了的。这个叫刘靖的人，必是给了她最珍视的东西，或是莫大的安慰，或是极致的快乐，让她敢于不管不顾，坦然踏上世人眼中的不归路。

这样的情义，不值得追求吗？

这段飞蛾扑火般的感情，让她被人诟病千年。

可换个角度看，这恰恰是她悲惨的一生中最好的注解。我们无意在道德上去翻盘，道德从来是翻不了的。只是想站在一个人、一个女人的角度，去尝试理解她的选择。

无疑，这样的选择，让她显得更加真实而鲜活。也许，走过艰难的岁月，重回宁静的生活，她对富贵和荣耀早已释然，唯一所求的只是一份情感的寄托。

代价，便是余生的牢笼。

也许，在残生的孤寂时光里，当皇家的荣耀褪去殆尽，她最留恋的恰是这段不伦之情。在这段被世人鄙弃的情感里，她亲手撕掉别人贴在她身上的标签，不再为任何人活着，至少不再是工具，而是鲜活的、有着爱恨情欲的女人。

冯氏，在史书里，她的人生没有起点，也没有终点，这个连名字都没有留下的女人，只是作为大历史的背景人物，以悲剧的方式一晃而过。

可这残缺的半生，跌宕起伏、爱恨交织，是否也值了？

　　说完冯氏，那她的夫君赵颢，其人生又该如何盘点呢？

　　这似乎是个很难概括的人。如果仅从史书的记载来看，他除了在几个关键场合，有过几次不合时宜、略带丑态的出场，几乎是个可以忽略不计的人。可事实真的如此吗？

　　回到历史中，也许我们会发现，在那个特定的时代，赵颢是不可或缺的，他曾经的地位、权势和荣耀，是多么至高无上和光彩照人。

　　要知道，作为英宗皇帝的次子，他从一开始就是皇位的有力竞争者。他之所以输给兄长神宗，不是因为才华，更不是因为父母的恩宠，而是千百年来嫡长子继承的礼法。

　　神宗从继位到驾崩，悠悠十余年，作为皇弟、亲王，他始终安居皇宫岿然不动。神宗病危，他更是炙手可热，被朝野上下很多人看好，是最有力的皇位竞争者。面对近在咫尺的皇位，他应该用尽全力冲刺过，可惜失败了。击败他的，依然是制度和礼法。

　　能做的，他都做了，没有犯明显的错误，甚至都做对了，可依旧与皇位无缘。他只能仰天长叹，慨叹命运不公。只能摇头自怜，为之奈何？

　　到了侄子做皇帝，他似乎走上了权臣之路，可以赞拜不名、剑履上殿。或许，这些荣耀让他有些恍惚，不做皇帝又如何？有了这些，与皇帝又有什么分别呢？可惜，没有最高权力的背书，这些荣耀不过是镜花水月，高太后去世后，这些就更成了摆设。

　　是的，不管赵颢如何自视，他所拥有的一切，无论尊贵、权力还是希望、荣耀，从来都是建立在母亲的宠爱之上。这点，在哲宗亲政后的岁月里，他应该有过切身的体会。高太后去世仅三年，他便熬不下去了，只好追随母亲而去。

　　回头来看，赵颢一生所梦的皇位，看似就在眼前，却永远不可能得到。作为亲王，在大宋日趋成熟的政治体制下，想要拿到皇位，不做非常之人，就得行非常之事。可惜，赵颢既不是非常之人，也行不了非常之事。他生在王府、长在盛世，金枝玉叶，养尊处优，在那样的社会氛围和制度约束下，他不可能成长为杨广那样的狠角色，他没那样的机会，更没那样的实力。

　　换句话说，赵灏个人的失败，恰是大宋政治制度成熟的例证。

　　在历史中，经过各种涂抹描画，英雄从来都是浓墨重彩，枭雄更是活灵活现，寻常之人则是模糊不清的。

赵颢，渐渐模糊也是自然的。他谈不上英雄，更不是枭雄，不过是个因缘际会，站在皇位附近的亲王而已。

也许，赵颢该满意了，除了皇位，他几乎拿到了一切。作为亲王，在两宋历史上，他的形象也已经够清晰的了。其余那些人，更是模糊不清了，比如，徽宗的兄弟们。

天子生母何其难

神宗一生共有 14 个皇子、10 个公主，可惜多数夭折。

赵佶排行十一，到他登基时，在世的兄弟仅有四人，即皇兄赵佖，皇弟赵俣、赵似、赵偲。这其中，赵似是哲宗的同母弟，朱太妃所生。

在世的公主仅有三人，即皇三女、皇四女、皇十女，三人后来还长大成婚了。其中，皇三女唐国公主，嫁给了名相韩琦的儿子韩嘉彦，她有个孙子名气很大，便是南宋权相韩侂胄。

很显然，作为哲宗的同母弟，赵似的身份最显眼。

赵似，生于公元 1083 年，神宗第十三子。

说起来，他和叔叔赵颢有些相似，都是母亲的二儿子，兄长都做了皇帝，人生轨迹也都深受母亲的影响。

要说赵似，还得从他母亲朱氏说起。

朱氏出身平民，生父姓崔，在其幼年早亡，母亲不得已改嫁朱姓人家，后因生活所迫又将其托付任姓亲属抚养。就这样，朱氏小小年纪便有了崔、朱、任三位父亲，可见生活的艰难。

这样的童年，饥寒交迫、颠沛流离，活下去成了最大的追求。朱氏不仅活了下来，还出落得如花似玉、明艳动人。或许是艰难的生活所致，她不仅貌美，还是个很有主意的人，知道自己要什么。她在拒绝了很多人登门求亲后，抓住机会进宫做了宫女。

这无异于赌博。

皇宫，帝国权力的中心；后宫，中心里的核心。这里距皇帝最近，有一步登天的机会。千百年来，无数人主动、被动地来到这里，可真正能抓住机会扭转命运、飞黄腾达的少之又少。

不过，一件事只要足够辉煌，哪怕只有极少的成功案例，一样会让人趋之若鹜。人们会选择性忽略那些失败者，目光所聚都是那些闪闪发光的人。每个选择赌上人生的人，都笃信自己与众不同。人性就是这样。

朱宫女，作为宫里最卑微的存在，却得到了命运的垂青，她先是成功吸引了神宗的目光，又迅速得到了皇帝的宠幸。宠到什么程度呢？短短数年，她先后生下二子五女，即哲宗、赵似和唐国长公主等五位皇女。她赌赢了。

在后宫，女人生育的次数，是天子恩宠最好的证明。在神宗的嫔妃里，数朱氏生育最多。她也由此步步高升，从宫女累进才人、婕妤、昭容、贤妃、德妃。

一路走来，朱氏隐忍低调、不事张扬，艰难岁月里磨砺而成的性格，让她的向上之路少了许多障碍。可向上的路总有个分界点，过了这个点，再往上走，无论你如何隐忍，收获的掌声会越来越少，嫉妒和嘲讽却越来越多。所谓高处不胜寒，大抵如此。

朱德妃，便越发感受到了来自向皇后的寒意。

向皇后，是位人生赢家。

她出身名门，曾祖父向敏中官至宰相。从小生在宰相之家，生活优渥、富贵闲适，加之良好的家风熏陶，让向氏精通诗词歌赋，擅长琴棋书画，很有大家闺秀的风范。在嫁入王府的次年，神宗继位为君，她便当上了皇后，一路顺风顺水。很多人求索一生难得的东西，她拿得轻描淡写、风轻云淡。

朱氏于她而言，原本微如尘埃、不足为道。是啊，皇后又怎会注意一位普通宫女呢？可谁能想到，朱氏就这样一路受宠、一路生育、一路晋升，不过短短几年，就已经紧挨着她了。

她开始重新审视朱氏，并切身感到了来自朱氏的压力。

最重要的是，朱氏狠狠地触动了她。她身为皇后，虽然尊贵，也很得天子礼遇，看似风光无限，却有块很大的心病。她只生过一位公主，还不幸夭折，之后便再未能生育。

母以子贵，子以母贵。在皇宫里，母子之间，在血脉亲情之外，还有更深层次的权力和地位的纽带。皇后无子，无论地位如何尊崇，也会有一种空中楼阁般的恐慌。

这种恐慌还无法明言，只能淤积在心以致成病。毕竟，在礼法上，皇后是所有皇子的嫡母。皇帝多子，皇后应该高兴才对。对于为皇帝生子的嫔妃，皇后应该大度包容，甚至是褒奖鼓励，这是皇后应有的风度和雅量，也是皇后的职责。

可谁都明白，这对皇后是巨大的威胁。皇子继位，如果其生母亡故还好，如果生母犹在，那对皇后的威胁就不言自明了。

由于之前的皇子全部夭折，朱氏所生的皇六子已成事实上的皇长子。神宗晚年诸病缠身，朝野上下早立储君的呼声很高。皇后无子，无嫡则立长，朱氏之子最有希望继承大统。

如何面对未来皇帝的生母，这是向皇后要深入思考的问题。

反过来，这个问题对朱氏也异常重要。

就这样，向皇后、朱宫女，这两个曾经天壤之别的人，在命运之手的安排下，不过十多年的时间，居然成了面对面的对手。

对于朱氏来说，她倒未必想挑战向皇后，更未必想取而代之。对她来说，最核心的关切是儿子顺利继位。在这个问题上，她最大的对手并非无子的向皇后，而是婆婆高氏，那个一心想扶赵颢继位的皇太后。

实际上，高氏的心思，还是朱氏和向皇后共同的心病。原因很简单，只要是神宗的儿子继位，无论哪一个，向皇后都是嫡母，自然也就是太后；如果神宗的弟弟继位，那她便是皇嫂了。相比太后、皇后，皇嫂是怎样的尴尬？

三个女人一台戏啊。

在共同利益之下，向皇后顾全大局，朱贤妃委曲求全，彼此暂时收起嫌隙，或许还成了同盟。后来，高氏想法落空、赵颢饮恨落败，在朝廷内外强大的反对力量里，应该少不了她们。

朱氏的儿子哲宗顺利继位。虽然儿子做了皇帝，但在宗法之下，朱氏只能升格为太妃，向皇后则以嫡母身份做了皇太后。

外部威胁解除，向太后和朱太妃再度貌合神离。她们的联盟原本就是松散的。不过，她们之间还得合作，毕竟上面还有升格太皇太后的高氏。高氏临朝听政、大权独揽，在她的治下，向太后也好，朱太妃也罢，都只能低眉顺眼、小心侍候。

相比向皇后，朱氏皇帝生母的身份更招人眼红，必须更加小心谨慎。别人只能眼红，垂帘听政的婆婆高氏就不一样了，她始终憋着一口恶气，要找机会好好敲打朱氏。

不久，机会就来了。

神宗驾崩，入葬永裕陵。

陵墓修成后，宰相蔡确任山陵使护送灵柩前往巩县（今河南巩义）皇陵，朱太妃奉高氏之命随行。途中，队伍在永安停宿。

时任河南知府韩绛曾任神宗朝宰相，很得神宗赏识和器重，亲自从洛阳赶到永安迎接，对朱太妃特别尊重，各种礼数也很周到。朱太妃感念韩绛的忠敬，十分感动，回宫后还念念不忘。

高太后得知此事，便借题发挥，召来朱氏当面怒斥，言辞非常激烈，毫不留情面。理由是，韩绛曾任宰相，朱氏不过是先帝嫔妃，如何配享宰相的礼遇？朱太妃不敢申辩，也不容申辩，被骂得当场痛哭，磕头如捣蒜般向高太后请罪。

对朱氏，只说是神宗嫔妃，天子生母的身份根本不提。以高氏的谋略和手段，这明显是故意为之，就是要借此敲打朱氏，杀她的威风，警告她不要因为儿子当了皇帝便忘乎所以，也借机为儿子赵颢夺位失败报一箭之仇。

眼见高太后余怒未消，一些钻营之人居然立即罗织了几项罪名要求严惩朱氏。好在，高太后的侄子是个明白人，他在大臣的提醒下进宫劝谏高太后。他说，朱氏毕竟是当今皇帝生母，天子生母理应受到尊崇，如果因小人挑拨而肆意羞辱，日后皇帝亲政必会忌恨，对高氏子孙或许就是灭门之祸。

朱氏的臣服态度令高氏满意，她冷静下来后也觉得侄子说得有理，就没再深究朱氏，对其态度也有所好转。三年后，高太后下旨，将朱太妃的舆盖、仗卫、冠服等待遇提升到皇后等级。

经过此事，朱氏更加隐忍、低调了，这些年因为恩宠稍稍抬起的头，又狠狠地垂了下去，微微直起的腰，又深深地弯了下去。

好在，她还有希望做支撑，那就是当皇帝的儿子。这时的哲宗，在祖母权力的阴影下，只是个木偶和摆设。在四面漏风的后宫里，母子俩连抱头痛哭的机会都没有，只能将所有的情绪深埋心底。在这段艰难岁月里，对于他们来说，煎熬是生命的关键词。

在高太后打压朱氏时，另一个女人很可疑，那就是向氏。虽然找不到她直接参与的证据，但总让人隐隐觉得背后有她的身影。她有足够的动机，来鼓动和调唆这件事。相比较而言，高氏的权势和地位无可挑战，朱氏上位对她的威胁最大。

翻翻史书，我们会发现，在这三个女人的戏里，高太后作为向氏和朱氏的共同婆母，她只是针对朱氏，对向氏却始终以礼相待。这其中的原因耐人寻味。

凡事只要有三个人，就有合纵连横的空间，相互间随着形势的变化，分分合合、合合分分。高氏、向氏、朱氏玩的就是这一套。朱氏原本最弱，可她成了皇帝生母，实力陡增，向氏和高氏自然站在一起。

再有，就是宗法之下的主仆之别。高氏和向氏是皇帝明媒正娶的皇后，在宗法之下，她们都是主母。朱氏就不同了，她是嫔妃出身，即使儿子做了皇帝，仍是赵家的仆人而已。

这就是宗法制度，这个制度有巨大的力量。

等高氏升天，向太后作为天子嫡母，自然顺位后宫第一人，朱氏依然只能屈居向氏之下，这还是宗法制度使然。即使哲宗已经亲政、大权独揽，也无可奈何。

不过，时移世易，没了高太后，三个女人的平衡被打破，向太后也不得不调整策略，开始礼遇朱氏，甚至有了几分讨好。

入宫苦熬多年，朱氏终于迎来人生的巅峰。

秋去春来，寒暑易节，从公元 1068 年进宫，到公元 1093 年儿子亲政，朱氏在宫里已度过 25 个春秋，从 16 岁的少女变成了 41 岁的妇人。前 17 年，她有神宗的宠爱和庇护，只要小心、隐忍、低调，便可以安然度日；后 8 年，为了儿子能坐稳皇位，在婆婆高氏和皇后向氏的威慑下，她过得战战兢兢、如履薄冰，一个小错误，或许就是母子俩的万丈深渊。

说起来，高氏离世、哲宗亲政的那天，朱氏是怎样的心情？

是如释重负、卸掉心中巨石，还是苦尽甘来、扬眉吐气？

也许什么都有，也许什么都没有。

皇宫，最高权力之地，非寻常人家可比，一切都是放大的，那里的荣耀更加荣耀，那里的艰难更加艰难，那里的沧桑也更加沧桑。看多了这一切，或许朱氏更多的是平静。

对于婆婆高氏，她的心态是复杂的。要说有多深的感情，根本谈不上，这些年高氏对她很苛刻，她们之间有着宗法之下难以跨越的鸿沟；要说多么恨她，可能也未必，毕竟高氏最后支持哲宗继位，在对少年皇帝的管教上虽然严厉苛责，也是费尽心血。

还能说什么呢？毕竟，儿子坐稳了江山，这就足够了。

朱氏能看透这一切，哲宗就未必了。

年轻人，血气方刚，走的路短、看的事少，他们喜欢大开大合地处理人际关系、淋漓痛快、快意恩仇，对那些生命的沧桑之下、人与人之间不可言传的情感，往往缺乏精准的把握。

哲宗亲政，重回神宗路线，重用被高氏严厉打压的章惇、蔡卞等人。这些人很快将火烧到高氏身上，他们甚至奏请哲宗追废高氏的太后名位。这是臣子们的意思，还是哲宗的授意？

单论情感，想起祖母对自己的严苛、对母亲的不公、对父亲政治路线的颠覆，热血冲上脑袋，哲宗恨不得马上准奏，来个痛快的。朝堂上下，所有人都屏住了呼吸，有人甚至已经在为暴风雨做准备了。高氏的侄子曾担心的灭门之祸，就在眼前。这时候，全天下只有一个人能拦住哲宗。

是的，只有朱太妃。当然，她可以选择漠视不管，也来一场迟到的快意恩仇。可是，她没有这么做，而是站了出来，苦苦哀求。此事太大，不仅有违孝道伦理，还会伤及国本。

想来，她是发自内心地劝阻。除了对于江山社稷的考虑，走过这么些年，她对婆婆应该也多了份体谅和理解。站在高氏的角度，谁又那么容易呢？

这一幕，让站在一旁的向太后，看得心惊肉跳。反应过来后，她也极力劝阻哲宗。她为高氏也为自己，高氏若被追废了，她也很难善终。

这是向氏和朱氏的又一次合作。一个为了儿子，一个为了自己。好在，她们拦住了哲宗，高氏的牌位一番摇晃后，终于立住了。高家的后人们摸摸脖子上的脑袋，庆幸不已。

不久，向太后下旨全面提高朱氏的地位。

朱太妃所住的宫室，全面翻修扩建并改名为圣端宫；日常出行，改乘车为乘舆；出入皇宫，可以经由宣德东门进出；百官向朱太妃上书，要称殿下。不仅如此，朱氏的崔、任、朱三位父亲，都追赠太师、太保。

所有能给的，都给了。这些未必出自向氏本意，自然都是哲宗的意思，她不过做个顺水人情罢了。她再心有不甘，人家是亲生母子，形势比人强，也只能以太后之名加以背书。

只有一点没变。朱氏依然只是太妃，向氏才是太后。

守住太后的名分，是向氏的底线。

往前一步，拿到太后名分，朱氏的人生就圆满了，她的巅峰也才实至名归，没有遗憾。不过，她倒未必着急，哲宗青春年少，来日方长，她也小向氏六岁。

看起来，时间站在朱氏这边，任时间流淌，一切终究都会有的。

谁知道，天不假年，哲宗英年早逝。

朱氏白发人送黑人，锥心之痛。

至于向太后，在悲伤的外表之下，内心究竟是何感受，可能只有天知道了。以哲宗的年少气盛和刚愎作风，这些年向氏做太后的日子过得未必舒心。

不过，当此关键时刻，朱氏还不能完全沉浸在悲痛之中，还有更重要的事需要她打起精神来，那就是由谁来继承皇位？

哲宗生前只有一子，还夭折了。据史书记载，他直至驾崩也没立下遗诏。这点让人颇为生疑。当年神宗就是拖到最后一刻，才确立的哲宗储君之位，以至皇位险些落入他人之手。这些往事，哲宗都是亲历者，按说他应该有所借鉴，不知他为何又犯了同样的错误？这背后有什么隐情呢？

勉强能解释的原因，是哲宗自恃年轻、过于自信了，以为能挺过来，结果病情迅速恶化，没给他时间。也有可能，他遭受丧子之痛，自己也将不久于人世，万念俱灰，不想再管身后事了。也有可能，他原本是立有遗诏的，只不过，这份遗诏后来消失了。

那么，如果哲宗立有遗诏，他会立谁呢？

很显然，不可能是赵佶，如果是，徽宗一定会大肆宣传，史书也必定会详细记载。换句话说，正因为不是赵佶，遗诏才会消失。按常理来说，哲宗最可能立的人，便是同母弟赵似。

据说，哲宗病危时，朱太妃作为生母曾日夜陪护榻前。她曾对哲宗说，只有十三哥是姐姐肚子里出来的，立十三哥为储最稳妥。十三哥便是赵似。北宋时，母亲称呼儿子哥哥，自称姐姐。

按照向太后的说法，哲宗听闻生母所言，自此气不复语。按照字面的意思，哲宗对母亲的提议很不满，直接不说话了。那就是说，哲宗不支持立赵似为储。问题是，后来是赵佶当了皇帝，此话又由向太后所说，能有几分真实呢？

不过，上述说法至少表明，朱氏明确希望由赵似继承皇位，而向太后则不以为然。这就矛盾了。在最高权力面前，这样的矛盾是不可调和的，也是不可能调和的。

当然，这样的矛盾也不仅仅是两个女人的矛盾。在她们身后，应该都有各自强大的支持力量。在那样的特殊时刻，她们被选中了，被推出来了，必须争出个高低来。

为了皇位继承人，向氏、朱氏终于短兵相接了。

大决战，正是那场著名的御前会议。

关于这场会议，史书有浓墨重彩的描写。宰相章惇先声夺人，抢先提出由简王赵似继位，遭到向太后否决；章惇再提议立申王，被向太后以眼疾为由再次否决。眼见章惇两击落空、手脚无措，向太后强势推出端王赵佶，一锤定音。

这一幕，或许是真的。即使是真的，应该也是被史书反复修饰过的，看似合理，仔细推敲却不太符合逻辑。

至少从舞台来说，就被大大虚化了，似乎只剩下了章惇和向太后。一个宰相、一个太后，宰相秉公直言，但建议不够成熟，太后以大局为重，最终定了乾坤。至于章惇背后的朱太妃、赵似，向太后背后的赵佶都被刻意隐去了。

更大的可能是，在哲宗病重期间，围绕储君归属，朝廷形成了两大政治集团，一方以向太后为首，拥立端王赵佶；一方以朱太妃为首，拥立简王赵似。

也许，正是双方斗得不可开交，让病榻上的哲宗寒心了，索性两边都不支持，遗诏都不立了，爱谁谁吧，这倒也符合哲宗一生叛逆的性格。

在史书的描述里，朱太妃是个与世无争的人。也许，在很多事情上她确实不争不抢，但在儿子的皇位面前，她能拱手相让？

这符合逻辑吗？这符合人性吗？

当然不符合。这是她儿子的皇位，当然要确保再传给另一个儿子，难道这个理由，不值得她全力去拼？何况，在她身后，还有新党的全力支持和推动。

哲宗亲政后，恢复新法、重用新党，新党势力日渐坐大。而向太后在政治立场上，则明显支持旧党，这让新党领袖们感到不安。为了继续推动新法变革，也为了保护自身的安危与富贵，他们必须找到代言人来对抗向太后，朱氏自然是最好的选择。

结盟新党，倒未必是朱氏有明确的政治诉求和政治纲领。她所考虑的就是，确保另一个亲儿子赵似接班。作为母亲，这天经地义。当然，私心也是有的，那就是太后的名位；情绪也是有的，她被向氏压了这么多年了，难道就不想扬眉吐气一把？

兔子急了也咬人，咬得也很疼。低眉顺眼、隐忍多年的朱氏，终于站起来拼了。

面对朱氏的针锋相对，向太后必须全力出击。不论政治立场，即使为了自身的尊贵，她也要全力阻击赵似。哲宗在位，朱氏与她已是伯仲之间了，朱氏另一个儿子再当皇帝，她还能守住太后名分的底线吗？

朱氏、向氏，这两个女人为公又为私，对抗在所难免。

二人多年的心结，也必须做个了断。

最终，朱氏失败、向氏获胜，赵佶登基为帝。

作为宰相，章惇支持的朱氏母子落败，他的命运也就注定了，后来他和福建同乡蔡确一样遭到严厉整肃，被贬谪至死。

对于朱氏母子来说，母亲输了，便是赵似输了。

家奴惹大祸

说到赵似，在历史中我们几乎看不到他。

他一生都活在祖母、生母、嫡母和皇兄们的阴影里。

他两岁时，父皇驾崩，同母兄哲宗继位、祖母临朝听政；10岁时，祖母归西、皇兄哲宗亲政；17岁时，哲宗去世、皇兄赵佶继位。

这样的人生，会赋予他怎样的经历和思考？

童年时，在祖母和嫡母的两座大山下，母亲身为皇帝生母、贵为太妃，也是活得战战兢兢、如履薄冰，他又能好到哪儿去呢？富贵、奢华的生活，压抑、恭谨的情绪，或许是他最深刻的记忆。

直到皇兄亲政，母亲紧绷的神经松弛了许多，脸上多了些笑容，他的人生也才稍稍舒展了些。

不过，舒展并不意味着放松。皇家的兄弟不比寻常人家，血缘越亲近，意味着越有继位的合法性，对皇位越有威胁。他是皇帝亲弟弟的身份，虽然会多一点荣耀，但更多的可能还是嫉妒和猜忌。嫉妒来自皇室宗亲，猜忌则是来自哲宗。要说，赵似童年生活最多的是压抑，那少年时期更多的就是收敛了。

亲政后，哲宗对弟弟们都很关照。史书记载最多的是他对赵佶的关心，这很好理解，毕竟赵佶后来当了皇帝，所有的细节都被刻意保留了下来，作为继位的某种合法性。

反过来，这也是史书里几乎找不到哲宗、赵似这对亲兄弟互动信息的原因。按常理说，他们的互动肯定是有的，而且会很多，只是被刻意隐藏了。就像哲宗夸奖赵佶的话，都被保留了下来；而他应该对赵似说得更多，却一句都无人知晓。

隐藏的背后，恰恰有文章。

隐藏的结果，就是在后来这场皇位争夺大戏里，我们几乎看不到赵似的演出，他就像透明人一样，似乎完全不存在。

这当然不是事实。出生在皇家，自幼生活在皇宫，耳濡目染之下，对权力自然有更加透彻的理解。或许，原本他没有非分之想，毕竟哲宗只比他年长6岁，一样青春年少、来日方长。

只是，在兄长病重且无子的情况之下，仿照本朝太祖太宗兄终弟及的旧例，几乎已成必然了。作为皇帝的亲弟弟，面对这样的局面，面对皇位的诱惑，赵似还会无动于衷吗？在母亲和新党的力挺之下，他还会安之若素，静观其变吗？

这显然不合逻辑。17岁，正是血气方刚的年纪。17岁的哲宗，虽亲政不久，却已在内政、外交上大刀阔斧、全线出击了。他们是亲兄弟，应该不会相差太多吧。

或许，在这场夺嫡大战中，赵似才是冲锋陷阵的主力，母亲朱氏、宰相章惇不过是为他摇旗呐喊而已。

当然，他输了。于是，在兄友弟恭、为尊者讳的旗号下，赵似的奋斗被史书修饰得很干净。不过，还是留下了蛛丝马迹。

这便是徽宗继位初年的一桩大案，史称"蔡王府狱"。

蔡王，便是赵似。

赵佶继位后，改封各位兄弟，赵似由简王成了蔡王。

紧接着，继位不过数月的徽宗，便吸取父亲的教训，让年长的弟弟们离开皇宫就第，其中就有赵似。

在随赵似搬家的贴身亲随里，有个书吏名叫邓铎。他不知出于何意，也许是安慰主子，也许是表白忠心，随手写下了几个字：随龙人、三班借职邓铎。

这龙字非同小可，是不可乱用的。邓铎自称随龙人，这龙人又是谁呢？有人指向了他的主人——赵似。

在君臣名分已定的情况下，邓铎写的这几个字，无异于谋反。

一年后，有人将邓铎告发。徽宗闻之，惊骇不已，立即下令逮捕邓铎，并下诏彻底追查。那么，这是邓铎的个人行为，还是受人指使呢？

朝野上下，几乎所有人都屏住了呼吸。新君刚刚登基，就爆发了牵扯到亲王的疑似谋反大案。按照历史经验，一桩惊天大案就在眼前。

到这时，赵似也惊呆了。自古以来，胜者王侯败者贼，无论你曾经是谁，只要输了就是贼。而贼是注定要被剿灭的，只是他没想到来得这么快，而且是以这种一剑封喉的方式。

开封府推官吴师礼，奉诏主审此案。

为官多年，这是他人生中最大的考验。这考验的，不是办案的专业素养问题，而是人心和人性。

富贵险中求。这是个难办的差事，却也是巨大的机会。对办案人来说，案子越大，关注度越高，越是机会；牵扯的人层级越高，高层人士接触得越多，越是机会。亲贵谋反大案，条条符合。

历史上，办案人因势利导，借助皇室宗亲的滚滚人头，换来自己富贵前程的，何其多也？历史上那些著名的酷吏，无论西汉的张汤，还是武周的来俊臣之流，都是会抓机会的高手。

人在仕途，难的不是岁月的煎熬，难的是没有向上的机会。没有机会，便没有了希望。没有希望的仕途，平凡会磨平雄心，枯燥会磨灭意志，这对那些渴望出人头地的人来说，是万难接受的。他们不停地折腾，反复地向上张望，不过就是想博个向上的机会。

可是，机会在哪儿啊？

在万般艰难里，揣度上意、争当酷吏是条捷径。靠着一心唯上，凭着不择手段，跨过尸山血海，无视万家齐哀，换来仕途的辉煌。不过，酷吏的辉煌多是昙花一现，难有好下场。即使如此，那些后来的酷吏们，依然前赴后继。这倒并非是他们不知史，而是官场难行，忍不住捷径的诱惑，再有就是侥幸心理，总以为自己聪明，可以逃脱这种宿命。

可历史明确告诉了这些酷吏们，但凡作恶多端，任尔机关算尽，终究难逃上天的惩罚。

接下来，就看吴师礼的修为了。

吴师礼，字安仲，杭州钱塘人，生卒年不详。

如果说每个人的人生，都是肩负使命而来，那吴师礼正是为这桩大案而来。这桩案件，也几乎是他留在历史里的唯一印迹。

令人有些意外的是，如此万众瞩目的大案，吴师礼快刀斩乱麻，很快便审结了。在他向皇帝呈送的结案报告里，案情非常简单，邓铎小吏不知天高地厚、胡言乱语，犯大不敬之罪，依法判处极刑。报告通篇，没有一个字牵扯楚王赵似，与他毫不相干。

徽宗对这个结果很不满意，这显然不是他心中所想。在他接到举报决定调查时，心里就有了大致方向。即使不亮出明晃晃的利刃，牵扯蔓延、血溅京城，也定要敲山震虎、杀鸡儆猴，给赵似及背后的朱太妃，还有支持他们母子的朝臣们来个下马威。

难道这意思很难理解？难道吴师中读不懂圣意？

当然不是。徽宗选择将此案交给吴师中，就认定他能知晓圣意。参照历史上的旧事，在圣意之外，还有不可言说的约定。吴师礼办好案件，皇帝赐予富贵。

很显然，徽宗看走了眼。在富贵面前，吴师礼选择了装傻，似乎看不清也看不懂。他的结案报告完全反其道而行之，砍断一切可以蔓延的路径，就事论事，大事化小、小事化了。

这是在劝谏徽宗，点到为止最好，如此既能结案，也能将此事化于无形，避免祸及无辜，影响国本。自古以来，神仙打架、兄弟反目导致生灵涂炭、国破家亡的教训太深刻了。吴师礼好一番用心良苦啊。

赵似这边，忧心如焚，惶惶不可终日。听闻案件审查有了结果，且不涉及他，心中稍安。他赶紧借机上表徽宗待罪，言辞极其卑怯。他已是砧板上的鱼肉，只能死死盯着皇兄手里的刀。

前有吴师礼用心良苦，后有赵似卑躬求饶，徽宗陷入了踌躇之中。向前一步，腥风血雨；后退一步，风轻云淡。无数人的身家性命，就在皇帝的一念之间。

这时候，江公望站了出来。

江公望，字民表，建德人，生卒年不详。

他是神宗熙宁年间进士，辗转官场多年，时任左司谏，在朝野上下很有威名。在朝政上，他直言敢谏，维护朝纲，反对新旧党争；在小节上，他毫不含糊，据理力争，主张修身无为。

据说，他多次上表徽宗，劝谏皇帝远离奇玩异石、珍禽异兽，不可玩物丧志。起初，徽宗不为所动，打几个哈哈就想略过。可江公望坚持不懈，反复上表，不达目的不罢休。

无奈之下，徽宗只好从其所谏。唯恐江公望存疑，徽宗还特意召见他，带他巡视御花园，目之所及之处鸟笼兽栏都已空空，独存一只白鹇因留恋主人不肯离去。同时，徽宗还向他展示了自用的手杖，上面赫然刻着江公望的名字，以此来时时警醒。

如此国之谏臣，在这般谋反大案上，又怎能缺席呢？

大宋朝的谏官，负责对朝政方略、官吏任用及施政得失提出意见，身份显赫，位置重要。

自古以来，这谏官说难做，很难做；说好做，也很好做。难做的，是以江山社稷和黎民百姓为做事的准绳；好做的，是以天子好恶为标尺，天子喜则为之，天子恼则不为之。

也许，多数谏官是后者吧，既博忠名又取富贵，两不耽误。

江公望是个异类。他心里只有江山社稷，只有正义良知。

关于赵似之事，他给皇帝的谏言入情入理。他说，血脉至亲不能有嫌隙，有嫌隙就会生出二心，便给了旁人离间的机会，即使相互有了小小的猜忌，也不能轻易流露。于公而言，楚王并没有祸乱的确凿证据，不能予以治罪；于私而言，楚王为臣且为弟，天子为君且为兄，为君为兄者秉持宽容之心，为臣为弟者怀抱恭敬之意，如此便能修复嫌隙，恢复手足情深。

接到江公望的奏表，徽宗沉默良久，他说得确实在理。前有吴师礼的举重若轻、化于无形，后有江公望的良言善语、用心良苦，徽宗思虑再三，也就释然了。

至此，这桩惊天大案，还真就消弭无形了。

吴师礼，被升为右司谏，成了江公望的同僚。他完成了历史使命，在史书里消失得无影无踪。看他的年纪，应该能在靖康之前寿终正寝，这样的人应该有个不错的人生结局。

江公望，后来因为直言得罪了权相蔡京被贬岭南，直到多年后蔡京彻底倒台才遇赦。这时，江公望已年逾古稀且诸病缠身，便没有返回东京，而是直接告老还乡了。想来，江公望为官一生，许国许民，漂泊万里，叶落归根，如此甚好。

江公望不仅政声显赫且著述颇丰，有《江司谏奏稿》和《江司谏文集》传世。他有几句话，即使今日读来，犹是振聋发聩。

关于如何用谏官，他有"四不"之说：人君之于谏臣，养之不可不素，用之不可不审，听之不可不察，去之不可不谨。

关于为臣之道，他有"三不"之说：上不欺天，中不欺君，下不欺心。

如此箴言，实为后世当权者和为官者戒。

就这样，徽宗登基初年，在吴师礼的秉公执法和江公望的谏言下，一场可能蔓延朝野、牵扯无数人身家性命的大祸，被悄然避过了。他们也以这种独特的方式，将自己留在了历史的记忆里，供后人敬仰。他们的为官之道，足为后世楷模。

在任何年代，那些不逢君之恶、媚上欺下，不为个人富贵兴风作浪、助纣为虐，始终坚守做人做官的底线，用智慧消弭百姓灾祸的人，都是值得尊敬的。

当然，最心存感激的无疑是朱太妃和赵似母子。作为皇位竞争的失败者，他们早已是砧板上的鱼肉，除了等着刀落下，别无他途。谁能料到，砧板前的徽宗，疾风骤雨般地运刀，最终只是虚晃一下。皇家权力相争，这般幸运可不常见。

饶是如此，母子二人还是受了惊吓。

结案次年，公元 1102 年，朱太妃病故，终年 50 岁。

赵似的案子落地，朱氏最后松了口气，了无牵挂地走了。

她的人生，画上了句号。

蓦然回首，她这一生又当如何呢？或许，八个字可以概括：苦乐参半、一言难尽。至于苦多一点，还是乐一点，谁知道呢？

她小小年纪父亲亡故，无依无靠、生活无着，被辗转于三姓人家。这样的颠簸，对于成年人来说都是煎熬，对于小女孩而言实在是过于残酷了。然而，苦难的生活，倒养成了她一生遵循的隐忍之道。

进宫后，她不争不抢、不嫉不妒，像株野草一样顽强生长。幸运的是，她得到了命运的垂青，受到神宗的宠幸，二子五女就是最好的证明。长子登基为帝，更是把她推到了人生的巅峰。

之后，面对婆母高太后的刻意打压，她隐忍如常，谨言慎行。她心里清楚，这正是作为皇帝生母的代价。天下的母亲，哪个不是望子成龙？儿子做了皇帝，母亲受点委屈，何足道哉？

她唯一遗憾的，也许就是太后名分了。不过，在儿子亲政后，她虽仍是太妃，却几乎已和向太后并驾齐驱，那个名分不要也罢。

可谁能想到，哲宗年纪轻轻就驾崩了，这对于朱氏是难以承受的重击，无异于山崩地裂。这时候，那个不要也罢的名分，展现出了难以抵挡的力量。

支持儿子赵似争位，朱氏用尽了全力，却最终败下阵来。向氏能一言九鼎地击败她，靠的就是名分。太后是君，太妃是臣，君臣之分，泾渭分明。在实力相当的情况下，名分就是实力。

要说朱氏的贵人，那自然是神宗，给了她一切。她的克星，则必是向氏。算起来，朱氏和向氏在皇宫里，共同生活了 25 年。起初，向氏贵为皇后，朱氏不过是宫女，同一片天空下，天壤之别。

靠着恩宠，朱氏一步一步往上爬，这一路的艰辛，冷暖自知。直到儿子当上皇帝，她才走到了向氏的身后，这算是个奇迹吧。

可惜，这样的奇迹并没有持续多久。随着哲宗去世、赵似落选皇位，作为前皇帝生母，朱氏的地位一落千丈，向太后却在徽宗登基后垂帘听政，登上人生巅峰。

两相对比，向氏永远压朱氏一头。这就是命吧。

有的人，你自以为各方面都强过他，可他就是凭着那一步的领先，一辈子挡住你、压着你，让你始终如鲠在喉、如芒在背，却无可奈何。这不是命，又是什么呢？

要说，向氏的人生也很让人感慨，她是皇后、皇太后，看似尊贵无比，却因膝下无子而一生紧张、敏感。她始终死死压着朱氏，不过是要牢牢护住她唯一剩下的名分。有了这个名分，她就有了一切，没了这个名分，那她的人生还剩下什么呢？

就连离世，向氏也是领先一步，在公元 1101 年驾鹤西去。

这两个人，明里暗里较劲了一辈子，到死应该都释然了吧。临终前，朱氏回味这一生，或许只有苦笑。儿时艰难、生活颠簸，半生富贵、一生隐忍，终究如黄粱一梦，一切成空。

值得一提的是，徽宗追册朱氏为皇后，上尊谥钦成，史称钦成皇后，陪葬神宗的永裕陵。如此，她终于追平了向氏，在阴间可以和向氏平起平坐了。

所谓名分，是多少人一生所求的，又让多少人生死相许？

徽宗追册朱氏，多少也有对弟弟赵似的补偿吧。

作为帝王，他能做到这样，还是有些人君之量的。

当然，这里面肯定有作秀的成分。而愿意作秀，也是器量的表现，总好过那些一上台就撕掉伪装、对政敌赶尽杀绝的暴君吧。

争储失败、母亲离世，赵似背后那个隐形的政治集团，很快便烟消云散了。赵似也如顿悟一般，性情为之大变。

虽然徽宗诏令赵似继续参加朝会，但他坚决远离了朝堂，开始享受生活，沉溺于酒色之中。据说，他常常带着亲随，穿过王府的后门，衣着随意，甚至不修边幅，流连于街市，游荡于瓦肆。不仅如此，他还常常与宗室子弟们混在一起，还强买宗室之女为妾。所有这些，可都是犯忌讳的事。

这些事，自然逃不过天子的眼睛。不过，徽宗显得很大度，不仅不追究，还下诏给有司和宗正，让他们对蔡王不予计较。

徽宗看似大度，实则有自己的小九九。也可以说，这兄弟俩是在演戏给天下人看。

自从卷入皇储之争，兄弟二人便貌合神离了。蔡王府狱，虽然高高举起、轻轻放下，但两人内心的隔阂早已深不见底。赵似花天酒地、荒诞不经，就是在告诉徽宗，他不争了，争不了，认命了，相当于认输求饶。徽宗不予惩治，则是在告诉赵似：你的心意我明白，只要不威胁皇位，你怎么折腾都行。当然，徽宗心里还有句话：这样折腾也好，酒色伤身，必不持久。

赵似焉能不知？可除了借酒浇愁，他又能怎样呢？

果然，在母亲去世四年后，赵似病故，年仅 23 岁。

说来也巧了，朱氏的两个儿子，哲宗、赵似，都只活到了 23 岁。这是巧合，还是天意？兄弟两人，一个贵为天子、一个贵为亲王，加一起还没活过半百，令人悲哀。若再加上母亲朱太妃，母子三人也没活过百年，令人唏嘘。

据说，听闻赵似离世，徽宗悲痛异常，朝廷多有追赠，葬礼备极哀荣，后又追封他为楚王，谥荣宪。赵似留下的独子赵有恭，封定国军节度使、永宁郡王。

对比看看，细节里确实藏着魔鬼。

在北宋晚期，若论身份地位相似的亲王，得属赵颢和赵似这叔侄俩，都曾经无限接近皇位。在他们身后，皇帝都给予了极高的荣誉，在爵位上，都是赠太师、尚书令、兼中书令、冀州牧；在面子上，都是天子四临其丧，御书御制挽词二首赐之。唯一的区别是，赵颢故去，哲宗辍朝五日；赵似去世，徽宗辍朝七日。

辍朝，即皇帝因大臣去世休朝致哀的制度。早在东汉年间，便有了皇帝辍朝的记载。到了唐代，制度日渐完备，宋承唐制，对辍朝有了更加完备的规范。

在宋朝，三品以上文武官员去世，皇帝才会辍朝哀悼。三品官辍朝一日，一品、二品官辍朝两日。皇族亲王，一般辍朝三日或五日，辍朝七日是最高规格。整个北宋，享受辍朝七日待遇的亲王也只有寥寥数人。

那么，问题便来了。除了身份同样显赫之外，赵颢是哲宗的叔叔、是长辈，赵似是徽宗的兄弟、是平辈，徽宗为何要为赵似多辍朝两日呢？这说明了什么？

若真细究起来，情感的因素可以忽略不计，可以解释但又不能明说的原因是，赵似比赵颢曾经离皇位更近。至少在赵佶看来是这样的，所以他给了弟弟更高的礼遇。

赵似离世，一切归于尘土。23 年的人生，稍纵即逝，他像流星划过北宋晚期的天空，很快便消失得无影无踪。

赵似，这位曾经富贵至极、喧嚣天下的人，后世又有几人知？

除了赵似，赵佶还有三位兄弟，也是各有所命。

赵佖，神宗第九子，生于公元 1082 年，生母武贤妃。哲宗驾崩后，赵佖在兄弟中年龄最大，如果立长，本应由他继承皇位。但他患有眼疾，有说是斜视，有说是盲人，这样的先天条件，只能望皇位而兴叹了。

据说，他儿时患急惊风，俗称"抽风"，几乎丧命，后经儿科名医钱乙治疗痊愈。他的眼疾，可能源于这场大病的后遗症。这场大病，没有夺走他的命，却夺走了他可能摸到的皇位。

徽宗继位后，对这位因眼疾而将皇位拱手相让、唯一在世的兄长非常礼遇，赏赐、加封不断，极尽优容褒奖。可惜天不假年，公元 1106 年，赵佖离世，享年 24 岁。徽宗为其辍朝七日，赠尚书令、兼中书令、徐州牧，追封燕王。及葬，徽宗四临其丧，御书御制挽词二首，后又加赠侍中，追封吴王，谥号荣穆，备极哀荣，所有能给的几乎都给了。赵佖身后留有三子，赵有恪、赵有奕、赵有常。

他的母亲武贤妃，也是个可怜人，生平不详，宫女出身，生有一子一女，皇女早夭。如今，皇子又亡在她前，两次白发人送黑发人，这是怎样的人间凄苦？悲痛之下，赵佖离世次年，武氏也驾鹤西去了，被追赠贵妃，谥号惠穆。

赵佖，因目疾与皇位擦身而过，让人慨叹命运捉弄，英年早逝，更是令人唏嘘不已。不过，以他的年纪，再多活20年，那就将经历靖康之难，国破家亡、被掳北上，凄惨地客死他乡。

人固有一死。是死在盛世的阳光下、有行礼如仪的皇家葬礼，还是多活几年，经历乱世坎坷，倒毙乱刀之下、没入荒草之中？

老天帮赵佖做了选择。换个角度说，这是一种幸运。

可他的两位皇弟赵俣、赵偲，便没那么好运了。

赵俣，神宗第十二子，生于公元1083年；赵偲，神宗第十四子，也是遗腹子，生于公元1085年，两人生母均为林贤妃。

林贤妃，出身名门，南剑（今福建宁德）人，祖父林特曾长期担任朝廷三司使，即管理财政的最高长官，掌管天下财富。入宫后，她为神宗生下了两子一女。可惜，林妃不寿，还没看到赵俣、赵偲成年，便在公元1090年去世了。

父母早亡，两兄弟在祖母、嫡母和兄长们的庇佑下长大。由于排行靠后，加之年龄偏小，他们在父兄驾崩时，都没有卷入皇位之争，这样省了很多是非。随着哲宗、徽宗两位兄长先后继位，他们被不断地晋升和改封，地位也越发尊崇。

想想看，若遇太平盛世，当个闲散的亲王，一辈子悠然自得，那真是人生快事。可惜，靖康年间山河破碎，富贵戛然而止，命运陡转直下，两人随着徽宗一同被掳北上。

赵俣，天子的亲弟弟，居然饿死在北行之路上。他死后连口棺木都没有，被金兵放在马槽里，找个坑就埋了。从亲王到死无葬身之地，人生反差之大，令人咋舌。至于赵偲，也没好多少，一路往北艰难跋涉了几千里，两年后死在遥远的韩州（今辽宁昌图八面城镇）。

靖康北上之年，赵俣44岁、赵偲42岁，两人早已儿孙满堂。他们的龙子凤孙们，也全数被掳往北国，命运极其悲惨，不忍于闻。

值得一提的是，清朝著名书法家、曾任两江总督的满洲正黄旗人铁保，自称是赵偲的后裔。古人对出身尤为讲究，以铁保满洲贵族的身份，未必需要拿几百年前的古人来装点门面，他可能真是赵偲的后人。如此说来，赵俣、赵偲的子孙们，虽然由金枝玉叶零落成泥，好歹是活了下来，并且世代传承有序。这或许是赵俣、赵偲悲惨的人生结局之外，唯一值得欣慰之处吧。

赵俣、赵偲，神宗之子、哲宗和徽宗的弟弟，出身皇家，富贵之极，顶配的人生起步，国破家灭、屈辱北行，悲惨的生命终结。短短几十年，天翻地覆之剧烈、命运反转之大，让人慨叹。

命运之手，有奇迹、有惊喜、有残酷、有悲伤。有时候，未必是你做对了，甚至未必是你做错了，赶上了，便是赶上了。你想逃，却没处逃，也未必逃得脱。

有来有往，有生有死，这是每个人都要面对的。

对于赵佶来说，随着赵颢、哲宗、向太后、朱太妃，赵偲、赵似等人的离世，这些或曾经主宰他的命运，或曾经左右他的命运的人，俱往矣。

属于赵佶的时代，真正开始了。

在赵佶的时代里，他玩绘画和书法，也玩花草和奇石，还玩建筑和音乐，等等。他有权力、有精力、有财富，最重要的还有天赋，他把每一样都玩出了新高度，就像一个登山的人，登临绝顶，让自己成了山峰。

不过，如果你以为赵佶只是醉心这些，那你就错了，毕竟他是大宋皇帝，是雄武开国的太祖、太宗皇帝的帝国继承人，是锐意进取的神宗、哲宗皇帝的事业接棒者。

赵佶，徽宗，是同样有宏大抱负的帝王。

他的抱负，是继承父兄未竟的事业，走变法革新之路，求富国强兵之道，对内整军备战，对外开疆拓土。

他的抱负，是收回燕云十六州，光复汉唐故土，实现太祖、太宗及历代皇帝共同的梦想。

先实现父兄的遗愿，富国强兵，拓疆西北，再剑指北方，夺回燕云，实现太祖、太宗的夙愿。

如此说来，西北问题是赵佶优先需要解决的。

第二章

江山之恨

大宋西北，是党项人的西夏。

赵佶登基时，西夏天子正是李乾顺，这是个厉害角色。

李乾顺，夏崇宗，西夏第四位皇帝，景宗元昊的曾孙、毅宗谅祚的孙子、惠宗秉常的儿子。如果算上元昊追尊的太祖李继迁、太宗李德明，乾顺则是第六代君主。

乾顺生于公元 1083 年，比赵佶小 1 岁，两人是同龄人。他 3 岁登基，到赵佶 18 岁继位时，已经称孤道寡十多年了。

西夏自元昊驾崩，便陷入了外戚专权的沼泽，从没藏黑云、没藏峨博到大梁后、梁乙埋，再到小梁后、梁乙逋，国家大权被外戚操控，谅祚、秉常两代帝王，朝纲独断的日子少之又少。

乾顺幼年登基，国家大权掌握在母亲小梁后和国舅梁乙逋手里。小梁后以姑妈大梁后为师，多次亲率大军伐宋，无奈碰上血气方刚的宋哲宗，输多赢少，以致民生凋敝、怨声载道。军事失利、兄妹反目，小梁后又灭了兄长全族，自毁长城、自断根基。

母亲的倒行逆施，给了乾顺机会。公元 1099 年，辽道宗派使节在西夏君臣面前毒杀了小梁后。虽然没有确切证据指向乾顺，但他仍然难逃嫌疑。不管怎样，小梁后死了，16 岁的乾顺开始亲政。少年肩上有着千钧重担，只见他内政、外交全线出击，不仅坐稳了皇位、稳住了江山，还开启了国家强盛之门。

对了，他还娶了个貌美如花的公主。

只羡鸳鸯不羡仙

亲政之后，乾顺首先做的事是提亲。

准确地说，是给自己求婚。

天子自然不缺女人，他缺的是皇后。多少西夏勋贵想把女儿送进宫，可乾顺一律看不上，他想娶的是辽国公主。

至于为什么要娶辽国公主，原因很简单，他是西夏的皇帝，要考虑江山社稷。在当时，辽、宋都是西夏的宗主国。可是，宋、夏之间刚刚经历了血战，虽然挑衅的小梁后已经不在了，乾顺也一再向宋请和，但得胜的宋哲宗不依不饶，大有兴兵伐夏之意。如此之下，乾顺想平衡和制约大宋，大辽就是最重要的力量。辽人答应帮忙，也一直在做大宋的工作。如果他再做了辽国女婿，辽人自然会出力更多。

当然，乾顺也是有私心的。当年，他的曾祖父、西夏开国君主李元昊，娶的便是辽国兴平公主，后来开疆拓土、建国称帝，成为西夏历史上最高的山峰。乾顺想建功立业、比肩先人，自然也想走曾祖走过的路，娶到辽国的公主。

不过，元昊和兴平公主的故事，结局很不好。因为元昊的始乱终弃，不仅公主郁郁而终，还引来辽兴宗的征伐，双方血战大漠、遗尸数万。后来两国关系虽然和缓，但这件事成了外交上的痛点，少有人触碰。西夏后世帝王曾多次请婚大辽，都被拒绝了。

乾顺不信这个邪，他有把握能成。在铲除母亲小梁后时，他得到了辽道宗的大力支持，这一老一少，双簧演得很完美，这也是他送给辽道宗的投名状。事成之后，借着这股东风，乾顺信心满满地向辽道宗求亲。

然而，任乾顺多么诚恳地请求，辽道宗都不置可否。至于为什么，或许，在位几十年、汉化极深的辽道宗，在骨子里看不上西夏，也瞧不起党项少年。或许，他是不想因此事刺激大宋，此时他已年近七旬，进入了人生暮年，不想再操这份心了。

求亲的事，尽管乾顺很努力，却也没有结果。

两年后，公元 1101 年，辽道宗驾崩，天祚帝继位。

借着恭贺新君的机会，乾顺旧事重提，再次遣使向辽请婚。辽国的新天子成了他的新希望。

这回，乾顺能心想事成吗？

李至忠，正是担当重任的西夏使节，官居殿前太尉。

从名姓上看，他似乎是个汉人；从官阶上看，他是个朝堂上举足轻重的角色。

在西夏，汉人比例并不小，做官的也很多，实行科举后做高官的就更多了。或许，李至忠正是科举入仕的汉人高官。当然，他也可能是出身皇族的党项人。李是西夏皇族之姓。虽然自元昊之后，皇族改姓嵬名，但在汉文典籍里，仍然将他们冠以李姓。

接到这样的任务，李至忠应该并不轻松。之前，辽道宗三番五次地拒绝，新继位的天祚帝第一次也拒绝了，这次能行吗？要知道，乾顺已坐稳皇位、手握乾坤，一次次被辽人拒绝，他的忍耐和愤懑正在集聚，他不敢迁怒辽人，但对下面办事的人就不客气了。李至忠心里暗暗叫苦，如果这次再失败，天知道这位年轻气盛的天子，会怎么惩罚自己？

在辽天子捺钵地的大帐，李至忠见到了天祚帝。

很显然，李至忠是个能言善辩之人，这是他被选为使者、赋予重任的重要原因。他表达了乾顺和党项人对辽天子的敬意，语气极尽谦卑恭顺，言辞极其华美动听。天祚帝的虚荣心得到了满足，天朝上国要的就是这份面子。他有点被说动了。

天祚帝仅年长乾顺 8 岁，时年 27 岁，也是位年轻人。比起爷爷道宗，他的思想更为开放活跃，或许他原本就认为赐婚西夏没有什么不妥，对于可能引起的大宋的不满，他也并不在乎。之所以故作矜持，要的还是大国的体面，哪能你说要娶公主，就把公主赐给你？

许久，高坐在上的天祚帝开口了。他悠悠地问道，乾顺是个怎样的君主？李至忠听出了弦外之意，这是要松口的意思。

他赶忙将早已准备好的，对乾顺的赞美之词和盘托出。这些措辞显然是经过精心设计的，既能表现乾顺的聪明决断、神武睿智，又不至于让天祚帝听上去刺耳，更不能引起他的戒备之心，那样的话就得不偿失了。

很显然，李至忠应该说了很多赞美乾顺的话。不过，史书只记载了一句：秉性英明，处事谨慎，是守成的好君主。

天祚帝沉吟良久，微微颔首。事成了。

李至忠不辱使命，凯旋。

这次艰难的使命完成了，他在大历史里的演出也结束了。他来无影去无踪，只出现在这个历史时刻，办了一件事、说了一句话，便彻底消失在历史的烟尘里。这件事、这句话，是他存在过的唯一印迹，没有人知道他人生中的其他事。

在电影里，有种角色被称为工具人。他们的出现，或是为了推动情节的发展，或是引出男女主角的登场。

在我们年轻的时候，很不屑于这样的工具人，要做就做主角，要演就演大戏。等到在岁月里来回蹉跎了，在地面上反复摩擦了，我们才懊恼地发现，主角又岂是我辈所能演的？若再放到大历史中，哪怕是仅有一句台词的工具人，也可遇不可求。

无论承认与否，在大历史面前，绝大部分人都只是时代的背景墙。当然，也是时代的观众。观众也不错。虽然不能演，但可以看，随着剧中人品尝喜怒哀乐、爱恨情仇，也是别有滋味。

李至忠就是这样的工具人，他还是幸运的。

在他的牵引下，女主角登场了。

她有个很美的名字，南仙，耶律南仙。

南仙被选中，作为大辽公主，赐婚西夏君主李乾顺。

南仙的女主一角，是从天而降的。或者说，她并非天生的主角，只是时运和机缘使然。也正因为如此，即使做了主角，她的出身和家世等，我们依然一无所知。

很显然，南仙不是天祚帝的亲生女儿，他的女儿们还没到出阁的年纪。再说，自古以来，无论和亲还是赐婚，有几个皇帝会舍得亲生女儿，多是册封宗室之女甚至宫女替公主来完婚。

史书记载，耶律南仙的确出身辽国宗室。至于是哪个宗室、与天祚帝的血脉关系如何，就一概不知了。推算起来，她应该不是皇族近支。天祚帝是独苗，没有亲兄弟，他父亲也是如此，所以算起来，南仙最可能是道宗兄弟的后人了。

在答应李至忠后，天祚帝便下诏在宗室里物色人选。

那么，南仙又是如何被选中的呢？

具体的细节，早已不可考。有辽一朝，外嫁的公主并不多，可能不会有制式的选拔程序，更多应是机缘巧合和天子的决断。

真正尊贵的皇室宗亲，对这样的事避之不及。那些最早得到风声，又有权势的亲贵们，也会想尽办法让女儿躲过去。

在那个年代，远嫁千里之外的蛮荒之地，女儿出嫁那天，几乎就是生离死别，这辈子也未必能见到了。再说，这样的纯政治婚姻，未来的生活令人担忧，何况还有兴平公主嫁给元昊的悲剧在前，契丹权贵们心有余悸也是正常的。

无论古今中外，无论富贵贫穷，父母对儿女的爱从来没有改变过。任何时候，都没有人会愿意让自己的女儿踏上茫茫未知之路，即使背负江山社稷的考量，也没有人真正从心里愿意。

南仙被选中，更大的可能是迫不得已，或者是躲不过去。也许，她出身失势破落的宗室，上面没有父兄为其遮挡周旋，这皇命便砸在了她的头上。也许，这是一场政治交易，她背后的家族出于权势的考虑，把她推了出来。

说来说去，有一点确认无疑：南仙虽出身皇族，却命运坎坷，至少她不是父母捧在手心里的千金挚爱。

所以，南仙没得选。

这就是命吧。

南仙被封为成安公主。

从此，南仙就是大辽公主了。不过，成安这个封号太过平庸，实在配不上南仙起伏的人生，我们还是称她南仙公主吧。在她的身上，始终是有股仙气的。

从天祚帝答应赐婚，到南仙正式出嫁，时间过了两年多。至于为何这么久，更多应该是皇家的礼仪程序烦琐，需要准备的东西太多。此时的辽、夏都已经汉化很深，尤其是大辽，历经200多年的汉化之路，他们早已以中华自居，对礼仪格外重视。

还有种可能，就是南仙的年龄偏小，需要等两年。在这两年里，她不仅要长大，还要学习宫廷礼仪和大辽的文化、历史。从被选定那天起，她就是国家的体面了，不能有丝毫的马虎。

这段时间，最忙的人可能还是西夏的李至忠，他应该数次穿梭于夏、辽之间，反复协商和落实所有的细节。天子大婚，又是娶上国公主，不能有任何差错。

公元 1105 年，一切就绪，南仙公主踏上了出嫁之路。

顶着大辽公主的名分，慷慨的天祚帝为南仙带上了丰厚的嫁妆。这和个人无关，这关乎的是大辽的脸面。大辽还派出盛大的送亲使团，护送的将军叫萧合达。在后来的西夏历史上，此人还弄出了很大的动静。

算起来，上次兴平公主嫁给李元昊是在公元 1031 年，时隔 70 多年，西夏人再次迎来大辽的公主。

李乾顺好事多磨、梦想成真，他派出庞大的迎亲使团，给予了南仙最盛大的礼仪。自公主的车驾进入夏境，便由乾顺派去的天子卫队贴身护卫，沿途州县则一律用最高礼节迎送。

当然，这里面也有面子工程，是做给辽国人看的。不过，更多还是为了彰显帝国的富强和天子的睿智，更好地凝聚和激发国民的士气。在西夏政府的宣传里，绝不会说南仙是宗室之女，必须是正牌的大辽公主。

礼仪是政治的延伸，礼仪的背后是地位和权势，既是实力的考量，也是现实的算计。

这是一场大戏。大戏的高潮，自然是在兴庆府。整个京城被粉饰一新，披红挂绿、张灯结彩，就像一个巨大的舞台，静候着女主角的登场。

在盛大的欢迎仪式下，南仙公主的车驾缓缓驶进了兴庆府。也许，主持仪式的正是李至忠，这样隆重且严肃的外交礼仪，需要有足够分量的人压阵，他无疑是最合适的人选。当然，这也是对他数年来努力的最好回报。

兴庆府全城轰动、万人空巷，男女老幼、南北客商、官吏平民等，都涌上了街头。人们争前恐后、翘首以望，希望能目睹天朝公主的风采。自公元 1020 年西夏建都兴庆府，这样的盛景百年难得一见。

李乾顺，大婚的新郎，正在皇宫正殿恭候。

他是西夏皇帝，却是关门天子，在宗主国大辽面前，他不过是夏国王。按照礼仪，乾顺要在皇宫正殿接待辽使，先接大辽天祚帝的诏书，再行大婚。

22 岁的乾顺风华正茂、意气风发，他站在大殿的台阶之上，极目远眺，不禁心潮澎湃。他有些迫不及待了。这又是怎样的心情？

是啊，国家的元首，人间的主宰，青春的年纪，正在静候远方而来的娇美新娘，这样的心情几人能有？

乾顺的心情是急迫的，南仙公主呢？

自从两年前，她被皇帝或者说是命运选中，出嫁的日子就成了她既恐惧又期待的时刻。

恐惧的是，要远离父母、亲人，去往千里之外的异国他乡，也许这辈子再也看不到家乡的山水，再也见不到亲人的面庞了。期待的是，那个命中注定的人到底是什么模样？从西夏使者的口中，她知道那个人年轻英俊、身材修长、孔武有力、富有智慧、精力充沛、志向远大。真的是这样吗？也许，使者们把最好的词汇都用在了他们君主的身上，谁知道呢？不过，如果他们说的是事实，那他会不会看不上自己？想着想着，南仙又有些自惭形秽了。

正是这样的纠结和反复，伴随她度过了两年的时光。这两年既漫长又短暂，既充满着苦涩，也夹杂着甜蜜。

出发前，南仙公主应该见到了天祚帝，这个决定她命运的人。大辽连绵两百余年，宗室人员当以万计，他们即使从未谋面也在情理之中。当然，他们也可能很熟悉，也许南仙就是天祚帝看着长大的小女孩。

在这次正式会见里，天祚帝以天子的身份，对南仙公主做了交代和叮嘱。史书没有记载他们谈话的内容，但主题显然离不开国家的尊严、皇室的荣耀、故乡的山水、亲人的目光、美好的祝福等。

毫无疑问，这次谈话对南仙公主的影响是巨大的。天祚帝叮嘱的这些话始终萦绕在她耳旁，直到生命的终结。无论之前她是怎样的小女孩，有着如何的抱怨和委屈，自此之后，她的肩上担负着大辽的尊严，一言一行里承载着国家的脸面。总之，她不再属于自己，而是属于这个国家了。

在后来的岁月里，她应该无数次想到这次谈话，想到那位年轻、俊朗、潇洒的大辽天子。

终于，到了远行的日子。

无论之前她有多么坚定，事到临头，她依然留恋、不舍，她想挣脱、想逃走。可最终，她只能和自古以来所有远嫁的女子一样，抱着父母、亲人的肩头痛哭。

哭够了，时辰也到了，擦干眼泪，踏上行程。

一路行来，她又是怎样的心情？

千里路途，跨过戈壁沙漠，蹚过急流险滩，西夏的异域风貌让她感到新鲜和吃惊。西夏人的热情和诚意，那些繁杂的礼仪、欢迎的人群、盛大的仪式，又让她感到满足和欣慰。

据说，当年兴平公主嫁给元昊时，也受到了热情接待。不过，当年帝国初创，百废待举，比起今日之盛相去甚远。在南仙公主和辽国使节面前，乾顺和他的帝国倾尽了全力。这么说起来，南仙公主又是何其幸运。数千年来，多少如花少女，又有几人能享受这般繁华？

不过，随着家乡越来越远、兴庆府越来越近，南仙公主也越发焦虑和不安。她满脑子所想的，都是一个问题。

那个人，到底是怎个模样？

喧嚣散去，这对新人终于见面了。

乾顺，终于迎来了梦寐以求的大辽公主。

南仙，终于见到了朝思暮想的西夏皇帝。

对乾顺来说，求娶辽国公主，更多的是基于政治考量。对南仙来说，这是命里注定的缘分。可谁又能想到，这西夏皇帝和大辽公主四目相对之时，竟是心心相印之始。

作为皇帝，乾顺坐拥天下美女，览尽人间春色，可当他见到南仙，还是被瞬间击中了。他没想到，南仙居然生得如此之美。她的美，不妖艳、不世俗、不做作，她的美，高贵、典雅、不卑不亢、不疾不徐，有着与生俱来的雍容贵气。

乾顺，被南仙彻底征服了。这与政治算计无关，也与天朝上国无关，这是男人和女人之间的事。南仙让这个戴着皇冠的人，变成了一个普通的男人。

事实上，乾顺也让南仙大吃一惊。

在此之前，她无数次想象过他的样子。可见面的刹那，乾顺依然让她惊艳不已。这位年轻的西夏皇帝，不仅身材挺拔，而且相貌俊美、英气逼人。这不奇怪，乾顺毕竟是没藏黑云、大梁后、小梁后的子孙。她们哪一个不是名动天下的绝色美人，她们的子孙自然相貌不凡。

再说，乾顺是西夏皇帝。无论辽国皇族如何俯视西夏，乾顺是实实在在的一国之君，这是不争的事实。他的手里牢牢掌握着一个国家，这样的年轻帝王，又该是怎样的耀眼呢？

偌大的皇宫，重重帷幕，层层轻纱，红烛摇曳，柔声细语。新郎心驰神往，新娘娇羞掩面。乾顺、南仙，相拥而眠。

谁能想到，这对因为政治而走到一起的年轻人，却是上天精选的神仙眷侣。这样的缘分真是人间罕见，让天下人艳羡不已。

乾顺为帝，南仙为后，他们过上了神仙般的日子。

三年后，公元 1108 年，两人的儿子降生，这是乾顺的长子，也是嫡子。他给这个孩子赐名李仁爱，并随即立为太子。

到了乾顺时代，西夏皇子的命名早已不似帝国初期那般随意，而是有着严格的谱系规定，每个字都得精雕细琢。乾顺的皇子是仁字辈，这没得选，乾顺所赐是个"爱"字。

无疑，这个"爱"字是给儿子的，也是给南仙公主的。

对于手握最高权力的天子来说，他们可以赐给臣下万民高官厚禄、华服美屋，却很少给予别人爱。天子之爱，从来都是稀缺品。

如此，南仙公主值了。

远嫁异族，这原本祸福难料的荆棘之路，她却走得异常顺畅。她不仅赢得了巨大的荣耀，坐上至高无上的皇后之位，还独享天子恩宠，现在儿子又被立为太子，这样的际遇何其不易啊？如果时间就停留在这一刻，这该是个多么美好的故事。

可惜，时间不会为任何人止步，更不会为任何情绪止步，无论是喜是悲、是福是祸，时间一直向前。

任时间流淌，有人苦尽甘来，南仙公主却是甘尽苦来了。

花落人亡两不知

这份苦涩和乾顺无关，甚至和西夏无关。

苦涩来自千里之外的故国——大辽。

公元1114年，女真首领完颜阿骨打承继兄长大位，不久便举起反辽大旗。次年，他正式建国称帝，开始与辽争天下，成了大辽的噩梦。

在女真铁蹄的横扫之下，辽军一溃千里，大片国土沦丧，加之国内天灾不断、内乱频发，昔日尊贵无比的大辽天子如丧家之犬，东奔西窜，狼狈至极。

故国零落至此，南仙公主伤心欲绝。

这时候，太子李仁爱已是翩翩少年。

西夏的前几代君主，无论是谅祚和没藏太后，还是秉常和大梁后、乾顺和小梁后，母子关系都是异常的畸形和尖锐，相互之间不仅离心离德，甚至背后动刀子。

与他们不同，南仙、仁爱母子感情极好。而且，在母亲的感染之下，仁爱自幼就对母亲的故国大辽充满感情和向往。如今见到母亲为故国黯然神伤，仁爱也为之伤心不已。每当辽国的败报传到西夏的皇宫，母子俩都是抱头痛哭。

此情此景，乾顺当然不能置身事外。于公于私，他都要有所作为。不过，考虑到金兵的强悍，加之局势尚未明朗，乾顺对天祚帝再三发来的请援诏书，只能置之不理。他需要时间来做更多的判断。站在国运的十字路口，他必须慎而又慎。

这无可厚非。他是皇帝，必须要对国家负责。

在南仙母子的苦苦哀求下，乾顺终于发兵了，

公元1122年，金军攻辽甚急，眼看西京即将不守，乾顺急派五千兵马驰援大辽。可惜，辽军再无当年契丹铁骑的骁勇顽强，夏军援兵未至，西京已告沦陷，夏军无功而返。

当年五月，天祚帝被金兵紧追不舍，只得逃入夹山（今内蒙古萨拉齐西北）

避难。乾顺得知后，派大将李良辅领精兵三万前往救援。在宜川河畔，西夏铁骑迎头撞上金国勇士。金军由大将完颜娄室率领，这是灭国级的名将。

这是夏军和金军首次大规模交战，双方都没有太多试探，刚一照面即亮出全部武功，展开了生死搏杀。西夏将士虽多是纵横沙场多年的历经百战的精兵，无奈金军正值巅峰之际，锐不可当，几番冲杀下来，夏军大败，死伤甚众，只好引兵败回国境。

即使如此，在南仙公主的请求之下，乾顺仍然遣使找到在夹山东躲西藏的天祚帝，向其问候起居，并馈赠辽军亟需的粮饷。

生死之际的问候和粮饷，比黄金还可贵。

事到如今，天祚帝应该庆幸当初赐婚乾顺，若非大辽女婿，怎会如此尽心尽意？当然，他更应该庆幸选中了南仙，若非她始终心念故国，不断从中斡旋，乾顺怎会如此不遗余力？

可是，这样的援助够吗？

当然不够。

大辽正在急速衰落，已是大厦将倾了。

公元 1123 年正月，乾顺再次出兵救辽，遇金军阻击而还。这年五月，天祚帝西逃至云内州（今内蒙古固阳县附近），乾顺应约遣使接洽，准备请天祚帝入夏。可夏使到达边境后，却迟迟没有实际行动，踌躇彷徨之意再明显不过了。

到了六月，天祚帝已是心急如焚，他正式遣使册封李乾顺为大夏国皇帝。在法理上承认，大辽不再是西夏宗主国，两者是平等的国与国的关系，乾顺也不再是夏国王，而是大夏天子，他与天祚帝并肩而立了。

这几乎是走投无路的天祚帝，唯一能给乾顺的东西了，也是他最后的撒手锏。他想换的，就是尽快进入西夏避祸。乾顺当然明白，天祚帝拿出最后的筹码是何用意。这个筹码的分量不可谓不重，这是历代党项首领和西夏君主们梦寐以求的，他们很多人为之奋斗了一生，最终也没有丝毫收获。

可事情到了这步田地，大辽眼看油尽灯枯，辽天子的册封也就不值一文了。乾顺犹豫了。

眼看大辽和天祚帝命悬一线，南仙公主和太子仁爱心急如焚。等来了天祚帝的册封诏书，母子二人像是抓住了救命稻草，反复恳请乾顺立刻出兵，抢在金兵之前接天祚帝入境。

然而，在女真人的穷追猛打之下，天祚帝已形同祸水，接他入境就是将金兵引入西夏。在此之前，他们已经对西夏出兵援辽十分恼火，数次发来措辞严厉的警告。

乾顺彻底陷入了两难的境地。

这个难题让他昼夜难安。一面是多年的宗主国，还是皇后的故国；一面是杀气腾腾的女真人，夏军和金军正面交过手，也吃过亏。如果金军真的翻脸进攻西夏，他能扛得住吗？

正在乾顺难以决断之际，金国使者到了。

女真人算准了乾顺的困境，吃透了他的心思，使出了软硬两手。硬的自然是军事威胁，如果西夏接天祚帝入境，金军将全面进攻西夏。至于后果，泱泱大辽都不是对手，小小西夏又能如何？软的就是许愿，如果西夏将天祚帝擒获并交给金国，以事辽之礼事金，大金将保西夏平安，并将辽的西北之地划给西夏。

金使的态度，帮乾顺解决了难题。站在乾顺的角度，他之所以久拖不决，或许正是在等金国的政策和金使的到来。很显然，在辽大势已去的情况下，他绝不会因为天祚帝而得罪大金。他的援辽之举，可能只是一种姿态。换句话说，他是以援助天祚帝为筹码来和女真人谈判，以保证西夏的安全。

看上去，乾顺这么做有些不地道，似乎也辜负了南仙公主母子。但不要忘了，他是李继迁、李元昊的子孙，他是西夏的皇帝。

大辽的确是西夏百余年的宗主国，但那又怎样？大辽对西夏就是赤子之心吗？当然不是。辽圣宗、辽兴宗都曾大军伐夏，杀得血流成河、尸累成山，恨不得一战而灭西夏。在辽军的兵锋威逼下，党项人又是怎样的卑躬屈膝、忍辱偷生？

国与国之间，最终看的永远是实力，最终衡量的永远是利益。

对于乾顺来说，在不伤害西夏的前提下，援助大辽、问候天祚帝，这些都没问题。但如果因此为西夏招来无法承受的灾祸，那这事就必须放下，这人就必须敬而远之。

站在帝王的角度，这样做难道不对吗？在国运兴衰的关键时刻，能够审时度势、知道进退，最大限度为国家谋取发展空间和实际利益，这是一位优秀君主起码的标准吧。

从金使给出的条件看，乾顺的策略成功了。

只是如此这般，苦了正在边境望穿秋水的天祚帝。

久候无望的天祚帝，陷入绝境。

这时候，他收到了赵佶的亲笔信，请他到大宋避难，以皇兄之礼待之，地位在亲王之上，豪宅美妾，安享晚年。赵佶言辞诚恳、情真意切，让天祚帝深感意外之余，又不得不信。实际上，他也没得选了。

公元 1125 年二月，天祚帝按约投奔大宋，结果在辽宋边境不远处落入金兵的包围圈。苦战后，天祚帝下马受降，辽国灭亡。

天祚帝一向擅于逃命，在和金兵多年猫捉老鼠的游戏里，他都能够全身而退，这次却没能逃出生天。

最大的可能是情报出了问题。有人事先向金军泄露了天祚帝的行动计划和准确位置，才导致他陷入重围被俘。

从当时混乱的形势来看，出卖天祚帝的无外乎三种人。可能是他的下属，或是卖主求荣，或是不想投降大宋，从而向金军告密。也有可能是宋人，他们招降天祚帝的事被女真人发现，迫于宋金和约破裂的压力，不得已而为之。

再就是党项人了。在天祚帝东奔西跑的路上，西夏数次派兵救援，还派人问候起居，这说明乾顺对他的行踪了如指掌。换句话说，天祚帝为求得西夏援助，对乾顺是不设防的。西夏和大金达成协议后，乾顺主动泄露大祚帝的行踪，是大有可能的。

有没有切实的证据呢？可是，这种事很难有实锤的证据。

不过，从后来南仙公主和太子仁爱的反应来看，这事大有可能。

在此之前，因为乾顺拒不发兵救辽，太子数次泣血呈情、请求带兵驰援，不仅被拒，还遭到了乾顺的严厉斥责。

听到天祚帝最终被俘的消息后，仁爱伤心欲绝、茶饭不思。数月后，这位少年便郁郁而终了，年仅 17 岁。

旧主被俘、故国灭亡、爱子离世，这一连串的重击，彻底击垮了南仙公主。她追忆故国、缅怀旧主、思念爱子，在仁爱去世的当月绝食而死。这年乾顺 42 岁，南仙应该比他小，也就是 40 岁左右，甚至更年轻。一代佳人，香消玉殒，化为青烟散去。

很显然，南仙母子之死，更多是出于悲愤。

悲的自然是大辽和天祚帝，那愤的又是谁呢？

愤的自然是乾顺。

作为西夏的皇后和太子，当然更关心西夏的安危，在支援大辽、救助天祚帝的问题上，他们的内心是有边界的，知道哪些事可以做，哪些事做不得。在金军威逼下，乾顺不出兵援辽，他们也应该能够理解。之所以愤怒，也许是他们后来发现了，乾顺不仅见死不救还助纣为虐，为金军通风报信，甚至直接参与了对大辽的最后绞杀。

真相是残酷的。这样的真相，让人万念俱灰，成了生命不可承受之重。不可承受，却又无可奈何。母子俩只能带着满腔的怒火、失望至极的悲愤，先后走上了黄泉路。这对性格刚烈的母子宁愿死，也不愿意再面对亲手绞杀故国的仇人。

当然，还有一种可能，母子俩是被乾顺所杀。

听上去，这有些耸人听闻。不过，话说回来，你得看看乾顺是谁？他是皇帝，元昊的曾孙、谅祚的孙子、秉常的儿子，想想列祖列宗们，弑母杀舅、诛灭亲族，这样的事还少吗？母亲小梁后的死，乾顺就难脱干系。对待亲生母亲尚且如此，妻儿呢？

有时候，对于政治人物来说，所谓雄才大略，不过是冷血无情的另一种说法，本质是一样的。

至于证据，还是有些蛛丝马迹的。

比如仁爱之死，所谓忧愤而亡的说法，就显得很牵强。

仁爱，作为皇帝的长子、嫡子、太子，在父皇和母后的宠爱下，犹如生活在人间的精灵。他精通汉学、蕃学，聪慧练达、文武全才，无论出生、修为、才华，几乎是世间完美的化身。

乾顺对仁爱也倾注了最多的心血，希望将他塑造成一代明君。可这样的爱，有没有前提呢？

在平常人家，父亲对儿子的爱，多是没有前提的，是完全无私的付出。不过，皇家的父子之爱在最高权力的扭曲下，往往并非如此。越是所谓的明君雄主，对儿子的爱，掺杂的东西越多。在这样的父亲眼里，儿子除了是血脉至亲，还是事业的继承人、利益同盟者，甚至还是政治对手。

乾顺对仁爱的爱，大抵也是如此。

当初乾顺再三请婚大辽，目的是要抱紧辽的大腿，对内巩固帝位，坐稳江山；对外找到靠山，联合抗宋。在这样的情况下，仁爱辽国公主之子的身份，便是他手里握的王牌。

他立仁爱为太子、万般宠爱，这里面也包含着对大辽的示好，甚至是谄媚。换句话说，他是通过宠爱太子，来向辽人表达西夏对大辽的恭顺。这种爱里，夹杂着太多的政治考量和利益算计。

后来，女真崛起，大辽被打得落花流水、摇摇欲坠，在太子和皇后的再三请求下，乾顺数次发兵，或无功而返，或大败而归。再观此刻的大辽，还值得恭顺吗？

太子的身份，是不是也显得有些尴尬了？

面对现实，乾顺对辽态度的转变是必然的。

如此，他对太子态度的转变，也是正常的。有人说，仁爱三番五次自请带兵援辽，惹恼了乾顺，被严厉斥责，是导致他郁郁而终的最主要因素。很多人由此为仁爱可惜，认为他不识大势，不知隐忍求生、委曲求全，白白丢了性命和未来可期的皇位。

这样的说法，或许有些道理，但还不够。

实际上，按照后来历史的发展，即使仁爱忍辱负重，也未必能够善终，保住太子之名，再登上皇位更是难上加难。道理非常简单，仁爱身后的大辽没有了，他的光环还在吗？乾顺为求得新宗主国大金的庇佑，还会让贴着大辽标签的仁爱作为继承人吗？

要知道，仁爱可不是乾顺的独子。在最高权力和江山社稷面前，只要有选择，亲情只能靠边站。

如此，再想深一层，仁爱对大辽的执着，真就那么纯粹吗？

可能也未必。他毕竟是西夏的太子，生在皇宫、长在宫廷，受过最好的帝王教育，对父亲的帝王之术、权谋之变，难道就丝毫看不透？

当然能看透。他已经17岁了，这个年纪，先祖们早就杀伐决断、大展拳脚了。正因为看到自己身上辽国公主之子的标签，深刻明白皮之不存，毛将焉附的道理，他才不惜冒犯父皇也要为大辽请命。这里面，情感的因素固然有，但更多的还是利益的算计。

何况，西夏的朝堂上，从来就不缺亲辽派，伴随着辽、夏百年之交，他们的势力树大根深。若大辽倾覆，靠山既倒，他们或被连根拔起。为了荣华富贵和地位权势，他们自然紧紧团结在太子周围，不停地在他耳边鼓噪。

所以，历史的真相也许是另外的样子。

随着局势的发展，在对待大辽和天祚帝的问题上，乾顺父子意见相左，甚至针锋相对。一个为了座下的皇位和手里的江山，选择袖手旁观，见风使舵，不惜助纣为虐；一个为了太子之位和未来的江山，选择泣血请命，铤而走险，甚至拼死一搏。

这样的局面，并不陌生。在西夏的皇宫里，最不缺的就是阴谋和政变。那些血流成河的往事，是他们父子共有的记忆。

只不过，乾顺更为老辣，出手更快，所以仁爱便"忧愤而死"了。如果乾顺迟疑的话，或许又是一位少年天子登场了。

儿是母亲的心头肉。

仁爱的背后，站着母亲南仙公主。

爱子身故，母亲痛不欲生，这样的人间惨剧，我们见过太多太多了。不过，多数的母亲会将悲痛化成活下去的动力，她们为自己活着，也为儿子活着。至少，有母亲在，儿子的坟头不会过于清冷。那么，南仙公主为何要执意绝食，放弃继续活下去呢？

可能的原因至少有两条：清楚地知道爱子真实的死因，这让她万念俱灰；想活却活不了，所谓绝食而死，不过是西夏帝国给予大辽公主最后的体面。

从公元1105年嫁到西夏，到公元1125年大辽灭国，整整20年。20年，大辽由如日中天到灰飞烟灭，南仙由含苞待放的少女到伤心欲绝的妇人，皇帝与皇后从一对神仙眷侣成了两个欢喜冤家。20年而已，换了人间。

实际上，决定他们相遇的，从来都不是爱情；决定他们分手的，依然不是爱情。更多的，还是政治算计、利益相争。

多年来，作为辽、宋夹缝里的政权，西夏之所以屹立不倒，除了民风强悍、能征善战，高超的外交技巧，擅于在大国的缝隙里左右逢源，也是非常重要的原因。

辽、宋当然知道西夏的心思，为了更好地控制，除了军事打击和威慑之外，他们也不遗余力地在西夏朝堂扶植亲近势力。这些政治势力，在辽、宋的支持下互相争斗、相互倾轧。西夏皇帝则高坐其上、乐观其成，必要时再亲自出场，拉一派打一派，避免一家独大，影响国政。

天祚帝将南仙下嫁西夏，应该也有团结凝聚亲辽派的考虑。对西夏亲辽派来说，南仙公主就是他们的旗帜。待太子长成后，这些围绕在南仙周围的亲辽派，就成了太子的核心班底。南仙是精神领袖，太子则是他们的旗手。

对此，乾顺心知肚明，甚至还给予支持。毕竟，辽、夏关系是西夏外交关系最重要的支点，他乐得太子与大辽保持密切关系。

不过，女真的崛起、大辽的衰微，改变了这一切。

外部形势急剧变化，乾顺必须迅速调整国策，彻底抛弃大辽，转而投身大金。这时候，再看朝堂上的亲辽派，再看他们背后的南仙公主和太子，就显得多余了。他需要及时清理这股势力，以防肘腋生变。

乾顺屡屡拒绝天祚帝入境避难，这也是重要原因。即使金兵没有尾随而来，仅从国内考虑，天祚帝入境后如与朝中亲辽派联手，再团结西夏境内的契丹部落，乾顺也会有大麻烦。所以，他绝不能让天祚帝入境。而仁爱，作为天祚帝在西夏潜在的盟友，这样的威胁必须除去。

于是，仁爱死了。无论被动还是主动，他都死了。

作为皇后、母亲，南仙公主对这背后的一切了如指掌。也许，仁爱最后奋力一搏的每一步，南仙都陪伴在左右。也许，她在丈夫和儿子之间难以抉择，只能看天意。最后的结果，乾顺胜出，仁爱落败。

为了保住爱子，她长跪在乾顺的脚下，悲伤、哭泣、哀求，毕竟他们曾经那般美好，毕竟是 20 年的夫妻，毕竟是 17 岁的亲生儿子。

很显然，乾顺冷峻而坚定地拒绝了。

万般无奈、万念俱灰，追随爱子而去，是南仙最好的选择。或许，这也正是乾顺所希望的。

无论南仙公主，还是乾顺皇帝，此刻回头，最感慨的也许还是那句几百年后才有的词：人生若只如初见。

南仙的人生，又该如何评价呢？

因为婚姻，她走进了历史。

这场政治婚姻不是个人的情爱，而是国家的契约。这样的婚姻太高大，也太厚重了。让一个女人去羁绊一个国家，看上去冠冕堂皇，本质上却透着荒唐。只不过，这荒唐被纳入了宏大的叙事之中，冠以国家、民族之名，让人难以抗拒，甚至无法质疑，个人的意愿、情感被完全抹去了。

这样的婚姻，她没得选，也选不了。天祚帝选中了她，就是命运选中了她。谁都知道，这是一条不归路，出嫁即永诀，从此彻底告别亲人和故国，没人知道她的命运将会如何。

或许，根本没人真正关心她的未来，否则偏偏她被选中呢？要知道，宗室女子何其多也。这么说起来，南仙的人生是不幸的。

直到看见乾顺，几乎被他温柔的眼神融化，南仙公主悬着的心才稍稍放下了。

这个小邦国主，并不是传说中茹毛饮血的野蛮人，相反，他温文尔雅、举止庄重，眼神充满爱意，言语带着温度。这个男人竭尽所能给了她最隆重的礼仪、最盛大的婚礼，她贵为皇后，坐在他的身旁，接受万千臣民的恭贺。

这般礼遇，又有几人能享？

如此说来，南仙又是幸运的。更幸运的是，她的幸福还在延续，她如愿生下太子，太子之宠日甚、皇后之位更崇。按照故事原本的逻辑，乾顺百年之后，仁爱继承大统，她为太后。这些似乎是水到渠成的事。

可惜，距离西夏京城几千里之外，东北密林深处的一位部落酋长改变了一切，这个人便是阿骨打。他扯起反辽的大旗，锐利的兵锋迅速戳破了大辽强盛的伪装。所谓如日中天，不过幻觉而已，大辽早已日薄西山。

大辽节节败退，南仙的命运陡转直下。

乾顺对她的温度在下降，耐心在减少，在一次次援辽兵败后，更是将怒气和不满发泄在她身上。

直到天祚帝被俘，大辽灭亡。这不是西夏深宫里的南仙所能阻挡的。几多契丹男儿、多少西夏武士都无法阻挡女真人的铁骑，何况南仙这个弱女子？

也许，南仙并不柔弱；也许，西夏援辽正是出于她的游说、谋划和主导，包括后来主张太子带兵抗金，迎天祚帝入境，等等。

她有能力做这些。她是耶律的子孙、大辽的公主，大辽的巾帼英雄何其多也？她也有动机这么做，为了故国的安危，为了爱子的皇位，难道这样的动机，还不足以让人拼死一搏？

只不过，她失败了。在西夏皇帝的光环下，故国被灭的公主只能被描画成哭哭啼啼、痛不欲生的寻常女子。

故国亡了，爱子死了，南仙生命的根基彻底断了。这时候的南仙，除了去死，还能做什么呢？这个世界已经没有她能回望的任何东西。是的，没有家的南仙，像棵风中的枯草。

当然，还有记忆。无论亲情还是爱情，无论祖国还是故乡，当我们注定无法拥有、无法回头的时候，回忆就是最好的纪念，也是留给余生最好的礼物。

带着无数美好的回忆，南仙公主走到了生命的尽头。

不知道在生命的终点，她最后的回忆又是什么呢？也许是和天祚帝的谈话，也许是那场世纪婚礼，也许是初见时乾顺柔情似水的眼神，也许是仁爱来到人间的第一声啼哭。

大辽天子、西夏皇帝、仁爱太子，这三个人主导了她的人生，他们给了她所有，又最终拿走一切。生命的终点，只有她一个人。

实际上，无论是谁，生命的终点，唯有独行。

太子死了，皇后离世。

短短数月内，天翻地覆、家破人亡，这一切乾顺都要承受。这些年来，生离死别的经历，他有过多次了。3 岁时，父亲秉常驾崩；16 岁时，母亲小梁后暴亡。刚入不惑之年，太子、皇后又接连离他而去。童年丧父、少年丧母、中年丧偶，还有白发人送黑发人。这些人间不幸，摊上一条便是生命难以承受之重，乾顺却都得承受。

有为的君主，雄才大略的君主，确实异于常人。他们更能承受苦难，更能从苦难中汲取力量，重新站立起来。他们的意志之所以坚韧不拔，内心之所以硬如镔铁，行动之所以迅捷凌厉，也都是源于苦难的塑造。

也许有人会说，除了父亲，母亲、爱子、爱妻之死，背后都有乾顺的影子。话虽如此，可毕竟血浓于水。对于乾顺来说，无论他们是怎么死的，在夜深人静之时，痛苦是一样的。

母亲小梁后的死，乾顺很难洗脱嫌疑。至于南仙公主和太子之死，也许和他没有太大的关系，是我们太苛责他了。

帝王们都是权力的思维逻辑，将皇位和江山摆在最高位置，关键时候，亲情、爱情都弃如敝帚。或许，乾顺是个例外。或者说，我们更愿意相信他是个例外。

如此的话，就可以成全了他和南仙公主的爱情童话，让这对神仙眷侣始于爱情，终于爱情；也可以成全他和仁爱的父子之情，让他们始于舐犊情深，终于父慈子孝。

也许，这样对大家都好吧。人间，也需要童话。

这么说，也是有些凭据的。

南仙去世后，乾顺很多年都没再立新皇后。这样的日子持续了 12 年。这些年里，他一定不缺宠爱的女人，这些女人为他生儿育女，但始终没有人被立为皇后。

也许，在乾顺心里，除了南仙，没有人配得上皇后之位。也许，这是他最后能为南仙所珍藏的东西。那样的初见过于美好，那样的岁月太过甜蜜，那样的记忆实在美妙，无人可以替代。

当然，也可能是出于愧疚，或两者兼而有之。

谁知道呢？

往事越千年，黄沙漫漫。

问黄沙，沙不语，却有风过，迷了双眼。

无论是爱还是恨，历史都记住了：乾顺、南仙、仁爱，这是一家人，隔不开，也割不断，生死相随。

部族的黄昏

对于乾顺来说，求娶辽国公主，是家事更是国事，他要借助婚姻实现依附辽和宋的外交战略，巩固西夏的生存空间。事实上，这一步也确实很成功，外部边疆渐渐安静了下来。

外交不宁，有亡国之忧；内政不严，有杀身之祸。

安定了外部，内政上，乾顺也是重拳频频。

在小梁后掌权时代，西夏主要有三大政治势力：以梁氏为主的外戚势力最大；皇族势力次之；部族势力再次之，他们更像是墙头草，谁强就依附谁，反而成了关键少数。

乾顺亲政，靠的是皇族势力的坚定支持，同时离间部族和外戚的关系，这才除掉小梁后，赢得了这场权力大战。当然，这不是一劳永逸的，权力斗争也永远不会停。

权力最好的状态，或者说最安静的状态，是平衡。平衡没有道德属性，只是平衡而已。一方势力被消灭，意味着平衡被打破，出现了权力真空，权力结构便会持续震荡，直到找到新的平衡。

乾顺亲政了，想要把权力集中在自己手里，做个真正的皇帝，就得继续肃清小梁后的余党，同时把摇摆的部族彻底争取过来。有些部族还在观望，还在摇摆，乾顺正好杀一儆百。

这回，他挑中了个头最大、实力最强的仁多部。

仁多部，党项族的传统部落，有着辉煌的历史。

历史上，仁多部的首领追随党项领袖南征北战，或为统军大将，或为朝廷重臣，军功赫赫，政绩显著，英雄人物辈出。到了小梁后时代，仁多部的首领名叫仁多保忠。

仁多保忠，这是个在史书里仅有寥寥数语的人物，面容模糊，含混不清，似乎是个无足轻重的小角色。实际上，在小梁后掌权时代，他是西夏朝堂上不可或缺的狠角色。小梁后一死，仁多保忠的地位更加凸显了出来，环顾四周，隐隐然已无人可以比肩。

这样的人，自然让乾顺坐卧不安。

仁多保忠，部落贵族出生。

西夏官制，类似辽的"一国两制"，科举取士、朝廷任命是做官之路，部落世袭也是条大道。仁多保忠的部落首领之位便来自世袭，此前是其叔叔仁多㟮丁。

仁多㟮丁生年不详，活跃在谅祚和秉常时代，曾任西夏右厢军卓罗监军司的监军使和统军使。西夏常设12个监军司，卓罗监军司辖区靠近西夏、吐蕃、北宋三方交界区，东邻西寿保泰监军司，西接甘肃监军司，大致在兰州至会州段的黄河北岸、腾格里沙漠之南、祁连山脉东段雪山之间的广阔地域，包括今青海门源和甘肃兰州、武威、白银等地，是西夏最大也是最重要的监军司。

卓罗监军司的辖区，是仁多部的传统领地。可以说，仁多㟮丁既是为朝廷守卫疆土，也是为部落家园而战。

㟮丁军事素养很高，长期统兵对宋作战，与李宪、刘昌祚、高遵裕等人交手多次，赢多输少。当年大宋五路伐夏，㟮丁统帅夏军顽强抵抗，最终击败宋军，立下了汗马功劳。公元1082年的永乐城之战，㟮丁所部正是夏军主力。攻陷城池后，㟮丁纵兵屠城，杀了宋朝军民近20万。神宗皇帝半夜接到战报，绕榻而行、痛哭不止。也正是这一仗，彻底击碎了神宗的雄心，两年后便带着无限的悔恨和遗憾驾崩。

据说，神宗曾特意下诏给前线统军的李宪：西贼最为凶黠者唯仁多㟮丁。两国交兵，能够得到对方皇帝如此评价，这应当是为将为帅者的骄傲吧。

㟮丁的辉煌战功，不仅为个人赢得高官厚禄，也为部落争得了极大声誉。所有这些，都是仁多保忠未来的垫脚石。

站在西夏的角度，㟮丁是帝国的守护神。因为战功卓著，他深得大小梁后两代太后和谅祚、秉常两代皇帝的恩宠。

站在宋人的角度，㟮丁狡诈多谋，为人凶残，双手沾满边境军民的鲜血，是凶神恶煞般的存在，必要将其诛杀，粉身碎骨。

为泄心头之恨，神宗多次下诏要求诛杀㟮丁。复仇心切的神宗甚至在诏书里直接给出了方法：凡生擒或诛杀㟮丁者，赐给高官厚禄。既在西夏军中展开策反，又在宋军中选拔敢死之士，要的都是嵬丁的项上人头。

可惜，宋人的计谋屡屡失败，嵬丁始终安然无恙。不过，宋人还是通过内线，摸清了嵬丁的活动规律。

公元 1084 年六月，嵬丁率军在泾原路冲杀劫掠，杀巡检使王友、烧龛谷族帐落、寇德顺军静边寨，纵横几百里如入无人之境。殊不知，通过内线情报，宋朝渭州守将卢秉早已掌握了嵬丁的行军路线。他将计就计，派部将姚麟和彭孙设伏。嵬丁一路纵横，难免骄横，放松了警惕，在静边寨陷入宋军重围。

夏军虽勇猛，毕竟劳师远征且连日作战，兵困马乏，宋军则是养精蓄锐、以逸待劳。仇人见面，分外眼红，宋军喊杀震天，将夏军死死围住。嵬丁纵是英勇，左冲右突，也难以撕开口子。

混战中，宋将彭孙拍马杀到，手起刀落，嵬丁身首异处。

历史是有立场的，而且从来都是如此。

英雄和魔鬼，有时候是靠立场来区分的。站在大宋立场，嵬丁是魔鬼，杀了他，大快人心。站在西夏角度，嵬丁是英雄，嵬丁之死，让西夏失去了擎天一柱。

实际上，这些都是身后事，是后世的评述，掺杂着太多后人的是非观和道德观。对仁多嵬丁来说，应该无愧于自己的人生。他是带兵的将军，战死沙场，马革裹尸，这是不幸，也是大幸。万人敌的将军，死在沙场，总好过死丁牢狱；死于对手，总好过死于狱吏。

嵬丁死了，对仁多部落来说，无异于房梁塌了。更严重的问题是，谁来接班呢？人选有两个，儿子仁多楚清和侄子仁多保忠。

对于部落而言，可没有嫡长子继承制。在接位序列里，儿子比侄子优先，但并不具备绝对的优势，尤其是当侄子文武双全、声望很高时，就更是如此了。

仁多保忠就是这样的人选。史书没有记载他的生年，推算下来，这时他应该 30 岁左右，正是年富力强的人生壮年。楚清的年纪应该比保忠小。

血脉不是接班的关键，年纪更不是，关键是能力和实力。保忠长期跟随叔父作战，足智多谋且能谋善断，他的能力和威望是经过实战检验的，是用军功积累起来的。

小梁后数次进攻大宋，保忠都随军出征，表现十分出色。小梁后的欣赏，是重要的砝码。对于渴望开疆拓土、建功立业的小梁后来说，能够带兵的保忠无疑更有价值。

就这样，保忠越过楚清，承袭了叔父的职位。

这个结果，让楚清万难接受。他虽然年轻，却已任御史中丞，是朝廷重臣。可惜，他从未领兵作战，在军中没有资历，也没有军功。也未必是他能力不济，可能只是没有机会而已。此时，小梁后的权势正盛，楚清人在屋檐下，不得不低头。

很快，保忠又更上层楼。

这次，他靠的不是军功，而是参与策划并实施了一场屠杀。当时，小梁后和国舅梁乙逋矛盾日深，双方剑拔弩张。在这关键时刻，手握重兵的保忠审时度势，彻底倒向了小梁后，成了决定双方胜负的关键。

公元 1094 年十月，保忠带兵包围了国相府，梁乙逋全族几百口被杀。凭着这血淋淋的投名状，保忠彻底取得了小梁后的信任，登上人生巅峰，在部落、朝廷、军中，如日中天，喧嚣一时。

保忠的辉煌，更加映衬了楚清的落寞。

不仅是落寞，还有心忧。

这时候，摆在楚清面前的只有两条路。

引颈待戮或奋力一搏。

引颈待戮，时间早晚而已。以他对堂兄保忠的了解，还有部落历史上那些兄弟相争的往事，这样的结局几乎是注定的。

即使他什么也没做，仁忠也很难放过他。

说到底，在权力斗争中消灭对手，未必是因为对手做错了什么，造成了多大的伤害。实际上，对手只要具备伤害的能力，就是最大的错，就是必须铲除的最大理由。

楚清面临的就是这样的尴尬，他是嵬丁的儿子，有声望、有民心，有翻盘的可能性。这就是保忠杀他最大的理由。

人都是求生的。如果有办法，谁又愿意引颈待戮呢？

那就奋而一搏，如此，能够扭转局面吗？

难，几乎不可能。

要知道，此时的西夏，建国已经超过一个甲子，帝国的框架日益健全，最重要的是汉化很深了。楚清虽是部落首领之子，但在嵬丁的有意培养下，是读汉书、行汉礼长大的，虽是党项男儿，却已无异于汉家子弟。作为御史中丞，他负责朝廷台谏，每日所接触的都是文弱书生，所经手的不过是文书案牍。

凡此种种，楚清说起来是部落首领之子、西夏贵族，去掉这些符号上的东西，他更像大宋朝堂上的谦谦文官。

书生造反三年不成，又该如何奋力一搏呢？

看上去，楚清已经深陷绝境了。除非，还有一条路。

他是读书人，是熟读历史的。百余年前，有个人与他处境相似，后来却绝处逢生了。这个人便是李继捧，这条路就是投奔大宋。

宋、夏交战百年，双方招降纳叛是常事，但以武人居多，且多为中下级军官。西夏朝廷高官投宋，却是凤毛麟角。

无奈，形势逼人。

公元1098年十月，再三权衡之下，楚清最终带领家人四十余口投奔大宋，并献上冠服、宝玩、雕鞍等物作为见面礼。西夏如此高官投诚，宋朝边将又惊又喜，立刻快马飞报京城。

哲宗接报，大喜过望，立刻下诏送楚清到京。在汴京的皇宫，按照当年太宗召见李继捧的规格，哲宗宴请了楚清，不仅给予褒奖，还赏赐无数，授其甘州团练使、右厢卓罗都巡检使，荣耀备至。

楚清此举，避了风险，得了富贵。不过，却也变相帮助了保忠。他这一走，保忠立刻以叛国的名义，彻底肃清了他的残余势力，牢牢坐稳了部落首领的位置，权势更盛了。

然而，人算不如天算，保忠的好日子很快就到头了。仅仅一年后，小梁后被鸩杀，乾顺亲政，西夏朝政天翻地覆。一朝天子一朝臣，作为小梁后的铁杆亲信，保忠陷入了巨大的信任危机。

信任这东西很玄乎，它不靠表达，靠的是感觉。信任，说有就有，怎么做都是信任；信任，说没有就没有，怎么做都不信任。

保忠也想改弦更张，向皇帝表忠心。可忠心这东西更玄乎。表忠心有没有用？当然有用，前提是对方信任。如果对方不信任，再怎么表忠心也没用，不仅没用，还会留下笑柄。

时过境迁，现在轮到保忠进退维谷了。

在乾顺面前，保忠能说的都说了，能做的都做了。

昔日高高在上的仁多保忠，匍匐在乾顺的御座之下，语气要多谦卑就有多谦卑，态度要多恭顺就有多恭顺。所求不过一条活路。

可效果如何呢？保忠心里清楚得很。天子貌似宽容的背后是漠然、是杀机。所谓温言宽慰，不过时机未到而已。

自古以来，权力斗争没有半途而止的。这条路，只要开启，就必到终点。何谓终点？一方将另一方赶尽杀绝。

在乾顺那里，母亲的旧臣一律不值得信赖。这些年来，国家最大的危害正是外戚，这些外戚们把持国政，将皇帝玩弄于股掌之中。如今，他终于翻过手来，又怎会心慈手软？

保忠惶惶不可终日，到底该何去何从？他虽不是外戚，却是外戚最信任的重臣。在梁乙逋被诛后，他所扮演的正是梁乙逋的角色，帮助小梁后把持朝政和军队。如此，说他是外戚也可以，至少是个权臣。而权臣又是怎样的下场呢？

不要说历史上的那些权臣，单是西夏立国以来的权臣们，无论是野利遇乞、没藏峨博，还是梁乙逋，最终都被灭族。当年梁家被灭族时，冲在最前面的正是保忠。谁能料到，天道有轮回，仅仅过去数年，他也面临着同样的凶险了。

身后有余忘缩手，眼前无路想回头。

也许，投靠大宋是条出路，毕竟楚清已做了示范。不过，保忠还是很迟疑。他和楚清不同，楚清是文官，手上没有沾过宋朝军民的血，他则大不一样。这些年来，他与宋军作战，杀人如麻，惹得宋朝派来一拨又一拨的刺客，必要置他于死地。

如果投诚，宋人能接受他吗？

病急乱投医，他也顾不了太多了，设法与宋朝边将取得了联系。此时，大宋天子已是徽宗，宰相是蔡京，君臣很快便接到边关的报告。在蔡京的口吐莲花之下，仁忠来投正是徽宗的天威所致，也是上天助宋灭夏之意。徽宗大喜过望，立刻下诏，责成西北大将王厚专责此事。

为保机密，王厚安排胞弟单线联系保忠。公元1104年，经过周密运作，保忠带着家人躲过乾顺的重重耳目，成功逃出兴庆府。离京后，众人朝着边境方向策马狂奔。而边境那边，宋人早已做好了接应。

疾驰数日后，危险渐渐远去，边境已然在望，保忠的内心却越发纠结了。他所虑的有两条，一是大宋是否真心待他，毕竟双方为敌多年，能否冰释前嫌？二是即使宋人不计较，那楚清呢？他几乎杀光了楚清留在西夏的亲友，这又是一笔血债。

还没等他想明白，一彪人马突然拦住了去路。

这是西夏骑兵。为首的几名将校是宫中禁军的装扮。

保忠知道来者不善，只好强打起精神，拿出大将派头，试图蒙混过关。谁料对方根本不吃这一套，似乎知道他要投敌，不等他说完便挥刀相向。

不多时，保忠一家几十口，都被捆得严严实实。

重重警戒下，保忠被押回了京城兴庆府。

盛怒的乾顺立刻罢免了他的所有职务，削职为民。令人有些诧异的是，保忠的结局，史书没有任何交代。也许是史料遗失了，也许是作史者觉得无须再言了。

通敌叛国，放在任何朝代、任何国家，都是杀无赦。如此说来，被灭族几乎是保忠唯一可能的下场。

算起来，这时的保忠应该 50 岁上下，犹是盛年。这个昔日威风八面的大将军，没有战死沙场、马革裹尸，或死在牢狱小吏之手，或死在菜巿口屠刀之下，实在令人叹息。

自古以来，这样的将军何其多也。

令人好奇的是，他是如何被夏军骑兵截获的，难道仅仅是巧合吗？当然不是，这世上哪有那么多巧合。尤其发生在这些位高权重的大人物身上，所有的巧合背后都是精准的算计。

有一种说法是，乾顺很早就获知了保忠叛逃的消息。他之所以按兵不动，是顾忌保忠的威名，担心打草惊蛇。这样的实力派大将军，如果没有实证便拿住问罪，很难让三军将士服气。所以，乾顺不动声色地看着保忠表演，在他即将越境时再出手，抓他个人赃并获。如此坐实了叛国重罪，谁还能再说什么呢？

所谓杀人诛心，不过如此。在杀你之前，让你先身败名裂，永世不得翻身。想想看，这正是乾顺的厉害之处。那么问题来了，乾顺又是如何得知保忠叛逃的消息的?

在宋朝这边，这是绝密的情报。当然，再绝密的情报，如果主动外泄，那又是另外一回事了。

这就要说到楚清了，也许是他获取了消息，再转告了乾顺。他在西夏朝廷任职多年，和乾顺取得联系应该并不困难。而对乾顺来说，这样的消息来得正是时候，也无须证伪。

那么，楚清作为降将，又是如何知道的呢? 除非，有人故意将消息泄露给了他。这个人又是谁呢? 王厚的可能性很大。

王厚是西北宋军大将，名臣王韶之子。他和保忠交手多年，双方互有胜败，终是王厚输得多一些，无数的袍泽惨死在保忠的手里。他有足够的动机泄露消息。原因非常简单，为了复仇，为了给死去的将士们雪恨。

他很清楚，皇帝更在意天朝的面子，保忠一旦归降，按照惯例，必是高官厚禄，余生优游岁月。这对于王厚来说，实在万难接受，他忘不了那些边关、戈壁、荒漠上的累累白骨。

可他身为边将，又无法改变天子的决定，只好借刀杀人，将情报泄露给楚清。他算准了楚清这把刀好用。

楚清和保忠，虽是同族兄弟，但是夺位之恨，远胜兄弟之情。

如此层层算计之下，仁多保忠的下场就是必死无疑。不知道，临死之前的保忠，有无想明白这背后层层的机关。

可怜吗? 不可怜。无论他当年投机政治、上了小梁后的船，还是日后权势熏心、对兄弟赶尽杀绝，这些都是不归路。

可惜吗? 当然可惜。同为万人敌的大将军，他没能像叔父仁多崖丁那样战死沙场，留下英雄之名。

英雄末路，最终杀死他的，正是令人神魂颠倒的权力。

这是为将者之殇吧。

除掉了仁多保忠，乾顺长舒一口气。

在和保忠的斗法中，这位年轻的天子像个老练的猎手，笑到了最后。这年，他不过21岁。算起来，自李继迁之后，西夏的李姓天子们，几乎个个都是少年英雄。

至此，小梁后的势力被彻底肃清，这标志着"女主＋权臣"朝政模式的彻底完结，这对西夏帝国意义非凡。稍稍拉长历史，我们会发现，这种模式居然统治了西夏帝国半个世纪之久。

这种模式，最初可追溯到元昊时代的野利家族，元昊的野利皇后、大将野利遇乞，谅祚时代的没藏太后、国相没藏峨博，秉常时代的大梁后、国相梁乙埋（死后由梁乙逋继任国相），乾顺初期的小梁后、国相梁乙逋（死后由仁多保忠掌握军权）。

家族女性作为太后，代行君权；家族男性作为权臣，掌握军权。看上去，这与中原王朝外戚把持朝政无异，但仔细端详，还是有所不同。西夏的外戚们多出自显赫的部落，都是部落首领，手握部落军权。

在一定意义上，这是西夏帝国初建时期，在皇权并未完全稳固的情况下，皇帝选择与部落首领结盟、共享权力的统治模式。

铲除这种外戚并不难，谅祚就做到了，他灭了舅舅没藏峨博全族。真正难的是走出这种怪圈，就像谅祚灭了没藏氏，又培养出新的梁氏外戚。说到底，这是体制的问题。

也许正是看到了这一点，乾顺才坚持向大辽请婚，迎娶辽国公主作为皇后。事实证明这是对的，他彻底打破了一个外戚垮台、另一个外戚上台的怪圈。

从另一个层面来说，乾顺也是赶上了好时代。经过父祖几代人的努力，建国一个甲子的西夏已经高度汉化了。帝制深入人心，皇权得到巩固，文官为代表的官僚体系越发强大，部落首领操控朝政的空间被严重压缩。从这个意义上说，仁多保忠不是输给了乾顺，而是输给了时代，生不逢时。

的确，仁多保忠的背后，是个传承了千年的群体。

随着帝国的兴盛，部族注定会走向衰落。

保忠这一代人赶上了，这就是命。

尊儒崇佛

扳倒外戚，制伏部族，乾顺继续加固皇权。他至少做了三件事，或者说打了三张牌，重用皇族、提倡汉礼、崇尚佛教。

先来看看第一件事。

乾顺重用皇族是必然的。权力永远不会留有空隙，有清除出去的，必有补充进来的。

公元1103年九月，乾顺封庶弟嵬名察哥为晋王，并让他掌握兵权，取代仁多保忠在军中的地位。在此前后，他还封宗室嵬名仁忠为濮王、嵬名仁礼为舒王、嵬名安惠为梁国正献王。仁忠、仁礼兄弟通晓蕃文、汉文，擅长诗词歌赋，道德、文章不亚中原大儒，乾顺甚爱其才，授仁忠礼部郎中、仁礼河南转运使。

嵬名安惠是朝廷重臣，在皇族里资历与声望甚高，是支持乾顺亲政的核心人物，曾追随小梁后征伐平夏城，曾负责首都中兴府的翻修营建，对政事多有进谏，被乾顺尊为尚父，官居太师、尚书令、知枢密院事。

察哥文武双全，生年不详，参照乾顺年纪，封王时应还不到20岁；为人有权谋，性雄毅，后来成长为乾顺朝杰出的军事统帅。

乾顺不仅给宗室封王，还将他们大量安置在政府机构里，把这些尊贵的皇室宗亲变成帝国官员，成为官僚机器上的螺丝钉。对皇权来说，螺丝钉是稳固的，也是安全的。

不仅如此，在乾顺治下，西夏的官僚体制也越发完善。

西夏立国后，官制上以宋为师，所设多与宋相同。

在中央层面，由中书省、枢密院、三司构成行政、军事、财税的最高机关。三司，即盐铁、度支、户部，主管国家财政赋税。三司之外，再设御史台，主管监察弹劾，肃正纲纪。

国家行政管理，采用"一府六司两院"体制。

一府，即开封府。在北宋，开封府是管理京城的政府机构，西夏人或是因为尊崇，或是图省事，连名字都直接拿来了，作为首都兴庆府的管理机构。大宋有个开封府，西夏也有个开封府。

六司。翊卫司，主管宫廷宿卫；官计司，主管官吏录用调配；受纳司，主管仓粟储存及收支；农田司，主管农田、水利和粮食生产买卖；群牧司，主管牲畜饲养繁殖；磨堪司，主管官吏考核。

两院。飞龙院，主管御马供养；文思院，专供皇帝衣饰。

由机构设置可见，西夏是以农牧立国，与传统草原部落政权有较明显的不同。

在乾顺的不断打磨下，到其主政后期，在皇帝主宰之下，由中书主政、枢密管兵、三司理财、御史掌监，“一府六司两院”负责行政的官制体系已日趋完善。

不得不说，这是一套相对精密的官制体系。

很难想象，曾经豪迈奔放、剽悍勇猛的党项武士们，居然也有了等级森严、文来函往、繁文缛节的官僚政治。

和中原王朝一样，在这庞大的官制体系之下，也有着大大小小、成千上万的各级官吏。这些官吏们围绕着皇帝，像一台巨大机器上尺寸不一的齿轮和螺丝钉，年年月月、日日夜夜，共同推动着国家机器的运转。

这些官吏们维系着这个国家，一代又一代。

可惜的是，在二百余年的西夏历史上，这些人留下名字的少之又少，即使留下了，也不过只言片语。他们更多的是作为时代和重大事件的背景，衬托着那些大人物，自身则被历史湮没了。

想来，在那些漫长的岁月里，他们读书练字、参加科举，有寒窗苦读的辛劳，有名落孙山的沮丧，也有金榜题名的狂喜。他们在王朝设计精密的官僚体系里，一步一步艰难地往上爬，宦海沉浮、钩心斗角、人事沧桑，与中原王朝并无二致。

只是，黄沙漫漫，在岁月流逝下，他们的人生和故事，曾经的希望和憧憬、痛苦和煎熬，都已烟消云散了。

不过，他们确实真切地存在过，为这个国家和民族奋斗过、战斗过、拼搏过，为自己的功名、家人的幸福、爱人的笑容努力过、挣扎过、喜怒过。这就够了，足够了。

在历史的天空下，我们回望他们是这般模样；若干年后，后人回望我们，又何尝不是如此呢？

如梦的人生，流水的时代，哪有万年不易呢？

再来看看第二件事，提倡汉礼。

西夏自元昊建国以来，就一直存在蕃礼与汉礼之争，毅宗、惠宗两朝经过多次反复，到乾顺时也没有停息。

自孩童起，乾顺便对儒家文化十分倾慕。不过，在小梁后主政时，为取悦母亲，他很少表现出这种倾向。亲政后，没有了母亲掣肘，他便开始在国内全力提倡汉礼、汉学。在他看来，只有看齐中原王朝、建立儒家秩序，才能改变西夏的落后风貌，引领帝国走向繁荣昌盛。

公元 1101 年，御史中丞薛元礼上疏称："士人之行，莫大乎孝廉；经国之模，莫重于儒学。昔元魏开基，周齐继统，无不尊行儒教，崇尚诗书，盖西北之遗风，不可以立教化也。"

薛元礼，应该是个汉族官员，也是个博学古今的大儒。他的这段话说得非常有水平。他说，人生而为人，没有比孝和廉更重要的了；治理国家的模式，没有比儒学更好的了。

为了证明这个观点，他还举了几个王朝的例子，南北朝的北魏、北齐、北周，这些都是少数民族建立的王朝，也都重视儒教、崇尚儒家经典。究其根本，是因为少数民族的旧习俗，没有教化万民、治理国家的功能。

薛元礼的这段话，经过了字斟句酌的推敲，也是用心良苦。西夏是党项人建立的王朝，上述三朝都由鲜卑人建立，追根溯源，鲜卑人正是党项人的先祖。

很显然，这是君臣合唱的双簧，薛元礼上奏，乾顺准奏。很快，乾顺便采纳了薛元礼的建议，下诏在原有的蕃学之外，特建国学。所谓国学就是汉学，将汉学命名为国学，这意思再清晰不过了。同时，他挑选皇亲勋贵子弟三百人，建立"养贤务"，由官府供给廪食，设置专责教授人员，专门开展汉学教育，确保汉学在皇室宗亲里落地生根。

公元 1112 年，西夏公布新的官吏任用办法，除对皇室宗亲和世家大族有所优待外，特别提出对精通汉学的读书人以特别礼遇。简单地说，想要做官、做大官，就得懂汉礼、学汉学。

乾顺本人应该也有不错的汉学功底。他曾借大臣宅第生长灵芝，百官以为祥瑞朝贺之际，亲自作《灵芝歌》与诸大臣酬唱，并刻石记录这段佳话。令人遗憾的是，诗歌内容已不可考。

崇尚汉礼、汉学，在许多党项人看来，违背了祖先历代传承的尚武精神。有人甚至担心，长此以往，党项男儿将不复血性勇猛，国将随之不国。其时正逢水旱灾荒，乾顺命大臣们上书讨论得失，御史大夫谋宁克任便上疏批评重文轻武的政策。他在疏中言道："立国西陲，射猎为务，今国中养贤重学，兵政日弛。既隆文治，尤修武备，毋徒慕好士之虚名，而忘御边之实务也。"

无疑，谋宁克任的说法有一定代表性。在他们看来，西夏作为边陲之国，立国的根本是军事、骑射，如果重文轻武、儒生当国，必会导致军队人心涣散、战斗力下降。汉学、汉礼华而不实，党项人不能因此而自废武功。

这样的反对者还有很多，反对的声音也很大。好在，乾顺虽然年轻，做事却果敢决绝，更有着一往无前的雄心。自此，汉学在西夏有了长足的发展，到乾顺在位后期，这个党项人建立的帝国，与中原王朝看上去已经没有太大分别了，彬彬有礼似中原。

说起来，是否要学汉礼、汉学在西夏是个老问题了。几乎每有权力更迭，这个问题就会被翻出来，而且似乎有了规律可循。一般来说，少年天子提倡汉礼，太后主张蕃礼。这点和大宋的变法革新有些相似，神宗朝以后，年轻天子总是要变法，而老太后多主张废除新法。

看来，无论大宋还是西夏，无论中原还是边疆，年轻人总是更加渴望改革、维新、变法，老人家更喜欢稳定、保守、无为。这里面年龄因素固然重要，更重要的可能还是政治经验。

老人家见的人多、听的主张多、经的事也多，渐渐明白了一个道理：所谓新旧原本就是个伪命题，昨日之新便是今日之旧，今日之旧也是昨日之新，不过说法不同罢了。很多时候，又哪有那么多新呢？不过是新瓶装旧酒，甚至有时连瓶子也是旧的。

老人家还知道：所谓制度和政策，有时并没有对与错，关键在于执行；执行得不好，好政策、好制度也可能变成暴政；相反，即使有瑕疵的制度与政策，只要执行得好，一样可能成为善政。

既然如此，又何来新旧之争，又为何偏要革新？

老人家的观点，自有其道理。

但年轻人的做法，也不能说是错。

年轻人天生就精力充沛、活力四射。他们从骨子里厌恶守旧、保守和一成不变；他们打心里喜欢冒险、渴望新奇和不断创新；他们的眼神更加锐利，更能看到旧社会、旧制度的弊端和灰尘；他们思维更活跃、手脚更麻利，更有冲劲去做出改变。

年轻人和老人家，天生就是一对矛盾。这种矛盾在日常生活中便无处不在，而在政治家尤其是最高权力者身上，矛盾表现得更突出、更激烈，对社会和国家的影响也更大。

人类社会的发展，正是在这对矛盾的相互摩擦，甚至是相互消耗中，努力向前走的。毕竟，每个年轻人都会变成老人家，每个老人家都曾是年轻人。今天的开拓者，也许正是明天的拦路虎。

再来看看第三件事，崇尚佛教。

在西夏，佛教有着特殊的地位。佛教由印度东渐中土，正是通过河西走廊，这片西北之地有着浓厚的崇佛传统，佛教在这片土地上也有着非凡的影响力。

西夏君主对佛教兴趣浓厚，那些女性掌权者对佛教更是虔诚，没藏黑云、大梁后、小梁后等都留下了许多跟佛教有关的故事，还新建和修缮了几座著名的寺庙和佛塔。

比如承天寺，便是没藏黑云所建。当年元昊意外驾崩，她怀抱襁褓中的谅祚登基称帝，内外环境十分凶险。为求儿子圣寿无疆，护佑李家天下和西夏江山延永坚固，她在兴庆府建造了这座寺院和佛塔，取承天顾命之意，后来成为盛极一时的皇家寺院。如今，千年已逝，寺庙安在，香火依然。

还有凉州（今甘肃武威）的护国寺，这是更古老的寺庙，在西夏建国前便有了，寺内有座名为感应塔的佛塔。小梁后临朝摄政时，遇有军国大事，便去感应寺塔祈祷。

公元1092年冬，凉州发生大地震，感应塔在地震中遭到损毁，小梁后以儿子乾顺的名义，发诏重修此塔。后来，为庆祝修缮完工，也为给乾顺祈福，小梁后在护国寺举办了一场盛大的佛事，并亲自润色碑文，勒石立碑，以兹纪念。

所立之碑便是今日国家一级甲等文物——护国寺感应塔碑。这是国内发现时间最早、保存西夏文字数量最多、记录内容最完整，也最有价值的西夏碑刻，堪称国之重器、无价之国宝。

如果有幸见过这石碑，在汉、夏双语的碑文里目光盘桓，千年前的小梁后、李乾顺，似乎也没那么遥远了。

受皇家传统和母亲的影响，乾顺又是一位崇佛的西夏君主，这也可能是这对母子难得一致的地方。

崇佛的乾顺，也留下了深深的印迹。

公元 1103 年，他下诏在甘州（今甘肃张掖）建造一座全新的皇家寺庙，建成后赐名迦叶如来寺，因寺内有巨大的卧佛，民间多称为大佛寺或卧佛寺。

大佛寺的规模和建制，远超前朝佛寺，是乾顺时代西夏逐步走向巅峰的重要象征。自古以来，宏大的建筑以其巍峨壮观、气势恢宏等特点，很容易被最高掌权者所喜，以此来体现个人的文治武功、国家的繁荣富强。

关于寺庙的来历，据明朝宣宗时期《敕赐宝觉寺碑记》称：西夏国师嵬咩，一日静坐诵经，听到附近有丝竹之声，掘地三四尺，得翠瓦金砖覆盖的碧玉卧佛一具，遂立下原地建庙供佛的宏愿。听上去，似乎又是乾顺和嵬咩演的双簧，以此为天意所在。

大佛寺至今保存完好，可以尽览西夏皇家寺院风采。

步入寺内，中轴线上有牌坊、钟楼、前后山门、人佛殿、观音殿、天王殿、藏经殿、土塔等九座建筑。历史上，香火最盛时，寺内可容纳五千人同时朝拜。

正殿是国内现存最大的古代佛教殿堂。大殿分两层，高 33 米，面宽 9 间，进深 7 间，总面积 1770 平方米，相当于 4 个标准篮球场。

在正殿当中，卧佛安然酣睡，佛身长 34.5 米，肩宽 7.5 米，耳长约 4 米，脚长 5.2 米。大佛的一根中指可一人平躺，耳朵上能容八人并排而坐，可见大佛之大。

大佛是木胎泥塑的佛像，据说正是嵬咩独创了木胎泥塑的工艺。先将大佛的框架用木头拼接完成，再以泥塑之外形，而内部中空。如此，既可减轻大佛的重量，又可中空大佛体内以藏经书等。

大佛寺建成后，乾顺及后世西夏天子多次亲临佛寺祈愿，笃信佛教的西夏太后、皇后们更是常到寺内朝拜、居住。

后来，这座乾顺修建的皇家寺庙，还与元朝、宋朝皇室发生了密切的联系。据说，正是在大佛寺，蒙古的别吉太后生下了元世祖忽必烈。别吉太后死后，灵柩也曾停殡在大佛寺。

还有一个传闻颇为离奇。据传，南宋亡国后，宋恭宗被元军所掳，他为避祸而出家，便是在这大佛寺。若果真如此，宋、夏几百年恩恩怨怨，大宋末代皇帝却在曾经的西夏皇家寺庙出家，这又是怎样神奇的因缘际会？卧佛之前，这位宋朝末帝回望已如轻烟散去的大宋和西夏，又会是怎样的心潮起伏？

乾顺尊崇佛教，绝不仅仅是出于个人信仰，这背后有着复杂的政治考量。从外交上来看，西夏的宗主国大辽，便是个非常尊崇佛教的国家，辽道宗礼佛更是天下闻名。如此，对于辽人来说，乾顺尊佛就是政治上的正确。

从内部来看，佛教并不是党项人的真正信仰，而是西夏君主们刻意的选择。作为新兴帝国，河西之地是新占的国土，甘州、凉州、敦煌等地是帝国的膏腴所在。这里的百姓普遍信仰佛教，人们尊佛、礼佛、供佛，专注而虔诚。那一座座壮丽的寺庙和巍峨的佛塔，不仅是国家强盛的象征，也是凝聚人心的锐利武器。

亲政后的乾顺，胸怀天下、志向远大，他用皇族宗亲来巩固权力，用汉学汉礼来建立君臣大义，用尊儒礼佛来凝聚人心。

如此，权力握住了、伦常立住了、人心拢住了，这个国家，他便也真正抓在了手里。这时的乾顺才是真正的皇帝，一言九鼎、唯我独尊的皇帝。

西夏之外，乾顺的目光开始望向天下。

这是个大时代。

女真急速崛起，掀起一股飓风，搅动了天下。对于乾顺来说，无论争与不争，他都躲不过去，只能直面风暴。好在他坐拥万里江山、百万子民，即使不能争，也足以自保。

要说这江山来得实属不易。

党项人的先祖发源自青藏高原，后来逐渐向四周迁徙。

从历史上看，在数千年的迁徙路上，党项人并没有严格意义上的固有之地，更没有自己的国家，他们更多的是依附一个个兴起的王朝，过着随波逐流、四海为家的日子。直到唐朝末年，党项人才开始了数代人接力般的建国之路，也才有了相对固定的领地。到元昊建国时，西夏东尽黄河、西至玉门、南接萧关、北控大漠，已是幅员万里的大帝国了。

地理上，西夏与宋、辽和吐蕃、回鹘等为邻，周边虎狼环伺，是实实在在的四战之地。西夏的每一寸疆土都来之不易，是历代党项勇士们用非凡的勇气和奋力的拼杀得来的。

然而，幅员虽万里，但三分之二的国土都是戈壁沙漠，多是不毛之地。戈壁之外还有山区，主要有贺兰山、祁连山、横山等。适宜农耕的富庶之地，主要集中在河套平原和河西走廊。

黄河源于青藏高原，百折千回，流入西夏境内，由西南向东北纵贯千余里，在两岸冲积形成了河套平原。首都兴庆府和重镇灵州均在此处，这里是西夏商贸、农业、牧业最发达的地区，也是帝国的腹心之地。

在祁连山等群山之间，有条长一千多千米、宽百余千米的狭长地带，即为著名的河西走廊。这条汉代以来的丝绸之路故地，是西夏最重要的商道，南来北往的客商，为西夏带来了源源不断的财富。

在乾顺亲政初年，西夏的疆域已经大体稳定。到北宋末年，天下纷乱，乾顺又瞅准时机，抢占了宋、辽的部分土地，让帝国的疆域达到了峰值。

关于西夏人口，史书没有太确切的记载。通过西夏的征兵制度，可以进行合理的推算。在对外交战上，西夏动辄征发十万、数十万大军，虽有虚张声势之嫌，也是一种参考。

目前相对公认的估算，西夏在乾顺及其子仁宗的全盛时期，全国约有五十万户、二百万到二百五十万人口。这是个什么概念呢？对比同时期的辽、宋人口，一目了然。

据史书记载，公元1111年，即天祚帝登基十年后，辽国人口达到极盛，约有一百四十万户、九百万人口。公元1110年，即徽宗继位十年后，北宋人口约为一亿一千三百万。

这么算起来，乾顺在位时期，西夏人口不足辽的三分之一，与宋相比更是微不足道。

人口数还是很能说明问题的，在冷兵器时代尤其如此。

实际上，在任何时代，人都是国家最宝贵的资源，是财富、智慧之源，是创造、创新之源，更是国家振兴发展和民族血脉相承最重要的支撑。

如此说来，西夏虽幅员万里、人口百万，比起周边的吐蕃、回鹘是个大块头，但比起辽、宋和金又是不折不扣的"小个子"。

然而，就是这样的"小个子"，在乾顺的带领下，上演了一幕幕以小博大、以弱胜强的经典案例。无论辽、宋，甚至迅速膨胀的大金，也始终不敢小觑西夏。

乾顺，以其卓越的文治武功，为西夏赢得的不仅是生存的空间，还有民族和国家的尊严。

亲政后，乾顺最主要的对手还是大宋。

宋、夏两国和和打打、打打和和，可谓百年冤家。

在战略上，是党项人赢了，硬是从部落割据政权，打成了一个新兴帝国。这就足够了。他们要的就是名分和实惠，进取中原的梦想可能偶尔有过，但并不是既定国策。

倒是大宋，对西夏的战略有大问题。究其原因，是大宋始终无法摆正对西夏的态度，既不能将其视为平等之国，又不能将其视为臣属之地，而是视其为反叛政权。

对宋人来说，厚辽人、女真人而轻党项人，并非是情感上的厚此薄彼。除了建立政权的时间早晚之外，可能也和西夏所处的位置相关。他们占据的河西之地，扼住了河西走廊的咽喉，隔断了大宋与西域的往来，这里是汉唐故地，是汉人抹不去的辉煌记忆。宋以华夏正统自居，收复河西、恢复旧疆，除却巨大的经济利益，也是法理之所在。

基于这种认识，在大宋朝堂上，对西夏的敌视是一致的，所谓的鸽派和鹰派，只是在应对措施上有所不同而已。鹰派坚持军事打击，想着在地图上将西夏抹掉；鸽派主张怀柔、绥靖，甚至退还所占领土，以岁赐、麻痹羁縻党项人。

鹰派的雄心很大，可惜经过百年战争，军事努力始终无法奏效。大宋帝王里，最有雄心的要属神宗，他发动过数次大规模的进攻，可惜都是功败垂成。

如此，宋人对党项人在军事上打击无效，外交上又无法平视，就这么一直拧巴着过了上百年。

哲宗亲政后，延续神宗路线，继续对西夏采取军事强硬政策。朝堂上有章惇、西北前线有章楶，君臣同心、策略得当、三军用命，在两次平夏城之战中重击夏军。恼羞成怒的小梁后责怪辽道宗不以援手反被鸩杀，引发西夏朝堂大地震，直到乾顺亲政。

　　到哲宗朝后期，在连续胜利下，大宋终于取得了对西夏明显的军事优势。如果这种优势再扩大，西夏真就危险了。天佑西夏，哲宗英年早逝，为党项人赢得了喘息之机。

　　公元 1100 年，哲宗驾崩，徽宗继位。坐稳皇位后，赵佶迫切希望承继父兄大业，乘胜追击、一鼓作气，彻底解决西夏问题。

　　宋、夏历史翻到新的一页。17 岁的李乾顺，遇上了 18 岁的赵佶，都是血气方刚，一样胸怀大志，冲撞和对抗不可避免。

　　公元 1104 年，赵佶登基四年后，宋、夏重燃战火。

　　这次，双方争夺的焦点在青唐（今青海西宁），这是饱经战火的苦难之地。在这片土地上，有着纠缠着宋人、党项人、吐蕃人的百余年爱恨情仇。

第三章

熙河开边

这是一段如烟往事。

吐蕃王朝是古代藏族在青藏高原建立的政权，自松赞干布至朗达玛传位九代，延续两百余年。唐初文成公主入藏嫁给松赞干布，还有之后的金城公主入藏，都留下了千古佳话。

进入公元 9 世纪，吐蕃由盛转衰，内部纷争不断，直至帝国崩溃，出现了许多割据政权。

大宋建立前后，在西北边疆便出现了两个吐蕃政权。

在青海地区，唃厮啰以邈川（今青海乐都）、青唐为中心的湟水流域建立政权，史称青唐吐蕃。在河西走廊，有以凉州为中心的政权，史称六谷吐蕃。

党项人崛起后，李继迁强势西进，六谷吐蕃首领潘罗支无力抵挡，多次遣使到大宋邀约夹击党项。当时宋真宗在位，正全力防御辽军南下，无暇分心西北，只授予潘罗支官职并赠送大批军事物资，并没有派兵援助。潘罗支独木难支，只好设伏诈降，李继迁中计后被乱箭射杀。之后，其子李德明利用吐蕃内部嫌隙，设计杀了潘罗支，报了杀父之仇。潘罗支惨死，六谷吐蕃瓦解，残余力量逃亡青唐，党项人彻底控制了河西走廊。

青唐吐蕃收聚六谷吐蕃残余力量，实力大为增强，所控制疆域大体覆盖今天的青海省，与西夏接壤，和大宋毗邻。

青唐吐蕃和西夏、大宋鼎立百年，纵横捭阖、精彩纷呈。

佛之子

在吐蕃语里，唃即佛，厮啰是儿子，唃厮啰即佛之子。

唃厮啰，原名欺南凌温，出身天潢贵胄，吐蕃亚陇觉阿王系的直系后裔。

可惜，他生不逢时，在其公元997年出生时，昔日强大的吐蕃帝国早已分崩离析，长年陷于宗室争位、军阀割据的内乱之中。为了避难，许多吐蕃王室后代不得不远走他乡，唃厮啰的先辈也流落到了西域。

作为没落皇族的后代，祖先的荣耀早已散尽。如无意外，他的人生将不会掀起任何涟漪，能够隐姓埋名、老死乡野，便是乱世里最大的福气了。可命运之手，偏偏造就了他的人生传奇。

公元1019年，唃厮啰12岁，平淡的生活发生了巨变。

一位名叫何郎业贤的党项人，意外地发现了他。何郎业贤很有政治智慧，意识到这个小男孩奇货可居，便将其从西域带到青唐。当时，青唐一带吐蕃部落众多，相互间攻伐不断，战火连连。

唃厮啰来到青唐后，因为显赫的出身，加上背后各派政治势力的推波助澜，很快被当地吐蕃人奉为赞普，成为各部落名义上的领袖。很显然，这种尊奉有着强烈的投机性质，少年唃厮啰不过是傀儡而已。更加不幸的是，作为王权的象征，他成了部落首领们反复争夺的对象。

后来，李立遵在争夺中胜出，牢牢控制住了唃厮啰，并将两个女儿嫁给了他。为方便控制他，李立遵还将王城迁到经济发达的宗哥城（今青海平安区），自称论逋（即宰相，以下称宰相），独揽大权。

李立遵，这个有着汉姓的吐蕃首领，有可能是吐蕃化的汉人。从他的所作所为来看，显然很熟悉中原的三国旧事。如果他是曹操，挟天子以令诸侯，那唃厮啰就是汉献帝了。

"汉献帝"的日子是难熬的。面对日益骄横的李立遵，年岁渐长的唃厮啰再也无法忍受，他渴望早日逃离这种锦衣囚徒的生活。实际上，没有任何君王甘心做傀儡，尤其是那些少年天子们。

不满，是一种强烈的情绪。掩饰不满，是一种不俗的能力。所谓喜怒不形于色，需要多年的修炼和恶劣环境下的磨砺。而年轻人的情绪总是难以掩饰的，总会留下蛛丝马迹。少年唃厮啰眼神里偶尔流露出的愤怒，当然逃不过老狐狸李立遵的眼睛。

就这样，傀儡君主和跋扈宰相之间的裂缝越来越大。

渐渐地，李立遵有了自立之心。他遣使到东京，号称聚众数十万，威胁宋朝册封其赞普称号，取唃厮啰而代之。

宋朝拒绝了他的无理请求，仅授予其保顺军节度使。李立遵欲求不得，恼羞成怒，次年亲率三万大军攻打秦（今甘肃天水）、渭（今甘肃平凉）二州，被宋朝名将曹玮大败，落荒而逃。

宋军的胜利，为唃厮啰赢得了机会。他趁李立遵新败，带领亲信和属下部族逃到了邈川地区。随之，他罢废李立遵宰相之职，起用邈川的吐蕃首领温逋奇为新宰相。

殊不知，他是刚离狼窝，又入虎穴。

温逋奇也是一方豪强。

早些年，他和李立遵是盟友，曾共同分享拥立唃厮啰的红利。只是后来李立遵独揽大权，将老朋友扔在一边，引起了他的强烈不满，两人渐行渐远，终成敌人。

回头来看，唃厮啰能够逃出李立遵的控制，顺利来到邈川地区，背后少不了温逋奇的精心谋划。唃厮啰任命其为宰相，既是论功行赏，更是政治回报。只是，当唃厮啰双脚踏入温逋奇的领地，大政方针就由不得他了。

换句话说，唃厮啰不过是换个牢笼而已。而他和温逋奇的关系，则是和李立遵关系的翻版。

史书没有记载李立遵的人生结局。按照历史发展的逻辑，温逋奇应该会打着唃厮啰的旗号，联合其他部落对他进行讨伐。墙倒众人推，他应该逃脱不了董卓之流的下场，或兵败被杀，或死于内讧。总之，身首异处、暴尸荒野是难免的。这也是很多权臣的下场。令人不解的是，这样的下场并不能阻吓后来人，一代代的梦想者，或者说野心家，都挤在这条路上。

无疑，剿灭李立遵后，温逋奇既有救驾之功，也有平叛之劳，权势会更盛，也会滋生出更大的抱负。权力最能刺激人的欲望，越大的权力会刺激出越大的欲望。

也许，在此之前，温逋奇还心存只做周公的念头。然而，大权在握，尝到权力的美妙滋味后，他自然而然就走上了曹操、董卓之路。这是必然的，这是人性，也是被历史和一代代人反复证明的。

渐渐地，温逋奇也盯上了赞普的大位。他在暗中与西夏勾结、寻求支持的同时，开始紧锣密鼓地策划叛乱。

公元 1032 年，温逋奇发动军事政变，抓住了唃厮啰。令人诧异的是，也许是手软，也许是大意，更可能是过于自信，他并没有立即处死唃厮啰，而是将其囚禁在枯井下。

这年唃厮啰 35 岁，从 12 岁被人带到青唐，被拥立为名义上的赞普，转眼已过去 23 个春秋。这些年，他就像个穿着龙袍的流浪汉，飘零在青唐各地，辗转于形形色色的部落首领之手。直到坐井观天，徒呼奈何？

也许，唃厮啰已经厌倦了。这稀碎的人生，终结就终结吧。

可天不遂人愿，他是注定要创造传奇的。

所谓传奇就在于逆转，不朽的传奇，就是反复的逆转。

不久后，坐井观天的唃厮啰便开始了人生大逆转。

乘温逋奇出城游猎，看守的卫兵将唃厮啰从井中救出。逃出生天的唃厮啰，在卫兵们的簇拥下，与温逋奇的人马展开了厮杀。这是一次惊心动魄的战斗，唃厮啰身先士卒、血染征袍，最终以弱胜强，诛杀了温逋奇，平息了叛乱。

随即，唃厮啰将国都从邈川迁到青唐。借助得胜之势，唃厮啰亲率大军征伐不臣的部落，统一了河湟地区，成为河湟吐蕃真正的王者。

这年，唃厮啰还是 35 岁，生死之间的巨大反转，从谷底到顶峰的切换，都发生在这一年。这让我们不得不感叹命运的神奇。有时候，一年的时光毫无痕迹就溜过去了；有时候，一年的时光却有着天翻地覆的变化。

人们常说，活着就是一切。也许，人活着，正是为了等待这样的神奇年份，等到了，一切都有了。

唃厮啰，从少年到壮年，从砧板上的鱼肉到与狼共舞，再到独领风骚，从漂泊他乡的没落王孙，到面南背北的九五之尊，他的人生路荆棘丛生、艰难曲折，终于登临绝顶。

这样的唃厮啰，是吐蕃人当之无愧的领袖。这些年，吐蕃人饱经战乱、分裂之痛，无比怀念祖先松赞干布时代的荣光，他们缅怀过往、憧憬未来，将振兴吐蕃的希望寄托在了唃厮啰的身上。巨大的威望让唃厮啰成为河湟吐蕃的象征，助他坐稳了大位，成为一方霸主。

这是个英雄辈出的大时代，平息内乱后的唃厮啰，迎面撞上的正是一代党项枭雄李元昊。

元昊小唃厮啰 6 岁，当唃厮啰饱经磨难、颠沛流离、一步一步创造传奇时，元昊在父亲德明的精心栽培下，正统率着锐不可当的党项铁骑横扫河西走廊。

这两个人，一位久炼成钢，是统一河湟的吐蕃霸主；一位不可一世，是新建帝国的西夏皇帝。他们年纪相仿，同样胸怀天下；他们国土相邻，带领的国家同样蒸蒸日上。在他们的两侧，则是更加强盛的大辽和大宋。

如此，在国与国的纵横捭阖之下，在大人物们的明争暗斗之中，吐蕃、西夏这两个国家的碰撞，唃厮啰和李元昊这两位英雄的对决是注定的。

在吐蕃、西夏激烈交锋的背后，大宋始终没有缺位。

这原本就是个多方参与的游戏。

面对李元昊的强势崛起，北宋皇帝伤透了脑筋。在西北用兵数年，耗费人力物力、将士死伤无数，可党项人的势力不仅没有消减，还越发强盛。既然军事打击无法奏效，还有没有其他办法？当然有，那就是中原王朝惯用的以夷制夷之策。

说起来，大宋曾犯过一次严重的错误。当年，李继迁父子进兵河西走廊，当地吐蕃首领潘罗支多次遣使到东京，请求出兵合击党项人。宋朝君臣瞻前顾后、犹豫再三，拒绝了出兵的请求，坐视潘罗支被杀，河西吐蕃灰飞烟灭。而随着党项人全面占领河西走廊，大宋通往西域的咽喉要道被彻底掐断。

失去河西走廊，丝绸之路被切断，绝不仅仅是贸易上的损失那么简单，还有更为重要的战马资源。中原虽大，却无养马之地，这是中原王朝对抗马背民族的一个巨大短板。

在历史上，中原王朝的战马来源，以河西、塞北、河湟等几个地区为主。

大宋建国时，燕云十六州已在契丹人手里，现在又丢了河西，战马的供应只剩下河湟一地。

除了供应战马，河湟地区也是一条贸易通道。虽然不及河西走廊顺畅，路途遥远且崎岖难行，毕竟还可以通往西域。

此消彼长之下，在大宋眼里，河湟地区的战略地位陡升。外交上，对唃厮啰政权，大宋加大了拉拢和扶持的力度。大宋的困境和用意，睿智的唃厮啰自然心领神会，在摆脱李立遵和温逋奇的控制，独揽大权之后，坚决奉行附宋抗夏的国策。

国与国之间，但凡有共同的敌人，自然就有共同的利益。西夏就是吐蕃和大宋共同的敌人。

唃厮啰的选择惹怒了元昊，他招来了西夏大军。

公元 1032 年，为惩罚唃厮啰，元昊亲率大军进攻河湟，攻占了牦牛城（今青海大通县）。

公元 1035 年，乘吐蕃发生内乱，元昊再次发兵进攻宗哥城，进而围攻青唐城。唃厮啰派大将安子罗出战。双方苦战二百余日不分胜负，夏军因粮竭被迫撤兵，归途中渡宗哥河（今青海西宁南川河）时被吐蕃大军击溃，仓皇败逃。同年十二月，不服输的元昊再次亲率大军进至河湟，再败唃厮啰。

一败再败，元昊碰到了真正的对手。昔日横扫河西、战无不胜的党项战神，被弄得有些灰头土脸。

纵观历史，元昊无疑是那个时代用兵的顶级人物，加上党项民族正处于上升期间，两者结合所迸发出的战斗力是十分惊人的。唃厮啰能数次重创元昊，可见其运筹帷幄和军事指挥之才能。

如此，我们能否得出这样一个结论？单论个人军事素养，唃厮啰或许在元昊之上，是个更加厉害的人物。当然，要论知名度和历史地位，元昊远在唃厮啰之上。

在历史上，元昊的形象是丰满生动的，唃厮啰则有些模糊不清。这是因为，元昊在父祖几代人努力的基础上，所建立的西夏帝国，疆域更辽阔、国土更富饶，整体国力更强盛、国祚更绵长。此外，西夏帝国的汉化程度更高，与中原王朝的往来也更频密。

很显然，相比唃厮啰，元昊手里的牌更好。

历史就是这样，常常厚此薄彼。这也是没办法的事。

一个人，终要承认自己能力不足。

蹦得再高的人，总会有摸不到的屋檐；跳得再远的人，总会有跨不过的沟坎。

跨不过唃厮啰，元昊索性不跨了。

公元 1038 年，在唃厮啰迁都青唐六年后，35 岁的李元昊正式登基称帝。他志得意满、睥睨天下，却再也没有率兵攻伐河湟。想来，那几次兵败，让这位战无不胜的枭雄有了心理阴影。

元昊驾崩后谅祚继位，这位少年天子数次攻打唃厮啰，也没有占到太多便宜。倒是唃厮啰，在宋、夏战争中多次应宋军之邀从侧翼攻击西夏，让夏军腹背受敌，苦不堪言。

大宋和唃厮啰的同盟，就像一条铁链束缚了党项人的手脚，让他们首尾不能相顾，头疼不已。

站在大宋的角度，以夷制夷的策略收到实效，有效牵制了西夏的兵力，让其始终不敢放手一搏。对于唃厮啰来说，结盟大宋，不仅让宋、蕃边境平安无事，也让党项人不敢再轻易觊觎青唐。

毫无疑问，唃厮啰附宋抗夏的战略是个双赢的选择。

谅祚驾崩后，秉常继位，大梁太后临朝摄政，她逐渐改变策略，对唃厮啰改以拉拢和安抚为主。而随着唃厮啰政权逐渐稳固、实力日益增强，不仅宋、夏对其进行拉拢，就连远隔千里的契丹人也伸出了橄榄枝。公元 1058 年，刚登基不久的辽道宗，将宗室之女封为公主，赐婚给唃厮啰之子董毡。

作为日渐重要的战略力量，河湟吐蕃的站队，对辽、宋、夏的博弈有着举足轻重的影响。既然如此，站在西夏、大辽的角度，他们绝不能接受河湟吐蕃彻底倒向大宋，想方设法打破吐蕃人附宋抗夏的战略。

在压力和诱惑面前如何取舍，这对唃厮啰的政治智慧是个巨大考验。而他的表现不愧为大政治家，他一方面不计前嫌，大度地接受西夏、大辽的好意，谦恭地修复彼此的关系，同时依然坚持依附宋朝的战略不变。

一句话，谁也不得罪，还能让辽、夏、宋都基本满意。

从公元 1041 年开始，宋仁宗陆续赐封唃厮啰保顺军节度使兼邈川大首领、保顺河西节度使、洮州刺史、凉州刺史。唃厮啰则向宋称臣，与大宋结为甥舅之国，在给仁宗的上表中，他问候宋天子"阿舅天子安否"。

此外，唃厮啰全面恢复和宋朝的边境贸易，向中原出口大量优质战马。同时，他贯通了河湟地区的商道，让宋朝借道青唐恢复了与西域各国的交往，重启因西夏占据河西走廊而中断的丝绸之路。河湟吐蕃的首都青唐城作为贸易通道上的重要中转站，商贾云集、商队绵延、贸易兴盛，迅速发展成为河湟地区的经济、文化、政治中心，为河湟吐蕃带来了源源不断的税收和财富，河湟吐蕃的实力渐渐达到巅峰。

在那个大时代，面对辽、宋这两个巨无霸和西夏这个强悍的对手，唃厮啰身处夹缝之中，就像在三个鸡蛋上跳舞，他脚步轻盈且舞姿优雅，赢得满堂彩。

如此，唃厮啰上马治军，下马治民，能战能和，能屈能伸，身处一隅，眼观天下，纵横捭阖，长袖善舞，实为一代雄主。

天纵英才，也终有谢幕之日。

公元1065年，唃厮啰病逝于青唐城，享年68岁。

巨星陨落，该如何评述他的一生？

毫无疑问，唃厮啰是唐末吐蕃王朝崩溃之后，吐蕃人中最杰出的领袖。他名为皇孙，却身世飘零；他在一片分崩离析中再造帝国，名是中兴之主，实为开国之君；他建立的政权，虽难以重现昔日吐蕃帝国的浩瀚博大，却一样光彩夺目。因其功业无双，后世甚至以其名字冠名政权，史称唃厮啰政权。

一生荣辱，足够传奇；一世功业，堪称伟大。

他出身皇族，身份尊贵，却不幸生逢乱世，这身份带给他的不是锦衣玉食，而是颠沛流离和重重杀机。在各路枭雄的眼里，他是可居的奇货，是揽客的旗幡，更是马前的猎物。这是与生而来的不幸。

先人们早已避祸异乡，他却又被带回了是非之地。他没得选，只能顺从，只能接受。关于他的父母及家人，史书语焉不详，似乎是个孤儿，又或者说他被选中的代价之一，就是远离亲人。毕竟，孩子更容易控制，也更适合做傀儡。给你金光闪闪的御座，却要你隔绝亲情，给你无比尊崇的名号，却要你做锦衣玉食的囚徒，这样的命运安排简直让人发疯。

高处不胜寒，何况是作为至高无上的傀儡。在那些辗转流离的日子，除了忍辱负重，他没有别的选择。不知道，在那些人生的至暗时刻，他是靠什么样的信念坚持下来的？也许是皇族的荣誉感，也许是名义上领袖的责任感，更大的可能，也许只是求生的欲望。即使他不想成为雄才大略的君主，至少他想活着吧。

幸运的是，他作为猎物，却最终熬成了猎手。他平息不臣、统一河湟，把这个国家真正握在了手里。半生担惊受怕、终日惶惶无措，如果就此做个关门天子，岁月静好、不问世事，也无可厚非。真若这样，他的生命体验可能会更好，但大历史中的地位就会下降，个人的形象也会更加模糊。

很显然，他选择了直面大时代。周围大辽、大宋、西夏强邻环绕，辽圣宗、辽兴宗、辽道宗、宋仁宗、宋英宗、宋神宗、李元昊、李谅祚、李秉常等轮番登场，这些大时代的风云人物，都是唃厮啰人生舞台上的共舞者。在与这些大人物们的较量中，他或称臣纳贡，或起兵抗争，或跃马疆场，或通关贸易，不仅丝毫不落下风，还时常崭露锋芒，没人敢忽视他，更没人敢轻视他，相反，他赢得了足够的尊重和敬意。

人生百年事，或碌碌无为，或建功立业；或不声不响，或惊天动地；或黯淡无光，或光彩照人；或踽踽独行，或一飞冲天。这都是命运。只是有人向命运屈服，成为命运的奴隶，有人拼死抗争，成为命运的主人。千难万难，唃厮啰从荆棘丛中杀出，主宰了自己的命运，在大历史中留下了深深的印迹。

他的历史地位，可能需要从更长远的视野来看。

从公元 840 年吐蕃王朝内乱到蒙古人征服西藏，在这漫长的 300 多年里，吐蕃一直处于分裂之中，群雄割据、诸侯林立、民不聊生、生灵涂炭。在这长长的黑暗里，唃厮啰建立的河湟吐蕃，富足强大、安定繁荣，他 30 多年的统治是难得的闪光时刻。

这是他对吐蕃王朝的贡献，也是他对吐蕃人的贡献。

唃厮啰，吐蕃人的杰出领袖，无愧伟大的称号。

二世之难

唃厮啰病逝后，三子董毡即位。

唃厮啰有三位妻子，前两位是李立遵之女，各生一子，长子瞎毡，次子磨毡角。李立遵死后，两人害怕被清算，各携子逃出青唐，瞎毡居龛谷（今甘肃榆中），磨毡角居宗哥（今青海平安镇）。

第三位妻子乔氏，可能是位汉人。相比较前两位被迫迎娶的妻子，乔氏可能才是唃厮啰钟爱的女人。爱屋及乌，乔氏所生的董毡，也深为唃厮啰所喜。

董毡出生于公元1032年，这是个特殊的年份。正是在这一年，唃厮啰从枯井逃生、诛杀温逋奇，开始掌握实权。也许，在唃厮啰眼里，这神奇的逆转，正是靠新生的董毡带来的红运。

有了这样的光环，董毡自然被视为掌上明珠。

9岁时，唃厮啰就为其向大宋请封，宋朝封董毡为会州刺史。

少年时代，董毡便参与军政事务，追随父亲南征北战，在统一河湟的大业中屡立功绩。经过多年历练，到唃厮啰晚年，国事已多由董毡处理，他应对有道，处理得当，得到了吐蕃人的拥护。

公元1058年，26岁的董毡迎娶大辽公主，有了辽国女婿的身份，在大辽的加持下，他在继承大位的路上走得更稳了。实际上，由于两位兄长出走京城，他早已是父亲心中最佳的继承人。

公元1065年，唃厮啰去世，33岁的董毡在灵前继位，成为河湟吐蕃第二代赞普。

即位后的董毡，坚定执行父亲的既定国策，继续与宋朝修好。大宋封其为保顺军节度使，加太保、太傅，后又加封为西平节度使、武威郡王。董毡投桃报李，在宋、夏战争中多次出兵助宋。

董毡此举，让党项人十分痛恨。很快，在西夏的策划和支持下，董毡的两位兄长瞎毡、磨毡角拥兵自立，公然向弟弟发起进攻。一个要夺权、一个要削藩，在宋、夏的各自扶持下，双方相互攻伐，杀得血流成河。转眼之间，统一的河湟吐蕃再次呈现分崩离析之态，三十余年的太平盛世眼看就要灰飞烟灭。

好在，经过几番血腥的厮杀，董毡终于控制住了局势，两个哥哥先后俯首称臣，河湟地区的战火渐渐平息。

然而，树欲静而风不止，董毡刚平息内部矛盾，外部危机又来了。不同的是，这次的危机并非来自西夏，而是大宋。

英宗驾崩后，新继位的神宗锐意革新。他重用王安石，开始厉行变法，内政、外交全线出击，边疆政策也做出重大调整。

凡事自有因果，事情还得从一个人说起。

这个人便是王韶。

王韶，字子纯，号敷阳子，江州德安（今江西德安县）人，大宋又一位书生带兵的典型。

当然，与徐禧等人纸上谈兵不同，王韶是实干家。他官至枢密副使，以奇计、奇捷、奇赏留名后世，被称为三奇副使。

公元1030年，王韶出生在仁宗盛世，自幼丧父，聪颖异常，读书过目不忘，是闻达乡里的小神童。公元1057年，正是仁宗嘉祐二年，27岁的王韶进士及第。

这年的进士科在中国科举史上大名鼎鼎，被称为龙虎榜。主考官欧阳修，阅卷人梅尧臣，副考官王珪、韩绛、范镇，无一不是名震古今的大人物。欧阳修的成就自不必提，王珪官至宰相，韩绛官至副宰相，范镇是朝廷重臣，梅尧臣则被称为宋诗的开山祖师。登科的进士更是星光灿烂，号称天下第一，有三苏，还有张载、程颢、程颐、曾巩、曾布、吕惠卿、章惇、王韶等。

王韶虽然名列榜单，但同年的光芒过于耀眼，让他显得有些黯然失色。踏上仕途后，他相继担任新安主簿、建昌军司理参军等职，辗转盘桓于地方，多是微末小官，并没有太多亮眼的政绩。后来，他参加朝廷的制科考试，也是名落孙山。所谓制科，是朝廷为选拔"非常之才"而不定期举行的考试。

看上去，王韶虽是龙虎榜的成员，却并非龙虎之辈。至少，在那些以官位为评判标准的人眼里，确实如此。

官道难行、仕途颠簸，并没有让王韶心灰意懒。这些年，地方上的琐碎政务也从来没有走进过他的内心。他是读书人，文官出身，更感兴趣的却是军事，更向往鼓角争鸣、刀枪林立的战场。实际上，这并不奇怪，这是在大宋朝，书生领兵、出将入相的前辈们太多了。

后来，寻到一个机会，王韶来到了陕西。他心里有无数的疑问，需要在这片土地上找到答案。

陕西是边疆，也是前线，宋、夏在此缠斗了近百年。作为心腹大患，西北战事不仅耗费了大宋不可计量的金帛，也牺牲了无数的中原男儿。作为常年的战场，陕西当地百姓更是苦不堪言。

这些年来，大宋硬过，多次派大军征伐，或一败涂地，或无功而返；大宋软过，赐姓赐名，封官封爵，给钱给物，可惜落花有意流水无情；大宋守过，修城筑寨，据险固守，却留下一个个永乐城之痛。宋人纵是使出浑身解数，西夏却是依然故我。

难道真就没办法了吗？很多人确实放弃了，但王韶不这么看。他到陕西后，马不停蹄地深入边关腹地，或亲临前线堡寨，或查勘地形地貌，或访求军士边民，苦苦思考御敌灭敌之策。正是这几年的游历和思考，王韶最终形成了对付西夏的系统方略，便是后来著名的《平戎策》。

良谋既已在胸，剩下的便是静候时机了。

公元1068年，英宗去世，神宗继位。年轻的皇帝满脑子伟大梦想，意气风发，锐意进取，多次下诏求贤，广开言路。

帝王的梦想，便是臣子的功业。王韶乘机献上《平戎策》。在这份战略规划里，针对西北百年顽疾，王韶开出一剂猛药：收复河湟，招抚羌族，孤立西夏，进而灭之。

具体来说，先征服唃厮啰政权，占领河湟地区，切断西夏臂膀，再一举消灭西夏，彻底消除西北之患。

按照王韶的构想，将唃厮啰政权由大宋名义上的臣属，实际上的盟友，变成率先征伐的对象，进而成为进攻西夏的侧翼基地。

公元1069年，在神宗的全力支持下，王安石开始变法。

对外，新法主张积极拓边。王韶的《平戎策》生逢其时，一出手就博得满堂彩，神宗如获至宝，王安石也全力支持。由此，北宋历史上著名的熙河开边拉开了大幕。

所谓熙河，即熙州（治所在今甘肃临洮）、河州（今甘肃临夏西南），都是河湟之地。

王韶是战略提出者，也是战略执行者。他被朝廷任命为秦凤路经略司机宜文字（相当于机要秘书），主持开拓熙河事务，也由此登上帝国的大舞台，演绎辉煌的人生。

王韶拜别天子，走马上任，来到秦州（今甘肃天水）。

他首先面对的是吐蕃俞龙珂部。这是生活在今甘肃渭源、漳县、岷县一带的大部落，也是块难啃的硬骨头。初来乍到，万事不备，强攻肯定不是上策。

为了摸清虚实、知己知彼，胆识过人的王韶打着巡边的旗号，竟只带着几名随从直闯俞龙珂的牙帐。要知道，这是百余年来，首次有宋朝官员胆敢孤身深入吐蕃酋长的领地。

俞龙珂听闻王韶孤身来访，大感诧异，更深感钦佩，以最高礼仪接待了王韶。宾主落座后，但见王韶谈笑风生、气度非凡，俞龙珂心有折服，面有崇敬之色。王韶察言观色，对他晓之以理、动之以情，劝其归顺大宋，并邀其回访大宋军营。

数日后，俞龙珂应约来到宋营，随行不过亲兵数人。有部将进言，可趁机杀掉俞龙珂以绝后患，王韶听后哈哈大笑，连连摆手。

王韶亲自到大帐之外迎接，酒过三巡之后，又带领俞龙珂观看宋军操练。只见沙场之上，盔甲明亮，刀枪耀眼，宋军士气高昂，声势震天。俞龙珂的随从不禁面露惧色，他虽然表面上谈笑自若，也不免暗暗心惊。

王韶这软硬两手玩得很好，要诚意有诚意，要威慑有威慑。回营后，俞龙珂思虑再三，最终率领部众 12 万人归附了大宋。令王韶意外的是，俞龙珂主动提出要到东京朝见天子。

后来，神宗在皇宫赐宴俞龙珂。酒过三巡，神宗龙颜大悦，便问他眼见东京繁华，可有什么请求，但提无妨。俞龙珂闻之，放下手中玉盏沉吟片刻，起座跪奏：平生最敬重包中丞（包拯），知道他是朝廷大忠臣，敢请陛下赐微臣包姓。神宗为之动容，遂赐其姓名顺，包顺。

看来，这俞龙珂虽是吐蕃人，却也深谙中原为官之道，这马屁拍得极其高明。当然，他所说的也可能是肺腑之言。

有了俞龙珂的支持，熙河开边就有了跳板。在此基础上，王韶再上奏朝廷，将古渭寨升格为通远军并大力扩充，同时修筑渭源堡，做出步步为营的姿态。

王韶的步步为营，对董毡就是步步紧逼。眼见唃厮啰政权的根基开始松动，董毡如坐针毡，寝食难安，日日苦思御敌之策。

方法倒是现成的，所缺的只是决心而已。很简单，既然盟友能变成仇寇，那仇寇自然也能变成盟友。果然，党项人很快向董毡伸出了橄榄枝。

公元1072年，西夏临朝摄政的大梁太后，将心爱的独女嫁给董毡之子蔺逋比为妻，西夏、吐蕃结为秦晋之好。

董毡改弦更张，开始依附西夏，反击大宋。

可惜，董毡的反击并不奏效。

相反，王韶用兵入神，宋军气势如虹、锐不可当。

公元1072年，王韶大举进兵，连续打了几场恶仗，终于击败蒙罗觉、马尔水巴等部族。战斗中，对方据守险要，居高临下攻击，宋军屡屡受挫。情急之下，王韶亲自披挂上阵，带头发起冲锋，宋军士气大震，羌人不敌，焚烧营房帐篷后溃散。王韶一战立威，引发河湟震动。

形势危急，董毡的长兄瞎毡，亲自带兵渡洮河迎战宋军。他收拢被击散的部族，将众人重新集结起来，决心与王韶死战到底。

瞎毡是唃厮啰的长子，虽然在争大位中输给弟弟董毡，但他在河湟地区威望很高，又素有知兵、强悍之名。

王韶不敢大意，决定不与瞎毡正面交手。他留下一支偏师打着帅旗，迷惑对手，拖住瞎毡，自己则率主力迂回奔袭武胜。武胜是瞎毡后方重镇，也是屯粮之地。守军仓促应战，虽拼死抵抗终被宋军击溃。王韶进驻武胜，在此建立镇洮军，作为又一个前进的基地。

瞎毡得知武胜丢失，粮草被夺，不禁仰天长叹，黯然退兵而去。王韶率军一路追击，俘虏、劝降其部落两万余人。

攻城略地，连战连胜，捷报送达朝廷，神宗大喜，升王韶为右正言、集贤殿修撰。随后，朝廷下旨，将镇洮军更名为熙州，后来再设熙河路，下辖熙州、河州、洮州、岷州、通远军等。王韶以龙图阁待制知熙州，成为一方大员。

宋朝地方实行州、县两级建制。州一级行政区包括府、州、军、监。比如，大名府、通远军等都是州一级单位。后来，在州之上设路。起初，路级政府只是朝廷派驻机构，用来监督府州军监，后逐渐演变成一级行政机构，相当于后世的省。

公元1073年，王韶再接再厉，顺利攻取河州，被朝廷擢升为枢密直学士，这已是正三品的高官。

这时，在董毡的谋划和接应下，部分原已归降大宋的部落发动叛乱，王韶腹背受敌，不得不紧急回兵平叛。

瞎毡则乘机夺回河州，并亲率大军追击宋军。王韶前有叛军，后有追兵，陷入重围，险象环生。这是王韶进入河湟以来最凶险的时刻，如兵败身死，先前的开疆拓土之功也将化为乌有。重压之下，这位读圣贤书的文官展现出异常铁血的一面，他全身戎装，身先士卒，数次带领宋军发起冲锋。

将有必死之心，士必不敢有贪生之念。困境中的宋军迸发出强大的战斗力，一举击溃叛兵，又乘胜回军大败瞎毡，收复河州。短短数日，乾坤扭转，生死两重天。

紧接着，宋军再攻下宕、岷二州，叠、洮二州守军则不战而降。至此，宋军鏖战54日，转战1800多里，攻取五州，杀敌数千，缴获牛、羊、马数以万计。战后，论功行赏，王韶再晋升为左谏议大夫、端明殿学士，成为朝廷重臣。

书生王韶，铁血王韶，令董毡闻之色变。

董毡不得不放弃最后的幻想，和大宋彻底撕破了脸。

公元1074年，董毡派大将鬼章率数万大军进入河、岷、洮州，协助驻守此地的木征，共同迎战宋军。

木征，董毡之侄、瞎毡的长子，唃厮啰的长子长孙。关于瞎毡的结局，史书语焉不详，从此时由木征统领大军来看，他可能已然病故。也有种说法，瞎毡被王韶所擒并解往东京，终老中原。

年轻的木征，不仅有锐气和勇气，也更有谋略和胆识。他一出手，便是连环计，且由诈降开始。此时，与他对峙的宋军主将为景思立。

景思立，普州安岳人（今四川安岳），凭官荫入仕，长期在西北前线为官，以军功累迁至知德顺军。王韶开边以来，景思立是其麾下大将，屡立战功，官至四方使馆、河州团练使，知河州。

对于木征的投降，军中幕僚多有疑虑，景思立则不以为意。他进兵以来屡屡获胜，早已不将对方放在眼里，觉得他们玩不出花样，也不敢玩花样，遂派张晋等七人为使前去洽谈受降事宜。

可怜张晋等人，刚入对方军中就做了刀下之鬼，成为木征祭旗的祭品。很快，宋使的人头和书信被送回宋军大营。

思立见之，大悲大怒。盛怒之下，他立刻下令大军集结，亲率六千人马进攻木征所在的踏白城。众将和幕僚恐再中木征之计，力劝思立三思而后行。思立不听，率军拔营疾走。

果然，宋军中了埋伏。思立等人虽拼死突围，无奈被围得密不透风，处处都似铜墙铁壁，根本打不开缺口。眼看天色渐晚，部将建议收集残兵，居高点固守待援，或有一线生机。

思立不听。他说，我曾以百骑杀退敌军数千，今日之困实乃天意，如败，唯死而已。

少顷再战，思立果然战死，六千宋军亦全军覆没。

说起来，景思立也是一员老将了，却接连犯下大错。先是误判形势，白白牺牲张晋等人，进而被轻易激怒率军轻进，被围之后仍旧轻敌，不仅兵败身死，还拉上了六千宋军陪葬。

若视其忠勇，不忍责之；若视其骄横，则罪不可赦。还是神宗宽厚，念其为国尽忠，没有追责于他，不过也没有追赠其官职。

往事随风，但念及冤死的张晋和那六千男儿，仍不免心痛。

思立，深思而后立，是个好名字，寄托了其父最美好的祝愿。

景思立的父亲——景泰，也是忠烈之士。

景泰，字周卿，普州人，进士及第，补坊州军事推官入仕，文武双全，甚有韬略。在任庆州通判时，曾上书朝廷，直指李元昊虽称臣但日后必反，请朝廷选主将、练士卒、修城池、储资粮，以备不虞。后来，元昊果然起兵攻宋。景泰还向朝廷进献御敌之策，凡《边臣要略》二十卷、《平戎策》十五篇，后来王韶版的《平戎策》便深受景泰之言的启发。

因预言准确，言之有道，景泰获得了仁宗的召见。皇帝问话西北军事，景泰对答如流，仁宗甚喜。不久，诏命景泰由文官改任武职，任左藏库使、知宁州（治所在今甘肃宁县）。

世人皆知，两宋贵文官轻武职，景泰欣然改任，可见其杀敌报国的志向。

景泰到任次年，公元1041年，宋、夏爆发好水川之战。元昊率众十万来犯，宋将任福败亡。景泰临危受命，改知原州（今甘肃镇原），他随即率兵五千走小道赴原州。行进间，先锋官畏敌，逗留不前，景泰大怒，将其阵前斩首以正军法。

随后，景泰遭遇夏军，裨将建议退守彭阳，景泰不许，下令依山列阵迎敌。然宋军尚未成列，夏军骑兵已至。景泰秘派三百骑兵，在队列两侧山坡大张旗帜以为疑兵，夏军摸不清底细，旋即退去。众将校请求追击，景泰默然不语，令士兵先行搜山，果然发现夏军伏兵，与之交战，斩首千余级。

公元1042年，景泰以军功迁西上阁门使、知镇戎军兼兵马钤辖、忠州刺史。后来，他在秦凤路马步军总管任上病逝。

史书不记其生年，故不知其终岁几何。

从史书记载来看，其一生高光时刻，便是上述好水川战役中的遭遇战。虽然他获胜并斩首千余，无奈好水川战役宋军惨败，他个人的荣耀也就随之湮没了。不过，从立斩畏敌的先锋官，到从容列阵、设计退兵、谨慎追击等方面来看，景泰虽是文官出身，却颇有大将之风。

宋史评论，景泰起自书生，未必有将帅大才，却能以区区兵马摧折夏军的兵锋，正在于老成持重、从容拒敌。如此说来，景泰给小儿子起的名字思立，倒更符合他本人的一生行止。

是的，景泰还有个儿子。

长子，景思忠。

景思忠，字进之，生卒年不详。

他以父荫入仕，官至西京左藏库使，后为遂州驻泊都监。遂州，今四川遂宁，北宋时汉夷杂处，民情复杂。都监是军职，驻泊都监，即掌管驻扎地方的中央禁军的军事将领，负责屯驻、兵甲、训练、差役之事，地位高于地方军事长官。

当其任上，发生当地夷人叛乱。宋军出兵弹压，思忠率部卒五百为前锋。夷人熟悉地形，据险固守，官军作战不利，死者十之六七。形势危急，左右劝思忠暂退以避锋芒，思忠死战不退，最终奋剑疾战而死。

思忠战死后，有人向朝廷进言，神宗下诏令熊本核实，确认了思忠的忠烈事迹。神宗大为感动，恩荫思忠及同死者之子七人为官，余者皆赐钱帛。

熊本此人，前书有过交代，也曾是蔡京的贵人。当年，青年蔡京刚入仕，因为治民有道、为政干练，得到了熊本的大力举荐。如此说来，熊本不仅是爱才之人，还是仗义执言之人。有此两点，足以令人钦佩。

景泰、思忠、思进，父子三人均死于王事，可为一门忠烈。其忠勇之气、报国之志足以万古流芳。

实际上，在当年的西北战场上，父子、兄弟从军，几代人浴血沙场的情况比比皆是。比如种氏家族、范仲淹父子等，皆是忠烈之士。相比种氏、范氏的历史功绩和赫赫声名，景氏父子所取得功业要小得多，在历史上更是寂寂无闻。

然而，报国又怎能以功业和声名来论？

人都只有一条命，人人平等。生命于每个人都是最珍贵的。无论是贵族还是平民，无论是文官还是武职，无论是将军还是士卒，无论功业轻重，无论名声大小，但凡能用这唯一珍贵的生命戍守边疆、为国杀敌、保境安民的人，都一样值得世人尊敬，值得后人敬仰。

景氏父子，满门忠烈，他们是英雄，值得永远铭记。

让我们回到河湟的沙场上。

眼见景思立兵败身亡，吐蕃兵锋锐利，北宋朝堂又有了不同的声音。很多人甚至主张放弃已占领的熙河领土，恢复王韶发兵之前的边境并与吐蕃重新讲和。舆情汹汹，神宗也为之寝食不安，多次诏令王韶稳住，不要轻易出战。

重重压力，都汇到王韶肩头。如能击败木征、收复失地，则开疆拓土犹可为之，反之，如果再次兵败，恐怕神宗也很难再支持他了，已取得的疆土也将得而复失。

解河州之围，是当务之急。木征的大军将河州城围得水泄不通，城内粮草将尽，守军正苦苦支撑，日夜盼望援军。军情如火，众人主张集中优势兵力，星夜驰援河州。王韶不以为然。在他看来，对方之所以围而不攻，正是围点打援之计，援军直去河州必陷重围。

于是，王韶指挥大军绕过河州，直奔木征后方，连下数个城寨并切断其归路。木征眼看外援已绝、后防被断，只好从河州撤兵。正如王韶所料，河州之围不战自解。

随即，王韶亲率大军追击，在踏北城附近大败木征，焚烧羌军八千帐。木征陷入重围，兵败如山倒，不得已投降王韶，后被押送至东京，神宗赐名赵思忠。

王韶大捷，羌人大败，消息传到东京，全城震动，神宗欣喜万分。论功行赏，升王韶为观文殿学士、礼部侍郎。这是破天荒的事，王韶开创了非宰执而被授予学士的先例。神宗又特授王韶的兄弟及两个儿子官职，赐绢八千匹。不久，神宗召王韶入京，拜为枢密副使。

这是王韶人生的巅峰。

熙河之役，王韶用兵有如神助，几乎每战必捷，招抚、征讨、屯田、兴商、办学等多种手段并用，凿空开边两千余里，收复熙、河、洮、岷、叠、宕六州，恢复了"安史之乱"以前盛唐的疆域。

对北宋而言，熙河之役的胜利，是在消灭十国割据、统一中原后，近80年来所取得的最辉煌的军事胜利。这胜利不仅在精神上给予了饱受外患的北宋臣民极大的鼓舞，在战略上也实现了对西夏的包围之势，达到了《平戎策》所预定的战略目标。

昨日纸上谈兵，今朝画猫成虎，王韶说到做到。

王韶，堪称书生带兵的典范。

巅峰之后就是坠落，这几乎是颠扑不破的真理。

王韶也是如此。

他是得罪人了。这个人可不一般，正是王安石。平心而论，辉煌的河湟功绩，若非王安石的大力支持，王韶是不可能实现的。

当然，王安石支持他并非因为私人情感，而是王韶的战略符合新法所需。这之间，更多的是政治理念的接近和政治路线的契合。

矛盾的起点，是新设置的熙河路的财税问题。由于是新设行政区，田租赋税较少，主要靠内地各方援助，这中间有些曲折。熙河路的财税官员是王安石的心腹，他认定王韶有中饱私囊的嫌疑，并向朝廷反映。王韶闻之大怒，想罢免他，但王安石不同意。就这样，几个来回下来，两人矛盾渐深。

难说王韶是否真有问题，我们更愿意相信这是捕风捉影的事。毕竟在战争时期，很多东西不规范是常有的事，但在那些循吏眼中，这些就是大问题。

心情郁闷、倍感委屈的王韶，以老母年迈为由，多次上书请辞。神宗不明就里，下诏让王安石极力挽留。

得罪了王安石，已让王韶成为官场的跛脚鸭。接下来，他又因为仗义执言，冒犯了神宗。

公元 1075 年，北宋和越南李朝爆发邕州之战。王韶上奏朝廷发表意见，对朝廷大政方针多有不满，且言语之中颇有怨气。这让神宗很不满意。王韶的身份是带兵的边将，边将议论国政原本就不合适，何况还带着明显的情绪。

神宗不悦，将王韶贬知洪州。王韶在谢恩奏折中，言辞依然激烈，再被降职知鄂州。

公元 1079 年，神宗念及河湟之功，恢复王韶原职，改知洪州，累封至太原郡开国候。不过，此时王韶已身染重病，且言语失常，整日胡言乱语，如同癫狂，身上多处长有毒疮。

两年后，王韶病逝，享年 51 岁，朝廷追赠金紫光禄大夫，谥号襄敏。王韶由公元 1057 年荣登科举龙虎榜到 1081 年病逝，凡 24 年宦海生涯。这其中，从公元 1068 年上《平戎策》到公元 1075 年被贬，人生的黄金时期，不过短短七年而已。

这七年，他只做了一件事，熙河拓边。仅此事，就足以令他千载留名、万古流芳。

公元 1096 年，哲宗下诏在熙河路建王韶庙。

公元 1104 年，徽宗亲赐王韶庙手书匾额，忠烈。

十年后，徽宗加赠王韶太尉、司空、封燕国公。

想想之前多年的辗转零落，多年的怀才不遇，多年的默默积累，王韶为我们展示了真正的厚积薄发，真正的大器晚成，真正的一生只做一件事。这样的人生启示没有时间的限制，千年后依然有效。

后世评述，王韶以书生领兵，为不世出之才，谋必成、攻必取，两宋文臣筹边，王韶功绩高居榜首。

如此书生，是为真英雄。

王韶有多英雄，董毡就有多无奈。

无奈之下，他只好重新与宋修好，并派使节到东京谢罪。宋朝君臣借坡下驴，双方关系得以修复。在随后的宋、夏战争中，董毡再次站在宋军一侧，出兵攻击西夏侧翼，宋朝封赏不绝。

公元 1082 年，神宗下诏册封董毡为武威郡王，册封他的养子阿里骨为肃州团练使。

转了一大圈，董毡还是回到了依宋抗夏的路上。不过，他的战略回归，是在宋军大兵压境、占领河湟大片土地后的被动回归。很显然，这样的回归，董毡是不情愿的。

不过，他的时代就要过去了。

公元 1083 年，董毡病故，这位河湟吐蕃第二代赞普在位 18 年，享年 51 岁。

相比光彩照人的父亲唃厮啰，董毡显得有些黯淡无光。

实际上，他站在父亲的肩膀上，有着梦幻般的人生起步。少年时，他参与了父亲统一河湟的战争；青年时，他见证了父亲治下河湟的安定繁荣；壮年时，他接手了一个空前强大的吐蕃政权。所有人都期待他带领河湟吐蕃走向更大的辉煌。

也许，他也曾雄心万丈，想要走出河湟，恢复昔日吐蕃帝国的荣耀。然而，创业难，守业更难。

对内，他有两位兄长掣肘，兄弟间为争大位，杀得昏天黑地，空耗了国家的元气。对外，夹在大宋、西夏之间，他遭遇了壮志凌云的宋神宗和敢作敢为的大梁太后。在位十多年，饶是他左右逢源、殚精竭虑，终究难以维持唃厮啰时代河湟吐蕃的强盛。

在他手里，河湟吐蕃由盛而衰，走上了衰灭之路。

纵观历史，对国家来说，是短命政权还是长命王朝，第二代君主尤为关键。这之间巨大的区别，看看隋朝的杨广和唐朝的李世民就清楚了。

对于第二代君主来说，最重要的是继承和发展。所谓继承，最重要的是保持开国的锐气；所谓发展，最重要的是选好接班人。

很显然，在继承上，董毡有心无力；令人遗憾的是，在接班人上，他也是有心无力。

他死后，接任的不是亲生儿子，而是养子阿里骨。

这有些令人诧异。

养子逆袭

凡事不合常理，必有蹊跷。

阿里骨继位，肯定不是董毡的本意。这背后应该有很多故事，可惜由于史料缺乏，我们不得其详，只能做出相应的推理。

首先，便是阿里骨的养子身份。

阿里骨，原名鄂特凌古，于公元 1040 年出生在于阗国（今新疆和田），后随父母迁居青唐。不知何种因缘际会，其母成为董毡的妃子，阿里骨则被董毡收为养子。

实际上，他只比董毡小 8 岁。站在儒家传统的角度，无论董毡娶其母，还是收其为养子，都有些令人惊诧。不过，以当时少数民族的婚俗来看，则没有那么多条条框框。

很显然，阿里骨是个能力出众的人。他经常跟随养父出征，四处征伐，屡立战功。到董毡晚年，更令其代理国事。显然，仅有这些，并不能证明他继位的合法性。

其次，是阿里骨向宋朝报丧的时间。

董毡在公元 1083 年去世，阿里骨的报丧时间是 1086 年，这很不合常理。重要的是，这前后四年，到底发生了什么？

如果他的确是董毡指定的合法继承人，就该第一时间向大宋报丧，以获得封赐、坐稳大位。拖了那么久，显然不同寻常。

据史书记载，董毡至少有一个亲生儿子蔺逋比，并曾迎娶西夏公主，即夏惠宗李秉常的妹妹。这自然是政治婚姻，是董毡在给儿子铺路，为蔺逋比日后继位积累政治资源。

这么看，阿里骨的大位来路可疑。

据说，阿里骨为人世故，善于钻营，他特别讨董毡之母、唃厮啰爱妃乔氏的欢心。在董毡去世后，乔氏和阿里骨秘不发丧，将众首领召至青唐城，当众宣布董毡遗命由阿里骨继位。众人无奈，被迫接受了现实。

还有种说法，起初继位的确实是蔺逋比。只是，在乔氏的帮助下，阿里骨发动军事政变夺位成功。

无论哪种说法，乔氏都在其中扮演了重要角色。不知道，阿里骨究竟有着怎样的魔力，能让这个老太太抛弃亲生孙子，选择一个外人来继承大位。看来，这个乔氏也不是简单的人。

作为胜利者，阿里骨上台后，把那四年间发生的事情，包括蔺逋比的一切都抹得干干净净，只留下一些难以深入的蛛丝马迹。

实际上，这也没什么奇怪的。只要有宫廷，就永远不缺黑幕，永远不缺争斗，永远不缺涂抹。这些为争大位、兄弟反目的宫廷故事，多以胜利者趾高气扬、戴上血染的皇冠，失败者声名狼藉、血流成河而收场。蔺逋比就是这样的可怜人，以致我们对他几乎一无所知。

也许有人会问，这么长时间，作为宗主国的大宋难道不知晓吗？当然知晓。不过，所谓册封，原本就是面子上的事，牵涉过深未必符合王朝的利益。对于藩属国内部的争权夺利，中原王朝多选择作壁上观，就是站在旁边看，谁斗赢了，就册封谁。

也许，还有个原因。在董毡去世前不久，宋朝在经历五路伐夏失败后，再度惨败永乐城，军民死伤无数。连续的军事失败，让曾经志向高远的神宗意兴阑珊。这时候，对河湟吐蕃的内部纷争，宋朝君臣上下保持沉默，装作不知道，可能是最好的选择。

胜者王侯败者贼。不管怎样，阿里骨上台了。

公元 1086 年，刚刚登基的宋哲宗，正式册封了阿里骨，名头很长：冠军大将军、右金吾卫大将军、员外置同正员、检校司空、使持节凉州诸军事、凉州刺史、充河西军节度、凉州管内观察处置押蕃落等使、西蕃邈川首领、宁赛郡开国公。

总之，大宋承认阿里骨为青唐之主，唃厮啰政权第三代赞普。

阿里骨上台后，最大的对手还是大宋。

宋军不仅占据了熙州、河州等地，还对青唐等地虎视眈眈，这让阿里骨如芒在背。

要对抗大宋，阿里骨几乎没有选择，只能投靠西夏。何况这时候，他还有个贤内助，那便是西夏公主，大梁后的独生女儿，夏惠宗秉常的妹妹。不错，西夏公主原本是嫁给蔺逋比的，可当阿里骨成了胜利者，最终登上赞普大位，公主自然也就成了他的宠妃。这不足为奇，马背民族有收纳叔伯兄弟的女人的习俗。对于权斗中的胜利者，女人还是战利品。

公元1087年，阿里骨与西夏签订密约，约定联合出兵收复失地。这年四月，阿里骨亲率十万大军围攻河州，吐蕃大将鬼章出兵占据洮州，西夏兵至天都山（今宁夏海原县东南），三路大军对宋军形成夹攻之势。

刘舜卿，时任河湟宋军主将，他见敌众我寡，不禁有些畏难之意，然麾下大将游师雄坚持主动迎战。他慷慨而言，用兵之道在谋不在勇，更不在兵之多寡。最终，刘舜卿被说服，宋军兵分两路主动迎击。

重压之下，宋军爆发出惊人的战斗力，两路大军进展顺利。左路军攻破六逋宗城，斩首一千五百级，并攻下盖朱城，切断了通往黄河的通道，使阿里骨大军无法渡河；右路军攻破洮州城，生擒吐蕃大将鬼章等高级将领九名，斩首一千七百级。

种谊，右路军主将，名将种世衡的幼子，种古、种鄂之弟，文武双全。时人称，种谊一人胜过精兵二十万。

说起来，种谊和鬼章是老熟人了。当年，种谊担任宋使出访吐蕃，董毡安排鬼章在边境迎接。鬼章为显示国土广袤，故意带着种谊曲折前行。种谊在边地多年，原本就熟悉地形，自然看穿了鬼章的伎俩。他笑道，你如此行进，就如同鱼儿在浅水里跳动，能瞒得了我吗？鬼章恼羞成怒，拔剑威胁，种谊亦拔剑对峙，丝毫没有胆怯之意。见威吓无效，鬼章只好改变路线。

这次交手，算是仇人见面。当种谊率军进击洮州时，天降大雾，半步之内不见人影。部下深为忧虑，种谊则仰天大笑，连连称天助我也。

他深知鬼章骄横，一向不把宋军放在眼里，如此天气更不会料到宋军敢冒险出击，遂亲自擂鼓进军。鬼章果然猝不及防，在大雾中稀里糊涂地成了宋军俘虏。两人见面，种谊玩笑道，将军别来无恙？鬼章羞愧不能答。

捷报传到京城，君臣相庆，举国震动。刘舜卿、游师雄、种谊等皆有封赏。

刘舜卿，将门之后，在好水川战役中，父亲刘均和兄长尧卿双双战死殉国。当时，刘舜卿只有10岁，受朝廷恩荫录为供奉官，后成长为西北前线一员骁将。

游师雄，字景书，进士出身，不仅能统兵作战，还是诗人、书法家。此战过后，他特意作诗《贺岷州守种谊破鬼章二首》。

诗一

王师一举疾於雷，顷刻俄闻破敌回。

且喜将门还出将，槛车生致鬼章来。

诗二

围合洮州敌未知，烟云初散见旌旗。

忽惊汉将从天下，始恨羌酋送死迟。

此战，对宋军是一场酣畅淋漓的胜利，对阿里骨则是一盆彻骨生寒的凉水。他被彻底浇醒了。

识时务者为俊杰。

阿里骨就是识时务之人。战败后，他迅速调整策略，派人携带重礼到东京向天子谢罪。如此大扬国威的机会，宋朝君臣岂能放过？面对使者，他们历数阿里骨的桩桩罪名，好好地扬眉吐气了一把。当然，教训归教训，该宽恕还得宽恕，对阿里骨不仅封官赐爵依旧，还破例赐其铜、铁等军事物资，以示宽宏大量。

大宋和吐蕃的表演，几乎是中原王朝和藩属政权的经典演出。一方永远站在道德的最高点，要的就是正统，争的就是面子，说得永远大义凛然；一方永远站在利益的最高点，要的就是好处，争的就是实惠，说得永远悦耳动听。

双方只要如此表演，无论曾经怎样大动干戈，也都能各取所需，一笑泯恩仇。从此，岁月静好，相安无事。

公元1093年，阿里骨再接再厉，特意向东京进献"藩"字，以示永做大宋藩篱之意。一张纸，换来金银、丝帛、茶叶等无数。

三年后，阿里骨病逝，终年56岁。

作为河湟吐蕃第三代赞普，阿里骨正式在位10年。

如果是一个长寿的王朝，第三代国君要么萧规曹随、清静无为，要么开拓进取、拓土开疆，要么兴学修书、规范典章，总之要为王朝的长远发展奠定基础。

阿里骨当然明白这些道理，这应该也是他对自己的要求。可惜，他一事无成，正是在他的时代，河湟吐蕃渐渐步入黄昏。

不过，阿里骨也绝非庸碌之辈。想想看，他几乎是单枪匹马来到河湟，以外人身份成为赞普家族成员后，先是作为养子追随董毡东征西讨，再与嫡子争斗夺得大位。面对大宋进逼，敢于出兵应战，兵败后又能迅速转向，看似卑躬屈膝却能得到实惠，并且继续稳坐江山。这桩桩件件，无不体现了他的枭雄本色。

只不过，人有命数，国有国运。阿里骨接手的政权，国运已然开始衰微。而他所面对的西夏和大宋，则始终国力强盛，宋哲宗和李乾顺又都是雄姿英发的少年天子。国运如此，加之河湟地区原本就地狭人稀、土地贫瘠，非唃厮啰血统又让他的政权合法性打了折扣，在整合众部落力量上先天不足。如此这般，纵使阿里骨左冲右突，也是无力回天。

好在，他把大位顺利传了下去。

公元 1096 年，阿里骨之子瞎征继位，成为第四代赞普。

瞎征是幸运的，能被父亲选中，继承大位。

他也是不幸的，眼看着王朝在自己手中彻底没落。

父子皆英雄

公元 1099 年，宋朝再次大举进军河湟。

在主政新党的全力支持下，这次大显身手的是王厚。不错，他正是王韶之子。王厚，字处道，少年时便随父亲征战河湟，熟悉当地山川地理、风土民情，累官至通直郎。

哲宗刚继位时，太皇太后高氏摄政，重用旧党，任用司马光为相，全面废除新法。在对外策略上，立即停止熙河开边，并主张放弃所占的西夏领土和河湟土地，以换取边疆的和平。

作为王韶之子，王厚对朝廷如此决策痛心不已。他多次上书极力谏阻，并且到政事堂当面向旧党宰执们力陈曲直，无奈人微言轻，根本没人听他的意见。就这样，在王韶去世短短数年后，他耗费毕生心血所取得的熙河开边之功，几乎毁于一旦；无数宋军将士用生命征战而来的疆土，又得而复失。

王厚痛心疾首，却无用武之地，为之奈何？

公元 1093 年，高太后去世、哲宗亲政，事情有了转机。年轻的皇帝彻底抛弃祖母的路线，迅速将旧党人士赶出朝廷，转而重用新党，恢复新法。王厚也得到重用，被派往父亲建功立业的熙河任职。

只是，这时的阿里骨对大宋非常恭顺，姿态放得特别低，宋朝也找不到发兵的借口。直到三年后，公元 1096 年，阿里骨去世，其子瞎征继位。

当初阿里骨的大位就来路不正，再到瞎征继位，合法性就更弱了。这时候，唃厮啰族兄的曾孙陇拶站了出来，公开与瞎征争赞普大位，双方打得不可开交。

吐蕃内斗，让王厚看到了机会，也找到了借口。

在王厚的一再请缨下，公元 1099 年，宋军兵发河湟，当年七月便攻下了邈川（今青海乐都）。这是河湟重镇，也是瞎征的大本营，他与陇拶争斗失利后，便由青唐退居邈川。眼见王厚兵锋锐利，他自知不敌，便和妻子弃城逃往青唐新城。

在宋军的猛烈攻击下，瞎征的军队兵败如山倒，内部纷乱不止，政权分崩离析。也许是瞎征自知无力回天，彻底心灰意懒，也许是为了自保，出于无奈，他们夫妻双双削发做了僧尼。河湟吐蕃第四代赞普，就此黯然退出政治舞台。

留在首都青唐的契丹公主和西夏公主，也就是董毡的妻子和阿里骨的妻子，拥立陇拶继位，是为河湟吐蕃第五代赞普。

陇拶刚登大位，宋军便进抵青唐城下。

陇拶思虑再三，开门投降。

契丹、西夏两位公主，也在归降之列。对这两位公主的人生，我们知之甚少。在那些岁月里，她们经历了王朝兴盛时怎样的繁华，喧嚣散尽后又是如何的凄凉，她们的人生又终结何方，这所有的一切，我们都一无所知。

当年十一月，王厚将陇拶礼送到京城朝见天子。哲宗封其为河西节度使、知鄯州军事、武威郡公，赐名赵怀德，并让其重返河湟任职。之后，他被部落首领挟持着继续对抗大宋，还在西夏的支持下多次与宋军交战。不过，历经反复，他最终还是降了大宋，再次回到开封，被授感德军节度使、安化郡王等。就此，他彻底告别河湟故地，终老中原了。

这就是河湟吐蕃第四、第五代赞普的人生。

瞎征、陇拶两位赞普，在位长则两年，短不过数月，便一人为僧、一人出降了。王朝末世，国运衰微，如此结局虽不免凄凉，也算是善终了。

而终结他们帝王生涯的，正是王厚。

虎父无犬子，王厚确实了得。

公元 1099 年十月，在陇拶出降之后，其弟溪赊罗撒被众人拥立为赞普，成为对抗宋军的旗帜。这位被仓促拥上王位的君主，除了有唃厮啰家族的血脉，血统纯正之外，并没有太多的本钱。他的新政权风雨飘摇，摇摇欲坠。

好在，宋军由于后勤不继撤兵，让他暂时稳住了局势。数月后，哲宗驾崩，徽宗继位，宋朝的国丧更让他有了喘息之机。

公元 1101 年，刚登上帝位不久的徽宗，封溪赊罗撒为西平军节度使、邈川首领。第二年再进封敦煌郡开国公，食邑五千户，实封五百户。这些册封，相当于给溪赊罗撒的王位背书，承认了他青唐之主的名分。看上去，双方可以刀枪入库了。

可惜，这只是一厢情愿。实际上，这些不过是宋朝君臣在大政方针没有确定之前，用来麻痹溪赊罗撒的安抚之举。

经过多次反复，徽宗最终抛弃旧党、重用新党，熙河开边再次提上日程。很快，在蔡京、童贯的主导下，王厚再次领兵出征青唐，溪赊罗撒偏安的日子彻底走到了尽头。

公元 1103 年，宋军攻陷湟州，次年夺得宗哥、青唐、廓州等地。连败之下，溪赊罗撒仓皇逃到了西夏。好在，乾顺收留了他。两年后，在西夏的帮助下，他几次出兵与宋军交战都惨遭失利，复国的梦想彻底破碎。

再之后，他便消失在了历史的尘埃里，无声无息了。身为河湟吐蕃第六代赞普，也是末代赞普，和他一起消失的还有强盛一时的唃厮啰政权。

回望唃厮啰政权，在极盛时，曾占有熙州、河州、洮州、岷州、叠州、宕州、湟州、鄯州、廓州和积石军地区，幅员三千余里，人口一百余万。虽是新国度，但由于是吐蕃帝国正统后裔建立且仍用赞普之名，后世也称之为"后吐蕃帝国"。据说，藏族不朽史诗《格萨尔王传》，就是以唃厮啰的生平事迹为人物原型，加以艺术创作而成的。

唃厮啰政权，如果从公元 1032 年唃厮啰实掌军政大权、迁都青唐算起，到公元 1104 年溪赊罗撒亡命西夏，共传六世，唃厮啰、董毡、阿里骨、瞎征、陇拶、溪赊罗撒，历 72 年。

七十多年风风雨雨，七十多年杀戮征伐，七十多年爱恨情仇，转头皆成空。千年后，更是全部化作了悠悠白云、山川河流、绿地青草。

所谓王朝，所谓人生，所谓功名，皆不过如此。

再来说王厚。

宋军在公元 1099 年的攻势，由于粮草不继，只好主动撤兵。怎料不久后，朝廷竟以小错将王厚贬官，之后再贬贺州别驾。朝廷如此行事，倒并非针对王厚，而是朝政起伏、对外方针摇摆之故。直到徽宗继位再次开边，王厚才官复原职，重新来到河湟。

公元 1102 年，朝廷任命王厚为洮西安抚使，并派遣童贯与他一同前往。童贯所任内客省使，既是武官的称谓，也是内侍的官职。童贯是宦官，代表的是皇帝，扮演的是监军的角色。

这时河湟的实权派叫多罗巴，他是拥立溪赊罗撒的大功臣。得知宋军来犯，他立即统领各部迎战。王厚得知对方有所准备，便表面上对外宣扬军队将驻扎不前，暗地里却和副将高永年分兵两路加速前进。

烟幕弹起了作用。多罗巴的三个儿子各带兵数万据守险要，却被王厚大军杀了个措手不及。突袭中，宋军破关斩将、势如破竹，多罗巴的两个儿子被杀，只有小儿子阿蒙被乱箭射中后逃走。逃亡途中，阿蒙遇上父亲多罗巴。父子相顾无言，下马抱头痛哭。

宋军顺利攻下湟州。王厚升威州团练使、知熙州事、熙河经略安抚使。

公元1104年，王厚率大军进驻湟州，随即令高永年带领左军沿宗水北上，张诚率右军出宗谷往南，他自领中军前往绥远，三路大军约在宗哥川（今青海湟中南川河）会合，再合击鄯州城。

退无可退的溪赊罗撒，誓与王厚决一死战。他将大军布置在临水靠山之地，筑起黄屋，树立王旗，亲临一线督战。擒贼先擒王，溪赊罗撒将进攻的重点牢牢锁定在王厚身上。

待王厚的中军出现，溪赊罗撒一声令下，羌人纷纷跃马横枪，发起了潮水般的进攻。电光火石之间，王厚命骑兵登山攻击敌军腹背，他亲率手持强弩的弓箭手列阵，从正面迎击敌人。在艰难扛住羌军迅疾猛烈的几轮冲锋后，宋军依靠漫天的箭雨，渐渐遏制住了对方的攻势，并压迫其阵形向后退却。

战机出现，王厚命大军全线冲击，羌军兵败如山倒，一溃千里。溪赊罗撒仅以身免，单骑逃亡而去，其母龟兹公主无奈打开鄯州城投降了宋军。

眼见溪赊罗撒逃脱，王厚料定他会逃往青唐城，便想连夜追击。童贯却出面阻止，他认为来不及了，无须追赶。后来，当宋军到达青唐后，得知溪赊罗撒果然在此留宿一晚，童贯闻之后悔不已。随后，王厚直奔廓州，守军不战而降，宋军进驻廓州。

捷报传来，徽宗大喜，破格提拔王厚为武胜军节度观察留后。

之后，在西夏的支持下，溪赊罗撒收集残兵与宋军再战。高永年战死，原先归降的羌人又起而复叛，边境烽火再起。王厚因此受责，被降为秦州观察使，后再降郓州防御使。不过数月间，随着军事上的胜败，王厚有荣有辱，浮浮沉沉，令人唏嘘。

高永年，这位与王厚荣辱与共的将军，值得多说几句。

高永年，羌人出身，生卒年不详，史书称其为河东蕃官。

蕃官，负责管理蕃务，一般由蕃人出任。他略通文墨，是个坚定的主战派，曾作《元符陇右录》，明确反对朝廷放弃湟、鄯等地，所言透辟而又切实。他长期在西北前线任职，曾任麟州都巡检。麟州，故城在今陕北神木市东北；都巡检，七品武职。后因军功，累迁知岷州（今甘肃岷县）、知鄯州等。

观其一生，有两点特别值得称道。一是有治军之才。不仅能统领羌兵，还能广收羌军降兵降将为宋军为用，在与陇拶、溪赊罗撒的作战中屡立奇功；二是有万夫不当之勇。他生得健壮魁梧、力大无穷，善用各种兵器，进攻时勇为先锋，撤退时常为殿后，曾单马援矛刺羌酋于万军之中，立斩其首。

作为副将，永年多次随王厚、童贯出征。据说，三人曾在熙州郊游。当日，三人并辔出城，登山望远。俯瞰熙州，只见城坚墙高，市井繁盛，汉夷杂居，城内外大军云集，车鸣马嘶，尘土飞扬。眺望远方，群山嵯峨，洮河蜿蜒，河水闪烁着耀眼的金光。江山如画，令人怦然心动。

众人感怀，不禁谈起神宗年间的往事。当年，童贯、王厚追随李宪、王韶攻打熙州城，那时他们不过二十多岁，正是雄姿英发之年。岁月如流水，人生又几何？如今他们都已年过五旬，鬓发染上秋霜，迈入人生暮年。时移世易，还能继承先人事业，统率大军故地重游，怎不令人感慨？

山间建有佛寺。历经战乱，寺庙虽有些残破，但殿宇仍不失宏伟，佛像更是造型精美，吸引了众多善男信女来此烧香祈福。

三人避开香客，在佛寺的哥舒翰纪功碑前，观赏流连许久。由于年代久远，碑文剥落，已不能清晰见到全文。哥舒翰，出身突厥族的名将，在唐朝玄宗年间出任陇右节度使，领兵大败吐蕃，收复黄河九曲和湟水地区，立下不世之功。

"北斗七星高，哥舒夜带刀。至今窥牧马，不敢过临洮。"这首纪念哥舒翰的诗传唱数百年，在当地无人不知。同为少数民族将领，童贯和王厚以哥舒翰为榜样勉励永年，永年感怀不已，誓言为国尽忠。

只可惜，永年出师未捷身先死。

关于永年之死，一种说法是，他中了溪赊罗撒之计，被诈降的羌人降兵所擒获。一种说法是，在羌军进逼宣威城（今青海大通县）时，他出城三十里迎战，遭遇伏击，战败力竭被俘。

无论哪种说法，永年都是落入了死对头多罗巴之手。他数次为永年所败，恨其入骨。他愤然道，此人夺我之国，使我宗族无处存身，必杀之而后快。

沙场老将，就此凋零。令人遗憾的是，永年殉国后，朝廷以其误信降卒，进而坐受执缚之故，不仅没有追赠官职，也没有抚恤恩荫。这在一向优待、宽容前方将士的大宋，有些令人意外。也许，其间还有其他事情不为我们所知。

功过暂且不论，单说永年生前之英雄、死时之惨烈、身后之凄凉，足以令人一声叹息。说起来，永年虽无哥舒翰之功，亦无哥舒翰之名，更没有专门歌颂他的诗歌传世，但其忠烈和勇毅，一样令人敬仰，一样万古流芳。

高永年枉死，河湟烽烟再起。

朝廷追责，祸及王厚，以延误军机之罪，降其为郢州防御使。不久，赵怀德，也就是降而复返的陇拶，想摆脱各部首领的挟制再降大宋，却又犹豫不决。王厚得知后，写信劝降成功，以此功官复原职。后入朝，任职提举醴泉观。

不过，经此折腾，王厚心力交瘁，耗尽了最后的心血。公元1106年，王厚病逝。因其生年不详，故不知终岁几何，朝廷赠宁远军节度使，谥号庄敏。

英雄如王厚，其人生又当如何评述？

他顶着父亲的光环，少年风光。作为王韶的儿子，将门之后，他生在边关，长在沙场，年少时即追随父亲征战四方。父亲沙场鏖战，踏过尸山血海，他鞍前马后，父子患难与共；父亲壮志得酬，登上人生巅峰，他同享荣耀，风光无限。

他失去父亲的荫庇，壮年落寞。随着父亲病逝，王厚失去了主心骨，也失去了人生的方向。而最令他痛心的，莫过于高太后摄政时，司马光等人准备将河湟之地退还给吐蕃人。

司马光此举，背后有着复杂的政治博弈，涉及新旧两党斗法，不能简单以卖国、软弱等来定性。或者说，这些都是政治，而政治就是因地制宜、因时制宜，逢山开路、遇水搭桥，上什么山唱什么歌，永远只有利益的衡量，却很难说有什么对与错。

不过，这对于王厚却是一场灾难。河湟之地，凝聚父亲一生心血，堆积将士累累白骨，如今却要拱手送人，这对一位孝子、一位老兵而言，实在万难接受。

他不解，他愤怒，他四处奔波，到处联络，访故友，拜朝臣，希望能阻止朝廷的动议。可他的话，又有几人能听得进去呢？再说，这是大宋朝，朝廷大事岂能容一个低级武官置喙？

好在，依靠众人的反对，熙河开边取得的二千余里疆土，最终没有退给吐蕃。不过，开边的事业算是彻底凉了。而随着宋军的战略收缩，得到的领土大多又被羌人陆续夺了回去。

他继承父亲的事业，暮年辉煌。徽宗继位后，朝廷改弦更张，重拾神宗、哲宗时对外进取之策，王厚重回西北前线。再度掌兵的王厚，用兵如有神。其父当年用兵，虽然拓地千里，却并未伤及河湟吐蕃的根本。王厚则先后击败、俘获河湟吐蕃第四、第五、第六任赞普，摧毁了这个政权。换句话说，王厚有灭国之功。

实际上，北宋自太宗灭北汉，再无灭国之将。如此说来，王厚之功无人能及。殊勋如此，不仅完成了父亲未竟的事业，也光耀门楣，恩泽后世。父子两代人，前后征战三十余年，虽历经坎坷起伏，最终大业有成。

纵观历史，王厚的赫赫军威，也几乎是北宋军队最后的辉煌。他的胜利，不仅属于他们父子，更属于大宋军队。王厚用胜利为宋军正名，为宋朝军人代言。他用军功告诉后人，宋军并非不能战，宋军一样勇猛善战、铁血彪悍，宋军将士一样能保国安民、建功立业。

如此王厚，大宋不可多得之良将。

如此王厚，青史注定留名之英雄。

王韶、王厚父子虽然是英雄，却从来不是时代的主角。

王韶生活的时代，主角只有神宗和王安石。这对君臣志向高远、雄才大略，布下了很大的棋局，王韶不过是那颗较大的棋子。终其一生，他的进退荣辱，都在布局人的拿捏之下。

王厚，亦如此。只是布局人换成了徽宗、蔡京，还有童贯。

自古以来，主角都耀眼夺目，配角多模糊不清。

纵观北宋朝，武将在整体上就是个尴尬的存在，形象上更是模糊的角色。究其根本，还是赵宋天子的祖宗家法所致。

赵匡胤，武人出身，依靠武力夺得天下。食髓知味，他深知军权之妙，也深感军权之危。他终其一生，都在制约军权、收拢军权、扩充君权。作为制衡之策，他重用文官、扶持文官，甚至不惜重文抑武。正因为如此，大宋的开国统一战争进行得波澜壮阔，可留给后世的却不是将星云集的印象，能叫上名字的将军屈指可数。这群开国武将，被集体蒙上了面纱。

到了太宗时代，在重文抑武的路上走得更远，文官被捧得更高，武职被压得更低。经太宗一朝，大宋重文抑武的祖宗家法最终定型。后世之君，只有遵而行之了。

过了百余年，到了神宗、哲宗、徽宗时代，纵使他们有开疆辟土之志，不得已而使用武将，也涌现出如王韶、王厚这样的优秀统帅，但朝廷对他们从来都是小心提防、重重限制。

西北虽大，他们又何曾真正放开手脚？如同那些前辈一样，王韶、王厚不过是在夹缝里建功立业。王韶的身边，站着宦官李宪；而王厚的身边，则站着宦官童贯。

不得不感慨，有宋一代，为将者实属不易。

不过，平心而论，李宪、童贯也绝非酒囊饭袋、巧言令色之徒。他们出身微末，精于人情世故，长于统筹协调，更重要的是，他们还算是知兵之人。李宪曾经作为统帅，指挥几十万大军五路征伐西夏。童贯是李宪的好学生，后来更是风光无限。

王厚去世之后，徽宗端坐于上，蔡京运筹于中，童贯征战于外，这是大宋新的三驾马车。王厚基本解决了河湟的军事威胁，三驾马车便将进攻的重点放在了西夏。

历经两轮、近二十年的持续攻击，宋军最终全面攻克横山之地，失去屏障的西夏，其腹地直接暴露在宋军兵锋之下，有了亡国之危。这是百年以来，宋朝对西夏所赢得的最大军事优势。迫于亡国之虞，李乾顺多次上表徽宗，卑辞厚礼，表示臣服。

在三驾马车的引领下，宋军夺取西夏横山地区，再加上河湟之地，大宋迎来了开国之后军威最盛、疆域最大的崭新时代。

可惜，如果站在更大的视角，大宋与西夏、吐蕃的争雄，无论输赢几何，都已不再是历史发展的主流。如此军威、如此疆域，似是昙花一现，更像是回光返照。

人生有巅峰，国运亦如此。有巅峰，必有衰落。所不同的，是坠入深渊、戛然而止，还是缓缓下坡、无疾而终。

处于巅峰的大宋，即将面对全新的对手。这个对手，令人望而生畏、不寒而栗，这个对手，便是强势崛起的大金。正是大金，最终让北宋戛然而止。

要说大金，就得从童贯开始。

宋、金百余年的爱恨情仇，始作俑者，正是童贯。

第四章

野蛮生长

公元 1100 年，哲宗驾崩，徽宗继位。

大宋朝迎来了新君，第八位天子。

从公元 960 年到 1100 年，大宋朝已历经七位天子，走过 140 年。若论国祚之长，自始皇帝登基到徽宗即位，国祚超过北宋的汉家王朝只有汉、唐而已。而汉、唐早已成为过去式，大宋方兴未艾，整个国家花团锦簇、蒸蒸日上。

站在那承上启下的大时代，在大宋朝，从庙堂之高到江湖之远，文人士大夫充满着强烈的正统意识和天赋的使命感，要为往圣继绝学、为天下开太平。

大宋天子们也不例外，他们也是读圣贤书的，面对家国天下、社稷江山，更有这般神圣而崇高的使命感，初登大宝的徽宗皇帝便是如此。这年，赵佶 18 岁，即使是个寻常的年轻人，也正血气方刚，何况是坐拥九州万方的帝王？

于公，为华夏正统、为列祖列宗、为黎民百姓，他要建立更强的帝国、开创更大的盛世；于私，他要为父祖争气，证明英宗血脉纯正，得天下乃天命所归，证明父兄路线正确，享天下是万民归心。当然，他更为自己，证明自己是真龙天子，坐上龙椅、御极天下乃天道所在；证明自己是千古圣君，是可以超越父兄、比肩祖宗，乃至直追尧舜的千古一帝。

少年天子，壮志凌云，气魄瑰玮，成功的道路父祖早已擘画，壮丽的蓝图已然绘就，所缺的唯人才而已。他需要如王安石般经天纬地的大才，来执行他的方略、贯彻他的意志、实现他的梦想。

是的，神宗选中了王安石；哲宗选中了章惇；徽宗则选中了蔡京。王安石是新法的开创者和旗手，章惇、蔡京传承其衣钵，是新法的维护者和开拓者。

蔡京之外，徽宗还选中了童贯。

蔡京、童贯，正是徽宗的左右手。

　　两相比较，蔡京四次出任宰相，甚至是独相，权倾朝野、恩宠无边，但也受过贬谪，时而下野、时而蛰居。唯独这童贯，纵横朝堂和疆场多年，长期手握军权，对手由羌人、党项人、契丹人到女真人，无论胜败，始终屹立不倒。徽宗对他的信任，更是无人出其右。如此说来，童贯似乎更胜一筹。

　　毫无疑问，童贯此人很不简单。

媪相的崛起

关于童贯，明末清初的大儒王夫之有这样的评语：靖康之祸，自童贯始。狁夷不可信而信之，叛臣不可庸而庸之，逞志于必亡之契丹，而授国于方张之女直。

短短几十个字，道尽了童贯一生所犯之大错。当然，王夫之也同意，一个王朝的灭亡，不能草率地归结为某个人所致。不过，北宋之亡自童贯而始，这点毋庸置疑。

童贯，字道夫，于公元 1054 年北宋仁宗年间出生在京城开封。少年时，因家贫无有生计，净身入宫做了宦官。至于具体是何年何月，他当时的年岁早已不可考了。或许，在后世史官看来，这样的人根本不配有详细的人生资料，只需记住他所犯的错误就可以了。如果按照年龄推测，他在神宗朝入宫的可能性较大。

声名狼藉、遗臭万年，那是后来的事，如果回到当初，这个少年还是很讨人喜欢的。贫穷的出身、苦难的童年、街头谋生的经历，磨砺了少年童贯察言观色的本领，让他很快看穿了皇宫里气势恢宏、庄严气派背后的钩心斗角、尔虞我诈，练就了一套实用的处世哲学。他善于揣摩人的心思，再加上天生一张巧嘴，有花言巧语、口吐莲花的本领，很能讨得身边人的喜欢。

在皇宫里，最重要的自然是讨得皇帝的喜欢。这点尽人皆知，却也是最难的。不过，童贯却做到了。

讨人喜欢，这事要说难，难于上青天；要说容易，也没什么特别的技巧，更多的是做个有心人。入宫后，对于天子的言谈举止，哪怕只言片语和细微的动作，他都会仔细揣摩，认真体会，并提前做好准备。待天子日后问及，旁人不知所谓的时候，他不仅能马上应答，还能触类旁通，恰如其分地举一反三。如此机敏过人，皇帝怎能不喜欢呢？

除了察言观色，善于应对，童贯为人十分豪爽，性格慷慨且豁达。自古宦官多贪财，甚至是贪得无厌。童贯却是这个群体中的一股清流。史书记载，童贯有度量，遇事从不计较小得小失。他不仅不计较，还舍得大把大把地花钱。靠着金银和笑脸开路，童贯买到了很多人心，拿了好处的后宫妃嫔们，竞相在皇帝耳边为他美言。枕边风的威力，从来都不容小觑。

入宫数年后，青年童贯生得相貌英俊、高大挺拔，身体硬朗结实，颔下仍有稀疏的胡须，看上去竟颇有些伟男子之气。这般相貌在宦官中殊为难得，他也因此特别讨宫中女人们的喜欢。

身处后宫的童贯如鱼得水，上自皇帝、后妃，下至宦官、宫娥，他都能左右逢源、应付自如，风生水起的人生路已渐渐铺就。

不过，对于童贯来说，无论怎么讨喜，想要真正改变命运、飞黄腾达，必须得有大贵人相助。虽然在神宗朝、哲宗朝，童贯也屡有升迁，早已晋升为大宦官，但论大的人生际遇，真正能呼风唤雨，还要等一个人的出现。

不错，这个人就是徽宗，童贯一生最大的贵人。

赵佶登基这年，童贯 46 岁。

18 岁的天子，年近五旬的宦官。

按理说，他们之间很难再擦出信任的火花。原因很简单，童贯既非赵佶潜邸的旧人，也谈不上是哲宗的托孤之臣。再往前说，一个是少年亲王，一个是中年宦官，两人很难说有多深的交往。关于童贯，史书上也没有记载其有艺术方面的专长，应该不是喜好水墨丹青的赵佶的座上客。那么，他们又是怎样走到一起的？徽宗又因何成为童贯一生最大的贵人？

说到底，可能还是和两个词有关，雄心和专业。

雄心，是徽宗的雄心。无论之前他是如何的风花雪月、逍遥度日，一旦因缘际会坐上皇位，至尊天子的豪情壮志自然就被激发出来。何况，他还有两位现实的榜样在前——父亲神宗和哥哥哲宗。沿着父兄的路，富国强兵，开疆拓土，建立太平盛世，创下不朽传奇，既能成就千古帝业，也能留下至孝的美名。试问，哪个少年天子能抵挡这样的诱惑？

专业，是童贯的专业。徽宗的雄心，终究要靠人来实现，尤其需要专业的军事人才。大宋带甲百万，自然不缺将帅之才，然而祖宗家法重文抑武，对武将有着骨子里的不信任。至于文官，一旦带起兵来，依然让天子有所顾虑。或许，唯有让这些六根不全、以皇宫为家的宦官统兵，皇帝才能真正安心。可多数宦官一生都围着宫墙转，又有几人有统兵之才？而童贯，虽然出身宦官，却是以军事才能闻名于朝廷内外。他师从李宪，在西北前线进出十多次，前后凡二十余年，统过兵、打过仗，见过硝烟弥漫，跨过尸山血海，算是个知兵之人。

如此，童贯对于徽宗而言就如同天选之人。换句话说，与其讲是徽宗重用童贯，倒莫如说童贯是上天送给徽宗的治军之才。

童贯恰恰又是个志向高远、抱负远大的人。对于统兵，他并非如很多宦官那样视作敛财、晋升的手段，他是要靠军功来光耀门楣、建立功业，甚至是流芳百世的。

一般说来，宦官还有个长处，就是忠于天子。至少终童贯一生，直到人生最后一刻，他都是忠于徽宗的。如此说来，不论功过，不谈成败，至少在忠诚上，徽宗并没有看走眼。

一个是帝王，一个是宦官；一个有志，一个有才，中间还有信任做桥梁。徽宗、童贯这两个人无异是绝配。

如果说童贯的人生借力徽宗而起飞，那帮助他起步的人，就是李宪。

李宪，声名显赫的大宦官，主要活跃在神宗朝。他出生在公元 1042 年，年长童贯 12 岁，也是东京人。两人早年境遇相同，都是家贫无所立，不得已入宫做了宦官；性格上两人又相投，加上童贯的刻意逢迎，李宪对童贯很赏识，不断地提携他。

北宋有宦官监军甚至领军出征的传统。神宗继位后，李宪开始走出宫门参与军事，由监军而领军，在西北与王韶并肩作战。说起来，王韶的河湟之功，李宪也功不可没。

童贯追随李宪一同出征。每次征战，李宪不仅将他带在军中随侍左右，更手把手地教他排兵布阵。童贯为人机敏，又善于观察学习，能够身临前线参与作战，又有李宪的指点教诲，很快就表现出军事上的天分，成长为李宪的得力助手。

公元 1081 年，西夏发生政变，国王秉常被囚，神宗借机发难，调集五路大军分进合击，决心一举荡平西夏。这场规模空前的战役，宋军统帅正是李宪，这是他的人生巅峰。

这年，李宪 39 岁，童贯 27 岁。青年童贯仰望着帅旗下踌躇满志的李宪，既有敬畏和羡慕，也有期待和憧憬。那铁甲洪流般的赫赫军威，深深刻在了他的脑海里，成为他难以磨灭的人生记忆，也是永不枯竭的人生动力。

事实上，每个人的生命里，都有这样的经典时刻。这个时刻会伴随我们一生，在低迷时给我们激励，在亢奋时给我们提醒，在彷徨时给我们校正。

结果，天不遂人愿，五路宋军折戟沉沙，神宗的梦想碎了一地。李宪作为统帅难辞其咎，在神宗的力保下，才侥幸躲过了军法的处理，不过从此威风不再。四年后，神宗驾崩。失去了神宗的庇护，在言官的弹劾下，李宪屡遭贬谪，离开了西北，不再统兵。

公元1092年，李宪病逝，终年50岁。这年，童贯38岁。自李宪失势后，童贯虽仍在西北军中任职，但无论角色还是地位都不可同日而语。这十多年，也是他人生的低谷。不过，他倒也没有虚度光阴，他走遍了西北前线的山山水水，不仅留下了十使陕右的知边美名，还与边关将士们结下了深厚的渊源。

很显然，同为宦官，童贯虽是李宪的衣钵传人，但想取代或超越李宪的辉煌，他还差得太远。这种差距，不仅仅是能力上的，更是人生际遇上的，而人生际遇最难得。

除了等待，童贯别无选择。

在匆匆流逝的时光里，童贯渐渐老去。

不知，渐渐老去的他，身材是否依然挺拔，相貌是否依然英俊，头发是更浓密了，还是变得稀疏了。

没有了李宪的庇护，他的军事生涯毫无起色，人生舞台的重心又转回了宫里。在繁文缛节和琐事缠身之下，他的热血在渐渐冷却，曾经金戈铁马、封狼居胥的壮志渐渐远去。

有时候，他甚至都不知道在等待什么了。

直到新天子即位。童贯是见过神宗、哲宗两代天子的，再仔细端详这年轻的新皇帝，无论眉眼之间还是言行举止，这父子三人有颇多相似之处。听宫里老人们讲英宗的故事，这祖孙三代都很像。毕竟是血脉相承，这似乎也是正常的。

这让童贯想起了恩师，李宪就是紧紧抓住了神宗，才迎来了人生的辉煌。如此，他知道，机会来了。这位早已年过不惑的宦官，将所有的希望都寄托在年轻的徽宗身上。

当务之急，是博得新天子的好感和信任，哪怕不择手段，哪怕南辕北辙。尽管，他所要的是离开皇宫重新回到西北前线，那里才是他的梦想之地。不过，他首先要去的却是杭州。

少年天子既长于吟诗作赋，更擅于笔墨丹青，还中意奇花异石、飞禽走兽……有人说他的才华堪比南唐后主李煜，更多人说他文采风流、天赋秉性胜过李煜数倍。

江南自古人杰地灵，美女才子如云，书画名家辈出。徽宗即位不久，便在杭州设立明金局，专门为他搜罗书画珍品和奇巧玩物。童贯幸运地得到了这次机会，以供奉官的身份南下，专责明金局的差事。到江南后，他日夜奔波于三吴大地，尽心尽力地为皇帝办差，将那些珍稀之物源源不断地送往京城。

人生就是这么有意思。所有人都知道，两点之间直线距离最短。这用来行路，无可厚非；如果用来实现理想，则过于幼稚和天真了。在理想的道路上，能够有幸以直线距离到达的人，少之又少。多数人走的是曲线，或是弯路，甚至是有十八个弯的路，弯弯扭扭，似是一团乱麻。弯路可怕吗？当然可怕。更可怕的是，历尽弯路，耗尽一生，理想仍在十万八千里之外。而更残酷的是，这正是人世间多数人，默默无闻的一生的寻梦之路。

杭州、延州，一个东南、一个西北，一个繁华富庶宝地、一个边塞军事重镇。很显然，这是童贯的弯路。不过，他却把弯路走成了捷径。

因为，他在杭州遇到了一个人。

是的，童贯遇见了蔡京。

一个是皇宫内苑的高级内侍，一个是宦海浮沉的朝廷重臣。在此之前，他们应该有交往，但未必有多深的交情。

推算起来，金明局可能是徽宗在继位次年、向太后去世后设立的，即公元1101年。这年童贯47岁，蔡京54岁，都已是五旬上下，走过半生，两鬓斑白，杭州重逢怕是别有滋味在心头。

童贯，是带着小心翼翼伺候新主子的心态来的杭州。在宫中，他年纪虽长，资历够老，却也一样要从头开始。毕竟，权力不会尊老爱幼，权力只认可忠诚，只欣赏能力。他必须抓住新君登基的窗口期，投其所好把差事办好、办漂亮、办到皇帝心里，迅速赢得好感和信任。一把年纪了，这或许是他向上爬的最后机会。

蔡京，是被贬到杭州的。徽宗继位不久，他就在权力调整的斗争中失势，被罢官贬职撵出了京城，挂个提举洞霄宫的职务闲居杭州。这是个闲职，保留级别，坐食俸禄，但不管事，没有一丁点的权力。

说起来，这个闲职本是朝廷优抚老迈重臣的礼遇，如果某人真有远去庙堂、退隐江湖之意，那如此职位再好不过了。可蔡京野心勃勃，终身进取不止，让他坐食这样的闲职，比杀了他也好不了太多。到杭州后，他表面上终日以书画酒色自娱，暗地里则时时窥伺朝局风向，无日不翘首京城方向，无时不期待东山再起。

童贯、蔡京有共同的追求、一致的方向，那就是赢得皇帝的信任，早日回到东京。既有共同的话题，自然会聊得来，更重要的是，他们彼此需要，有很大的合作空间。

很快，他们便打得火热，两人你来我往，欢宴游玩，以至朝夕相处，通宵达旦。蔡京擅长书法，在文化艺术上有很高的鉴赏力，而这恰恰是童贯所缺的。在蔡京的把关甄别下，童贯搜罗到了许多名家精品，快马加鞭专程送往东京天子御前。

童贯当然知道蔡京的书法之妙，更明白蔡京的心思。为引起徽宗的特别注意，他经常把蔡京的书法夹带其中送给徽宗，还在奏本中大赞蔡京对天子的忠心和对朝政的灼见。

两人心照不宣，配合得天衣无缝。

这是默契的配合，更是双赢的政治交易。靠着童贯的巧舌如簧，加上蔡京的个人运作，再借助朝局的进退留转，不久后，蔡京果然回到京城并获得徽宗重用。既然是交易，蔡京得偿所愿，童贯的心想事成也就不远了。

两人并肩大宋朝堂，一起呼风唤雨的日子即将到来。

所谓交易，就是价值的交换。

政治交易，更是如此。而成功的政治交易，不仅要有等价交换，更追求超值的回报。在童贯的援引助力下，蔡京由杭州而京城，由提举洞霄宫的闲职而位列宰辅重臣，可谓咸鱼翻身，东山再起，这当然需要回报了。

至于如何回报童贯，蔡京显然有更深的思考。

童贯是宦官，位置特殊，身份敏感，即使此时还谈不上是徽宗的心腹，但至少是天子近臣，能无障碍地直达天阙。更关键的是，这个宦官不简单，可谓宦官中的另类。他名为宦官，却师从李宪，久在西北军中，亲历多次战阵，不仅熟悉西北山川地理、将帅士卒，还有能谋善断、知兵爱将之名，这是非常难得的。

蔡京位列宰辅、统揽朝政，于内政方面，素有能臣之称，经济、民生、教育等都不在话下，独独军事领域非其所长。从历史上看，虽然北宋有很多文人将士的先例，但蔡京终其一生，哪怕在其最有权势的时候，也没有统军御敌的尝试。

这说明，他对自身军事上的短板是有深刻认知的。但对于有大志向的蔡京来说，军事上的大成就又不可或缺。往前追溯，王安石主政的时候，有王韶开疆拓土；章惇主政的时候，有章楶浴血沙场；那么谁又能为他蔡京横刀立马呢？很显然，童贯是个选择。如果童贯能统军出征、建功沙场，那他超越章惇、比肩王安石，就不是太大问题了。

这就是蔡京眼中的童贯。这样的童贯，还仅仅是皇帝跟前饶舌献媚的宦官吗？当然不是，他是可以掌兵的统帅，政治上的盟友，实现梦想的棋子。这就是蔡京对童贯的定位。也许，这是他们政治交易的核心，蔡京主政、童贯主军，互相依存，互为表里。

这一切，都源自西子湖畔、苏堤柳前。

同样的人间胜境，有人吟风弄月，有人结党营私。

在蔡京的运作下，童贯很快也回到了京城，任职内客省使。这是武官职位，徽宗朝修订武将官阶共五十三级，此职排名第二。此职也曾授予高级宦官，在朝堂上面见天子时，他们与文官一起站在东侧。如此，童贯横跨高级宦官和高阶武官，名位已然显赫。

但显然，这不是终点，而是新的起点。

更大的、更辉煌的富贵功名，正在不远处向童贯招手。

在童贯看来，这一切理所当然。

为这一天，他处心积虑，等待很久了。

话说回来，蔡京是什么人，他能不知道？这些年来，蔡京纵横京城和地方，在新党和旧党之间翻手为云、覆手为雨，官场"变色龙"就是他了。纵然其书法冠绝天下，为政干练通达，说到人品官声，确实令人摇头啊。不过，这些并不影响童贯靠近蔡京。

年近五旬，他早已看透人间事。

在这个世界上，什么最重要？

当然是权力。人有了权力，陡然间便能脱胎换骨，能够呼风唤雨，可以为所欲为。当然了，大权在握，用得快意，难免会招人嫉恨，惹来骂声。那只能说权力还不够大，握得还不够牢，只要够大够牢，骂的人就会越来越少，至少表面上会越来越少。如果心存功名之心，权力还可以助你纵横驰骋，建立千秋伟业。

对于童贯来说，他的梦想在西北、在沙场之上，他想要的是掌军之权。但是决定沙场成败的，多是在朝堂、在后方，就是那些繁文缛节的朝廷制度、絮絮叨叨的文官士大夫，还有一车一车的粮草军械。这是童贯的短板，却是蔡京所长。

蔡京，正是可以助他一臂之力的人。正因为如此，在杭州如同落水狗的蔡京，在童贯眼里正是奇货可居，无论其官声人品如何，他也必须结盟蔡京。事实证明，童贯选盟友的眼光确实毒辣，蔡京此后果然长期为相、屹立不倒，为他铺平了大路。

徽宗不仅重用蔡京，还倚重他二十余年。以至后世之人想到徽宗，自然就会想到蔡京，就如同人们想到神宗就会想到王安石。而徽宗、蔡京君臣正是自比神宗、王安石，他们贬谪旧党，放弃中间路线，重走神宗、哲宗新法之路，对内求富国强兵，对外求开疆拓土，梦想着建功立业，恢复汉唐荣光。

果然，蔡京当政不久，便开始积极谋划对河湟和西夏用兵。至于徽宗，也早有意收复河湟，所踌躇的是用谁为主帅。是的，谁来出任主帅呢？这是个问题。

蔡京态度很鲜明，极力推荐童贯。他对徽宗说，童贯久历战阵，曾经十次进出西北陕甘之地，对那里的山川地理十分熟悉，也非常了解西北将领的优劣长短，知地知人知兵，足以胜任。当然，还有一层意思他没说出口，童贯是宦官，符合本朝重文抑武的祖宗家法，可大胆使用且高枕无忧。

如此提议，徽宗焉能拒绝？

宋制，命将出兵是枢密院的职责。

当时，枢密院由蔡卞主管，徽宗便征求其意见。京、卞虽为亲兄弟，但彼此较劲、明争暗斗多年。蔡卞的意见与蔡京大相径庭，在他看来，统军之人以王厚为最佳，次为高永年。很显然，蔡卞的意见体现了他的职责所在，也更接近事实。

站在帝王的角度，主管行政、军事的二府大臣意见不一，倒未必是坏事，尤其当这两人是亲兄弟的时候。也许，这是蔡氏兄弟共演的双簧戏，是一种避免皇帝猜忌、聊以自保的手段。最终，徽宗做了折中，任命王厚为主帅、童贯为监军，共率大军出征。

据说，为了这次出征，蔡京不辞辛劳，日夜谋划，不仅从国库调拨大量钱帛作为军费，还招募众多商人为前线运送军粮。为确保大军后勤无忧，蔡京在地方买粮不问贵贱、不惜成本，导致西北多个州郡粮价飞涨，每斗米卖到了四千钱，就连喂马的草料也值一千二百钱，惹得当地百姓骂声一片。

蔡京如此不遗余力，自是宰相职责所在，也有私心作祟。要知道，这既是监军童贯的首战，也是宰相蔡京的首战，更是天子徽宗的首战，此战关系太大。君臣三人都迫切需要一场军事胜利，来巩固自己的地位、树立自己的威信。所谓君臣一体、上下同心，即是如此了。

徽宗所思、蔡京之念，童贯心知肚明。带着煌煌圣谕和盟友期待，西征大军拔营而去。童贯目睹旌旗蔽日的铁甲洪流，追忆跟随恩师征战的往事，人生豪迈之感油然而生。

唯一所求，就是大胜一场。

说来也怪，大军出征不久，皇宫中的太乙宫无故发生火灾，火势猛烈到将宫室烧成了灰烬。朝廷的主和派借机大做文章，认为这是上天对出兵西北的警示。徽宗心有所惧，更不想首战失利，急令使臣带着手诏快马加鞭、昼夜兼程追赶大军，要求童贯暂停军事行动。

诏书送达时，童贯正与王厚并辔急行。童贯收住马头，接过诏书，在马上匆匆阅完，便随手塞进靴子里。旁边的主帅王厚问道，京城发生了何事，天子有何旨意？童贯面色如水，轻描淡写地答道，天子命我等抓紧进兵，说罢纵马而去。

大军加快西进，迅速攻占湟州，首战告捷。

宋军乘势而上，打得吐蕃首领溪赊罗撒仅带数名亲随落荒而逃。不过，童贯自作聪明劝王厚停止追赶，放跑了溪赊罗撒，实为憾事。紧接着，宋军又连连拿下青唐、廓州等地。

西北捷报传到东京，徽宗又惊又喜。童贯违诏进军之事，自然也就无人再提。他不仅没有受到责罚，反而以战功破格晋升为景福殿使、襄州观察使。这是破天荒的殊荣，宋代宦官以殿使兼任观察使，正是从童贯开始的。

这是童贯的胜利，也是蔡京的胜利。因为举荐有功、后勤得力，徽宗给蔡京进官三等，为他和蔡卞的儿子进官二等，后再下诏加蔡京司空衔，封其为嘉国公。

赫赫战功之下，童贯、蔡京各得其所。

朝堂之上，两人不仅站稳了脚跟，而且蔡京主内政、童贯主军事的朝廷新格局，隐约已成。

王厚、童贯马到功成，青唐大局已定。

不过，这只是序曲，宋军的主攻对象依然是党项人。果然，在占领河湟、切断西夏臂膀之后，宋军马不停蹄地向西夏发起了攻击。

这一轮的主攻手，正是童贯。

对于怀揣梦想、野心勃勃的童贯来说，想真正扬名立万，河湟之功的分量是远远不够的。如果能攻灭西夏，恢复汉唐旧疆、打通河西走廊，破除帝国百年噩梦，那才是真正的功业。

有人或许很难理解，一个宦官而已，何以有这般野心？其实，这并不奇怪，这个世界人来人往，形形色色，有人爱钱，有人重色，有人舞文弄墨，有人耍枪练箭，有人醉心商贾，有人沉迷权力，不一而足。贪财的宦官多则多矣，贪功的宦官也不少见。

童贯，这个当年宫里卑微的小宦官，历经生活的磨砺和岁月的洗礼，看透人间事，尝遍世上苦，如今手握重兵、威风凛凛，又有了正义伟大之名，功名之心自然会膨胀。换了旁人，有了这般机会，是否也会如此呢？

那么，功业又是什么呢？古往今来，那么多人为之不折不挠、赴汤蹈火，甚至不惜忤逆天下人之意，只求所谓万世之功，最后也不过荒冢一堆，秋草一把，枯骨几根，如此而已。

可惜吗？可叹吗？可恨吗？

不论其他，真正可怜的是那些没有留下名字，像蝼蚁一样在正义大旗之下，实质是为了实现王侯将相的雄心和梦想而被肆意驱赶的人。那正义的大旗，高高竖起，迎风飘扬；那雄心和梦想，花团锦簇，光彩照人。

对于大宋来说，童贯主导的西夏之战，便是一场延续了百年的正义之战。这也是北宋和西夏最后的较量。

吊诡的是，这轮断断续续打了十几年的仗，最后获胜的既不是北宋，也不是西夏，而是以一种极其戏剧化的方式做了终结。远在千里之外的女真人，以极其凌厉、迅疾如风的方式吞辽灭宋，北宋帝国猝死了。

历史开的玩笑，让所有人猝不及防。

如此，再回头看看童贯当初的雄心，是不是有些滑稽？

将军无名字留名

在开始新一轮宋、夏大战之前，我们还是花点篇幅来了解一下北宋的行政区划，以便更好地理解西北战事。

北宋初年，太祖力平群雄，无暇顾及疆域区划，太宗则因袭唐朝旧制略事改革，将全国分为十三道，即：河南道、关西道、河北道、河东道、淮南道、江南东道、江南西道、陇右道、山南东道、山南西道、剑南东道、剑南西道、岭南道。

道，是唐朝的制度设计，各道长官为观察使。起初，观察使是京官，由朝廷御史台派遣，用来监察地方行政，后来渐渐演变成了地方首长。唐朝中叶以后，朝廷势微、藩镇做大，各地藩镇所辖之地虽也称道，但机构设置早已破败不堪，道已名存实亡。

宋太宗在道的基础上，将天下重新划分成路。路的设立、演变也有个过程。到公元997年，始定天下为十五路：京西路、京东路、河北路、河东路、陕西路、淮南路、江南路、两浙路、福建路、荆湖南路、荆湖北路、广南东路、广南西路、西川路、陕西路。

公元1020年，增至十八路，真宗将西川、陕西路分为益州、梓州、利州、夔州等四路，江南路分为江南东路、江南西路。

公元1074年，再增至二十三路，神宗将淮南路分为淮南东、西两路，陕西路分为永兴军路、秦凤路，京西路分为京西南、北两路，河北路分为河北东、西两路，京东路分为京东东、西两路。

公元1105年，徽宗将京城开封府设为京畿路。至此，大宋天下共有二十四路。

总体而言，相较唐之道，宋的路兼顾了地理、经济和人文的差异性，划分更加科学也更为实用。值得一提的是，由于南方经济迅速发展并超过北方，南方国土得以进一步细化，北宋的江西、福建等地已和今天的版图非常接近。此外，将吴越地区独立为两浙路，以皖南及周边徽文化核心区为江南东路，淮河下游为淮南东路，这在地理、风俗、语言、经济形态上，对今日区划仍有很大的参考价值。

宋制，路在朝廷之下，州、县之上，承上启下，位置显赫。

每路设有四个司，即：转运使司，简称漕司，长官为转运使，负责财赋；提点刑狱司，简称宪司，长官为提刑官，负责刑狱；提举常平司，简称仓司，长官为常平使，负责仓储；经略安抚司，简称帅司，长官为安抚使，负责军事。

这四个司都是中央派出机构，各司长官也并非地方官员，而是京官。在地方，四司之上并没有领导机构或个人，四司分别对中央相应部门负责。如此设置，路的财、政、刑、兵等分属不同机构和个人掌管，没有统一的权力中心，也就不会对中央构成威胁。四司长官中，以转运使最为显赫，地方财政赋税都掌握在其手中，并由其转运到朝廷。同时，宪司和仓司还保留监察官员的职责，因此路也被视为监察区。

简而言之，相较于汉之刺史、唐之道，宋之路的最大特点是分责设立、独立行事、无中心化。

具体到西北前线，主要是秦凤路和永兴军路。

一般情况下，此秦凤路指设有转运使的路，可理解为大的"路"。在此之下，另设有秦凤经略安抚使路，与永兴军路、鄜延路、环庆路、泾原路、熙河路等合称陕西六路。此六路所辖之地，连绵今陕西、甘肃、宁夏、青海等地，是对西夏作战的最前线。

这是条千里边境线。很显然，宋、夏双方不可能均衡用力。

横山地区，才是双方百年拉锯争夺的焦点。

横山，宋、夏的边界山脉。

横山山脉，自陕西东北部往西南延伸，往北是戈壁沙漠，往南是黄土高原。在阴山山脉之外，这是第二条隔绝南北的大山，横山之南就是关中地区，中原心腹之地，战略地位极其重要。历史上，中原王朝多在这里驻有重兵，作为抵御少数民族进犯的重要防线，也几乎是最后的生命线。

对于西夏来说，横山一样至关重要，可谓立国的根本。

元昊以后，党项人陆续在此建立了横山七州和三个监军司，即银州（今陕西米脂）、龙州（治所在今陕西靖边县东南）、宥州（治所在今内蒙古境内）、洪州（今陕西定边附近）、石州（今陕西米脂附近）、盐州（今陕西定边）、夏州（今陕西靖边白城子村）等，以及嘉宁军司、左厢神勇军司、祥祐军司。

经过多年苦心经营，西夏控制的横山地区农牧业兴盛。仅在德靖（今陕西志丹县）七里平山上，就有大小谷仓百余所，存粮约八万石。在葭芦、银州等地更有良田近两万顷，是西夏大军的重要粮草基地。党项人十分珍视这些膏腴之地，将其命名为珍珠山、七宝山等，钟爱之意不言而喻。

山脉绵延千里，遍布高山河流、森林草场，除可耕可牧之外，还是党项人传统的养马基地，盛产良驹宝马。在冷兵器时代，军马的多寡优劣，是决定战争胜负的关键军事物资。西夏之所以桀骜不驯，强悍勇猛的骑兵部队，特别是配备最优良战马的精锐铁鹞子，始终是宋军难以逾越的高山。

山脉东部的葭芦山地区，还是西夏重要的铁矿基地。元昊时，就在此设立机构进行开采冶炼，打造兵器农具。据说，西夏享誉天下的铠甲之王——冷锻甲，正是源于葭芦山的铁矿。邻近的盐州，则是重要的产盐之地。西夏境内共有灵州、会州、盐州三大采盐区，尤以盛产青盐、白盐的盐州为最佳。自古盐铁多由国家专营，是朝廷财赋的重要来源，横山地区恰是西夏的钱袋子。

盐铁之外，当地百姓也是重要的战略资源。他们被称为横山羌，铁血勇武、剽悍善战，是西夏军队的重要兵源，其精锐步兵步跋子，便主要由横山人组成，尤其擅长山地作战。

横山地区有高山密林、山川峡谷，有良田草场、铁矿盐池，还有骁勇善战的百姓，这是一片可兴王业之地。再看看西夏的疆域，能有如此宝地，可谓立国之根本。事实上，西夏控制了横山，不仅可以立国，还可以直接攻击大宋腹地。若失去横山，西夏不仅会丧失上述全部战略资源，再想与宋交战，其军队必须要先穿过数百里的瀚海（灵州以南戈壁无人区），这是其国力根本无法负担的消耗。

横山，西夏的立国之山，国家生死存亡之地。

对于大宋来说，纵使国土广袤，横山犹不可或缺。

横山，地势居高临下，俯视西夏兴庆府和灵州。若大宋控制横山，不仅可大大削弱西夏实力，还可取得战略主动权，进可直接攻击西夏腹地，直捣其京畿地区；退可为关中屏障，牢牢护住中原心腹。

事实上，百余年的战争，宋、夏攻守往来，双方的战略目标几乎是一样的，那就是全部占领横山，将对方腹地置于刀锋之下。直到哲宗朝末期，公元1098 年的平夏城之役，西夏小梁后惨败，宋军终于占领了横山地区大部。随后，宋军兴建西安州与天都寨，打通泾原路与熙河路，关中地区才真正成为内地，不再受西夏兵锋的威胁。至此，宋军终于取得了对西夏的战略主动权。

横山，是名将的舞台。

曹玮、范仲淹、韩琦、沈括、种鄂、王韶，李元昊、李谅祚、大小梁后、野利遇乞、梁乙埋、仁多保忠，等等，这些宋、夏双方的帝王将帅们，在这里迎头相撞、鏖战相持，斗智斗勇、血腥厮杀，奇谋妙计层出不穷，爱恨情仇无休无止。

横山，是战士的坟场。

百余年来，硝烟弥漫、鼓角争鸣，不知流了多少血，死了多少人，那些矫健的党项男儿，那些健壮的西北汉子，那些精神抖擞的年轻人，那些意气风发的好儿郎，转眼之间，就倒卧于蓬蒿之中，化作了累累白骨。

很快，横山地区战火重燃。

徽宗君臣的目标，是要携青唐之胜的军威，乘势而上，拿下横山地区全部，彻底将党项人阻隔在戈壁沙漠之外。

陶节夫为宋军的新一轮进攻打头阵。

陶节夫，字子礼，饶州鄱阳人（今江西鄱阳县），东晋大司马陶侃的后裔。在历史上，陶侃名气较小，其曾孙却名贯古今，正是五柳先生陶渊明。

节夫是读书人，进士出身，仕途起步于广州，任录事参军。其时，当地闹匪患，匪首名叫杨元，为人凶残狡诈，多次被捕却又能多次逃逸，困扰官府多年。年轻的节夫受命剿匪，竟只身深入山林，直奔匪首山寨。更令人意外的是，不知他是如何的巧舌如簧，居然令杨元拜服在地、束手就擒。杨元论罪当斩。临刑前，他与诸囚犯道别说：陶公是长者，勇谋异于常人，我敬重他，虽死而无憾。节夫以此崭露头角，升任广东新会知县。

章楶时任广州太守，是节夫的顶头上司。他听闻节夫的英雄事迹后，惊异之余大为感慨，不仅亲自召见了他，还对其勉励有加。自此，节夫便投在章楶门下，成为他的得意门生。再后来，章楶调往西北前线统军，节夫也一路追随。

章楶是福建人，有个族弟赫赫有名，便是章惇。哲宗亲政后，章楶、章惇兄弟一人为西北统帅、一人为朝廷宰相，两人相互倚重，配合得天衣无缝，大宋的战争机器运行空前顺畅。应该说，哲宗亲政后对西夏的军事胜利，二章功不可没。

巧的是，蔡京也是福建人。或许，正是这层乡情的关系，在章楶去世后，节夫便与蔡京走得很近，两人关系也越发亲密。事实上，按照蔡京的行事风格，像节夫这般统军之才，必是其笼络的对象。果然，蔡京出任宰相不久，朝廷便任命节夫为陕西转运副使、知延安府，俨然已是地方大员。

公元 1104 年，在蔡京的主导下，在童贯进军河湟的同时，节夫也受命在西北开始行动，两相呼应，形成南北夹击之效。

这是两手牌。童贯主攻，铁骑隆隆向前，在河湟攻城拔寨；节夫主抚，重金厚帛开道，在西夏招降纳叛。

节夫很有手腕，软硬兼施，招抚得力，惹得西夏边关将士心猿意马，不时有人投奔大宋。论功行赏，节夫升为集贤殿修撰。

不过，节夫此举引起了西夏的强烈反应。

对于西夏来说，陶节夫此举欺人太甚。

李乾顺勃然大怒，调集大军肆意攻掠边境，渭州和镇戎军有万余百姓因此不幸丧命。同时，西夏出兵支持吐蕃溪赊罗撒反攻宋军，致使高永年兵败被俘、壮烈殉国。

党项人胆敢如此，节夫又岂能善罢甘休？他开始谋划反击，从战略上减轻河湟宋军的压力，从战术上打击夏军的痛处。在全面审度形势之后，他主动避开夏军的锋芒，率军突袭石堡砦，这里是西夏边境屯粮重地，也是夏军衣食所在。

节夫进军神速，突袭有力，一战而下石堡砦，缴获夏军窖藏粮食无数。夏军粮草被劫、军心松动，攻势顿时受阻，宋军各方面压力骤然减轻。

在拿下石堡砦后，节夫立即着手加固城堡，高沟深垒，将其纳入宋军堡垒体系严加守卫。这招数，节夫师从章楶。

当年章楶统军时，曾于两年内连续在鄜延路、环庆路、泾原路、河东路新建四十余座堡寨，每个堡寨都修得坚不可摧，相互之间又互为犄角，形成了严密的攻防体系。

　　这种步步为营的攻守之法，被称为进筑战略。正是宋军这种战略的成功，引起了西夏君臣的恐慌，迫使小梁后亲率大军进攻平夏城，试图拔掉钉子，打开宋军攻防体系的缺口，结果惨败而归，引发后续的连锁反应。

　　节夫是恩师章楶的好学生，他继承了这种战略并进行了创新和提升。他审时度势，从不肆意妄为，在进攻地点的选择上，不求大、不求远、不求险，而是立足不断完善整个攻防体系，每夺取一处堡寨，就是一次整体上的完善和推进。

　　这种不紧不慢、层层推进、步步为营的战术，看似简单，实则非常有效。这种战术，党项人也懂，更深知其厉害，只不过他们用不了，因为国力不容许。这种战术的背后，是雄厚的国力在支撑。在国力上，很显然，大宋优势更加明显。

　　这就像大块头和小个子搏斗，小个子虽然凶悍，每次出拳都打得大块头龇牙咧嘴，但伤不及脾肺心脏；大块头虽然迟缓，但已经扼住了小个子的脖子，任他乱蹦乱踢，只要慢慢增加力道，终究会将小个子掐死。

　　对于大宋来说，最重要的就是稳住不撒手，渐渐加力。

　　在恩师章楶的手里，不仅掐住了党项人的脖子，平夏城大败小梁后，最终还让她搭上了性命。这一切，节夫都是亲历者，也是执行者。如今，轮到他了，他自然要百尺竿头更进一步。

　　名师出高徒，节夫统军西北数年，成效斐然，威名远扬。

　　声名鹊起的陶节夫，让党项人既畏且惧。

　　在他的治下，宋军的进筑战略越发奏效，逐步蚕食西夏控制的横山之地。党项人眼看硬的不行，就想来软的，几次三番派人与节夫讲和，都碰了一鼻子灰。为防止夏军小股渗透，节夫还派兵加强边境巡逻，凡有羌人越境放牧者，一律围捕杀之。

　　攻防有道、软硬不吃的节夫，让人徒呼奈何啊？

　　公元 1105 年，节夫出其不意，率军夺取了银州城。这下可真打疼了李乾顺。要知道，银州城非同小可，西夏太祖李继迁出生于此，这是真正的龙兴之地，党项人视之犹如圣城。

　　恼羞成怒的乾顺迅速调集大军，誓要与节夫再争高下。

　　夏军调兵遣将的消息，很快被宋人侦察到。节夫立即召集部将与幕僚商议。

大家对夏军攻击方向产生了分歧，多数人以为气急败坏的乾顺必攻延州，打击宋军主力的同时围魏救赵，收复银州。如此战术，夏军已用过多次，众人这般推测也在情理之中。

战场形势瞬息万变，而名将的鼻子总是格外灵敏。节夫就嗅出了不一样的味道，他认为这次夏军挟重怒而来，必是直来直去，强攻银州，就是要以最简单、最强硬的战术重创宋军，夺回失地。

纷扰中，节夫一锤定音。他派老将耿端彦率援军疾驰银州，抢在夏军之前加固城防、以逸待劳。节夫自带大军，游弋在银州之侧，伺机截断夏军归路。

凡是统帅，身边必有成群的幕僚，帮着分析形势，出谋划策。可惜，聪明的脑子聚在一起，未必就会形成最优的结果。三个诸葛亮不如一个臭皮匠的故事，也时有发生。

优秀的统帅善于放更善于收，放的时候蹲得下去，可以百家争鸣，任你叽叽喳喳，收的时候立得起来，必须乾纲独断，任你纷纷扰扰。所谓谋在于众、断在于独，就是这个道理。道理并不复杂，难的是在大军压境，千钧一发之际，能够审时度势，运用自如。

银州城下，夏军果然铺天盖地而来。坚城之下，夏军志在必得，带着冲天怒气轮番强攻。可惜的是，他们虽拼尽了全力，除留下遍地尸骸外并无所获，不得已败退而去。宋军大获全胜，捷报送达京城，节夫再次获得升迁，进枢密直学士。

在北宋，枢密直学士是正三品的高官，随侍皇帝顾问并执掌枢密院军政文书，位置十分显赫。当年，章楶取得平夏城大捷，官至正二品同知枢密院事，是枢密院副长官。如今，节夫距离恩师的最高官职，也不过一步之遥。

战场上节节胜利，官场上春风得意，这是节夫的人生好时光。在他看来，宋军既已攻下石堡砦，又拿下银州城，西夏的洪州、宥州等地已在宋军兵锋之下。所谓横山之地，宋军已据十之七八，居高临下，俯视西夏，其首府兴州已隐约可见。豪情之下，他向朝廷上书，献上攻取兴州、灵州之策，再获加封龙图阁学士。

龙图阁学士为虚衔，更多的是荣誉，体现天子恩宠，皇恩浩荡。在宋朝，宰执人员多带观文、端明诸殿学士之位，天子侍从多带天章、龙图诸阁学士之位。章楶晚年，便以资政殿学士致仕。

陶节夫既可身形柔软，招抚有术，又能横枪立马，攻守有道，真不愧大将之才。何况，京城之内、朝堂之上，他还有蔡京相助。这般天时地利与人和，他比肩恩师章楶，甚至青出于蓝而胜于蓝，似乎也是顺理成章之事。

谁料，正当节夫欲大展身手之时，局势发生了变化。

甚至可以说，是大逆转。

逆转，来自乾顺的谋略。

说是谋略，也是一种无奈吧。

在无法抵挡宋军攻势的情况下，乾顺只好来个迂回包抄，两次遣使向大辽求援。他是大辽的女婿，又是大辽藩属，便大打亲情和忠诚牌，极力请求天祚帝主持公道。

实际上，对于宋、夏战局，辽人始终高度关注。百余年来，这套鹬蚌相争，渔人得利的游戏，他们早已玩得炉火纯青，渔利甚多。

何况，西夏使节两次来请，卑辞厚礼，再三恳求，也让辽人得到了很大的心理满足。面子、里子都有了，大辽遂派出专使到东京调停。说是调停，辽人态度很强硬，并没有太多商量的余地。要求也很简单，大宋立即罢兵，并归还所占西夏领土。

党项人的求和可以不顾，大辽的压力实在难扛。徽宗、蔡京君臣等挣扎了几番，还是顺应了辽人的调停。

公元 1106 年七月，宋、夏签订和平协议。协议约定：双方停战；宋朝正式将青唐地区纳入版图，此前宋军已经事实上占领了该地区，如今再从法律层面加以确认，杜绝西夏的觊觎之心；作为回报，宋朝同意将银州还给西夏。

消息传到西北前线，节夫长叹一声，颓然无语。如此协议，与节夫进军兴灵二州、灭亡西夏的宏大构想，完全是南辕北辙。

苦心经营边疆数年，将士百姓战死无数，他的愤懑可想而知。且不说，个人的抱负和志向没有了安放之地，还有那些早已化成白骨的袍泽们，他又该如何面对？

可惜，无论徽宗如何恩宠、朝廷如何重视、蔡京如何支持，陶节夫到底不过一介武将而已。一个武人在宋朝，又何尝真正放开过手脚？朝廷不忌惮你、不拐弯抹角收拾你，已是皇恩浩荡，还如何对朝廷大政方针说三道四？

痛心疾首的陶节夫，选择了缄默。

当然，这也可能是来自蔡京的再三提醒。

协议已定，双方既已停战，前线人员、机构就要相应裁撤、调整。节夫心灰意懒，正好借此机会请求内迁。朝廷顺水推舟，将其改任知江宁府，之后又辗转历任知青州、秦州及太原府。再后来，北方出现匪盗，朝廷再派他前去剿抚。节夫宝刀未老，如同几十年前一样，照旧马到擒来。只是，昔日大军统帅，如今进山剿匪，如此大材小用，实在令人心绪难平。

实际上，这些年来，节夫虽然离开了西北，却始终割舍不下那片土地。那些烽烟岁月，早已成了他魂牵梦绕的刻骨回忆。他几次三番上奏朝廷，陈述利害，献计献策，请求朝廷重新对夏开战，全力攻取兴州、灵州等地，消灭西夏，除去心腹大患。

然而，时移世易，纵是百战老兵，虽雄心犹在，又谈何容易？

这时候，朝局变迁，蔡京的仕途也有起伏，离开了相位。在失去蔡京居中响应支持之后，节夫的建议也就更加无足轻重了。

如此，直到终老，节夫再未回到西北。那片生死之地，那些城垣堡寨，那些硝烟战火，那些铁马冰河，依稀只有梦里可见了。

青山绿水常在，英雄落寞时有，这就是人世间。

世事流转，陶节夫立下的功勋蒙上了尘埃，他的名字也渐渐被人遗忘。偶尔被人提起，也多是因为蔡京。

当年，节夫任职在西北，蔡京力挺于朝堂，说两者是同盟，可能未必，但相互倚重，互为交好，则是事实。边帅结交宰执，确实惹人忌惮。后世，戚继光交好权相张居正，也因此晚景凄凉，身后寂寞。但换句话说，边帅不交好朝中权臣，又如何扬威边关呢？这是不是对英雄的非难？

在后世，节夫之名被蔡京绑定，更多是因为一幅字帖。

蔡京当政时，权势熏天，门庭若市，名利之徒趋之若鹜。蔡京书法造诣高超，天下尽是蔡体，可谓盛极一时。可惜，时光荏苒，流传至今的蔡京真迹，除附骥而得以保存的题跋外，仅有《节夫帖》和《宫使帖》两通尺牍。究其根本是蔡京声名狼藉，人们用道德代替了审美，任其书法俊逸超俗，也不愿沾身讨嫌。

在这传世的两幅作品中，《节夫帖》的名气更大。

《节夫帖》，全称《致节夫亲契尺牍》，纸本行书，墨迹，现藏于台北故宫博物院。细细端详，此帖笔力雄健，运笔自然，起笔落笔相遥，分行布白错落，左顾右盼又前后呼应，气韵生动，灵气活现，是当之无愧的书法瑰宝。

帖的内容是写给朋友的普通信函，当是酷暑之日的问候，语气平和，言辞亲切，透露出两人不同寻常的关系。那么，此节夫是否为彼节夫呢？蔡京并未详细注明。不过，结合历史和两人关系来看，应当就是陶节夫。

蔡京名声扫地，陶节夫近墨者黑，也遭人诟病。更令人惋惜的是，其赫赫西北之功，也随着十多年后北宋骤亡，皆化为尘土。其功如此，其名亦如此，后世少有知其名姓者，好在还有这幅《节夫帖》传世。

在道德的拷问之下，这样一位久经沙场、屡立战功的老兵，竟然就这样湮没了，其生平语焉不详，甚至生于何时、卒于何年都未见史书记载。这样想，也挺可悲的。

都说，耳听为虚眼见为实。可在历史里，眼见也未必就是事实，很多时候，靠的还是常识的判断，尽量把历史人物还原成一个鲜活的人去看待，人会有优点，也会有不足，但贵在真实。

一个人，只要够真实，就多少有点可爱。

斗而不破

对于西北前线的陶节夫来说，蔡京是不可或缺的。

对于蔡京来说，节夫则不然，毕竟西北之事，还有童贯可期。确实，童贯自统军以来，高奏凯歌，军功不断，在徽宗心中的分量越来越重，已然迈上腾飞之路。蔡京要做的，就是再加把力，推他的盟友一把。

正好，机会来了。因为高永年之死，徽宗龙颜大怒，要追究责任人。嗅觉灵敏、善于因势利导的蔡京意识到，这是助力童贯的好机会。

这时的西北，挡在童贯前面的，仅王厚一人而已。王厚此人，将门之后，虎父无犬子，军事才华不消说，忠君报国也无疑，就是性格太耿直，拿反复无常的官场"变色龙"蔡京向来不太当回事。这样的王厚，已成为蔡京的一块心病。

先前的西征统帅人选，蔡京推荐的便是童贯，只是因为蔡卞推荐了王厚，才让徽宗做了王厚统军、童贯监军的折中选择。这次，蔡京不会再浪费机会。他利用徽宗的愤怒，借力打力，来了个一石二鸟之计，把过错全部推到王厚身上，诬陷他逗留贻误军机，王厚因此被贬官。他所留下的空缺，正好由童贯顺位填上。

在蔡京的腾挪之下，高永年事件成为王厚和童贯的人生分水岭。所不同的是，一个向下、一个向上，王厚就此淡出西北，直至郁郁而终，而童贯则大权在握，开始青云直上。

公元 1105 年，童贯升任熙河兰湟路、秦凤路经略安抚制置使。路，类似今天的省级行政区；经略安抚使，即路的最高军政长官。制置使是边疆地区临时性的军职，为战区级的最高统帅。童贯的新官职，是两个路的最高军政长官。换句话说，童贯就此取代了王厚，成为西北前线宋军最高指挥官。

这年，童贯 51 岁，他终于能比肩昔日的大宦官李宪。

李宪的人生巅峰，是统率五路大军伐夏。那时，童贯不过是李宪的随从，只能偷偷地、痴痴地妄想。谁能想到，24 年后，他站到了同样的高位，甚至拥有了更大的权势。24 年，确实够久的了，几乎是小半辈子了。可如果从徽宗登基算起，才短短五年，童贯的蹿升速度堪称奇迹。

三年后，公元 1108 年，童贯又进一步，升任武康军节度使。

这年春天，他再次领兵出征，讨伐吐蕃溪哥部落，收复了溪哥城，改建为积石军（治所在今青海贵德县西）。之后，宋军又重新收复了洮州。童贯因功再加衔检校司空，更上层楼。

如此迅速的升迁，对一个人的心态不可能没有影响。从人性的角度，展示肌肉，炫耀美好，喜欢奉承之语，厌恶逆耳忠言，甚至刚愎自用、独断专行等，是很多人的通病，只是不同的人表现程度不同而已。

就这样，随着军功不断积累，官职扶摇直上，曾经还算小心谨慎的童贯，开始骄傲了，也渐渐地跋扈起来。

他的官威越来越大，腰板挺得越来越直，原先能弯腰的地方，弯不下去了；原先能让其弯腰的人，也不想再弯了，甚至有些不屑一顾。比如，对蔡京，这位当朝宰相、他的盟友。

事实上，童贯早已没有了当初对蔡京的恭敬。

不仅如此，似乎他的西北之功也是仅凭一己之力而成，蔡京的后勤保障之功，也被他有意无意地抹去了。这就很不厚道了。

童贯的变化，让蔡京感到非常不满。

不满，是一种情绪。这种情绪的积累，结果就是反目成仇。当然，走到那一步还需要个由头，更多的是利益相争。利益，就是那颗点燃枯草堆的小火星，会瞬间燃起熊熊烈火，将过往的交情烧成灰烬。

想想很有意思，一个人要取得权势，得有天时地利与人和，得小心谨慎，八面玲珑，至少得是个聪明人。可就是这些聪明人，得了权势之后，又迅速变得愚不可及，以至很快就忘了那些成功的基石，还以为自己真是天赋异禀，天之骄子。

如此说来，权势真是毒药，至少会让人变得愚蠢。

蔡京、童贯这对政治同盟，渐有分崩离析之势，所缺的就是那颗火星而已。很快，火星就来了。

童贯经过一番运作，即将再次获得晋升，这次朝廷将授予他开府仪同三司，徽宗已经同意，只待下诏书了。此事非同小可，按照宋朝官制，这是宰相级别的高官。

天子已然恩准，童贯愉快地做起了宰执梦。宦官位列宰执大臣，这在大宋朝可是破天荒的事，在历史上也是凤毛麟角。童贯得意扬扬，意气风发，静候朝廷旨意。

蔡京瞅准时机，出面强行阻击。

他直接进宫面圣，言之凿凿，振振有词。简而言之，官职乃朝廷名器，宰执高位更是国之重器，又岂能授予宦官？蔡京不仅直接开火，在他的主导下，门生故吏特别是言官们纷纷上书劝谏，开始集体阻击童贯。

转眼间，舆情汹涌，愣是将童贯的宰执梦搅黄了。

如此，童贯、蔡京的同盟算是碎了一地。算起来，从他南下杭州与蔡京把酒言欢，到两人翻脸，不过数年而已。

以势交者，势倾则绝；以利交者，利穷则散。童贯和蔡京之交，既是势交也是利交，宦海浮沉，人事沧桑，随着两人权势的接近，特别是童贯的急速蹿起，两人的权力平衡被打破，翻脸就是自然之事。

这背后的推手，西北战事是个重要原因。当初，这对盟友的结合，是建立在对外战争的基础上，只要西北一直在打仗，两人的相互依存就自然存在，盟友关系就会得到维护。如今，宋、夏议和，河湟安定，没有了战事，这辆同盟的战车又将开到哪里呢？

此外，还有徽宗的背后分化。天子的御人之术，重在分而治之。朝中大臣如铁板一块，御座上的天子岂能安心？最好的办法，莫过于挑起大臣之间相互争斗，如此，天子就能垂拱而治了。

童贯和蔡京的同盟，徽宗岂能不知？一个是宰相、一个是边帅，徽宗又怎能让他们始终亲密无间？他不停地给童贯升官，恩宠是有的，抬高他的地位，离间他和蔡京的关系，也是应有之意。

如此判断，倒并非是抬高徽宗。后世多评论徽宗昏庸，但昏庸并不代表愚蠢。实际上，徽宗非常聪明，若非如此，他能有那么广泛的兴趣，那么精进的艺术造诣吗？就拿他重用蔡京、童贯来说，这些人到死，也不过是供他驱使的奴仆，丝毫不影响他天子之位的稳固。

如此说来，蔡京也好，童贯也罢，都只是宠臣，而非权臣。

所谓权臣，不过是假象，或者是他们的自我催眠。

最高主宰者，永远是御座上的徽宗。

蔡京、童贯的同盟虽已破裂，但并没成为你死我活的仇敌。

两人斗而不破，合作的基础也依然存在。实际上，只要双方仍握有权力，依旧活跃在台上，政治上分分合合就是常有的事。至于选择哪些合、哪些分，就得看利之所在了。

至少，在对西夏问题上，蔡京、童贯开边邀功的战略并没有太大改变，这份功业对他们的利益而言是一致的。

迫于辽人压力，宋、夏之间虽然签订了和议，但关系并不稳固。实际上，双方都心存怨气，都在伺机而动。尤其是大宋，在战略上有优势，更显得迫不及待，所等的只是机会或者借口而已。

天遂人愿，宋人很快便等来一个绝好的机会。

血腥屠城为哪般

公元 1114 年冬，投降大宋近 20 年的党项首领李讹移叛宋归夏。无论他是主动还是被动，这笔账肯定记在了西夏朝廷头上，这是撕毁和约，重新发动进攻的完美借口。

李讹移，羌人首领，可能出身西夏皇族，在哲宗亲政后期投降宋朝，被赐名赵怀明，负责戍守边境的定远城。

不知出于何种考虑，他在降宋多年后，开始图谋叛宋归夏。他写信给夏军边帅称：居汉地 20 年，熟悉宋军虚实，春天仓库空虚，粮草不足，军民都面有饥色。此时，如果西夏大军来袭，定远城唾手可得。定远既得，周围十余城不攻自下。为了这次起事，他还处心积虑地掘地储藏了大批粮草，大军来时粮草无忧，后勤有充分保障，可保万无一失。

夏军边帅得信大喜，立即呈报乾顺。

事是好事，但对乾顺来说也是个艰难的选择。毕竟，宋夏和议来之不易，招降纳叛几乎等同毁约，可这到嘴的肥肉又实难拒绝。思虑再三，他决定先咬一口再说，派大军前去接应李讹移。

李讹移精心谋划，算无遗策，却忽视了身边对手的厉害。其时，当地宋朝转运副使正是任谅，这是个厉害的明白人。

任谅，四川眉州人，东坡先生的小同乡。9 岁时，父亲亡故，靠寡母含辛茹苦带大，自幼发奋苦读，14 岁便在乡试中拔得头筹，是闻名乡里的神童。进士及第后，辗转各地为官，能力很强，官声颇佳，此番来到陕西任职，负责财赋税收。

任职以来，他对李讹移素有戒心，日常便加以留心。在得到李讹移有异动的情报后，他立即调集军粮运往周边各城以为战备，同时召集军民尽发李讹移所藏粮草。

待夏军前来，仓中早已空空如也。李讹移得知被任谅抢了先，顿足捶胸，哀号不已，无奈之下率部众万余人仓皇归夏。乾顺重赏李讹移，令其筑臧底河城（今陕西志丹县北）以拒宋。

正是这场变故，开启了宋、夏百年战争最后一轮惨烈较量。

战争的导火索，除了李讹移叛宋，还有时代的推波助澜。

要知道，这是公元 1114 年，在遥远的东北地区，阿骨打已起兵反辽，女真铁骑很快攻陷宁江州，随即取得出河店大捷。大辽被阿骨打搅得天翻地覆，天祚帝早已焦头烂额，西夏之事自然也就鞭长莫及了。

对于宋朝君臣来说，生逢百年未有的历史大变局，是静观其变以待时机，还是躬身入局积极作为，是个大问题。

这些年来，在童贯等人的穿针引线下，跨海结盟女真，南北夹击大辽，夺回燕云十六州隐约已成国之战略，只待与女真人详加约定。阿骨打的强势崛起，正在推动宋朝君臣下定决心，迈出与女真结盟的实质性步伐。为配合这个大战略，先乘辽人无暇南顾之时，解决西夏问题就显得顺理成章了。何况，党项人还送来了这么完美的借口。

童贯看准时机上奏朝廷，请求立即对夏用兵。徽宗心领神会，欣然同意，任命童贯为陕西经略使，统领秦凤、永兴军、鄜延、环庆、泾原、熙河等六路大军，全权负责前线作战。

一人节制六路兵马，麾下精兵数十万，这是何等的荣耀，又是何等的权势。童贯早已超越恩师李宪，成为有宋以来最耀眼、最风光、最有实权的宦官。

作为宦官，童贯前无古人后无来者。

大军在手，军权在握，仗怎么打便是最大的问题。

哲宗朝以来的军事实践证明，章楶、陶节夫等人的进筑战略是非常有效的。这种战略，依托大宋强大的后勤保障，步步为营，节节进逼，每推进数里或数十里，便就地修城筑寨，作为下一步推进的基地，以此向前蚕食。

很显然，这种战略是下笨功夫，是一种消耗战。虽然看上去没有什么技术含量，但是非常实用，党项人对此无计可施，只能坐视宋军缓缓向前。

但凡有些阅历的人，都明白一个道理，有时候所谓的笨方法反而是最好的方法。人生在世，从来就没有捷径，最辉煌的功业多半是最难走的路，靠的就是持续的、正向的、点滴的积累。做人如此，做事亦如此。

可惜，童贯没有这份耐心，东京城内的徽宗皇帝更没有这般耐心。十几年的太平天子，他早已被捧到云端之上，他需要胜利，不断的胜利、更大的胜利，来为他的王朝涂脂抹粉。他对西北捷报望眼欲穿，不可能容忍童贯慢悠悠地前进。

公元 1115 年正月，童贯兵分两路大举伐夏，秦凤经略使刘仲武统兵五万从会州出发，熙河经略使刘法率骑兵 15 万从湟州出兵，童贯自率中军驻守兰州作为两路的声援。

很显然，这是一次充满野心的分进合击。

刘仲武所部西进至清水河，在清水河筑城，朝廷赐名德威城，隶属秦凤路。刘法所部北进到古骨龙城（今青海门源朱固寺东南），与西夏右厢军发生激战，斩首夏军三千余人，就地筑城，朝廷赐名震武城，未几改为震武军，隶属湟州。

虽是旗开得胜，奈何如此大动干戈，却仅有这般战果，童贯又岂能满意？

童贯锁定了新目标——西夏的臧底河城。

李讹移归夏后，乾顺便命其在此筑城据守。李讹移在汉多年，非常熟悉宋人的进筑战略，筑城之计很可能正是他献给乾顺的。要说，他确实很有眼光，选的这地方，像一把楔子嵌入了宋军防线；他筑的城，依山势起伏而建，城高势陡，坚固异常，易守难攻。

围绕这座城，双方进行了好几轮血腥厮杀，两边的名将们也都陆续登场。

首先出场的是刘仲武。公元 1115 年九月，他率泾原、鄜延、环庆、秦凤四路兵马发起进攻，大军铺天盖地而来，目标直指臧底河城，势在必得。

谁料，夏军早有准备，以逸待劳久矣。

刘仲武遭到惨败。他的大军攻坚城不克，归途又落入夏军口袋，人马损失十之四五，其中秦凤全军上万人几乎全部战死。待战鼓声平息，两军退去，沙场上死伤枕藉，尸山血海，战况之惨烈，就连久经战阵的老将们都不忍直视，暗自垂泪。重创刘仲武后，夏军乘胜攻掠萧关一带，大肆抢劫踩躏后扬长而去，宋朝万余军民死于非命。

史书中没有记载此战夏军的指挥官是谁。推断来看，很有可能是李讹移，毕竟是他筑的城，而且他了然边境地形，熟悉宋军战术，更有可能击败刘仲武。宋人或是出于某种特殊的心理，刻意隐瞒了他的名字。

不过，作为这轮宋夏之战的始作俑者，李讹移在风光一时之后，下场也很悲惨。他后来在边境侦察时，被宋军巡逻兵抓获。徽宗痛恨其降而复叛，下诏斩首并将其首级装匣送到京城。

童贯收到战报，惊得不敢相信自己的眼睛。西北掌军以来，他一路高奏凯歌，如此惨败还是首次。虽说胜败乃兵家常事，但人们从来都是更习惯、更喜欢胜利，而不是失败。何况这些年来，他早已用胜利和虚饰将自己包装成了战无不胜、攻无不取的常胜将军，徽宗皇帝更被颂扬成了永远胜利的盛世天子。

如此战报，能送达御前吗？遭遇棒喝的童贯，六神无主，烦躁不安，徘徊踱步许久亦不能平静，不觉已走出营帐之外。

大帐外，寒风萧瑟，一片荒芜，肃杀之气像极了童贯此时的心情。童贯心凉如冰，斟酌再三，将败报没入书囊，选择了匿而不报。也许，他心里想的是下不为例，实际上这仅仅是开始。

如果说，此前的童贯只是个功名熏心的宦官，那从此之后他就成了弄权祸国的佞臣。每遇败绩匿而不报，进而谎报大捷，几乎成了他的标准动作。而正是他这一次次的标准动作，让北宋朝廷屡屡做出重大的误判，最终将北宋王朝推进了坟墓。

人性的黑化不是渐渐的，而是刹那的。从那一瞬间开始，就永远没了回头路。

很显然，童贯已踏上了不可遏制的黑化之路。

倒是此战的败军之将，值得多说几句。

刘仲武，字子文，秦州成纪（今甘肃天水）人。

令人遗憾的是，史书没有记载他的生卒之年。根据零星的史料判断，他可能是苏迈的女婿（苏迈是苏轼的长子）。想来东坡先生一生舞文弄墨，宦海沉浮，如能有个驰骋沙场的孙女婿，倒也不错。

刘仲武，生在边地，可能不是读书人，而是行伍出身，是靠着在战场上冲锋陷阵、刀口舔血成长起来的将军。

此人有勇有谋。据说，当年夏军进攻天圣砦时，宋军主帅召集各将约定：过了某日，夏军不至，就可各自回营。到了约定日期，夏军连个影子都没有。众人皆依令散去，唯有仲武不散，他通过侦察和情报料定夏军不日将至。主帅不信，只留下一支偏师协助。果然，夏军如期杀来，幸得仲武早有防备，力战却之。

此人敢于任事。当年，他曾作为高永年的副将随其征战。其时，敌情不明，仲武老成持重，主张深沟高垒与敌相持，永年执意进军，结果身死兵败。事后，作为副将的仲武向朝廷上书，主动承揽责任，请求朝廷治罪，不藏不匿、光明磊落，颇有大将风度。朝廷议定，判其贬官岭南。仲武不以为意，调令未达之前，继续统军与敌作战，以至身负重伤，足不能行。朝廷怜悯其忠勇，罚款了事，不再贬官流放。

此人虚怀若谷。当年，童贯欲招降吐蕃王子，请仲武商量计策。仲武说，招降之事可为，但不能事事禀报再定夺，这样会贻误时机。童贯便准其便宜行事。吐蕃王子依约投降，但要仲武以子为质。大是大非面前，仲武毫不犹豫地送上儿子。吐蕃人感其诚意，率部归降。

此事，仲武先是统筹谋划，进而舍子劝降，居功至伟。童贯却据天功为己有，上书朝廷时只字不提仲武，众人皆愤愤不平，倒是仲武一笑了之。事后，徽宗得知真相，特意派使臣到前线召仲武进京。君臣奏对时，徽宗褒奖有加，充分肯定了他的功绩。仲武有子九人，徽宗悉命以官，以示恩宠。

此战失败之后，仲武继续征战西北，历拜徐州观察使、保静军承宣使、泸川军节度使等。再后来，老将又回到西北，直到在熙州任上病故，享年73岁，朝廷赠检校少保，谥曰威肃。

刘仲武忠君爱国，一生征战，可惜胜负参半，后世威名不彰。不过，他的九子之中，倒有一位赫赫有名的大人物，便是南宋名将刘锜。有子英雄如此，将军当无憾矣。

兵败臧底河城，童贯实在难以咽下这口气。

为了报复党项人，找回宋军的威风，公元1116年，童贯命刘法、刘仲武统率熙河、秦凤路精兵十万，绕过臧底河城猛攻仁多泉城。两军联合行动，仲武受刘法节制。

仁多泉城，故城位于今青海省门源县。西夏以枢密院掌兵权，分全国为左右两厢，设十八监军司，仿宋制立军名，在各战略要地驻军。仁多泉城即右厢军朝顺监军司所在地，是夏军的军事重镇。

宋朝十万大军，铺天盖地，气势汹汹杀奔而来。

慑于宋军锋芒，夏军守将十万火急向朝廷求援。乾顺得报，急令晋王察哥率军驰援。察哥是乾顺的弟弟，也是他最信赖的皇族宗亲，时任夏军统帅。察哥三十余岁，年富力强，正当盛年，在前线与宋军搏杀周旋多年，让宋军吃尽了苦头。

然而，万物相生相克。这察哥虽有勇有谋，勇冠三军，经常杀得宋军丢盔卸甲，却对宋将刘法颇为忌惮。得知这次是刘法率军来犯，便有些迟疑，行动上迟缓了许多。倒未必是心生怯意，只是他素知刘法用兵有道，恐落入其陷阱之中。援军迟滞不前，仁多泉城的守军陷入了孤军苦战。

宋夏交手百余年，双方对彼此的战法都颇为熟悉。相对而言，宋军不擅长野战，更擅长守城，夏军则擅于突袭野战，常以攻城为饵，中途设伏，围点打援。

仁多泉城已是孤城，夏军困守于此，粮草不足，援军不至，形势异常危急。刘法志在必得，以优势兵力昼夜猛攻，想一鼓作气拿下城池。怎奈城中军民同仇敌忾，守将更是英勇异常，面对宋军轮番强攻，竟顽强守城达月余，给宋军造成了很大的死伤。

城外，宋军积尸如山、血流成河，已成人间炼狱。城内，西夏军民也拼到了极限。百姓早已断粮，街巷饿殍满地，已到易子相食的地步；守军也无口粮，军马都已杀了充饥，残存的士兵饥肠辘辘，连武器都难以握持。仗打到这个份儿上，已经没有赢家。

夏军的守将是谁，史料没有记载，我们也不得而知。很显然，这是个意志坚定的守城者，是个爱国的铁血好男儿，令人尊敬。

为给城中百姓一线生机，守军最终力竭而降。

胜利者刘法，踏着硝烟进了城。

对残余的西夏军民来说，刘法成了命运的主宰。是高抬贵手，还是斩草除根，刀就握在他的手里。

刘法，站在了十字路口。

刘法，选择了屠刀。

在他的屠刀下，夏军降卒和城中百姓皆成冤魂。有多少人呢？史书记载有三千余人。这些人为国尽忠，为家守城，天经地义，无可非议。他们英勇地扛过了排山倒海的进攻，顽强地熬过了饿殍载道的饥饿，已经尽职尽责了。如此，放下武器，打开城门，这是他们理应有的、无可撼动的生存权利。

屠刀，毁掉了这一切。

也许，在刘法看来，这原本就是正常的事，战场就是生死之地。何况，他还要为那些战死在城下的袍泽们复仇，为不久前在萧关附近枉死的万余军民复仇，为更多过往的血债复仇。

支持的理由千条万条，任何一条都能令他举起屠刀，高高举起，堂而皇之。然而，哪怕一条反对的理由，就足以让他哑口无言。那就是道义，行王道之路、举正义之旗。如果说这条理由过于高大，那就换一条，恻隐之心。面对这些已经放弃抵抗，瑟瑟发抖，犹如惊弓之鸟的西夏军民，刘法作为将军、作为人的恻隐之心，到底去了哪里？

后世有人说，这是童贯下的命令。真相早已不可考，反正他已经是个大奸臣的形象，大花脸上也不介意再多泼点脏水。当然，也可能的确是童贯的命令。纵是如此，将在外君令有所不受，而且是这样的命令，刘法显然有拒绝的空间。

历史反复证明，战场之外，以暴易暴，血腥杀戮，尤其是屠杀平民，从来不能真正地避免战争，只能带来新一轮的报复和杀戮。这是条死胡同。

这些年来，宋军也好，夏军也罢，这样的暴行并不少见，换来的并不是对方的屈服和恐惧，只有对抗和仇恨，还有更多更大的暴行。可惜，最终承受这些的，却多是那些历经战火、理应成为英雄的士卒，多是那些惊恐万状、理应被保护的百姓。

任何人，任何时候，做任何事，都要有底线。越过了底线，无论什么人、无论什么理由，都很难被原谅。

刘法，历史记住了这一笔，纵然他是个英雄。

一将功成万骨枯。

正是这些无辜的枯骨，铺就了童贯的晋升之路。

仁多泉城的捷报，以最快的速度被送到了东京城。在童贯的渲染之下，这场屠城之战被鼓吹成了一场大捷、一场历史性的伟大胜利。

在这样的鼓吹和渲染里，没有臧底河城之败，没有萧关死难的军民，更没有仁多泉城被屠戮的党项人，没有失败，只有胜利，没有龌龊卑劣，只有光彩照人，没有血肉模糊的战场厮杀，只有攻无不取的运筹帷幄，甚至连刘仲武、刘法都没有，只有童贯，战无不胜的童贯。

自古以来，那些擅长弄权之人，尽管弄权的方法不一，弄权的姿势万千，但有一条是相同的，就是始终把自己和好事、胜利、喜悦、高尚、伟大等美好的东西绑定在一起。在这些时候，他们绝不会和任何人分享，而是通过垄断美好来粉饰、美化甚至神化自己，进而巩固和扩充权力。这样的人很多，赵高算是个代表，继他千年后的同行童贯，也是个中高手。

接获捷报，东京沸腾，徽宗大喜，下旨进封童贯为检校少保、护国军节度使、开府仪同三司。如此高官之位，正是上次被蔡京等人所阻击的官职，也是童贯梦寐以求的，他终于还是拿到了。

宦官自古有之，多居深宫之中，围绕君王之侧，很多朝代甚至严格限制宦官离开京城。宦官掌权，甚至操弄国政者，不乏其人。不过，走出京城，身临前线，统帅数十万大军作战的，少之又少。往前再进一步，掌握兵权且位列宰执之位的宦官，如童贯这般的，实属凤毛麟角。

不夸张地说，童贯创造了历史，将不可能变成了可能，几乎攀上了宦官所能达到的最高官位。当然，荣耀只属于他自己，与宦官群体没有关系，与这个国家更没有关系。

不幸的是，他个人的荣耀，却是国家灾难的开始。

只是，他的官场奇迹之路，还在继续。

老将出马

从哪里跌倒，就从哪里爬起来。

如日中天的童贯，很明白这个道理。加官晋爵之后，他立刻筹划进攻臧底河城，一雪前耻。

作为宰执级的三军统帅，童贯自然不用冲锋陷阵，担任主攻的是种师道。他是威震西北的名将，这位西北种氏家族的杰出代表，正式走入了我们的视野。

种师道，字彝叔，原名建中，因避讳徽宗建中靖国的年号，改名师极，后被天子御赐名师道。他是名门之后，宋初大隐士种放是其从曾祖父，种放之兄即是其曾祖父。他更是将门之后，祖父种世衡是种家军的创立者，世衡生有八子，古、诊、谘、咏、谔、所、记、谊，他父亲为种记、弟弟为种师中。

北宋朝，前后 168 年，种氏家族英雄辈出：世衡、种诂、种谔、种诊、种谊、种朴、师道、师中等皆为将帅之才。近百年之中，种家子弟五代从军，数十人战死沙场，可谓满门忠烈。

如果细读宋史，我们会发现，无论是在历史中出场的次数上，还是在战场上立下的功勋，种家军都远甚杨家将。只不过，杨家将走上了舞台，走入了民间，被渲染得光彩夺目，被神化得无与伦比；而种家军却走进了线装书，走入了旧纸堆，被文字湮没了，被历史淡忘了。

出身这样的家族，师道的人生注定不会平凡。

幼年时，师道拜张载为师，就是那位写下横渠四句——"为天地立心，为生民立命，为往圣继绝学，为万世开太平"的大儒。有名师如此，想来师道的文学功底不会太差，志向抱负不会太低。据说，他曾有文集传世，可惜在乱世中散逸了，让后人无法得见将军的诗词歌赋和雄心壮志。

少年时，他以祖上功勋荫补三班奉职，这是低级武职。后来，他经考试改任文官，这也从侧面证明，他确实学有所成。任职文官期间，他辗转多地，先是担任熙州推官、知同谷县，后又升任原州通判、提举秦凤常平。

庞大的官僚体系、烦琐的文牍案卷，消磨着他的人生，蚕食着他的志向，纵他有万般豪情，纵他百般挣扎，纵他勤政干练，也难逃成为事实上的一名循吏。这显然不是他期待的人生，他的血管里流淌的根本不是这样的血液。总有股力量，在他胸中集聚。

在那个时代，新旧之法相争于朝堂之上、乡野之间，天下几乎无人能置身其外，心直口快的师道也不免卷入其中。理想的远去、循吏的烦闷、为民的情怀，叠加成了情绪的海啸，师道在地方上猛烈地抨击役法，且将矛头指向了官场"变色龙"蔡京。

这样的"钉子"，蔡京岂能不拔掉？大权在握后，蔡京马上对其打击报复，将师道贬职改任庄宅使、知德顺军。随后，他再指使言官诬告师道诋毁先烈，将其罢官夺职并列入党籍，投闲置散，不予录用。

经此打击，正值盛年、壮怀激烈的师道彻底赋闲。秋去春来，花开花落，英雄白发生。直到过了近十年后，他才重新回归仕途。幸运的是，他恢复了武将的身份。更幸运的是，他回到了西北任职，这是他家族的荣耀之地，也是他魂牵梦萦之地。

人是需要舞台的。幸运的人，总是先找到舞台。

兜兜转转几十年，种师道终于站在了属于自己的舞台上。

师道的舞台上，既有文戏，也有武戏。

宋、夏之间打打停停，双方经常会展开拉锯式的谈判，核心议题就是边境土地问题。师道文武双全，是个谈判高手。

一次，双方就银州城的归属，再次展开激烈论战。银州是西夏圣城，夏使态度非常坚决，不达目的绝不罢休。夏方的核心观点是，银州乃党项故地，自然当属西夏。师道不予反驳，反而应承附和，故地之说甚好。正当夏使暗自得意时，师道话锋一转，称故地当以汉、唐为正宗。他以唐诗为证，"西出阳关无故人"，阳关以东整个河西走廊都是中原故土，都要回归华夏。河西走廊是西夏心腹之地，无此难以立国，夏使知道落入了圈套，不复多言。

如此能言善辩，可见师道的机敏。

文能如此，武自不必言。

师道曾率军修筑席苇城。此为战略要地，城池还未竣工，夏军已然杀到，在离城不远的葫芦河筑垒，伺机发动进攻。

师道见夏军来势汹汹，急召众将商议。然而，众说纷纭，莫衷一是，甚至有人主张避敌锋芒，暂且退城而去。师道一言不发，沉吟许久，于纷乱中有了制敌之策。

他令宋军主力出城在河边布阵，拉开要与夏军野战对攻的架势。他知道野战很对夏军胃口，便以此稳住对方。同时，急令偏将率军径出横岭，绕到夏军侧面，大张旌旗扮成援军赶来。再令一支宋军悄悄绕到夏军后方，擂鼓震天威慑敌军。如此布置妥当，再以主力部队从正面发起冲击。如此，正面、侧面、后方同时发力，形成排山倒海之势，夏军未战先怯，军心动摇，终至全面溃散。此战，夏军大败，主将仅以身免，宋军俘获骆驼、牛马数以万计，筑城任务也顺利完成。

战场，最终靠的就是硬实力。胜利，就是最硬的实力。

这样的战例和胜利，师道还有很多。师道由此声名鹊起，再加上家族的荣耀光环，引起了徽宗的兴趣，召其入京奏对。

天子面前，师道恪守为将本色，就军事谈军事，不卑不亢，直言不讳。对于徽宗主动出击的想法，他没有附和，而是认为不应主动挑起战争，但若敌人进攻则必须针锋相对，加倍还击，以利边民休养生息。徽宗点头赞许，赐袭衣、金带，升其官职。师道谦逊推辞，徽宗却言道，汝当受之，汝是朕亲自提拔的。皇帝对臣子这样表态，真是莫大的恩宠。

师道虽然不被蔡京所喜，但有了天子的加持，蔡京有所顾忌，不再肆意打压他。如此，有天子恩宠，再有战功助力，师道屡获升迁，渐至龙神卫四厢都指挥使、洺州防御使、渭州（今甘肃平凉）知州，成为一方大员。

细细说来，师道出仕之后，由文职起步，辗转地方，直至卷入党争被罢官多年，但终回到西北，回到战场。靠着祖上的威名，更靠着个人的智勇谋略，浴血搏杀，终成威震西北的一代名将，世人尊称其为"老种"。

童贯掌兵西北，成了师道的顶头上司。

宦官不好伺候，这是共识。

宦官统帅尤是如此。

随着官位越来越高，童贯的排场越来越大，官威也越来越盛。这是一种炫耀，报复式的炫耀；这更是一种心虚，傲慢式的心虚。这种因生理残缺而导致的心理残缺，本质上是一种不治之症。不过，他们很多人还是给自己开出了方子，一曰虚伪，用阴阳怪气来包裹肉身，看上去阴森森，深不见底；二曰权力，用权力来武装周身，看起来趾高气扬，飞扬跋扈。

这样的童贯，最想要的就是服从和吹捧。

西北的许多官员，无论文官还是武将，或是慑于他的权势，或是趋炎附势，见到童贯多行跪拜之礼。看着这些饱读诗书的进士、横刀立马的将军匍匐在脚下，童贯得到了莫大的满足。当年东京街头的乞儿，能有今日风光，夫复何求？

师道，仅作长揖而已。

身体语言往往是最真实的态度。师道对童贯的不顺从，并不仅仅表现在身体上，在大政方针上也毫不含糊。

一次，童贯上奏朝廷建议从内地调集弓箭手充实边防。此议原本朝廷已经批准，只待执行了。徽宗召见时，师道却表示强烈反对。他做过地方官，知道这对百姓有多大的袭扰，很多家庭会因此天各一方，甚至家破人亡。再说，千里迢迢，山水迥异，且不论路途损耗，就是到了西北也会水土不服，难有太高的战斗力。如此兴师动众，倒不如就地取材，对当地百姓勤加训练，对羌人部落多用心招抚。

师道所言句句在理，徽宗便否了前议。很显然，师道此举，虽然徽宗满意、百姓受益，但肯定伤了童贯的面子。

宦官无论是张牙舞爪，还是唯唯诺诺，都是一种策略和自我保护。这群人最缺骨子里的自信，最想要的是人前的威风。

这样耿直不屈、不给面子的种师道，自然不讨童贯所喜。再说，在他和蔡京关系密切时，蔡京对师道也一定有过评论。凡此种种，注定了在童贯手下，师道不会过得太舒服。

然而，种氏家族在西北颇负盛名，在军中将校和羌人之间有较大的影响力，师道本人又智勇双全，能征善战。对于这样的人，童贯即使恨得牙痒痒，也不会一棍子打翻在地，而是边敲打边使用。也罢，毕竟战争还在继续，正是用人之际。是的，他还要靠这些人去沙场厮杀，为自己博得更大的功名。

前番刘仲武兵败臧底河城，刘法扬威仁多泉城。败军之将自然不可再用，这是从战争本身考虑，不能再败了。得胜之将也不便再用，这是从权谋之术考量，唯恐下面人军功太盛难以挟制。

再攻臧底河城，童贯选定了种师道。

公元1117年二月，臧底河城战役爆发。

是役，童贯调集陕西、河东等七路大军共十万余人，由龙神卫四厢都指挥使、知渭州种师道率主力攻城，其余策应、佯攻的部队也各领将令。

师道接到的将令是，十日之内拿下此城，否则军法从事。

将军出生于公元1051年，这年66岁。人生七十古来稀。放在当年，将军能以如此高龄出征，堪称传奇了。

美人迟暮，将军白头，人间愁苦事。可是，白发将军种师道，依然鲜衣怒马，壮怀激烈，他接下将令，立下军令状，带领麾下铁甲，策马扬鞭而去。

那边，夏军据山为城，守备坚固，俯瞰宋军，以逸待劳久矣。

无须多言，宋军直接发起强攻。老将军身临一线，带头发起冲锋，无奈夏军异常顽强，死守不退。十日为限，转眼七日已过，城头之上，夏军旗帜依然高高飘扬。师道承受着巨大的压力。

临行前，童贯为他壮行，所立十日之限，恐是意味深长。如师道战而胜之，则童贯立大功一件；如师道战而败之，则可能就是老账新账一起算了。宦官的心思，谁又能猜透呢？

一鼓作气，再而衰，三而竭。宋军士气开始走低，官兵开始倦怠。有个将校贪生怕死，令军士攻城，自己却坐在胡床上休息。师道巡营得见，怒而斩之并悬首于军门示众，军势为之大振。

时有安边巡检杨震，拔剑冲锋，击杀数百夏军，率先登上城头。众人为之震动，鼓噪攀缘而上，夏军无力抵挡，溃败而走。

第八日，宋军拿下臧底河城。

杨震其人，史书无传，不知生卒之年，只有零星记载。只知道，他是行伍出身，弓马绝伦，英勇凶悍，不仅在西北扬威，在平定方腊的战斗中也屡建功绩。除此，我们便一无所知了。

也罢，自古英雄皆寂寞，杨将军厮杀沙场，看惯生死，相比那些湮没枯草黄沙的无名白骨，能在一场传世的战斗中青史留名，将军当无憾矣。

臧底河城依山而建，城坚且险，党项人以为固若金汤，然师道八日克之，居功甚伟。古往今来，天险不足凭，地利不足恃，从来没有攻不破的坚城，从来没有拿不下的险关。说到底，战争的胜负在地利天险，在谋略武器，更在人心士气。可总有些人恃险而骄，以为凭坚城可立万世之业，为此不惜民力国力，置天下生民困苦而不顾。结果呢？无不灰飞烟灭。

东京城里的徽宗，正翘首以待西北军情。捷报传来，他欣喜异常，晋升种师道为侍卫亲军马军副都指挥使、应道军承宣使。

这是老将军的巨大荣耀。虽是老将，师道的战斗还在继续。靖康前后，他的故事更加动人，留待后面详说。

蒙冤昭雪恨无门

拿下臧底河城，童贯再接再厉，又发动了统安城之战。

这场战斗的主角是刘法。

刘法，生年不知，籍贯不详，似乎是个无足轻重的人。

不过，他在当年绝非这般模样，这背后是有深刻原因的。时人称，论名将必以法为首。换句话说，刘法是当时宋军首屈一指的名将。重要的是，西夏人畏之如虎。作为军人，能够让对手畏服，这是最大的荣耀吧。

在零星的历史记载里，刘法几乎每次出场都在战场上。

公元1088年三月，北宋边境塞门寨遭到夏军猛烈攻击，将军米赟（据说是大书法家米芾的祖父）阵亡，守军士气低落，将校忧心忡忡，一时间险象环生。关键时刻，刘法挺身而出，领兵强攻西夏重镇洪州（今陕西靖边县南），斩敌五百余，焚荡敌军族帐，缴获铠甲、牲畜无数，一举扭转战局。战后，刘法由鄜延路副将升任主将。

十年后，他再次出场。这年，宋、夏爆发了著名的平夏城战役，刘法率军在外围策应迂回。结果，他大败夏军，斩首八百级，生擒部落首领数人，俘获牛马牲畜上万。战斗中，刘法身先士卒，英勇异常，身负重伤，差点殉国。次年，已升任鄜延路钤辖官的刘法再次出征，又斩首四千余级。

经过血与火的淬炼，刘法威震沙场，声名远扬。

当年，刘法和种师道为军中同僚，两人年纪可能也相仿。两相比较，种师道虽然也是靠真刀真枪拼杀出来的，但不可否认，家族光环还是给了他很好的垫脚石。刘法则不同，他在军中没有任何根基，完全是靠着英勇搏杀，用累累军功铺就晋升的台阶。

历经生活磨砺的人都明白，在任何年代、任何领域，白手起家都是万般艰难的。如果脚下有块垫脚石，那情形就大不一样了。然而，世道艰难，可怜很多人努力半生，脚下依然空空。

当然，英雄如刘法也少不了命运的垂青，是时代给了他扬名立万的机会，是战场给了他施展才华的舞台。刘法扬名的年代，应该是从哲宗亲政后到徽宗继位之初，这两位天子都主张用兵西北，如此刘法才有了更多用武之地。

刘法智勇双全，是难得的悍将，如能遇到优秀的统帅，当能立下更大的功勋，取得更大的成就。可惜，他遇到了童贯，成了他麾下的战将。从此，他成了童贯的棋子。这似乎是不幸。可现实就是这样，命运的垂青和折腾总是相伴而生。

面对命运的安排，可以选择抗争，却未必能改变结果。

这就是宿命。

在童贯的麾下，刘法起初依然表现出色。

公元 1105 年，刘法在会州（今甘肃会宁）迎战夏军主力，一战破敌。击溃敌兵后，他率军强渡黄河，纵横荒漠追击四百里，大掠喀罗川，斩俘夏军万余人。三年后，他参加收复河湟的积石军之战，战功卓著，升任三衙侍卫亲军马军司都虞候。

战场上的刘法纵横驰骋，仕途上却是磕磕绊绊。

论起根本，英雄大多很有个性，本领越大的英雄越是如此。

刘法腹有甲兵，胸有韬略，却不愿屈从官场陋习，做人行事但凭内心所思所感。这样的人，可以说是堂堂正正，光明磊落，但放在官场上来评价，就是我行我素，不懂规矩，甚至是不识好歹了。如此这般，他又岂能讨得童贯欢心，仕途又岂能顺遂？

当年，多才多艺的徽宗亲自指导了朝廷新乐的制定。新乐制成后颁发全国，就连西北前线也不例外。这对于童贯来说，自然是个献媚邀宠的良机，他下令所辖各部主将都要亲自迎接御乐。

对于童贯的命令，刘法置若罔闻；对这种送上门的向天子诌媚的机会，他视而不见。很快，他便因此遭到弹劾，以不迎接御乐、对天子不敬入罪，被罢官夺职。

做官之人，最重要的是保持政治正确。政治无小事。政治正确并非都是大政方针、基本国策，还包括君主的个人喜好、喜怒哀乐等。实际上，在君主看来，后者可能是更大的政治正确。在这一点的认识上，宦官和佞臣远胜那些忠臣良将。

刘法的这番挫折，自然是性格使然。至于是不是童贯在背后搞鬼，早已无据可查。当然，也可能是童贯借力打力，乘机修理桀骜不驯的刘法，耍耍官威的同时，威慑其余众将。

赋闲在家两年后，刘法再次出山。这倒不是朝廷大度，更不是童贯爱才，主要是战事吃紧，国难思良将。

刘法不负众望，很快就率军啃下一根硬骨头，拿下了古骨龙城。随后，他就地筑城，朝廷赐名震武城。

新筑的震武城，地势险要，城池坚固，就像一把楔子，刺入西夏国土，并与陕北、陇右的宋军遥相呼应，形成了钳形进攻态势，让夏军如鲠在喉。

围绕震武城，双方展开了激烈的攻防战。短短数月，守城的两任宋将一死一伤，战况之惨烈可见一斑。危急之时，已升任熙河经略使的刘法再次领兵赶到，杀退夏军，解了城围。

此战之后，刘法再次晋升，直至加封检校少傅。

若论武职，刘法已然位极人臣。这是他的人生巅峰。

不过，接下来的统安城之战，一切都化为了乌有。

原因，正在于童贯。

公元 1119 年三月，统安城战役爆发。

统安城（今青海互助县），原名割牛城，此前一年被宋将何灌从西宁出兵夜袭攻下，改成此名。

拿下统安城，再次点燃了童贯大举进兵的信心。在他看来，此城深入夏境腹地，是个天然的桥头堡，便命令刘法以此为基地攻取朔方（今陕西靖边白城子）。

大帐之上，刘法据理力争，他审时度势，以为统安城孤悬境外、周边情况晦暗不明，如若大举进兵，容易陷入夏军包围，应先加固城防，坚守城池，待周边局势明朗再图进取。

这样的话，童贯哪能听得进去？他需要胜利，连续的、更大的胜利。东京城里的徽宗，也早已被童贯渲染的胜利吊足了胃口，只有不断的、持续的胜利，才能满足他那期盼的心情。

官大一级压死人，何况是飞扬跋扈的上级。童贯不顾军情，强令刘法出兵。不仅如此，他还戏谑刘法，当年在京城蒙天子召见时，汝曾说自己如何英勇，如今畏敌如虎是何道理呢？

说是戏谑，更是羞辱。刘法血气上头，领命冲出大帐。

令人遗憾的是，局势的发展正如刘法所料。统安城正是夏军放出的鱼饵，他们就是要用这座失去的城池，钓来宋朝的大军。

钓鱼的人是夏军主帅，乾顺的皇弟晋王察哥。

当探报回禀是刘法率军前来时，他不禁得意地仰天大笑。他和刘法缠斗多年，负多胜少，没占到多少便宜。不仅如此，仁多泉城之战，他因忌惮刘法而行军迟缓，结果城池被攻破，军民死伤无数，成了他军旅生涯的一大污点。此仇不报，何以再统兵？

他迅速布好天罗地网，静候刘法上钩。

刘法这边，离开驻地后，便率两万人马急速向统安城进发。他素知夏军围点打援、包抄伏击战法的厉害，宋军在这上面吃了太多苦头。此行凶险异常，行军途中最容易受到攻击，只有大军进了城，依靠城垣护体，才会多几分胜算。

谁料，城垣在望，刘法还是遭了埋伏，被察哥率军团团围住。

刘法、察哥，当时宋、夏双方最优秀的军事将领，再次正面相撞，展开了一场生死决战。

此战，察哥志在必得。

他亲临一线，跃马阵前，将步卒骑兵列为三阵，从正面发起强攻，另派精骑铁鹞子翻山迂回到宋军背后，切断刘法的归路。

宋军突遭伏击，仓促应战，局面险象环生。

当然，作为百战名将，刘法自有独到之处。

为大将者，谋略智勇自不在话下，临危不乱、处变不惊更是基本素质。所谓泰山崩于前而色不变，即是如此。尽管仓促，刘法还是迅速布下战阵迎敌，在最前方以强弩制敌，迟滞夏军进攻，中间由主力步卒组成方阵稳住阵脚，两侧派出骑兵全力撕开缺口，后军依托山势硬扛夏军铁鹞子以护住大军腹背，再派敢死之士突出重围向统安城中守军求援。

刘法、察哥两人棋逢对手，将遇良才，杀得天昏地暗。察哥自以为布下天罗地网，再以数倍的优势兵力前后夹击，刘法绝不会有招架之功，击溃宋军轻而易举。刘法自信百战余生，什么风浪没见过，察哥更是手下败将，纵是身陷重围，也必能逃出生天，甚至反咬对手一口。

战争的比拼，贵在天时地利人和。从宋、夏双方来看，这两者各有所长，但有一点刘法处在绝对的劣势，那就是兵力。一旦双方旗鼓相当，开始硬碰硬地厮杀，进入相互消耗模式，兵力多寡就成了胜负的关键。

从清晨战到黄昏，宋军兵力损耗严重，阵型逐渐松动。先是前军溃败冲乱了中军的军阵，接着后军也渐渐抵挡不住，更要命的是两侧的骑兵始终未能撕破缺口。到夜幕降临，激战终日的宋军士兵死伤惨重，加之饥肠辘辘，口渴难当，终至全线崩溃。

乱军之中，刘法率残部强行突围成功。

不幸的是，他后撤七十里到达一处山谷时，再被夏军骑兵追上围击。夜幕之下，又是一场短兵相接的血战。厮杀中，刘法坠落山崖，摔断了双腿，身负重伤，动弹不得。

恰在此时，夏军一名落单的小卒路过。他不认识刘法，只见其宋军将官装束，便挥刀取下首级。

很快，刘法的首级被送到察哥的大营。

大营中，夏军虽大获全胜，察哥仍闷闷不乐，因为没有刘法的下落。此战，是他和刘法的决战，如今胜局已定，却没能擒获刘法，胜利被打了很大的折扣。

正在惆怅时，亲兵送来据说是宋军将官的首级。察哥闻之心惊，借着大帐的灯火凑上前看，虽血肉模糊，满面尘土，他还是一眼就认出了，这正是刘法的首级。

他不禁倒退两步，仰天大笑。大笑之余，他沉默了。

身边众将，起初跟着大笑，眼见察哥又转为一脸严肃，不苟言笑，也都收住了笑声，肃然而立。他们心中疑惑，不知出了什么状况。

许久，察哥指着刘法首级，缓缓说道，我与将军是老相识了，他先前在古骨龙、仁多泉等地多次打败我，让我心生畏惧，退避三舍。我以为他是天生神将，骁勇难敌，自有神灵保佑，不料今日竟被无名小卒枭了首级。兵势无常，命运难测，皆是天意啊。

众将闻之，皆默然不语。

　　察哥再问道，汝等可知刘将军因何而败？众人接话，虽众说纷纭，但有一条共识，那就是刘法轻敌冒进，以致全军覆没，兵败身死。不知，已在九泉之下的刘法，听到察哥和众将所言，会是如何反应？

　　想来，更大的可能是，一声叹息。

　　一将无能，累死三军。

　　刘法之死，宋军之败，皆童贯之过。

　　倘若察哥知道了前因后果，不知他还会发出怎样的感慨。

　　显然，童贯是没有时间和心思感慨的。统安城惨败的消息传回大营，他的第一反应不是如何弥补，而是掩饰败绩。在这方面，他已经有经验了，稍做谋划便迅速向朝廷报捷。

　　要隐瞒真相，就得编造事实；要给自己脸上贴金，就得给别人身上泼脏水。这种伎俩流传几千年了，很多后来所谓功成名就之人，都是个中高手。童贯也是如此，不仅虚报战功还推卸责任，毕竟宋军有近两万人的折损。背锅的人是现成的，那就是战死的刘法。死人是不会反驳的。

　　在童贯的虚饰鼓吹下，统安城大捷，功在他的运筹帷幄，指挥得当，宋军的折损，过在刘法不服节制，刚愎自用，轻敌冒进。总之，童贯是常胜将军，战必胜、攻必取，是胜利和捷报的化身。

　　至于刘法，童贯将他的急速进兵说成了轻敌冒进，陷入重围说成了谋划不周，奋勇突围说成了抱头鼠窜，就连厮杀中坠落山谷也被说成逃跑时慌不择路。刘法被夏军小卒枭首的悲惨结局，也让他描述成了贪生怕死、跪地求饶的不堪形象。这种说法流传甚广。说得多了，就有人信了，也有人记录了。

　　刘法已死，如何为自己辩驳？童贯权势熏天，那些知道真相的幸存者，谁又敢出面驳斥？刘法战死沙场，以身殉国，原本重于泰山，如今却变成了鸿毛，不堪入目，不值一提。

　　这场由童贯发起的，因为盲目自大、急躁冒进、统筹不周导致的惨败，在他的精心装扮下，变成了一场大捷，还顺带收拾了在他眼里桀骜不驯、屡屡抗命的刘法。换个角度看，这的确是大捷，只不过是童贯个人的又一场大捷。

　　可怜刘法，先是被迫出兵，继而陷入重围，拼死突围后又惜死于无名小卒之手。更可叹的是，身死之后，他不仅没有获得英雄应有的尊严，还在童贯的污蔑下承担败军丧师之罪，成了千古冤案。

是冤案，总有昭雪的日子。刘法原本也是有机会的。

只是没想到，后面还有更大的风浪。

翻案的机会，来自日后童贯的倒台。

宋钦宗继位后，开始整理朝纲，很多被童贯打压的人都借机翻身或者翻案。像刘法这样的名将，自然是有机会恢复名誉的。

不幸的是，钦宗惩治童贯不久后便发生了靖康之变，盛极一时的北宋王朝骤然死亡。国家都亡了，哪还有翻案的机会？

当然，还有南宋。在南宋政权渐渐稳定后，对很多北宋朝的历史人物都进行了重新评价。刘法还是有机会的。

可叹的是，刘法不仅没有翻案，相反却落入了更大的深渊。问题出在他儿子身上。其子名叫刘正彦，这个人，在历史上有些名气，远胜其父，只不过是恶名。

当年，刘法虽然兵败身死，受了冤屈，但仍然恩及后人，其子刘正彦恩荫入仕，在宫中当了护卫。靖康之后，他辗转做了赵构的护卫将军。

公元1129年，刘法战死十年后，南宋正是风雨飘雨之际，刘正彦伙同苗傅发动了"苗刘兵变"（又称"明受之变"），以清君侧为名突然发难，诛杀了高宗的宠臣及宦官，逼赵构将皇位禅让给两岁的太子。

苗刘兵变是南宋建政初期的一件大事，深刻地改变了南宋朝的政治走向，我们以后还会详细地讲述。这里单论刘正彦，他因发动兵变成为过街老鼠，后来事败被杀。在这件事上，刘正彦死有余辜，只是他这一折腾，连累了他的父亲。

子债父偿，为国战死、蒙冤受屈的刘法受到牵连，被彻底打入了黑暗之中，万劫不复，永远不可能再翻案了。他曾经的战功，曾经的威名，曾经的忠勇都被一笔勾去，不仅宋史里没有他的传记，就连生平都变得零落残缺，很多事迹更是被刻意隐去了。

往事千年，刘法的形象越发模糊，在后世的很多笔记文章里，很多人按照童贯设定的套路继续向他泼脏水，几乎坐实了他桀骜不驯、轻敌冒进、贪生怕死的逃跑将军形象。

历史的无情，让人徒呼奈何？

唯有反复默念，人间正道是沧桑。

当然，所有的评论、感慨、不忿，甚至所有的脏水，都是身后名和后人的情愫。回望西北，硝烟弥漫处，那位横刀立马的铁血将军，真的会在乎这一切吗？

会在乎吗？也许，只有天知道吧。

刘法身死殉国，对宋军士气是个沉重打击。

他是军中大将，不仅骁勇善战、智勇双全，还精通谋略、战功赫赫，是宋军的一面旗帜，在士兵中享有很高的声望。

童贯虽然虚报战功，文过饰非，仍不免胆寒。

刘法死后，察哥顺势攻下统安城，再挟大胜之威围攻震武城。宋军前线众将心生胆怯，熙河、秦凤两路竟不敢前去增援解围。

震武城，内无粮草、外无援兵，苦苦支撑之下，破城只在眼前。最后关头，倒是察哥主动放弃了进攻。

夏军众将不解。察哥笑道，这震武城和统安城一样，都是我们抛下的鱼饵，目的就是引得宋军来救，我们中途掩杀，为的是再来一回统安城大捷，再除去一员宋军大将。如今宋军胆寒，不敢派兵救援，既没有了大鱼，又何必吃掉鱼饵呢？再说，只要我们不攻破此城，宋军就得派重兵防守，此地远离宋朝边境，物资给养运输周转艰难，不如留在这里耗费宋朝的国力吧。

众将听完，哈哈大笑。察哥带得胜之军班师回朝。

夏军得胜，乾顺见好就收，立即遣使请辽国出面斡旋，同时向北宋进誓表请和，愿意向宋称臣纳贡，并恢复宋朝赐名赵乾顺。李继迁的子孙，从来都有着无比灵活的手段。

大宋这边，徽宗继位后，二十年来频繁用兵西北，耗费国家钱粮无数，虽有斩获，却始终无法彻底制伏党项人，更不要谈平灭西夏了。就此借坡下驴，无疑是宋朝君臣最好的选择了。随即，徽宗正式下诏，令陕西六路罢兵息战。

宋、夏之间打打谈谈、谈谈打打，这样的游戏玩了上百年。也许他们以为，这一次不过又是照旧而已。

宋、夏百年争雄，察哥肯定没想到，他的胜利是最后的胜利。刘法更不可能预料到，他是西北战场上最后为国捐躯的大将。

所有人都没想到，宋、夏百年战争就此彻底画上了句号。实际上，两国不仅再未开战，两国人以后甚至连见面的机会都没有了。

宋、夏停战七年后，金军南下，发生靖康之变，北宋骤然亡国。再之后，南宋建立，但疆域大大往南收缩，和西夏之间隔着大金国。宋、夏这对生死冤家，就此渐行渐远，直到先后走进历史。

宋、夏百年之争，没有分出胜负，更没有赢家。

不过，对于童贯来说，他显然收获颇丰，赚够了声名和富贵。

徽宗停战诏书颁发不久，便下诏嘉奖童贯，令他领枢密院事，节制九镇，晋封为太傅、泾国公。

至此，童贯的声名之显、权势之大，已丝毫不亚于当朝宰相。事实上，当时朝中已有三相之说，蔡京谓之公相，梁师成谓之隐相，童贯谓之媪相。

媪者，老妇人也。童贯乃刑余之人，人们称其媪相，谄媚之余似乎又暗含嘲讽之意。实际上，死后的童贯又何止是受尽嘲讽，更是臭名昭著，声名狼藉。

无论历史怎样演绎，童贯永远都无法翻身，他的逢君之恶、他的急功近利、他的飞扬跋扈、他的嫉贤妒能、他的胆大妄为、他的虚报战功，对历史、对国家、对民族都犯有不可饶恕之罪。

不过，人性总是复杂的。历史也从来不是非黑即白，在宏大的叙事之下，历史人物展现出来的，更多的还是人性。

如果回到人的视角，我们走入历史，来到东京街头，看见当年那个无家可归、饥肠辘辘的孩童；来到东京皇宫，看见曾经那个谨小慎微、战战兢兢的少年；来到西北战场，看见当初那个满腔热血、壮怀激烈的青年。或许，我们又会看到另一个童贯。这是同一个人，都是童贯，也都是曾经真实的历史。

没有天生的恶人，但无疑人是多变的，也是善变的。

评述历史人物，不能架空历史，更不能以今非古。不是亲历者，还是少做些评判为好。如果定要评判，那就尽可能站稳立场，找到评论的支点，尽可能回到人和人性的角度，这样或许能客观些，也会公正些。

仅以个人际遇而言，童贯以卑微的宦官之身，历经宫廷斗争，走过硝烟弥漫，蹚过尸山血海，竟也能出将入相，位极人臣，已经是功成名就，登峰造极了。

当然，他能有这番际遇，更多的是因为宦官的身份。道理很简单，若论西北之功，他能胜过王韶吗？当然不能。崇文抑武是宋朝的国策，在祖宗家法的约束下，武将们带着重重镣铐作战，没有败绩就是功绩，有了功绩便有了压制。童贯是宦官，是皇帝的家奴，这让他赢得了更多的信任，获得了更多的空间，也得到了更多的恩宠和荣耀。

所谓童贯的个人际遇，也不过是宋朝体制的选择。

如果童贯能认识到这一点，懂得急流勇退，避祸自处，也许他留在历史里的会是另外的形象。可人性贪婪，永远没有满足的时候。事实上，西北一隅，早已容不下童贯的雄心。他的目光早就转向了北方，那里有更广阔的土地，那里有更大的功名。

是的，真正让童贯遗臭万年的事，还没开始呢。

第五章
海上之盟

童贯的遗臭万年，究其根源，是因为宋人的共同梦想。

梦回千年，或许我们会发现，大宋朝上自帝王将相、下至贩夫走卒，都有一个共同的梦想——收回燕云十六州。

人人心存此念，传了一代又一代。

梦想是宋人的，问题却是前人留下的。留下问题的人，在华夏历史上声名狼藉，他就是石敬瑭。

这得从唐末五代说起。

五代，即后梁、后唐、后晋、后汉、后周。

石敬瑭，后晋王朝的开国皇帝。

他是汉化的沙陀人，自幼喜读兵书，少时弓马娴熟，从军作战勇猛，是有名的悍将。其父是一代枭雄李克用的部将，后来官至刺史，为他的发迹打下了基础。乱世之中，他得到了李克用养子李嗣源的赏识，做了嗣源的乘龙快婿。后来，他辅佐岳父夺位称帝，南征北战，殊死拼杀，立下汗马功劳。

李嗣源做了后唐皇帝，石敬瑭水涨船高，成为当朝驸马，历任多地节度使，成为手握军权的地方实力派。

嗣源驾崩后，其子李从厚继位。从厚对姐夫石敬瑭颇为忌惮，不仅经常敲打，还屡屡迁其封地。石敬瑭饱受非难，但苦于时机未到，只能隐忍克制。谁料，李氏兄弟很快发生内讧，为夺皇位自相残杀，从厚斗败身亡。末帝李从珂继位，任命石敬瑭为河东节度使，不久也对他动了杀机。石敬瑭见惯血雨腥风，嗅觉非常灵敏，他以多病为由请求朝廷迁其封地，借此试探皇帝的态度。

末帝不知是计，下诏改授石敬瑭天平节度使，并连续降旨催促其赴任。石敬瑭确认了危险，毅然举兵反叛。京城里，末帝也早已做好准备，立刻派大军讨伐。

石敬瑭被围，快马向契丹求援。救援的代价，就是割让燕云十六州。从此，燕云远离中原故国，成了大辽属地。

收复燕云，便成了无数人的梦想。

这里面，就包括柴荣、赵匡胤、赵光义等。当然，还有宋徽宗，还有童贯，还有许多许多人。

同一个梦想

石敬瑭，深刻改变了中国历史的走向。

放在大历史下，他与契丹人达成的协议，遗祸中原之烈，恐无人能出其右。在此之前，中原王朝的大小统治者们，也曾多次向异族寻求过帮助，但石敬瑭开出的价码最大，不仅自称儿皇帝，承诺岁贡金银丝帛，还割让了燕云十六州。

燕云十六州：幽州（今北京）、蓟州（今天津蓟州区）、瀛洲（今河北河间市）、莫州（今河北任丘）、涿州（今河北涿州）、檀州（今北京密云区）、顺州（今北京顺义区）、云州（今山西大同）、寰州（今山西朔州东）、应州（今山西应县）、朔州（今山西朔州）、蔚州（今河北蔚县）、妫州（今河北怀来县）、儒州（今北京延庆区）、新州（今河北涿鹿县）、武州（今河北张家口宣化区）。

其中，幽、蓟、瀛、莫、涿、檀、顺七州位于燕山以南和太行山以东，称为山前诸州；云、寰、应、朔、蔚、妫、儒、新、武九州在燕山以北和太行山以西，称为山后诸州。

这片土地，山川形胜、地势险要，燕山山脉和太行山脉横卧，东西约600千米，南北约200千米，总面积约12万平方千米。看看地图，就会知道，这片土地有多辽阔又有多关键。

对于中原王朝而言，燕云十六州是北方门户。如果上升到民族高度，这恰是汉人生死存亡的生命线，背后有着无数血泪史。

在冷兵器时代，在武力对比上，游牧民族的骑兵相比于中原以步兵为主力的汉军，具有绝对的优势。自春秋战国开始，北方各国就开始修筑长城，到秦始皇时代，将燕、赵等国长城相连已达万里，成为抵御匈奴的钢铁防线。长城之外，历代中原王朝紧挨着长城南侧，依托巍峨险峻的山脉和交错横贯的大河，修筑了一座座坚固的城池，这便是后来的燕云十六州。这些城池既是经济重镇，更是军事要塞，它们与长城防线相互依托、互相依存，共同拱卫着中原腹地。

当然，对于盛世的中原王朝，燕云便是经略辽东、控驭漠北的桥头堡。隋炀帝、唐太宗用兵高句丽，便是以燕云为基地，在此整军经武，集结天下兵马。

对于北方游牧民族而言，燕云同样极具战略意义。

相比于中原王朝，游牧民族军事实力占优，文明程度、经济体系、政治制度等是短板，加之没有固定财政收入，政权的综合实力明显不足，影响了政权的长久性和稳定性。

占据燕云，局面就完全不同了。有了燕云，将长城和崇山峻岭甩在身后，直面平坦的华北平原，他们的骑兵就如同飓风一样，无坚不摧、无往不利。有了燕云，他们深入汉人腹地，开始定居生活，发展农业生产，有了繁华的城市和固定的赋税，这让他们如虎添翼，变得更加强大而富有。

这样的北方政权，令人望而生畏。

面对石敬瑭献上的大礼，契丹人岂能不笑纳？

石敬瑭，这位后唐的驸马爷，在辽人出兵相助之下，如愿以偿取后唐而代之，终于做了皇帝，成了后晋太祖。

令人感慨的是，他在位仅 6 年，石家天下也不过短短 12 年。可他为一己之私，割让燕云遗祸数百年。自从他打开"魔盒"，将这片汉人咽喉之地送给契丹人，中原王朝的噩梦就开始了。从辽到金，再到元，北方铁骑频繁南下，予取予夺，零敲碎打，鲸吞虎噬，直到公元 1279 年蒙古人荡平江南，灭了南宋，奋力抵抗了几百年的中原王朝彻底土崩瓦解，蒙古人一统江山。

时光荏苒，当汉家军队再次靠武力夺回燕云，牧马长城之外，则要等到明朝的开国大将徐达。从公元 938 年石敬瑭割让燕云，到公元 1368 年徐达收复元大都，寒暑易节，白云悠悠，转眼已过去 430 年。

430 年间，没了篱笆的中原，战火纷飞，家国破碎，无数人的人生被改写，无数人的生命被涂炭，始作俑者正是石敬瑭。

历史就是历史，当下就是当下，以古非今，以今非古，都难免混淆视听、颠倒黑白。评价历史人物，要将其放到特定的历史空间，回到历史的现场。石敬瑭洗刷不了他的罪孽。

石敬瑭割地求荣，即使放在当年，也是千夫所指。

河北有位英武少年，就对他嗤之以鼻，并在心中立下了收复故土的宏图大志，他就是柴荣。

谁能料到，仅仅 16 年后，风云变幻，王朝更替，由后晋到后汉到后周，当年的布衣少年居然登基做了皇帝，他便是周世宗。

周世宗，名柴荣，生于公元 921 年，出身河北邢州望族，自少容貌奇伟，擅长骑射，心怀大志向。后来，他家道中落投靠姑母，被姑父郭威收为养子。为了生计，他曾随商人在外贩茶营生，闯荡江湖，看尽人间百态，也练就了一身本领。后汉时期，他追随养父郭威征战四方，作战勇猛，腹有韬略，很快就脱颖而出。怎奈，郭威被天子猜忌，他和柴荣留在京城的亲眷竟被屠戮殆尽，郭威愤而起兵，开国建立后周。公元 954 年，在位三年的郭威驾崩，柴荣登基为帝。

继位后，柴荣励精图治，立下"十年拓天下，十年养百姓，十年致太平"的凌云壮志。他对内整军练卒，招抚流亡，减少赋税，后周国势蒸蒸日上；对外南征北战，西败后蜀，收取秦、凤、成、阶四州，南摧南唐，尽得江北淮南十四州。公元 959 年，在解除腹背威胁之后，柴荣亲率大军北伐，兵锋直指兵强马壮的大辽，目标就是夺回燕云十六州。

天子御驾亲征，后周大军士气高昂，连战连胜，一路高歌猛进，一举收复瀛、莫、宁三州以及益津、瓦桥、淤口三关。

眼看柴荣势不可当，辽人不禁有些惶惶然。正当柴荣欲乘胜攻打幽州时，却突发重病，不得已班师回朝，并于当年六月在京城开封驾崩，享年 38 岁。

柴荣，神武雄略，实为一代英主。

后人读史，总是感慨万千，会忍不住畅想，如果上天再给柴荣十年生命，以他的才华和战斗力，一举收复燕云，统一天下，也许并非难事。

这是畅想，是愿望，却不是事实。历史就是历史，不容任何假设。不过，柴荣收回了部分失地，给后世做出了垂范，也留下了继续进攻的桥头堡。

柴荣之后，就是我们耳熟能详的故事了。赵匡胤陈桥兵变，黄袍加身，成了宋太祖。

就这样，燕云的历史难题交到宋朝人手里。

北宋初立，天下仍是四分五裂，南面和西面有南唐、吴越、后蜀等，北面则是辽国和辽庇护下的北汉。想要收复燕云，这些都是拦路之虎。

赵匡胤追随柴荣征战多年，很清楚这些对手的实力和强弱。他在综合考虑各种因素，特别是天下地运南趋和经济重心南移的态势，最终确立了先南后北的统一战略：先平定南方和蜀地，再攻灭北汉，继而北伐契丹，收复燕云的任务放在了最后。

后来的历史也证明，赵匡胤的眼光和战略确实高人一筹。

在大体平定南方后，赵匡胤两次发兵攻打北汉，可惜在辽国出兵干涉之下，宋军都无功而返。武力之外，他还另辟蹊径，在内府库专置封桩库，打算用金钱赎回燕云失地。

然而，直到离世，赵匡胤也没能拿下北汉，更没有收复燕云一寸土地。这对于雄才大略的太祖皇帝，当然是莫大的遗憾。据说，太祖晚年，大臣们奏请为其加尊号一统太平，被他明确拒绝了。他怅然说道：燕晋未复，遽可谓一统太平乎？不许。

燕云的问题又往下交给了太祖之弟，太宗赵光义。

公元 976 年，在斧声烛影中继位的太宗，当年即改元为太平兴国，这颇不寻常。后世之君继位，一般都是次年改元，以显示对先君的尊敬，赵光义如此急匆匆地改元，饱受后世非议，更有人就此认定他继位有猫腻。再说，自汉武帝启用年号，中原正统王朝一般都取两个字，赵光义却弄出四字年号，可能是想以此显示收复失地、统一天下的壮志。

坐稳帝位，太宗继续统一大业。两年后，在太宗的文攻武恫之下，割据福建漳泉两府的陈洪进、割据两浙的吴越钱氏，相继纳土归降。接下来，就是北汉了。

公元 979 年，太宗御驾亲征，强势击退辽国援兵，一战灭了北汉。如此，太宗终结了百余年的藩镇割据，中原王朝自唐末黄巢之乱以来再次江山一统。仅凭这一点，赵光义足以笑傲古今。

当然，还有燕云未归。

这年五月，太宗不顾众臣反对，执意继续北伐收复燕云。前期进军顺利，一度收复河北的易州和涿州。太宗信心大增，亲率宋军主力围攻燕京，在城外的高粱河与辽军展开血战。结果，宋军大败，太宗亦中箭受伤，乘驴车仓皇而去。

七年后，即公元 986 年，太宗派潘美、杨业等人兵分三路再次大举攻辽，史称雍熙北伐。战场上，西路、中路进军顺利，而主力东路军却作战不利且粮道被断，最终在岐沟关大败而溃。西路主将杨业，在掩护军民撤退途中受伤被俘，绝食三日壮烈殉国。

为收复燕云，太宗御驾亲征的高粱河之战、运筹帷幄的雍熙北伐，均以失败告终。之后，宋、辽之间常有交手，宋军胜少负多。战争，让太宗逐步改变了对辽策略，由进攻转为防御，继而开始谋求边疆安定。

收复燕云之梦，只能再留待后人了。

公元 997 年，太宗驾崩，真宗继位。

继位多少有些侥幸的真宗皇帝，是大宋开国以来第一个太平天子。他登基的时候，大宋早已四海一统，国泰民安，要说还有什么烦心事，燕云就是那隐隐作痛之处。此时，燕云已被割让 59 年，将近一个甲子了。

说到燕云，自太宗北伐失败，局势就变成了辽人屡屡进逼，宋人节节防守。真宗初年，辽军更是多次南下，掠夺财物，屠杀百姓，烽烟不止，生灵涂炭。北方的问题已经不是收复燕云，而是如何遏制辽军的南侵。

时间来到公元 1004 年，辽太后萧绰、圣宗耶律隆绪亲率二十万大军南下，一路打到了黄河岸边的澶州（今河南濮阳），距离北宋首都东京不过一箭之地。

军情如火，警报一夜五传京城，真宗急招群臣问计。寇准挺身而出，这才有了真宗的御驾亲征和澶渊之盟。

澶渊之盟彻底解决了北方边患问题，为宋、辽开启了百年和平。但换个角度说，澶渊之盟至少是默认了辽对燕云地区的所有权。从柴荣到宋太祖、太宗，再到真宗，收复燕云，这个梦想越来越遥不可及。

公元 1022 年，真宗驾崩，仁宗继位。仁宗在位 41 年，是北宋在位时间最长的皇帝，这期间，国家经济昌盛、文化繁荣、百姓安定，后世称之为仁宗盛治，可媲美大唐的开元盛世。

仁宗在位中期，西夏李元昊称帝建国，为敲打党项人，仁宗发兵攻夏，双方在西北展开激烈对抗。遗憾的是，三川口、好水川、定川寨三次大战，宋军皆一败涂地，让仁宗痛心不已。

对于北方的燕云问题，既有澶渊之盟在前，又有对夏遭遇重挫在后，仁宗自然无法顾及了。反倒是契丹人趁火打劫，辽兴宗以宋修边防和攻夏为借口，聚重兵于燕京的同时，遣使赴东京索取当年柴荣攻占的三州三关之地。

仁宗派富弼使辽，经过一番唇枪舌剑，最终以宋增加银十万两、绢十万匹的岁币平息了事端，史称庆历增币或重熙增币。庆历是宋仁宗年号，重熙是辽兴宗年号，不过是同一事件有各自不同的表述。

如此看来，仁宗年间，北宋即使处于极盛时期，能守住固有领土，已道一声侥幸，何谈收复燕云呢？

当然，仁宗并没有忘了燕云。公元1042年，他将位于南北要冲的河北大名升为北京，称北京大名府，成为大宋四京之一。

自此，大名府开始扩建城池，整军经武，修得城高墙厚，堑阔濠深，成为一座坚固的军事堡垒。大批军民的到来，又吸引了大量的商贾，没几年工夫，大名府便发展成为街市兴旺、经济繁荣、盛极一时的北方最大的城市。《水浒传》里蔡京的女婿梁中书，便是大名府的知府，可见这是个好地方。

仁宗建大名府，自是出于收复燕云的战略考量，以此为进图北方的基地，并对辽国形成威慑。

不过，也仅此而已。

仁宗之后，便是英宗。

仁宗绝嗣，过继堂兄濮王之子，即为英宗。虽然都是太宗子孙，北宋帝系却在此拐了个弯，由真宗一系（太宗—真宗—仁宗）换到了其弟商王一系（太宗—商王—濮王—英宗）。

在很大程度上，正是这个转弯决定了北宋的国运。

这就得说到英宗的继位之路。

仁宗并非无子，而是亲生儿子们都夭折了。在朝臣们的反复请求下，他不得已立后来的英宗为宗子，赐名赵宗实。所谓宗子，就是宗族之子，连皇子的名分都没有，更别提太子了。

入宫那年，赵宗实才3岁，从此皇位"备胎"的标签就紧紧贴在了他的身上。小小年纪的他可能还不清楚，这样的身份是怎样的尴尬，又会让他的人生经历怎样的艰难。

果然，四年后，仁宗又生了儿子，赵宗实被礼送出宫。谁能料到，几年后仁宗亲儿子再次夭折，大臣们再次要求赵宗实入宫，却遭到了仁宗的强烈抵制。为这事，君臣之间纠缠了很多年，赵宗实夹在其中饱受猜忌，苦不堪言。

直到公元1062年，仁宗病重不起，30岁的赵宗实才再次被接入宫中，改名赵曙，确立了皇子的身份。半年后，仁宗驾崩，赵曙继位为帝，是为英宗。

从赵宗实 3 岁入宫，7 岁出宫，30 岁再入宫，这场确立皇储的大戏唱了近三十年，中间来来回回、反反复复，无论对仁宗还是赵宗实都造成了极大的伤害。继位不久，英宗的身体和精神就出了问题，应与这段极度压抑、撕扯心肺的经历大有关系。

可以想见，英宗对仁宗的感情有多么复杂。感激之情应该有的，但在被折磨多年之后，更多的恐怕还是怨恨。他掀起的濮议之争就是例证了。

更重要的是，他对仁宗朝大政方针的颠覆。我们知道，自太宗后期到真宗再到仁宗，虽然时有对辽和西夏的战争，但总体而言宋朝国策对外是克制的，对内是包容的，更多的是一种无为而治，这在仁宗朝达到了极致。英宗为证明自己旁系入继大统的合法性，也为了发泄对仁宗的不满，转而选择了激进的内外政策。

虽然他在位只有四年，但自此之后，北宋的国策大体都在他所设计的框架之内。他被称为"英"宗，是有道理的。

看上去，英宗之后的北宋，有了更强的攻击性。

燕云问题，也再次成为朝野上下议论的焦点。

英宗驾崩，神宗继位。

神宗出生在公元 1048 年，时年 19 岁。

神宗，原名赵仲针，出生在祖父的濮王府，那是座很大的王府，是个庞大的家族。濮王时年 53 岁，依然身体康健，精力充沛，他生有 23 个儿子，仲针的父亲排行十三，他的孙辈则以百计。除了曾经皇储"备胎"的身份，仲针的父亲在这个大家族里谈不上有任何的特别，仲针更是毫不起眼。事实上，如果没有奇迹，赵仲针必然同东京城里成千上万的闲散宗室一样，无风无浪、寂寂无闻地过完一生。

稍稍懂事的仲针和父亲一样，无日不期待着奇迹的到来，这份期待是如此绵长，似乎能望穿汴河之水。不错，这份期待是有希望的，朝野上下确有许多大臣向仁宗上书，请求让他的父亲重回皇宫。然而，这份期待也是异常脆弱的，只要皇宫里传出一声男婴的啼哭，他和父亲的满腔期待，就会化为落叶随秋水远去。

在这漫长而纠结的期待里，仲针渐渐长大，他目睹了父亲的焦虑、渴望、恐惧和绝望，他的心情也随着朝局、时局和宫中的丝毫动静而起伏不定。越长大，他越真切地知道父亲的皇储之位，对于身为嫡长子的他意味着什么。

在那些晦暗不明的日子里，仲针和父亲有过无数次的长谈，谈天命所在，谈世事无常，谈王朝的更替，谈国运的兴衰。父亲登基后，这样的谈话就更多也更深入了。所以，对于父亲的心路历程、所思所想，仲针再清楚不过了。

要论亲疏，人世间最亲近的莫过亲生父子。如果有心里话不能在父子间交流，那这世上还有谁更值得托付？

知子莫若父，知父也莫如子。神宗继位后，坚定地走上了父亲早已选定的道路。他要为父亲正名，证明父亲得位顺天应人，是天命所在。他要为自己正名，证明自己子承父业，是孝子贤孙。

他要厉行改革，富国强兵；他要收复失地，开疆拓土；他要励精图治，超越先人；他要建立百年功业，比肩太祖太宗。这是神宗的梦想，应该也是英宗的梦想。

就这样，继位次年，神宗便迫不及待地召王安石进京，十个月后，轰轰烈烈的王安石变法，正式拉开序幕。自此，北宋走上了完全不同的道路，如果用八个字来概括，即：富国强兵，开疆拓土。前四个字是手段，后四个字是目标。

收复燕云失地，自然是目标之一，甚至是最重要的目标。据说，为表明朝廷收复燕云之志，神宗曾公开卜旨：凡收复燕云者，虽异姓，亦封王。

神宗君臣定下了内外战略：对内，推行新法，充盈国库，练就精兵；对外，开拓进取，按照先易后难分三步走，先取熙河，再图西夏，最后夺燕云。

熙河开边大体顺利，在王韶的带领下，宋军收复了河湟土地数千里，设置郡县，建立堡寨，取得了煌煌之功。

进取西夏之路，却充满荆棘。神宗挟熙河开边之威，辅以变法积累的巨额财富做保障，对西夏发动了数次进攻，更有三十万大军兵分五路、分进合击的灭国之战，最终却是功败垂成。之后，西夏发动强势反击，宋军在永乐城再遭惨败，数万军民罹难。

永乐城惨败后，神宗开始悔悟，不再轻言开战。三年后，公元 1085 年，在位 18 年的神宗郁郁而终，终年 37 岁。临终之际，回望父亲当年的嘱托，追忆自己曾经的壮志，神宗两手空空。

燕云地区，作为神宗排在最后的战略目标，除了立下宏大的志向，终其一生，可谓毫无作为。

神宗之后，继位的是哲宗。

哲宗登基时还是个孩子，由神宗的母亲高太后摄政，前后长达八年。如果站在更宽广的视野来看，这八年可以说是对英宗、神宗路线的拨乱反正，对仁宗时代清静无为的回归。突出的表现，就是对内废除王安石新法，对外停止战争和扩张。为了确保边境和平安宁，在司马光的主持下，北宋甚至将战争中夺来的部分领土退还给了西夏，可见太后君臣对回归仁宗路线的坚决。

仔细想想，这并不难理解，无论是高太后还是司马光，都是经历过仁宗盛世的人，都知道那个时代有多美好。换个角度说，那时候他们都很年轻，是一生中最好的年华，这种政策上的回归，多少也带有对人生美好时光的追忆。政治家也是人，也有温情时刻，当这种温情符合国家利益时，他们便会毫不吝啬地展示。

重要的是，对于高太后和司马光来说，他们身上没有英宗、神宗父子背负的重枷，没有那种由旁系入继大统带来的强烈表现欲，更没有那种必须证明自己是天命所归的强烈危机感，在施政上反而能够更加平和与理性。

哪怕天下人都不用背负这重枷，有个人却必须负重前行。

这个人就是哲宗。他是英宗的孙子、神宗的儿子，血脉相传，父子相继，他也必须负重前行。说到底，这是他的皇位合法性的根本来源。

哲宗18岁那年，强势的祖母终于去世了，哲宗开始亲政。他立即昭告天下，改元绍圣，这里的"圣"自然是祖父英宗和父亲神宗。在国家大政上，他进行了坚决而彻底的大转向，全面恢复神宗的路线，对内恢复新法，对外开拓进取。

熙河开边重启，在王韶之子王厚等人的持续攻击下，青唐唃厮啰政权被严重削弱，更多河湟之地被收复；西夏方面，在章楶等人的连续进军下，夏军接连败北，不得不上表臣服。

神宗时代用三步走的开疆拓土战略，哲宗已基本实现前两步，解决燕云问题的时机已接近。可惜，天不假年，哲宗亲政七年就驾崩了，年仅23岁。

燕云的问题，只好再往下传。

再往下，就是徽宗赵佶了。

赵佶接过皇位，也接过了祖父、父亲、兄长背负的重枷。

站在列祖列宗牌位前，18 岁的赵佶应该百感交集吧。

我们多了解前朝的故事，就更能洞察赵佶的心理和情感，理解在他身上发生的很多事，比如对青唐吐蕃的持续进攻，对西夏的连续进兵，对收复燕云偏执般的狂热，等等。这个世界上，没有无缘无故的爱与恨，凡事都有因果。

对于赵佶来说，他需要这么做，甚至不得不这么做。

为什么？因为他的皇位来得更不容易。

祖父的皇位之路的确荆棘丛生，但父亲神宗不一样，他是嫡长子，继承皇位天经地义，真正的天命所归。

哥哥哲宗，虽然排行老六，但前五个皇子都夭折了，他是事实上的皇长子，在皇后无子的情况下，作为皇长子，哲宗继位同样天经地义。

赵佶继位，就多少有些侥幸了。论年龄，他并非哲宗的长弟，前面还有哥哥；论亲疏，他的弟弟里，还有哲宗的同母弟；论声望，宰相章惇公然批判他，"端王轻佻不可以君天下"。

赵佶，几乎是靠着向太后的一己之力，登上帝位的。这样的过程，难免让人心虚和后怕。相比父兄，他更需要证明自己。

徽宗继位，章惇的后半生就注定颠沛流离了。他的那句话没能阻止赵佶登上帝位，却向天下人透露了赵佶的底牌。不过，收拾章惇容易，想要洗刷轻佻的骂名却并非易事。

所以，徽宗要兴利除弊，振兴国势；要富国强兵，开疆拓土。其实也很简单，就是坚决而又坚定地走父兄之路。在执行了短短一年的中间路线后，他便将建中靖国的年号改成崇宁，尊崇熙宁，熙宁正是神宗主持变法时用的年号。

这个意思再明白不过了，天下无人不知。

应该说，徽宗还是有所成就的。

比如，文治。赵佶有着天赋异禀的艺术才华，他懂得美，也善于发现美、包容美，在他的身体力行和示范带领下，大宋朝文化灿烂，盛极一时，无数的艺术珍品和传世佳作，都诞生在徽宗的时代。

如果仅此而已，赵佶守住了江山，那他留给后世的，或许是另外的样子，也许还是另一个圣君的典范。

可惜，文治之外，他还想要武功。是啊，如果能够开疆拓土，夺回燕云失地，洗刷百年之耻，取得先祖们念兹在兹的功业，如此即使比肩秦皇汉武、唐宗宋祖，也毫不逊色吧。

这样的想法始终萦绕在徽宗的脑海里，挥之不去。

人都想证明自己，帝王也不例外。

不同的是，普通人证明自己，以个人的人生为代价；帝王证明自己，以整个王朝、亿万生灵为代价。

这看上去很不公平，可这就是人类社会的本质。

能说什么呢？这也是自然的法则吧。

几千年来，无数的升斗小民，所能期盼的就是碰到个好皇帝，他能敬天畏人，爱惜民力；知道敬畏，懂得节制；证明自己的目标小点，动静轻点，这样小民们就能安生一点了。

可惜，这只是老百姓的想法，帝王将相们不会这么想。这也难怪，毕竟站位不同，小民们是仰望权力，他们是俯视人间，视角不同，所见自然不同。

有人说，中国的历史，就是一部帝王将相史，此言虽有偏颇，但大体也是对的。无论高居庙堂的文书史册，还是处江湖之远的街谈巷议，更多的是对帝王将相的评述和议论。

对于帝王将相，人们称颂的有之，哀叹的有之，褒扬的有之，鄙弃的有之，各种论调不一而足。不过，至少有一点共识，凡位高权重者，以志大才疏遗祸国家最深，折腾百姓最烈。所谓志大才疏，就是雄心和能力不匹配，这是不可调和的矛盾。两者越不匹配，其个人下场就越悲惨，国家和百姓就越遭殃。

古往今来，不知几人称帝、几人称王，多数都只是中人之才，遇到太平盛世，勉强是个守成之主，而偏偏很多人，却梦想比肩秦皇汉武，做千年一遇的大有为之主，这种雄心和能力的巨大鸿沟，除了能给国家和个人带来灾祸，还能带来什么呢？

不过，话说回来了，连普通的庄稼汉都未必愿意承认自身能力不足，何况是那些身处高位、位高权重的人？

人性之外，还有环境使然。

很多高高在上的人，在几乎密不透风的阿谀奉承的包裹中，早已丧失了正常的认知，既无法看清天下大势，也无法看清个人短长，更无法看清对手优劣，却还有着凌云壮志，既如此，悲剧就在所难免了。

宋徽宗，赵佶，就是这样的典型。

在那些层层包裹徽宗的人里，童贯很不一般。

他是宦官，免了天子的很多猜忌。更重要的是，他还是个能猜透徽宗心思的人。

这些年来，他在西北辗转征战，赢得了许多真真假假的功绩，极大满足了徽宗开疆拓土、建立武功的虚荣心，他也由此青云直上，由名不见经传的小宦官，成长为叱咤西北的边军统帅。

这种双赢的投机，如果彼此都很满意，接下来就需要更大的赌注了。徽宗需要更大的荣耀，童贯需要更大的富贵。

燕云问题，再合适不过了。燕云，也只能是燕云。

随着西北战事渐渐沉寂，童贯多次向徽宗进言，核心是要收回燕云。应该说，带兵多年，童贯早已习惯军事思维，他的建议去掉诏媚和投机，从军事角度来说，也是站得住脚的。

自古以来，华夏以长城为界，长城以南，汉人耕田种地为生，长城以北，少数民族牧马逐草而居。南人种、北人抢，这似乎就是上苍的安排，千百年来都是如此。唯有凭借燕云的山川阻隔、长城天险，汉人才能有效阻挡北方铁骑南卜，保护农出家园和中原腹地。

宋太祖曾言，卧榻之侧岂容他人安睡？对于几代宋人来说，没有了燕云的屏障，让人始终不得安枕。

这个道理，北宋尽人皆知，徽宗又岂能不懂？

童贯给徽宗的建议，是要从知到行，迈出实质性的步伐。为了知己知彼，他绞尽脑汁，甚至不惜争取原本不属于他的机会。

比如，出使大辽。公元 1111 年九月，徽宗派郑允中和童贯出使辽国，分别担任贺生辰正、副使。宦官出使外邦，这在北宋是没有先例的，童贯又开了个先河。

为了这次出访，徽宗还为童贯加衔检校太尉，这是罕见的殊荣。在宋代，太尉是三公之一，是武官的最高头衔，只授给功勋卓著的武将或统兵的文官。

对于徽宗的决定，朝野议论纷纷，不少大臣公开表示反对。理由很充分，以宦官为外交使臣，会引起契丹人的轻视，为国家带来灾祸。面对汹汹朝议，徽宗解释说，派童贯出使是辽人的请求，辽天子听说他打败了羌人，指名道姓要见他，且童贯是领兵之人，出使辽国可借机刺探军情。

前半句，实在过于牵强，也无法核实；后半句，倒或许是实情，摸清辽国底细，这才是徽宗、童贯君臣最看重的，而这背后所指自然是燕云十六州。

如此，也算是煞费苦心了。

澶渊定盟之后，宋、辽虽然闹过别扭，发生过小冲突，但大体上维持着和平关系。百余年来，双方每年都互派使臣，互贺生辰（皇帝或皇后生日）和正旦（新年），还有其他专职的使节，比如君主驾崩的告哀使、登基的告登宝位使等。

按惯例，北宋贺正旦使，一般在九月出发，算好时间，安排好行程，确保在新年前到达大辽京城或天子冬捺钵之地。贺生辰使，则没有固定的出发时间，一般在辽天子生日前两三个月启程。天祚帝生于四月十九日，称为天兴节，按说应在正月或二月出发，童贯出使却选在九月，这里面还有个缘故。

据说，辽兴宗在位时，觉得每年接待两批宋使过于烦琐，便要求宋方安排贺生辰使和贺正旦使同时出发，辽方则人为地将皇帝生日提前或移后，一并接受宋使的拜贺。所以，童贯这次出使，实际上还兼任贺正旦的职责，身兼两职，可以名正言顺地多接触各方面人物，更加全面地了解辽国实情。

辽国自兴宗、道宗以来，君臣上下普遍崇信佛教，庙宇寺观遍布全国，僧侣人数逐年攀升，靡费了很多国力，国势渐渐下滑。天祚帝继位后，沉迷打猎，怠于政事，加之国内纷乱不止，以致府库空虚，上下穷困，国势更是颓靡。如果确实是天祚帝点名童贯出使，也许他是想借这位徽宗宠臣之手，为辽国争取更多利益。

也许徽宗君臣读懂了天祚帝的用意，也许只是为了显示大宋的繁华富有，在徽宗的诏令下，童贯搜罗了大量的奇巧珍玩，甚至还有两浙出产的高级书柜、床椅等，全部装车随行。浩浩荡荡、满载而去的童贯，希望借助这般重礼，博得辽国君臣的欢悦和信任，为自己脸上贴金的同时，更好地刺探辽国虚实。

备足礼，择良辰，郑允中和童贯一行正式出发。童贯虽是副手，行为做派却更像正使。实际上，大家心里都明白，只不过因为童贯宦官的身份，才让郑允中挂了个正使之名。如此也好，郑允中也乐得清闲，凡事由童贯说了算。

这支浩浩荡荡的宋朝使团，一路上发生了什么，史书语焉不详；在辽期间，童贯究竟了解到了什么，史书同样没有记载。

想来，他不会有太大的收获。毕竟，辽人接待宋使百余年，防范对手刺探机密应该有的是办法吧。至于那些鸡毛蒜皮的事，看在童贯带来厚礼的份儿上，辽人是不会介意让他知道的；至于那些核心机密，则绝不会让童贯摸到底细。

两手空空的童贯，既沮丧又惶恐。沮丧的是，他兴冲冲而来，除了享受宦官出使的荣光，并没有什么实际的收获；惶恐的是，行前徽宗对他寄予厚望，他也有过豪迈的表态，如今回去该怎么交差呢？

令人意想不到的是，恰在这回程路上，童贯有了惊人的收获。

他遇到了一个人。

这个人非比寻常，几乎改变了大辽和大宋的国运。

大宋版《隆中对》

这个人就是马植。

马植，辽国汉人，燕京人氏，出身北方望族，先祖世居北国，累世为官。此人少年成名，素有大志，颇有才情，在祖上庇荫之下，官运亨通，曾担任正三品的光禄卿。

说起来，他在大辽也是个人物，算是光耀祖宗门楣了。只是，由于无意冲撞太后车驾而获罪罢官，政治对手再借机落井下石，让他遭了牢狱之灾。出狱后，他几经努力仍无法官复原职，人生沉入谷底，前途黯然无光。

马植饱读诗书，熟知经典，对天下大势有着深刻的理解，自然不甘心以庶民身份碌碌平生。当时天下三分，大辽之外，还有西夏、大宋，既然大辽无路可走，他便想着另谋高就。西夏，党项人虽然英武强悍，但局促一隅之地，虽可裂土称王，终难成大事；大宋，雄踞中原，衣冠华夏，人口众多，物阜民丰，虽武力羸弱，但终究潜力无限。权衡再三，他将宝押在大宋之上。

也许与多数人想象的不同，马植做出这个决定，汉人身份的影响微乎其微，甚至可以忽略不计。且不说马氏久居辽地，对汉家早已感情疏远，加之多年宦海浮沉，让他早已看清王朝的本质，无论宋、辽、夏，本质上没有区别，他押宝于宋，更多的是为了实现平生抱负。话虽如此，又谈何容易啊？

辽、宋百年相交，人员往来频繁，宋人北朝为官，辽人南朝出仕，都不算太新鲜的事。马植既已决定投宋，想奔个锦绣前程，一展心中抱负，就不能走寻常之路，必须得另辟蹊径。

实际上，他确实胸怀锦囊妙计，自信只要此计一出，定会成为大宋君臣座上宾；日后此计功成，他必定是加官晋爵，位极人臣，甚至封侯封王也未可知。更重要的是，他不仅胸有良谋，还自信有实现计策的勇气和能力。

方向既已确定，只待静候时机了。数月前，马植探知徽宗的心腹宠臣童贯正出使辽国，在上京临潢府祝贺天祚帝生辰。

童贯的出身和经历，马植是知道的；童贯在大宋的权势和地位，他也很清楚。他心如明镜，所谓锦囊妙计，无论如何包裹说辞，本质上还是政治投机。既是政治投机，投在谁的门下，由谁领路至关重要。

毫无疑问，若想迈入大宋官场，童贯是个理想的领路人；若想建功立业，童贯则是个不可或缺的重要盟友。

童贯使辽，这是破天荒的大事，未来是否还有机会，没人知道。如此近在咫尺的良机，他实在不想错过。不过，私自交接宋使是重罪，一旦走漏风声，或者童贯不予理睬，顷刻间，他就会家破人亡。富贵险中求，马植把心一横，顾不得了。

童贯归国，必经燕京；经过燕京，必驻卢沟（今北京永定河）。

算准日期后，卢沟之畔，马植翘首以待。

童贯、马植就这样见面了。

由此开始，这两个人在历史中深度绑定。

这夜，宋使大帐里，睡梦中的童贯被内侍轻声叫醒。听闻帐外有辽人求见，他甚为诧异，再看来人名帖，有些耳闻，却从未有过交往。深夜来访，定有机要，他不敢怠慢，差人速请马植。

童贯知道，身为大宋重臣且为出访使节，身处异邦，却也代表南朝气象，外交礼仪上不能有丝毫疏忽。虽在深夜，童贯还是身着朝服，头戴冠冕，端坐桌案之后，显得威严而又庄重。

在内侍带领下，马植进得帐来。

亲眼得见童贯，瞬间颠覆了他之前的想象。在他契丹贵族式的、惯有的、傲慢的思维模式里，童贯宦官出身，不过是个贪财重利、靠着逢迎天子上位之人，定是面目可憎，面貌猥琐。可眼前的童贯，身高体宽，方脸黑面，浓眉厚唇，眉宇之间隐隐有英气，凛然之间有不可轻视之态。

好在，马植头脑灵活，反应敏捷，刚才所思不过在电光火石之间，他迅速收起原本略带的傲慢之气，换上恭顺的表情，更是临时改变主意，趋步上前，双膝跪地，向童贯行了叩拜大礼。

不错，男儿膝下有黄金，但在马植的人生哲学里，若是拜真佛，屈膝又何妨？他知道，若想在南朝建功立业，童贯就是他的"真佛"，见到童贯之后，更是坚定了这个念头。

再说童贯，虽然摆出上国使节的派头，但见到马植相貌堂堂，器宇不凡，也在心中暗暗叫好，是个人物。马植虽然行的是叩拜大礼，但神色之间毫无奴颜之气，举手投足间很有大家之范。童贯久历宦海，阅人无数，他料定此人非等闲之辈，又是深夜来访，更非比寻常。他不再托大怠慢，而是收起黑面，下得堂来，满面堆笑地将马植引入内帐，请为上座。

宦官重财，天下皆知。为求见童贯，马植也不敢免俗，他备足了见面礼。几番寒暄后，他献上镇宅之宝——西域夜明珠。

童贯可不是乡巴佬，他是见过大世面的，天下的珍奇瑰宝赏玩无数，光是府中收藏的珍宝就不可胜数。他见到马植所献之物，虽有些惊叹，但也只是多看了几眼，甚至都没有起身离座。马植迅速捕捉到了童贯的心思，便起身向他介绍这颗宝珠的来历。

这颗夜明珠的珍贵，不仅在于个头大，晶莹剔透，夜如明灯，更在于其传奇经历。相传，宝珠当年由突厥颉利可汗进献给唐太宗，成为唐代宫廷的镇宫之宝，历经武周之变，玄宗将其赐予爱妃杨玉环，放置在两人寝宫里。后来，又经安史之乱、黄巢匪患、五代乱世，辗转落入辽太宗之手，自此在大辽宫廷代代相传。数年前，机缘巧合，马植以半数家产，从一名老宫人手中购得此宝。私藏国宝，这也是政治对手们检举他的重要罪证。为此，他在狱中受尽酷刑，但因老宫人去世，死无对证，他坚决否认，官府在他家掘地三尺也未有所获。

听完马植所言，童贯也不禁啧啧称奇，转而起身仔细端详，此宝确非寻常之物。童贯虽然心中喜欢，但毕竟与马植素昧平生，对方夜半献此重礼，他摸不清虚实，不敢冒昧，坚辞不受。

坐怀不乱真君子。马植见童贯有如此定力，对他倒是多了几分敬意，想来此人还是有几分道行的，并非传言那般视财如命，看来选择童贯作为引路人，倒是没有看走眼。

既然如此，马植不再迂回兜转了，决定单刀直入。

他起身郑重其事地说道，献宝不过托词，深夜来此，是有军国大计献给大宋和太尉。

闻听此言，童贯心头一紧。

相比较珍宝，他更在意军国大计，这才是北行燕地的目的。

童贯眼睛放亮，挥手示意马植落座，摆出一副洗耳恭听的模样。这次出使，他身负刺探辽国军情的使命，无奈辽人戒备严密，饶是他多方打听，也所获寥寥。这几日，他正在为此发愁，不知回国后怎样向徽宗复命。

马植开门见山，直接献上锦囊妙计。

所谓锦囊，一言以蔽之：联合女真夹击辽国，灭辽后双方瓜分辽国疆土。

后世评论，马植此计堪称北宋版的《隆中对》。

马植出身世家大族，熟悉北方民情，曾任辽国高官，熟知辽国朝政，曾出使大宋和西夏，还与女真人打过多年交道，这样的独特人生经历，让他对天下大势有着深刻而独到的理解。

在他看来，西夏虽强悍有力，但地陋民稀，终究只能自保；大辽虽庞然大物，但立国已逾两百年，国内贪腐横行，朝政弊病丛生，已然外强中干，虚有其表，一只病虎而已；女真人则不同，阿骨打雄武异常，女真军队锐利无比，犹如旭日初升，朝气蓬勃，前途不可限量；大宋人口众多，国富民强，又据有中原广袤之地，是有着雄厚实力的老大帝国。如能促成女真和大宋结盟，南北夹击辽国，必能一举攻灭之。

马植的话，慷慨激昂，滔滔不绝，说到兴奋处，他不禁起而行之，手舞足蹈，或紧握双拳，或怒目而视，或开怀大笑。他的这番话，犹如黑夜里的一盏灯，瞬间照亮了童贯的眼睛，让他那一向高深莫测的眼神里，也多了几分兴奋、激动，忍不住在内心里为这个主意叫好。听到几个关键处，童贯几欲击掌庆贺。

然而，强烈的理智又让童贯极力保持着克制，脸上一如往常的平静。他反复告诫自己，要冷静、要冷静。他是来辽国打探虚实的，又怎知眼前的马植是不是同道中人呢？对于马植来说，这番高论竟没能激起童贯立即做出反应，让他略有些失望和惶恐，但他知道现在绝不能停下来。

有些事情，既已打开话题，就像拉满了弓，必须把箭射出去，错过这样的时机，可能再也没机会说了。

马植后面的话，重点是在强调，他不仅能提出策略，还有实现策略的能耐和本钱。他在辽为官时，曾作为朝廷官员驻守女真人的领地，对女真的风土人情了然于胸，更与阿骨打有过来往，颇有些交情。正是这段经历，让他更有底气、更有把握，也更有信心居中联络促成大宋、女真结盟伐辽。

在阿骨打之外，他还浓墨重彩地介绍了女真人的战斗力：女真铁骑攻伐凌厉，天下无双，一旦起兵，辽人必无法阻挡。

话说到最后，马植下了结论：大辽日渐衰朽，阿骨打起兵就在眼前，长则五到八年，短则三到五年，女真定会吞灭辽国。机遇百年难逢，可遇不可求，留给大宋选择的时间，稍纵即逝。

至于这条计策的红利，这也是最重要的，马植说得简洁而明确：灭辽后，女真占有辽国北方莽莽草原，大宋收复燕云故地，恢复汉唐旧疆。

一番慷慨陈词，马植收住话头，死死地盯着童贯。

试问，这样巨大的诱惑，童贯能否抵挡？

马植的奇谋和雄辩，让童贯陷入了沉思。

如果说，此时北宋朝廷还有那么几个人能够看清天下大势，童贯或许就是其中之一。

这与忠奸无关，这是一个人的经历、历练和眼光。

徽宗继位以来，长期任用蔡京为相，朝廷上下多为他的亲信，这些人帮着蔡京不停打压异己，围着徽宗整日歌功颂德，贤能之士或避身自保，或被贬夺权，众多宵小之徒登堂入室，朝堂之上越发混浊不堪。

童贯虽然被清流们私下里痛骂为阉奴，但这些年来，他出将入相，连续领兵与吐蕃、西夏作战，无论成败，虽有侥幸，却都是真刀真枪，远非那些磨嘴皮子的文官可比。实际上，历经多年军旅生涯的磨砺摔打，让他无论在格局、眼界、视野上都有了脱胎换骨般的变化，他早已不是吴下阿蒙。

马植的话，若是在东京说给其他官员听，他们会以为这是天方夜谭而惊诧莫名。但童贯不同，他在脑海里飞快地将马植的话与在辽国的见闻进行匹配，并找到其中的细节来相互验证，虽然不能马上得出确切的结论，但显然马植所言绝不是空穴来风，马植的建议称得上高屋建瓴，高人高见。

只是多年的宦海浮沉，童贯早已练成了掩饰情绪的高手，什么时候该有什么样的表情，甚至细微的肢体语言，他都拿捏得炉火纯青。话说回来，对于童贯这样的高官来说，这点本领也就是雕虫小技，不值一提。如果连这点能耐都没有，还想混官场、走仕途，那无异于痴人说梦，更不可能坐稳屁股下面那把椅子。

做官的人，最讲究官样。所谓官样，不仅有仪态、步态、语态、体态，更得有嬉笑怒骂、翻脸如翻书的本领，根据场合、时机、对象随时无障碍切换。如此看来，官员又如同演员，干的都是一样的活，但究其本质，又完全不一样，演员演的是别人，官员演的是自己。

眼下，听着马植的高谈阔论，童贯始终面色如水，稳如泰山，只是偶尔微微领首以示对马植的鼓励，让他接着说下去。然而，平静的外表之下，他的内心早已波澜起伏，既有大惊又有狂喜。惊的是，传闻中茹毛饮血的女真人竟如此强悍，竟连骁勇善战、勇猛异常的契丹人也无法抵挡；喜的是，宦海浮沉的职业敏感告诉他，这是建功立业的绝好机会。虽然在刹那间，他并没有具体的思路，但确实嗅到了机遇的味道。童贯不禁在想，这样百年难求的机遇，竟让他赶上了，莫非这是天意使然？

老谋深算的童贯，在心中愉快地推演，诚如马植所言，果真能收复燕云故土，那就是千古功业，必将名垂史册，彪炳千秋。宋人都知道，神宗曾诏告天下，凡收复燕云十六州者，封王爵。异姓封王，这是人臣的最高荣耀，对于没有帝王心思的宦官来说，这算得人生的终极梦想了。

这样的诱惑，童贯着实无法抵挡。

纷乱的思绪，让童贯有些分神。

他沉浸在对未来最美好的幻想里，以至马植后面说的话，他都没怎么听清。好在，惯有的理性又将他硬生生地拉回现实。

他反复告诫自己保持清醒，要先确认这背后是否有阴谋，前方是否有陷阱。这些年来，不管仕途险恶还是战场凶险，正是靠着这种最兴奋时的理性，让他屡屡化险为夷。他从最卑微处一路攀爬，见过太多一着不慎满盘皆输、由高处跌落深谷的大人物了。

这不是保守，这是理性。实际上，人爬到一定的位置，得到已并非最重要，失去才真正可怕。

他是孤身访辽，对马植的底细并不清楚，怎能轻信他片面之言；纵然马植所言非虚，但宋、辽盟约是两国基本国策，更是延续百年之好，维系着亿万生灵的家业福祉，又岂能轻言毁之？

这事太大了。大到哪怕只是想一想，都让人不堪其重。

如果，马植是辽人派来试探虚实的，那他任何的表态，不仅会招致个人的灭顶之灾，还会让辽人找到撕毁盟约、攻打大宋的借口。想到这里，童贯脑后犹如凉风吹过，后背冷汗涔涔，他有些懊恼，自责修炼不够，过于容易受人牵引了，这实在是不应该。

不过，就此放弃这可能的、难得的重大机遇，童贯又实不甘心。如果他生来就是个四平八稳、不敢火中取栗之人，那他可能还正在宫里刷着马桶。在童贯的人生哲学里，任何东西都是搏命拼来的，无论是混迹街头与乞丐争抢的馒头，或是皇宫内苑与宦官争斗的恩宠，还是西北战场与敌军拼杀的城池，哪一次的成功不是靠搏命拼来的？

随着官越做越大，他就像赌场里的老赌棍，看着面前堆积如山的筹码，有时反而会想，反正所有东西都是赢来的，人生早已够本，既然如此，再押一把大的也没什么大不了。

思来想去，童贯决定先考验一下马植的成色。

童贯起身，避开了马植充满期待的目光。

在来回踱了几步后，他没头没脑地说了一句，冬去春来，东京已是百花盛开了。说完，他便沉默了，只是盯着马植。

这下，马植糊涂了，他不知道童贯是何意。在来之前，他设想过很多种情况，这样的场景却是意料之外。

好在，他脑子转得快。

稍稍厘清思路后，马植双膝跪地，一字一句地说道，他愿意带领全家老小去往东京，余生誓死效力大宋。

童贯听完，赶紧伸手扶起马植，嘴里说道，如此甚好。

童贯的老辣和马植的机敏，都令人佩服。童贯要马植以全家老小为质，以此来检验他的忠心。马植完全会意，立刻回应。这两个人真是心有灵犀。

大事谈妥，童贯牵着马植的手，亲自将他送往帐外。

大帐外，天色微明，几颗孤星挂在寥落的天空上。北国的初春，寒风依然凛冽，吹在脸上有些刀割般的透凉。童贯伸手为马植整理了衣帽，在马下拱手相别，目送他离开。

直到马植完全消失在视野里，童贯依然独自伫立着。寒风中，他整个人完全冷静了下来，刚才的欣喜已了无踪影，又似是化作了千钧重担，让他有些喘不过气来。

许久，童贯才转身回帐。

卢沟之畔，刚刚过去的这个夜晚，如同曾经无数的过往一样普通。可谁又能想到，就在这个普通的夜晚，就在这郊外的营地，两个人的彻夜长谈，竟决定了无数人的生死、无数家庭的悲欢，甚至决定了三个王朝的命运。

后来，经过一番煞费苦心的乔装打扮，童贯将马植和他的家人带回了大宋。回到东京，童贯为马植改名李良嗣，藏匿在自家府里，不时请教辽国和女真的情况，三日小宴，五日大宴，锦衣玉食，照顾得非常体贴周到。

早在回程的路上，童贯就已拿定主意，要将马植献给徽宗。这也是马植的夙愿，他不断在童贯面前提及。

不过，童贯倒没有着急引荐，他需要继续观察，确保万无一失，再有就是寻找合适的时机。对于他来说，马植奇货可居，是重要的筹码，他要用好这个筹码，为自己赢得更大的权力、更大的荣耀、更大的功名。

很显然，童贯也在进行政治投机。

说起官员政治投机，很多人满脸不屑，认为即使得逞也不过侥幸而已。这是小看了政治投机的意思，也小看了背后的官员。对于官员来说，所有的政治投机，无论平淡无奇还是荒诞不经，无论蜻蜓点水还是押上全部，都是精心算计下最理性、最合理的选择。政治投机没有情感和忠义，只有权力和利益，甚至只有生和死。

政治投机是需要勇气的，而勇气的另一面就是赌性。

对于官员来说，没有赌性，或者说有赌性无赌胆，做个刀笔小吏，养家糊口或许没问题，但想要荣膺封疆、出将入相，那就是痴人说梦了。官做到童贯这个份儿上，又有几人不是大赌徒呢？换句话说，不赌行吗？当然不行。到了童贯这般高位，已经没有退路了。行与不行，都得放手一搏。

这个搏，可不仅是搏个官位，输点钱财，而是搏命，是你死我活，人头滚滚，血流成河。权力斗争，最终比拼的自然是实力和时运，但催化剂的力量也不容低估，那就是胆魄。

有了筹码、有了胆魄，童贯静待时机。在一番精心谋划、渲染造势和层层铺垫之后，他终于将马植带到了徽宗面前。

东京，皇宫，徽宗的书房。

昨天的马植，今日的李良嗣，一个世居辽国的汉人，出现在东京的皇宫内院，跪在大宋天子面前。他的身份有些奇怪，既非辽国公开使节又非皇帝私人代表，既非叛逃者又不似归降者，却是来献计帮忙的。这样的场景，在宋、辽百年交往史上，也是非常少见的。

马植终于见到了大宋天子。如果说拜见童贯只是开始，那面见徽宗才是马植的最终目标。他必须要见到天子，当面游说，才更有可能实现心中的抱负。

徽宗面带微笑，态度随和，并无凛凛威风，倒显得有些亲近。

这让马植绷得紧紧的心，稍稍松弛了下来。

在徽宗的示意下，他开始了表演。是的，是表演。

他说出了锦囊妙计。经过这段时间的打磨完善，这个计策听上去更加完美，也更加天衣无缝了。

更重要的是，他为这个计策加入了情感，那就是无数北国汉人梦回故土、回望中原的深深眷恋。他说得大义凛然，讲得慷慨悲壮，说到动情处，更是潸然泪下，不能自已。

实际上，过于情绪化的表达，在君王面前原本是没有多少功效的。多数君王都是不相信眼泪的，他们更习惯权力、实力和利益的思维模式。可眼前的徽宗皇帝偏偏是个书画天子，是个艺术大家，这样的人难免情感充溢。

很显然，这是童贯为马植量身定做的戏码。果然，徽宗完全听进去了，听到伤感处，甚至情不自禁地落了几滴眼泪。

见到徽宗的眼泪，马植知道自己离成功不远了。

接下来，他详细论述了辽国和女真的力量对比。

他的家族世代为官，祖上百年积累下来的对辽国的深入了解，派上了大用场。对于辽国的风土人情、幅员地理、军国大事、朝廷争斗，辽国现有高官重臣的脾气秉性、性格特点，甚至是宫闱内幕，马植说起来都如数家珍，流畅而又翔实。

即使偶有不实或添油加醋之处，因他说得翔实且细致，外人也无法察觉。很多新加的内容，童贯也是第一次听闻，马植之前有所保留了，对于马植这点小心思他也能理解，也就不去计较了。

在马植的口中，大辽早已是强弩之末，外强中干而已，天祚帝的统治摇摇欲坠，境内各方势力都在蠢蠢欲动，北国汉人更是翘首以待王师久矣。一句话，辽国大厦将倾，只待最后一击。

女真人则完全不同，他们雄姿英发、气势如虹，他们的军队摧枯拉朽、势不可当。

马植还特别介绍了女真首领完颜阿骨打。对于这个人，徽宗有所耳闻，不过从未往心里去，对这类人他没有任何的兴趣。

马植的介绍，刷新了徽宗对阿骨打的认识，知道这是位有着宏图大志、雄武气概的英雄人物，非比寻常，不同凡响。很多女真将领的名字，徽宗也是第一次听说，只是名字太多记不全，只记得他们彪悍勇猛，如下山猛虎随时准备撕咬大辽。

当然，马植重点介绍了他与阿骨打的交往，借此告诉徽宗，他和女真人是有交情的，所以才有希望促成大宋与女真结盟。

大辽必亡，女真必兴，只要抓住稍纵即逝的时机，及时与女真结盟，南北夹击辽国，就能分享女真崛起的红利，而这红利就是燕云十六州。

在马植的话语里，这燕云十六州就如同挂在枝头早已熟透的果子，只需徽宗用手轻轻触碰，就会悄然落入囊中。那份容易、那份自然、那份飘逸，让人神往、难以抗拒。

徽宗的眼神有些游离了。他早已沉浸在马植的描述里，思绪神游天外，开始畅想建立千古功名的荣耀。

很显然，马植没有辜负童贯的引路，他接近成功了。

马植的这番话，构成了一幅完整的拼图。

这幅拼图，几乎就是那个时代的天下，上面有着广袤的大地城池，上面有着王朝的兴衰荣辱，上面有着辽、宋、女真等亿万人的身家性命。

让人不禁在想，如此这般，手握天下兴亡的乾坤，捏着无数人的生死，马植知道吗？他在乎吗？他当然知道，也应该知道。那么，马植为什么要这么做呢？他的动机又是什么？

有人用他的汉人身份、故国情怀来解释。这是可以解释的，但显然过于苍白，也未必符合事实。马植的家族已在北国生活数百年，在时间的冲刷之下，他对中原文化或许残留着些许仰慕之情，但要说这种情感有多么浓烈、多么炙热，恐怕很难说服人。

说到底，这与身份无关，与情怀无关。这是个人的私念。

在马植酝酿、筹划、献计的时候，他想到的可能只有自己。他要的是对大辽反戈一击、发泄不满，要的是趁天下大乱，建立不世的功业，万年青史留名。在他的志向里，只有野心和仇恨，没有对故国的怜悯，没有对女真的欣赏，没有对故土的崇敬，更没有对亿万生灵的敬畏。

马植，仍是个政治投机者。只不过，他投机的是天下，以几个王朝的国运和亿万人的生死为成本。

实际上，在历史长河里，这样的人并不少见。他们像马植一样，被名利和爱恨驱使，不顾一切去投机天下。有的人，借着风云变幻，煽风点火，风借火势，火助风力，硬是搅动了天下，在社稷蒙尘、生灵涂炭之后，建立了所谓的千秋功业。有些人，还因此被后世顶礼膜拜、推崇备至，奉为功成名就的典范，尊为励志不屈的典型。

当然，他们中的大多数人，无论怎样自作聪明，无论如何自鸣得意，却最终无法驾驭历史的洪流，被可能是自己掀起的巨浪吞没，还没掀起几朵浪花，就消失得无影无踪。

说到底，人生而为人，有些事明知不可为，也要为之；有些事明知可为，也不能为之。尤其是那些牵扯着国家根本、万民安危的事，慎之、再慎之，也不为过。

人得有敬畏之心，敬畏天地、敬畏生灵、敬畏祖先。

这是绝密级的谈话。

书房里只有三个人，徽宗、马植和童贯。

马植说，徽宗听，童贯看。

在整个谈话中，童贯的表现值得一提。

自从进了书房，君臣奏对开始，童贯就将自己隐藏了起来，除了在需要认同、欣赏、支持时，配合以适当的眼神，他恰如空气一般。

这正是童贯的老练之处。他明白只有这么做，才能让徽宗真正相信，在这件事上他是无私的，没有任何利益的，只是出于公心，全心全意为了朝廷和徽宗。

当然，这里面还有自保之意。多日来，童贯反复琢磨这个方案，诱惑很大，风险不小。且不说能否顺利结盟，结盟后就定能灭辽吗？如果灭辽不成，被辽反咬一口，又当如何？即使灭辽，真能拿回燕云吗？即使拿回燕云，女真人会是个更好的邻居吗？

所有的不确定，任何一个都是大问题。这些不确定，将会给这个国家带来什么？如果是坏的结果，那会坏到什么程度？他心中并没有确定的答案。

他可以引荐马植，这是对徽宗好大喜功的逢迎；但最好也只是引荐，决定权必须也只能交给徽宗，这是他对自己的保护。

当然，以他对徽宗的了解，徽宗接受建议的可能性很大。即使如此，在徽宗做决策的过程中，他也需要尽可能保持沉默。在力求自保的同时，也用这种方式向徽宗表明，在未来的结盟和伐辽大业中，徽宗才是最终决策者和唯一主导者，他不过是马前卒。

如此，童贯的引荐之功还是有的。但越是有功，他越要表现得淡然，至少是伪装得淡然；越是大功，越要表现得风轻云淡。古今对照，相比那些猜透上级心思，为领导做了一点事就滔滔不绝，甚至指手画脚的人，童贯的表现可谓老辣。

不得不说，童贯虽是大奸之臣，但自有其过人之处。只不过，古往今来，能力和品德的统一，从来就是件难事。

再回到这件事本身，童贯的动机又是什么？

很显然，他也是投机者。但与马植不同，他毕竟是宋人，毕竟是朝廷的重臣，收回燕云失地，洗刷百年耻辱，应该也是他心底的梦想。如果说他一心投机，只为谋私，那可能也太绝对了，也未必是实情。

说起来，童贯投机是真，谋私也是真，但为国谋事也不假。

论人论事，又怎能完全黑白分明？

冷静下来后，徽宗还是犹豫了。

背弃大辽百年盟友，联合女真转头相攻，这件事实在太大了。

思虑再三，徽宗还是经住了诱惑，雪藏了马植的建议。不过，对于马植本人，徽宗还是恩宠有加，先赐姓改名赵良嗣，再赐官秘书丞，以示褒奖勉励。

满心期待之下，却是如此结果，这让马植和童贯有些失落。尤其是马植，全家都已来到东京，归辽之路完全断绝，如今一脚踏空，让他不知所措。好在徽宗多有赏赐，童贯对他更是贴心照顾，帮他重新安排宅邸，安顿好了家人，生活上安逸无虞，让他稍有些安慰。

徽宗拿不定主意，童贯、马植也是无可奈何。客观上看，女真人毕竟还没有起事，其实力还没有展现出来，大辽看上去依然生龙活虎，马植所有的描述不过一面之词，在这种情况下，徽宗的谨慎也在情理之中。

除了等待，似乎也没有更好的办法。

等什么呢？等马植的预言成真，等女真起事和天下大乱。

想想有些滑稽。人生在世，多数人希望生活在盛世。盛世好啊，天下太平，河清海晏，生活富足，安逸悠然，优哉游哉，了然一生。可偏偏有些活在盛世的人，却渴望乱世，期待以乱世为舞台，只待天下大乱便箭步冲上去，开启非凡人生。

对于大宋来说，这样的等待是可笑的，也是致命的。

如果真想结盟女真，就应该早早着手，早摸清虚实，早做决断。道理很简单，既然结盟，就要追求利益最大化。在对方势头将起未起之时，什么都好谈，所谈的条件也会更利于自己；等对方势头起来了再去谈，那主动性可就差远了，条件也不可同日而语。

此时，女真还没起兵，还没建国，阿骨打更没称帝，显然没有太多与大宋谈判的筹码。如果这时结盟，以大宋的块头和中原王朝自带的光环，不仅可以充分掌握主动权，对女真人和大金国的未来走向，大宋甚至可能还会有支配权。真要如此，那历史就完全不一样了。

回头来看，如果宋、金必须结盟，这可能是最好的时间窗口。

可惜，徽宗没有抓住，大宋也没有抓住。

机会就是这样，过时不候，错过就错过了。

时过境迁，万事便不同。就像一道菜，哪怕同样的餐馆、同样的厨师、同样的两个人，时间不同，味道也可能完全不同。何况军国大事？

实际上，不仅味道不同了，还有可能适得其反。

以前是甜的，现在变成苦的了。

转眼间，三年时光溜走。

公元1114年，人在东京的马植，终于确认了消息，阿骨打起兵反辽了。

接下来，大金建国，阿骨打称帝，女真人节节胜利，契丹人屡战屡败的消息陆陆续续传到了大宋。局势的发展，几乎完全验证了马植当初的预言。女真军队果然势不可当，看似强大的辽国果然岌岌可危，天下大势果然巨变在即。

在东京这几年，尽管马植低调行事，但时间久了，还是有很多人知道了他的身份。或许是因为马植从来都将大义和道德挂在嘴边，又或许是童贯的精心包装和刻意渲染，总之在众人口中，马植是一个大义凛然、不忘汉家、缅怀故国的仁人志士。走在外面，他目之所及、耳之所闻，多是人们的欣赏和崇敬。

这就是马植要的效果，他享受这样的声名和敬意。

对辽、金局势的成功预言，则让马植再次声名大振。

这盛名，马植还是能当得起的。平心而论，能够准确洞察天下大势，精准预言未来数年发生的重大事件，马植的观察力、判断力确非常人可比。

这样的马植，自然是价值连城。

马植的建议，自然是真知灼见。

联金灭辽、收复失地的梦想，在徽宗心中全面复活。

在这之后，他数次召见童贯和马植。从徽宗的书房到皇宫的后苑，他们讨论了一次又一次，参加讨论的人员的范围也越来越大，许多朝廷重臣都参与了进来。联金灭辽，从马植曾经的个人构想，渐渐变成了朝堂的重要议题。而随着女真的攻势越来越猛烈，议题的紧迫性也越来越强。

可实践反复证明，决策之事，绝非人越多越好。雄主用幕僚，庸主也用幕僚，雄主是博采众家之长，再一锤定音，庸主也是博采众家之长，却是越听越糊涂。

徽宗，就听糊涂了。

除了众人七嘴八舌，大家意见莫衷一是，还有个技术性的难题也成了拦路虎，那就是宋、金之间隔着大辽，宋人无法绕过辽国与女真人接上头。

也许，马植提出了解决方案，却被众人的质疑声淹没了。

就这样，等了三年，又议了三年，这件事还没个结论。

万事开头难

直到公元 1117 年，事情终于出现转机。

这年七月，徽宗接到山东登州知州王师中的报告，说是截获了两艘由辽国漂来的海船，俘获了高药师等辽地汉人数百名。这些人带着亲属老幼，原计划浮海去高丽避难，却被海风吹到宋境。奏报中，还附上了高药师等人对辽国现状的供述。

王师中的奏报，至少给徽宗提供了三条重要信息，一是辽国已然摇摇欲坠，真要结盟女真就得抓紧了；二是辽东半岛已被金军占领，可以横渡渤海与女真人取得联系；三是本朝太宗年间，曾与女真人有过马匹交易。

在童贯和马植等人的强烈建议下，徽宗终于决定展开破冰之旅。考虑再三，大宋还是没有直接委派使节，而是让高药师等人渡海前往辽东，以买马为名先与女真人接触，待摸清虚实后再做进一步的打算。

宋人谨慎，高药师更小心，他原本就是辽国难民，好不容易从辽东逃出来，却又接到这样的差事，心里该是一万个不愿意。果然，他乘船到了辽东，还没有靠岸，只是远远看到岸上有女真骑兵游弋，就吓得调转船头返回了登州。

大宋与女真的首次接触，就这样匆匆流产了。

回头来看，徽宗君臣等了三年、议了三年，最后竟将如此军国大事托付给了几个流民，这绝不是谨慎可以解释的，反倒显得有点滑稽了。如果再联想后来局势的发展，这个滑稽的开局恰恰是大宋幼稚、拙劣的外交政策的缩影，更强烈暗示着一种宿命般的结局。

高药师，这个名不见经传的难民，竟也以这种独特的方式留在了大历史中。高药师，还有前书提到的郭药师，都是辽国人，看来当年辽国以药师为名的人不在少数。药师是佛名，是药师琉璃光佛的简称，这也从一个侧面反映了辽国佛教的兴盛。

东京城内，徽宗接到王安中的奏报，勃然大怒，立即下诏，令其选择能员干吏再次出海。

徽宗有些等不及了，于是这次正式委派朝廷官员为使。

马政就这样被选中了。

马政，字仲甫，时任登州兵马钤辖、武义大夫。

这位临危受命走进历史的人，留下来的个人信息非常少。毫无疑问，这必是个有胆有识、文武双全之人。经历前番无功而返，在徽宗的问责下，王师中选人的首要标准，定是胆识和谋略。

马政，担任大宋出访金国的正使。

呼延庆，时任平海军指挥使，被选为副使。

呼延庆是民间赫赫有名的人物。在小说演义里，他被说成北宋开国名将呼延赞之后，有文武双全之才，有精忠报国之志；在戏曲界，有《呼延庆上坟》《呼延庆打擂》等传统经典剧目；在评书界，那更了不得，有"金呼家、银杨家"之说，呼家将是和杨家将齐名的英雄之家。

这个呼延庆，就是那些小说、戏曲演义的人物的原型。真实的呼延庆，我们知之甚少，只知道他是武将，精通女真语且能言善辩，故而被选中作为马政的副手。

公元 1118 年四月，马政、呼延庆及随从八十余人，肩负秘密使命，横渡渤海而去，拉开了一段大历史的序幕。

在苍茫的大海上，站在船头的马政和呼延庆，面对着万年不变的波涛，不知是怎样的心情起伏？是急不可待、跃跃欲试，还是惶恐不安、如临深渊？

他们不知道，海岸边迎接他们的是美酒还是弓箭？他们不知道上岸之后的命运，更不知道还能否回到故土？

他们心里有无数的问号，等待着去逐一解开。

个人的命运、国家的未来，在他们脑海里翻腾交织。这一刻，他们或许会想到很多人，比如张骞，比如苏武。

也许，他们尽情畅想过收复失地、建功立业的美好未来；也许，他们在内心深处也有过疑惑，甚至质疑这样的使命，只不过作为朝廷官员，他们没得选，也选不了。

他们有兴奋、新奇，不过更多的是焦虑、不安。

海上，起风了。

很快，风势越来越大，夹杂着豆大的雨点砸向海面。狂风巨浪中，这叶扁舟随风浪上下起伏，似乎随时可能倾覆。所有的人只有紧紧抱住桅杆，才能勉强保持身体的平衡。

许久，风雨渐渐平息，他们过了一道鬼门关。

只是他们不知道，这仅仅是苦难的开始。他们更不会知道，这趟旅程最终开启的，是王朝覆灭、生灵涂炭的悲惨结局，留给后世的将是千百年难以抹去的耻辱记忆。

船刚刚靠岸，他们便落入金军之手。

为严守机密，马政等人即使钢刀在颈，还是咬紧了牙关，没有暴露使节的身份。他们自称宋朝客商，前来购买马匹且需求量巨大，希望能拜见大金天子。

金军将领半信半疑，却也不敢擅自处置，便将马政一行当作细作捆绑起来，用囚车押送金国的上京。

一路上，马政等人没少遭罪，不仅路途遥远，饥餐渴饮，还要忍受金军的马鞭和羞辱。好在，押送的军卒并不敢杀他们。毕竟，他们是宋人。在此时的女真人心目中，那个遥远的、富庶繁华的中原王朝，还是令人向往和敬畏的。

在上京，马政等人终于见到了金太祖——完颜阿骨打。

这时，马政才亮明大宋使者的身份。

对于宋使的到来，阿骨打君臣非常惊奇，他们毫无准备。对于大宋，阿骨打也并没有太多的了解，更没有实际的接触。不过，对于这些突然闯入者，阿骨打还是给予了高度的礼遇，也几乎是最高的礼遇。

作为宋使，马政转达了中原天子对大金天子的问候，并表达了大宋的三点希望：希望与金国结盟；希望两国共同举兵夹击灭辽；希望灭辽之后，大宋拿回燕云汉家故地。

宋朝的三点希望，让阿骨打非常诧异，他立即召集众臣商议。

此时，辽国虽然被打残了，但依然老大不倒，如能够结盟中原王朝，南北夹击大辽，这是天上掉下来的好事，没有理由反对。至于所谓燕云汉人故地，离他们实在太过遥远，以他们此时的认知，那么遥远且陌生的地方，根本没有太多吸引力，宋人愿意拿回去，那就拿回去好了。话又说回来，那些地方现在还在契丹人手里，拿别人的东西换个现成的盟友，何乐而不为呢？

对于金国君臣来说，做出决策并不困难，甚至很愉快。

很显然，与马政等人的初次会面，给阿骨打留下了很好的印象。此后，他始终对大宋抱有足够的善意，应该就是源于这良好的第一印象。

结盟没问题，夹击灭辽更没问题。不过有一条，阿骨打说得很清楚：想要拿回失地，就要出兵，凭实力攻下这些地方。潜台词也很清楚，大宋不能耍嘴皮子，想吃现成的，那不可能。

这倒不是他对女真军力不够自信，迫切需要借助外援，而是源于一种生活和思维的习惯。此时，女真人虽已建国，但君臣上下依然保留着浓浓的部落生活习惯，想要分享猎物，就必须参加狩猎，这是他们生来就懂并世代遵循的道理。

双方商谈的细节，早已湮没在了历史里。不过，很显然，谈判很顺利。仅仅数日后，阿骨打便派出了回访使节。

金使也是位汉人，可能是降金的辽国人，李善庆。

或许是马政主动提出，也可能是金人的要求，宋使中有数人被留在了金国上京以示诚意。

公元 1118 年十月，马政、呼延庆陪同李善庆返回大宋。

三个月后，金使到达东京城。

出于保密的考虑，宋朝方面并没有大张旗鼓地接待金使，虽然给予了很高的礼遇，但都是在秘密状态下进行。值得一提的是，徽宗并没有召见金使，更没有出席欢迎金使的国宴。

外交上，相互对等是最基本的原则。徽宗这么做，是不符合外交规矩的。要知道，阿骨打不仅多次接见马政等人，还数次亲自设宴款待宋朝使团。

这是个明显的信号，充分体现了宋朝君臣的复杂心态：他们既想结盟金国，借女真之势夹击辽国、拿回失地，又天然地、不自觉地带着优越感，觉得自己的地位远远高于女真人。这种不切实际、盲目自大的心态，在宋与金的交往之中始终存在。深究起来，这正是宋朝后来外交上政策摇摆、昏着迭出、事故频发的心理根源。

既然要友好合作，就得平起平坐，这是起码的诚意。想要拉开层次、高高在上，也不是不可以，前提是实力足够。如果实力不够，甚至力不如人，还要硬装大个儿，最终的结局不会太美妙。

在这个问题上，徽宗与阿骨打相比，高低立现。

有人说，阿骨打之所以接见并宴请宋使，是出于北方民族固有的豪爽性格和不拘小节。这方面原因应该有，但如果仅仅这么看，那就太小看阿骨打了。

要知道，阿骨打是大金王朝的开国者、太祖皇帝，不世出的女真大英雄。这样的人，自是有着胸怀博大的气度和吞吐天地的志向，做人行事，不会拘泥于繁文缛节，更不会被俗套束缚。他之所以厚待宋使，根本上是他敏锐地意识到，这是个巨大的机会，值得他做出有足够诚意的姿态。即使在此之前，他可能根本没想过这个问题，但当问题突然出现时，他能迅速地因势利导，为我所用，抓住主动权，这就是雄主的气概和手腕。

相比之下，坐拥泱泱华夏的徽宗，实在太小气了。

这样的人，不胡乱折腾，萧规曹随，无为而治，做个太平天子就是福气了。居然还想着逐鹿天下，收复失地，建立万世不易之功，自讨苦吃，灰头土脸，注定是难以避免的结局。

蔡京、童贯主持了与金使的谈判。

李善庆明确转达了阿骨打的意思：同意金、宋结盟；同意夹击辽国；同意宋朝拿回燕云失地，前提是宋军自己打下来。

这些都是原则性的意见，双方都没有异议。谈判很顺利，宾主双方很愉快。只不过，这种粗枝大叶的谈判，遗漏了太多的细节，为日后埋下了祸根。

当时，女真刚刚建国，朝政还处于初创阶段，又是结盟的被动方，细节上考虑得不够深入，还在情理之中。大宋作为中原王朝，有着丰富的外交实践和经验积累，又是结盟的发起方，却在谈判中忽视细节，就十分不应该了。徽宗君臣的昏庸，至少是平庸，也就暴露无遗，无可辩驳了。

比如，有个致命的细节就被忽略了，即燕云的实际范围到底包括哪些地区。

在宋朝这里，所谓燕云失地，在燕云十六州之外，还包括营、平、滦三州，前十六州是石敬瑭割让给契丹人的，后三州是更早期契丹人从唐末幽州藩镇刘守光手里夺取的。徽宗君臣想当然地认为，这些都是契丹人占领的汉家故地，都要一并拿回来。

女真人对这个问题也没有深究，可能是他们的王业刚起步，还偏居东北一隅，对燕云地区缺乏直观的了解，对其重要性也缺乏足够的认识。

谈判的结果，被迅速报给了徽宗。

徽宗很高兴，宣布改元庆祝，将年号由重和改为宣和。这时的徽宗绝不会想到，这将是他最后一次改元，宣和将成为他的帝王生涯最后的年号，并将与耻辱深深绑定。这些都是后话了。

当年三月，徽宗派朝议大夫、直秘阁赵有开为正使，武义大夫马政、忠翊郎王环（登州知州王师中之子）为副使，陪同金使李善庆，再次出访金国。

很显然，这次使团级别有明显的提高。初次出使，马政、呼延庆等人都是地方官员，还带有试探性质，这次的正使是京官，更符合国家使团的定义。

在使团正式出发前，马植站了出来。

他对一个关键细节提出了异议。

异议的焦点在于外交礼仪。

蔡京等人固执地认为，女真虽已建国，仍不过是蛮夷而已，阿骨打充其量相当于中原的节度使，对他们使用诏书即可。

马植对此坚决反对，他主张平等看待金国，使用正式国书，既表示对阿骨打的尊重，也更能体现结盟的诚意。

争论的结果，马植输了。使团带着诏书出发了。

马植只能苦笑。

实际上，徽宗君臣关于马植的任用，也值得玩味。按理说，马植是宋、金联盟最初的提议者，他熟悉女真的情况，且与阿骨打等人有交情，由马植领衔出使，应该最合适不过了。尽人皆知马植苦等这天久矣，是绝不会推辞的。可马植却被晾在了一边，不仅无法出使，连他的建议也被置之不理。

说起来，原因很复杂。

这里面，夹杂着朝廷的权力斗争。要知道，马植毕竟是童贯推荐的人，就冲这一点，就一定会有人反对马植出使。眼看宋、金结盟已是弦上之箭，巨大的功名就在眼前，他们不会再给童贯往脸上贴金的机会。对此，童贯即使心知肚明，恐怕也是无可奈何。

这里面，还有个华夷之辩的问题。说到底，马植虽为汉人，但毕竟生在辽国、长在辽国，事到临头，朝堂上的质疑之声是不会少的。用人之策，疑人之心，徽宗君臣还是小家子气了。

没想到的是，使团离京不久就出了变故。

当使团行至登州，准备渡海之时，正使赵有开染疾病故。正当宋朝准备更换人选的时候，辽国方面又传来消息，说是辽、金和谈成功，双方罢兵修好了。

接连的变故，让徽宗君臣好一阵手忙脚乱。最后，宋朝在没有核实辽国信息的情况下，下令使团停止出访，仅委派呼延庆护送李善庆返回金国，所带诏书也换成了徽宗的亲笔信。

毫无疑问，相比较首次不远千里找上门，宋朝这次表现出来的诚意，只能用清汤寡水来形容了。

金使返回上京后，得知原委的阿骨打大为光火，对呼延庆的解释毫不理睬，直接将其扣留军中达半年之久。

实际上，在与宋人接触的同时，阿骨打确实在和辽人谈判。

他接受了谋士建议，即：新立之邦必须先得到大国的册封，如此方能国祚绵长，江山永固。由此，阿骨打遣人到辽国请求册封。

这原本是天祚帝的好机会，他可以借机与女真修好。没想到，辽国君臣讨论了许久，竟是册封阿骨打为东怀国皇帝。辽人耍的小心眼，让阿骨打这个正牌的大金皇帝十分恼火，彻底放弃与辽国的和谈，金军也再次大举攻辽。

对辽、金的这些事，徽宗君臣两眼一抹黑。知己知彼，方能百战不殆。既然要逐鹿天下，又怎能如此迷糊呢？

除却情报上的滞后，还有决心的问题。大国博弈，双方胜负的关键有时就在毫厘之间，实力之外更需要坚定如磐的决心，又怎能如此三心二意呢？

为收复燕云，徽宗君臣处心积虑多年，既然要联金灭辽，形势刚有点变化就退缩回去，国家大计又怎能如此首鼠两端？

这样的大宋，真让人有些哭笑不得。

宋人反复无常的糟糕形象，就此在女真人心里扎了根。

野心家梦想成真

公元 1119 年十二月，阿骨打放回了呼延庆。

临别之际，阿骨打郑重告诫：联盟攻辽是宋朝主动提议的，原本就不是金国的本意，大金完全可以独自灭辽，起初答应结盟不过是出于两国友谊的考虑。然而，宋朝出尔反尔，让大金受到了怠慢，感到了侮辱，结盟之事再斟酌吧。

阿骨打此番诛心之论，与首次见面时的热忱相比，已是天壤之别。话虽然刺耳，却是实情，更没有失实或夸大的成分。

当然，阿骨打也没有把结盟的大门关上，而是虚掩上了。他这么做无可厚非，说到底他有这个实力。这两年来，金军与辽军的作战更加顺利，天祚帝已成惊弓之鸟，在金军的追击下东躲西藏，惶惶不可终日。如果说，灭辽以前只是女真人的梦想和口号，如今已渐成现实，触手可及了。

树已长成，花期已过，果实累累。这时候宋人想来帮忙摘果子，却又没有太多诚意，这怎么能行呢？

不过，对于庞大的中原王朝，金国君臣还是有几分忌惮的。这忌惮，有对华夏数千年传承的敬畏，有对中原繁华富庶的向往，不过更多的还是源于对大宋实力的未知。

作为杰出的猎手，在没有完全摸清对手虚实的情况下，保持足够的谨慎十分必要。正因为如此，阿骨打即使十分不满，却依然保留了结盟的可能。

这下，大金把球又踢给了大宋。

收到呼延庆带回的消息，徽宗君臣有些惶恐地接过了球。自此开始，他们再没机会主动发球了，发球权掌握在了女真人手里。换句话说，在宋金结盟的问题上，宋朝彻底失去了主动权。

酝酿近十年的结盟，一朝丧失了主动权。

如果是寻常之事，丧失主动权也就罢了。问题是，眼看着金军摧城拔寨，摧枯拉朽，所有人都意识到，辽亡金兴已是大势所趋，无论是否愿意，与女真人打交道已成必然。

结盟，女真就是朋友；不结盟，女真就可能是敌人。

很显然，徽宗君臣不想得罪女真人。

缓过神来，次年二月，宋朝再次遣使出访金国。这次，大宋不容有失，徽宗也没再犹豫，直接选定马植为使。

接到任命的马植感慨万千，泪流满面，从公元1111年夜会童贯，迁入东京，冬去春来，寒暑易节，转眼九年过去了。

马植立即上路，怀里揣着徽宗的亲笔信。

使团出发时，元宵节刚过，东京城内仍是一派节日的景象。

元宵节，灯山上彩，锦绣交辉，对于爱热闹的东京市民来说，这是一年中最开心的时光。王侯权贵、富家大户们，饮酒赏灯，猜谜填词，尽情地欢愉，好不快活。

街头巷尾、汴河两岸，人们传唱着欧阳修的《生查子·元夕》

去年元夜时，花市灯如昼。

月上柳梢头，人约黄昏后。

今年元夜时，月与灯依旧。

不见去年人，泪湿春衫袖。

汴河两岸自是熙熙攘攘，热闹非凡。对于寻常百姓来说，更在意的是家人团圆。人们流连于汴河码头，这是在外亲人回乡上岸的地方。这些从天南海北归来的人，有在外营商的买卖人，有戍守边疆的士卒，有云游天下的好汉，等等，每个人的脸上都挂着喜悦和兴奋。回家，总让人满心期待。家，永远是人生的方向。

有归来的，就有远去的。有回家的，就有离家的。

对于马植来说，这趟出使，既是离家又是回家。离的是东京的家，回的是辽国的家。

这样的行程，注定意义非凡。

这日清晨，从东京城走出了一支不长的队伍，三十来人。这些人全是客商打扮，不过从他们庄重的衣着、精良的马匹来看，又远非一般商客能比。出城后，他们绕过热闹的汴河码头，找了条小路，避开人群，径直来到汴河下游的野渡口。

在这里，有一艘大船泊在岸边，船头立有一人，正凭栏远望，见队伍走近，便下船来迎接。此人正是童贯。

这群客商，正是朝廷派往金国的使团。因城内有大批辽国客商往来，还不时有辽国使节来访，为避免走漏风声，使团只好如此乔装打扮。

兹事体大，徽宗不能亲授符节，便令童贯在汴河边为使团把酒壮行，务求与金国结盟成功。

马植跨马走在队伍最前面。如今人们多称其赵良嗣，后来他官拜龙图直学士，人们也称其赵龙图。

此刻，他身负大宋天子皇命，担任出访金国的正使，内着衮袍，身跨骏马，飞驰在东京郊外，不由得感慨万千。从他脑中灵光乍现般闪过妙计，到去见童贯并来到东京，从被徽宗数次召见，再到衔命出行，其间经历了多少辗转反侧，又历经了几多煎熬难耐，辛酸荣辱又有几人知？

这些年，马植过得很不容易。

年华渐渐逝去，两鬓白发丛生，过往的雄心碎了一地，除了坐看庭前花落，他竟没有丝毫的办法。这样的无奈，对于一个志在天下的人，又是怎样的煎熬？

有时候，他甚至有些后悔了，后悔想出如此计策，后悔直接去见童贯，后悔举家迁入东京。但更多时候，他仍然无怨无悔。或者说，他更愿意无怨无悔，只有这样，付出的一切才有价值。

夜半时分，马植也曾扪心自问，虽是汉儿，但毕竟是辽人，祖上世代受辽国恩惠，为何却要献上如此之策？难道只是为了报复政敌，只是为了求取富贵？不，这些是原因，却不是根本原因。挖到内心深处，起初只有四个字——不甘平庸。

不甘平庸，说来容易，却是人世间最大的志向。

人生一世，草木一春，几十年的岁月，匆匆即过。多少人曾经凌云的志向，被现实的生活磨得破烂稀碎；多少人曾经冲天的豪气，被五斗米的困境逼得无处躲藏；多少人曾经高昂的头颅，被官大一级的上司压得唯唯诺诺。

生活竟像顽皮的魔鬼，所做的这一切，都是为了让人屈服，让人接受现实。可当你真屈服了、认命了，却并不能换来魔鬼的赦免，反而可能会带来更多的戏耍和折磨。

有人看清了生活的本质，选择了不被戏耍，选择了不甘平庸。

不甘平庸，就是不屈，就是抗争，就是无论生活如何做鬼脸，永远怀揣梦想，永远高高昂着头。古往今来，这四个字不知激励了多少人，让多少人熬过了寂寂无闻的时光，历经岁月的搓揉始终不放弃、不认命，最终拥有了灿烂的人生。当然，这里的灿烂没有加上道德的标准，只是客观的存在。

马植的不甘平庸，要的就是灿烂的人生。

他自幼饱读儒家经典，最佩服那些名垂青史的大英雄，梦想着自己也能建立封狼居胥、流传千古的不世功勋。对那些史书中惊鸿一瞥、不入流的小人物，多是不屑一顾。

只是，随着年岁渐长又历经宦海浮沉，他才发现，人生何其短，仕途又何其难，几十年的奋斗，他仍不过是个小角色。更重要的是，在辽国的官僚体制下，以他的出身和家世，即使官复原职，日后也未必能入中枢，更别提出将入相、青史留名了。换句话说，他的人生路几乎一眼就看到了尽头。

回望人生，他深刻意识到，自己曾经多么年少轻狂，居然还看不上那些史书中的小人物和匆匆过客。现实对他来说，别说不世功勋了，能否在史册中留下名字都未可知。认识到这样的现实，让他沮丧不已，黯然神伤。

他不甘心碌碌平生，更不愿意被岁月彻底湮没。他想做主角，成为那种千百年以后，依然被人口口传颂、津津乐道的大人物。这个念头，在女真崛起后，更加强烈了。他预感到天下就要大变，他不想苟活在即将到来的乱世里，更不想枉死在无名小卒的刀下。那样的话，别说千年，就是百年后，哪怕是他的后人也未必还记得他，知道他曾经存在过，有过几十年鲜活的人生。

就这样，推动宋朝与女真联盟、夹击灭辽的妙计，横空出世。

宋、辽、夏三国，鼎立并存已逾百年。

马植的计谋，牵一发而动全身，关乎天下乾坤，千万人的命运。很显然，此计一旦实施，就是个巨大的舞台。而这个舞台，由他的天才想法而起，他是当仁不让的主角。

东京城里的日日夜夜，无论多么焦虑不安，无论多么惆怅彷徨，每每想到这里，他就坦然了。为了实现梦想，付出再大的代价，经历再长的等待也值得。他等，苦苦地等，艰难地等。

如今，终于迈出梦想成真的关键步伐。

人生最美妙的事是什么？

也许，是梦想成真吧。

当大宋使团成行，马植踏出东京城，梦想就在渐渐变成现实。

虽然之前马政、呼延庆曾到访大金，但结盟的事并没有敲定，反而横生枝节，双方徒生嫌隙。历史最终还是将机会留给了马植，此番马植临危受命，正是要将双方拉回谈判桌前，让结盟大业重上正轨。

想来，这个扭转乾坤的妙计由马植最先提出，如今又由他去力挽狂澜，仅此一点，就注定青史留名了。这也是马植划定的人生底线。在这个意义上，他已经成功了，后面的一切都是红利。

这国与国就像人与人，一见钟情不容易，破镜重圆则更难。如今女真对大宋有了芥蒂，结盟之路注定不会平坦。有人还为此劝过马植，劝其不要接这个差事；有人还说，女真人粗鄙不堪，此行可能会搭上性命。说这些话的人，站在不同的立场上，有人出于善意，有人出于嫉妒，还有人则是人云亦云。

这些话根本入不了马植的心，这样不咸不淡的话，他听过太多太多了，早就无感了。不是马植看不见困难，而是无论怎样的艰难，他早已不去考虑。或者说，他倒是乐见有这些困难，如此方能突显他的独特价值。

再想想，他自己编的戏、自己搭的台子，却在台下苦苦等待多年，如今终于有机会登台演出了，还会考虑演出的困难吗？不会的。再难他都义无反顾，再难他都乐在其中。

往前走，享受追梦的过程，哪怕赔上所有，甚至搭上性命也在所不惜。有时候，梦想实现的过程甚至比梦想本身更美妙。

正因为有如此超然、豪迈的心态，虽然身为正使，肩负重任，马植却没有任何负担，没有恐惧、不安和疑惑，只有期待、兴奋和痛快。

是的，就是痛快。

马植，远远望见了童贯。

他只是礼节性地朝童贯挥挥手，并没有快马加鞭，仍保持着既定的速度。很显然，这是有些怠慢的，不过马植并不在意。

在东京这些年，童贯也好，徽宗也罢，他都有些看透了。

尽管他们一直在笼络他、照顾他、勉励他，给他华服美宅、高官厚禄，但在内心里，马植并不感激他们。他很清楚，无论他说得如何天花乱坠，在徽宗君臣心里，自己不过是为他们攫取功名的马前卒。

看清楚这点，马植并不沮丧。君臣上下、同僚之间，原本就是相互利用，各取所需，如此而已。那些所谓的君臣大义，志同道合，不过是拿来蛊惑热血沸腾的年轻人。对马植来说，两鬓的白发就是沧桑的见证，他对这套说辞早已无感了。

为实现心中宏愿，他甘愿做个马前卒。不过，话说回来了，在实现梦想的道路上，谁是马、谁是卒，恐怕还得走着瞧。

本质上，徽宗、童贯与马植，他们互为工具。

是的，包括徽宗在内，都是马植实现理想的工具。

以天子为工具，看上去不可思议，可自古以来这样的人还少吗？稍稍拉长历史来看，秦王嬴政是不是吕不韦的工具？宋朝神宗是不是王安石的工具？明朝万历是不是张居正的工具？

想要建立功名，就得有工具，而最好的工具，就是人。以什么人为工具，决定着建立怎样的功名，也决定着有怎样的风险。

以天子为工具，谋的就是天下。这样的功名，是最大的功名；这样的风险，也是最大的风险。功名固然令人垂涎，可风险也让人望而却步。

很多人可能很难理解马植这样的人，他们宁愿放弃轻松舒适的生活，去历经万般艰难，甚至上刀山下火海，图什么呢？

也许，起步的时候是不甘平庸，是追逐理想，可渐渐地扭曲了，野心成了最大的动力。

是的，野心，野心家。

无论怎样隐藏和包装，马植这些人本质上都是野心家。

人生而有欲望，合理的欲望是理想；理想超出公序良俗的边界，就成了野心。以实现野心为生命终极目标，不管不顾，不择手段，便是野心家了。

很多野心家看中的，不仅是权力和财富，还有王朝和史册；他们谋取的，不仅是精彩人生，还有历史地位；他们追求的，不仅是万民敬仰，还有对苍生、民族和国家，乃至天下的主宰感。那种天下尽在手中，万民悬于一念，是他们最为向往、最为沉醉的终极人生体验。

这样的人，历史上大有人在。无论成败与否、道德与否，他们的确推动甚至改变了历史进程，甚至是关键节点的关键人物。

这便是马植立下的人生目标。

这样的人生目标，更多是宦海浮沉的产物。

马植历经大辽、大宋，走过了，看遍了，也悟透了。

无论辽还是宋，都是一样的官场；无论契丹人还是汉人，都是一样的官员。换句话说，官场和官员是不分国界、不分民族的，只分大和小、显赫和卑微，这点到哪里都一样。

就拿官员来说，除却时间空间、语言风俗、服饰外貌等，宋、辽的官员按出身大体都可以分为三类。

第一类，皇室宗亲，这些人含着金钥匙出生，生来就高官得坐，骏马任骑，不用争、不用挤，安闲自得，富贵自相随。

第二类，王侯将相，这些人有祖上余荫庇护，有家族人脉扶持，只要稍稍花些心思，但凡肚里有点墨水，便能高官厚禄。

第三类，寒门子弟，这些人无权无势，无凭无靠，唯有发奋苦读，勤学苦练，拼着才学、时运在千万人中脱颖而出。

单论才学，这第三类人，说是人中之龙的俊杰、万里挑一的俊才，也毫不为过。然而，仕途最艰难、走得最心酸的也是他们。综合起来看，马植与他们更类似，也更能感同身受。

这些人闯过科举的独木桥，也不过是赢得与前两类人成为同僚的资格。他们终其一生的奋斗，也不过是成为第一类人的心腹、第二类人的盟友。那些最成功的，也不过是让子孙后代成为第二类人。唯仕途崎岖，宦海难行，又有几人梦想成真呢？像欧阳修、范仲淹这样寒门出身，而最后位极人臣、名震天下的，少之又少。

很多人在巨大的官僚体制下，激情、才情和梦想都渐渐磨损殆尽，为了俸禄、名利、女人，迷失了自己。很多人直到垂垂暮年，行将就木，仍念念不忘当初金榜题名的荣耀，那才是一生最高光的时刻，以后的宦海生涯，不仅乏善可陈，更是充满了屈辱、枯燥、绝望、无助。

从这点来说，马植及时看透了、明白了，又是多么的幸运。

很多官场之外的人不明白，官员为什么要不择手段往上爬？为什么要争名夺利？为什么要斗个不停？为什么非要当主角？他们不理解，也不认同。难道岁月静好、平平淡淡的不更好吗？

甭说别人，就连马植也这样想过，甚至还这样做过。他曾时常求教黄老之学，让自己修身养性。

可后来，他深刻领悟到，官场真不是修身养性之地。

官场，人世间最大的名利场。

人在官场，官位就是权力，官位就是等级，官位就是待遇。这绝不是一点俸禄、几两银子那么简单，权力、等级和待遇，不仅决定你的生活，更决定你的自由。生活姑且不论，自由呢，也能不论吗？

都说做官之人，身不由己。这话不假，可做官之人的自由，却又是那般真切地存在，又岂是小民可知？官员的自由各式各样，最大的自由，就是运用权力的自由，大官有大官的自由，小官有小官的自由。小官运用权力的自由，关系几个小民的生计；大官运用权力的自由，则关系朝廷的治废；再大些的官，关系的就是天下的兴亡了。

有自由，就有束缚；有自由，就有陷坑。

一入侯门深似海，官场从来都是险象环生。

入了官场，却又想宁静致远，淡泊远志，能行吗？当然不行。树欲静而风不止，别说同僚不容许，他们会架着你，拱着你往前走，你不走就挡人家的道，招人家的嫉恨。

还有身边的亲人，也未必能容你无所事事。就算亲人能包容，还有世人呢？世人巧舌如簧，唾沫横飞，口里乾坤，更是威力无边。若是官职低微，无权无势，那很容易成为世人攻击的靶子。你可以解释，这是因为自己淡泊心性，与世无争。

问题是，这样说可以，但有人信吗？在世人心里，这些都是托词，终究是你无能，不是不争不抢，是争不到、抢不过而已。

佛争一炷香，人争一口气，或许官场之人体会最深刻。就算知道争也未必能争到，但是多数人并不敢停下，至少要保持争的姿态，以平息世人的流言蜚语。

宦海多年，正是认清了官场本质，马植才会不顾一切。这看似鲁莽，实则是精明算计后的理性。他算明白了，既然必须要争，那就争大的，争得轰轰烈烈，争得惊天地泣鬼神。

汴河边，童贯代表天子，为马植把酒壮行。

当年卢沟畔秉烛夜谈，今日汴河岸举杯践行，这一北一南两条大河，中间隔着多年的时光，物是人非，涛声依旧。

孔子曾独立大河边感慨，逝者如斯夫，不舍昼夜。从此，无数的英雄豪杰、无数的文人墨客在人生的关键节点，对着奔腾的大河，感慨着孔子的感慨，悲悯着自己的悲悯。

是啊，奔流不息的河水，无情逝去的岁月。

此时此刻，两人的内心都充满了感慨和嗟叹。昨夜纸上谈兵，今日画猫成虎。多少个日夜，他们谋于密室之中，谈在厅堂之上，反复推演，仔细斟酌，所为正是今日之行。

这年童贯已是 66 岁，花甲已过，年近古稀；马植的年纪不详，想来也是人到暮年了。他们都很清楚，人生走到这个阶段，联金灭辽将是余生最大的事了。

这杯酒里夹杂着太多东西，有欲望、有野心、有功名、有富贵、有生死、有无常，有他们希望的，也有他们恐惧的。

多说无益。

童贯、马植同时举杯，一饮而尽。

马植拱手施礼，登舟远去。

河岸边，童贯挥手送别。

舟行许久，童贯依然独立岸边。没有人知道，他此时内心在想些什么。这些年来，这天下沧海桑田，翻天覆地，曾经笃定无疑的联金灭辽的未来，此刻他还那么坚信吗？对可能出现的巨大的危险，他没有丝毫警觉吗？

也许，他早就后悔了。

作为臣子、作为宦官，他已是富贵白头，又是如此年纪了，还折腾什么呢？

只不过，他虽是挽弓之人，可这离弦之箭，他也奈何不得。

接下来，只能看天意了。

辞别童贯，马植率使团乘舟而行。

水路之后，再上马走陆路。

大约一个月后，使团抵达山东登州。此次出使，大宋境内的路程，登州便是终点了。马植等人将在这里稍做休整，然后换乘海船，横渡渤海前往辽东。

登州，位于京东东路，是一座毗邻海滨的小城。

北宋海上贸易十分发达，瓷器和丝绸远销海外，不过港口主要集中在长江以南的宁波、泉州等地。登州在黄河以北，虽然临海却并不繁华，在宋朝的版图上是个不起眼的小地方。为结盟女真，朝廷多有大员出入，让这座小城陡然热闹了起来。

从登州望去，苍海茫茫，以前对岸是大辽，如今换成了大金。

海岸边，知州王师中早已备好了大船。这次是朝廷正式派的使团，不能再像前几次一样乘渔船过海，那样的话有失朝廷体面。

这是当时最先进的远洋帆船。船身长三十多米，载重二百多吨，尖头方尾，船身扁阔，舷侧板为三重木板，船底板为二重木板，共有三桅和十三间水密隔舱，这样的船身结构，能够有效抗击疾风巨浪，可做长时间、长距离的海上航行。

选定良辰吉日，马植率使团登舟。在王师中的带领下，登州的高级官员集体来到码头，为使团送行。

这天，碧空万里，风和日丽，海面平静如镜，是个出海的好日子。但所有的人，无论离去的还是送别的，都神情严峻，不苟言笑，似是背负着万钧重担。这场景，倒有几分生离死别之意。使团里的年轻人也被这样的场景惊住了，他们原本因为初次登舟渡海而兴奋不已，这时也安静了下来，有人还偷偷抹起了眼泪。

众人同时举起酒杯，心里都在默念一句唐诗：劝君更尽一杯酒，西出阳关无故人。此去大宋渐渐远矣，福祸就看天意了。

马植屹立船头，向送行的众人、向大宋国土拱手作别。

乘风破浪，使团渡海而去。

谢天谢地，海上虽遇到风暴，还算顺遂。

使团在辽东上岸，被金军俘获后，再辗转千里抵达上京。

在上京，太祖阿骨打热情接待了马植，几番大醉和几次狩猎之后，双方恢复了正式谈判。如此看来，马植所言非虚，他与阿骨打确实有些交情，算得上是旧友。

马植献上徽宗的亲笔信，那华丽清秀、飘逸脱俗的笔体，让习惯了粗糙、质朴的女真人啧啧称奇，甚至有些目眩。徽宗的信上说了三层意思，坚持与金结盟；灭辽后收复燕云汉家旧地；给辽的岁币转给金。

对第一条，女真人没有意见；对第三条，女真人笑得合不拢嘴；对第二条，就有问题了。徽宗的字确实漂亮，却没有对燕云地区做出明确界定，只是笼统写成燕京并所管州城。

于是，关于这汉家旧地的实际范围，双方展开了激烈争论。

马植坚持认为，所谓汉家旧地，就是燕云十六州再加上燕京以北的营、平、滦三州，一个都不能少。这个范围是宋人约定俗成的认识，并且认为女真人也是应该知道的。

女真方面，随着金国越发强盛，占领的土地越发辽阔，对燕云地区的认识和先前早已大不一样，就算知道宋人的心思，此刻也开始装糊涂。他们抓住徽宗信上的疏忽，认为所谓汉家旧地，只是燕京附近几个州，不仅营、平、滦三州不算，就是云州（今山西大同）等地也不包括在内。

如此看来，双方差距实在太大了。马植就是孔明再生，也无法舌战女真群臣。阿骨打的态度很坚决，虽然经常宴请马植，却不会与他谈及任何具体议题。经过几番历练，阿骨打也更明白君主在双方谈判中的超然地位了。换句话，阿骨打只负责定方向，不负责谈细节，马植的旧交之情没了用武之地。

经过艰苦的谈判，双方搁置争议，达成协议如下：

金军攻辽中京；宋军攻辽燕京，攻下即归宋；燕京以北三州及云州等地，根据战事再做结论；宋将给辽的五十万两的岁币，转送给金。

十年磨一剑，马植此行，谈了个不好不坏。

好的是，将女真人拉回谈判桌，双方达成了结盟的协议；不好的是，燕云地区的界定和最终归属问题，出现了巨大分歧。

带着谈判结果，马植昼夜兼程赶回东京。

听完奏报，徽宗这才知道，他扬扬得意的御笔恰是作茧自缚。

徽宗很快回过味来，再次派使节出访金国。

很显然，马植让徽宗有些失望了，再次被冷落一旁。这次改由马政为正使，并带上了正式国书。大宋在国书上，明确表示要收回燕云十六州及燕京以北三州。这是双方谈判的焦点。

阿骨打对马政印象不错，给予了很高的礼遇。不过，在燕云的具体范围上，他的态度非常强硬，寸步不让。谈判陷入僵局。最后，阿骨打明确表示，宋方要价太高，只有解约了事。他还特别强调，即使是燕京，宋军也必须按约出兵攻下，才能据为己有。

即使马政费尽心机，极力去争去辩，也无济于事。很显然，他已经尽力了，这不是他的问题。

在外交上，从来都是实力至上。那些唇枪舌剑的谈判技巧，不过只是皮毛功夫。换句话说，过于强调技巧的外交，恰恰是因为实力不够。所谓大国不尚权谋，真正有实力的，有时候反倒不要权谋、不玩技巧，直来直去就是最好的策略。

如今，在强大的实力支撑下，大金有足够强硬的本钱。

客观地说，这时候指责女真人是没有道理的。作为同盟的发起者，宋人没有在一开始就明确燕云地区具体包括哪些州县，这是个不容原谅、极其愚蠢的严重错误，也为后来的宋、金争执埋下了巨大祸根。

也有种说法是，阿骨打在最初与马政等人交流时，曾口头上答应过宋方要求的所有地区。那时候，他刚与大宋接触，对宋朝的军事实力和行为方式还缺乏了解，对燕云地区还缺乏认识，更不清楚其在战略上的重要价值，做出这样的表态，也是有可能的。

不过，话说回来了，即使阿骨打确实曾口头应承过，也不能成为指责他的理由。如此军国大事，即使白纸黑字，立字为据，国书为凭，尚有可能出现反复，又怎能以口头应允为准，这岂不是太儿戏了？

这时，再想想徽宗那妙笔生花的亲笔信，能让人说什么呢？

站队的艺术

消息传回东京，朝野上下一片哗然。

事情很清楚了，如果就此与金国结盟，背叛百年盟友，兴兵北伐攻辽，不仅岁币丝毫没少，还只能拿回部分失地。

众人不禁要问，这样的结盟，还有必要吗？

实际上，对这件事，朝堂上自始至终都有不同声音。

赞成方，以蔡京、童贯、王黼为主。

不错，尽管童贯是事件发起人，在朝廷扛大旗的却是蔡京。这倒并非童贯自谦，而是他扛不起来。

虽然靠着徽宗宠信和西北军功，童贯取得了旁人难以企及的高位，但由于出身宦官，加上为人跋扈，他的声誉颇为不堪，在对抗文官时明显处于下风。很多官员不屑与他论事，更不屑与他为伍。说到底，童贯权势有余，但朝堂上的实际影响力有限。

所谓权势，是个虚虚实实的东西。有些人看上去权势熏天，本质上却是个纸老虎，只要有强人轻轻一戳，便现了原形。权势想要做实，不在于表面的风光和嘴上的喧嚣，而在于自上而下的核心班底，一声令下，上下贯通，这才是真正的权势。

无论在朝堂上还是军队里，童贯的权势都严重注水了。朝堂上，他无法团结文官；军队里，他也没有核心班底。

蔡京则不然，他是历经神宗、哲宗、徽宗的三朝元老，在徽宗朝更是常年为相。他经历王安石变法后，逐步成长为新党领袖，门生故吏遍天下，心腹党羽满朝堂，在朝政上有一呼百应、一言九鼎的分量。很显然，这种分量不是童贯可以相提并论的。

论起蔡京和童贯的关系，虽然当年蔡京由杭州复出，借助了童贯之力，但之后更多时候，正是由于蔡京在朝堂的上下疏通和全力保障，才有了童贯在西北军中的如鱼得水。

不错，蔡京是水，童贯是鱼。水没有鱼，水还是水；鱼没了水，那就很快化成了烂泥。

这些年来，童贯虽然越发膨胀，对待蔡京也早没有了当初的恭敬，却始终不敢太造次，正是因为他也明白这鱼与水的道理。

无论是否情愿，这联金灭辽的旗手，童贯只能让给蔡京。

至于蔡京，他对这件事的态度则很值得玩味。

起初，蔡京未必看好联金灭辽之策。以他多年的政治经验，自然能认识到这背后巨大的不确定。在政治上，不确定就意味着风险，巨大的不确定就是巨大的风险。

经验丰富的老官僚们，无论嘴上如何慷慨激昂，骨子里多是求个安稳，绝不会让自己置身于巨大的风险之中。他们历经风云变幻，知道很多事只要开了头，就很难掌控过程，更不要说掌握结果。多说无妨，多做无益，无所事事才是常保之道。

在马植初到东京，与徽宗、童贯等人谋于密室时，蔡京虽然听到风声，却选择了沉默。他要再等一等、看一看。事实证明他是对的，徽宗在短暂的兴奋后，还是将马植雪藏了。

直到女真人起事且势如破竹，蔡京的态度才有所转变。再后来，随着宋、金双方使节往来，联金灭辽成为朝堂争议的焦点，甚至成为一条线，以赞成或反对来划定不同阵营。

双方僵持不下，正是蔡京出马的好时机。

所谓重臣，就是关键时候站队的关键分量。

从国势来看，大辽日薄西山，大金朝气蓬勃，金灭辽已然在望。如此之下，既然大宋要站队了，蔡京自然也要做出选择。此外，站在权力的角度，他也必须拿出态度。联金灭辽一旦成为大宋国策，他就必须站出来主导此事，借此保住朝中权势，争做收复燕云的最大功臣。

换句话说，以蔡京的分量，如此大事他是躲不过去的。当然，他也可以硬躲，不过关键时刻躲开，相当于自废武功，主动放弃对朝政的影响力。蔡京虽然老了，却还不想告老还乡，他还留恋这繁华的东京城，舍不得手中这变幻莫测、翻手为云覆手为雨的权力。

还有那些政治对手们，无时无刻不想扳倒他。即使蔡京此刻反对结盟女真，对手也不会接纳他。斗了这么多年，彼此早已没有缓和的空间。

蔡京的表态没有悬念，他知道童贯的背后站着徽宗。这些年来，蔡京无论怎样权势熏天，徽宗永远握有绝对的主导权，否则他也不会几上几下了。说到底，蔡京只是宠臣而非权臣。

权臣靠实力，宠臣靠逢迎。

蔡京从来没有真正反对过徽宗，只是逢迎得快慢而已。

蔡京没得选，他只能支持并且接过徽宗、童贯递给他的大旗，当了旗手。至于未来可能的结果，已经左右不了他的决策。他想保住权势，保全富贵，只能押宝联金灭辽成功。

拿定主意后，蔡京正式上表支持联金灭辽。

徽宗立即将他的奏章发给朝臣们传阅。

蔡京闻之，无喜无悲。入仕以来，他已四任宰相，前后加起来有十几年之久。这些年来，他之所以荣宠不衰，除了靠生花的妙笔和伶俐的口齿，更多的是靠政治投机，进而渔人得利，以前是司马光和王安石，今日则是童贯和文官们。

以前两派相争，更多的只是内政，无论对错只关系到国内政局，今日则牵连上了辽、金。虽说内政连着外交，但至少还有一段距离，还有缓冲的空间，如今直接关系到国家战与和，一旦启动开来，就很难有转圜的余地了。

从权力的角度，支持童贯固然对他最有利，但从内心来说，对联金伐辽的最终结果，他并没有太多的把握，相反倒有些悲观。他毕竟主政这么多年，又在基层摸爬滚打过，这个外表繁花似锦的大宋朝，无论他多么费心费力地帮着粉饰，本质上的虚弱和弊病，他还是心中有数的。

想到这一层，他甚至有些后悔了。为了一己之私，拿军国大事做赌注，虽然这些年都是这么干的，只是这一次，他很有些不祥的预感。他反复琢磨结果究竟会怎样，却始终不得其解，或许只有老天爷知道吧。

很多时候，身处江湖之远的人，总以为庙堂之人身居朝廷高位，饱食国家俸禄，行事决策自当以国家、民族为重，自当胸怀天下、爱民如子。很多人也的确是这样说的，口口声声说得冠冕堂皇。然而，令人遗憾的是，也仅仅是说说而已。

更多时候，他们在背后算计的是自家收成几何？人们常说，商人无利不起早。诚如斯言，那这庙堂上的衮衮诸公，又何尝不是呢？商人重利，只是资本、利润而已，背后只是一家一姓之荣辱；而这些庙堂之上的人，却是将国家、民族的荣辱和千万人的生计，置于自家算盘之下。每念及此，让人不寒而栗。

再看看蔡京的年纪。马植到东京这年，蔡京 64 岁；马政初次渡海访金这年，蔡京 70 岁；到马植使金这年，蔡京已经 73 岁。人生七十古来稀。这个年纪的蔡京，相比年轻几岁的童贯淡泊了许多，更不像正当盛年的徽宗那样渴望建功立业，对他来说保住富贵，平平安安，传之子孙，才是最重要的。

一个人活到这个年纪，爬到这个高度，可以不再追求什么，却害怕任何的失去。

这种被裹挟的矛盾心态，让蔡京这个旗手显得有些名不符实。在后面的宋、金争端和冲突之中，他的态度确实有些消极，与当年那个咄咄逼人的蔡京相比，简直判若两人。换个角度看，这多少也说明了蔡京对这件事的真实看法。

对徽宗和童贯来说，蔡京只要表态支持，愿意当旗手就可以了，摇旗呐喊、冲锋陷阵的人有的是，比如王黼。

王黼，在历史上声名狼藉，北宋末年六贼之一。

六贼分别为，蔡京、童贯、王黼、梁师成、朱勔、李彦。

论年龄，王黼出生于公元 1079 年，比蔡京小 32 岁，比童贯小 25 岁。虽然同被列为六贼，但论官场资历，王黼却是十足的小字辈。如此，更显得此人不凡，至少在升官上确有过人之处。

自古以来，所有的奸臣佞臣，无论出身市井流氓还是进士及第，都有个共同的特点，那就是深谙人性，世故圆滑，善于逢迎上意，揣度帝王心思，总能准确挠到当权者最舒服的地方。

在这些人眼里，帝王无论昏聩无能还是雄才大略，始终是人而不是神。是人，就有七情六欲、喜怒哀乐；是人，就懂趋利避害、好大喜功；是人，就会喜新厌旧、朝秦暮楚；等等。

这些都是人性原本之善恶，只是有的人善多些，有的人恶多些。奸臣佞臣的所作所为，更多的是逢君之恶，穷尽各种手段，将帝王的人性之恶放大再放大。帝王们也并非不知恶，奈何相比为善，为恶所带来的刺激更直接、更让人沉迷，如此，帝王们也就欲拒还迎，乐在其中了。

王黼，奸臣佞臣中的"翘楚"。

他进士及第，才智超群，口才尤为出众，善于察言观色，精于巧言献媚，再加上何执中的举荐和蔡京的拉扯，仕途顺遂，一路高升。再后来，他更是深得徽宗的欢心，曾在两年内连升八级，由小小校书郎蹿升到宰执大臣御史中丞，如此火箭式的提拔速度，纵观史册也极为罕见。

在官场上，想要弯道超车，就得有机遇。

机遇就是人；非凡的机遇，就是非凡之人。

虽是官场晚辈，但王黼老成世故，八面玲珑，深知高位易得不易守。他需要不断巩固再巩固自己的权势。因此，他极力赞成童贯的联金灭辽之策。

他对童贯说，太师若北行，我愿尽死力。

这话算是说到位了吧。他当然知道这是政治投机，更知道有巨大的风险。但回顾过往的升迁之路，哪一步不是投机呢？

投机，投的是机会，只不过是带着风险的机会。可没有风险，又哪来收益呢？

在蔡京、童贯等人之外，地方上的许多官员，如河东经略使薛嗣昌、知雄州和诜、高阳关安抚使吴玠等，也都赞成联金灭辽。这些官员立足地方，遥望京城，各有各支持的道理。

反对方，以郑居中、邓洵武等人为主。

郑居中，字达夫，东京人，进士及第。他不仅才华横溢，人也长得俊秀潇洒，是京城有名的青年俊才。这些优势为他带来了几个重要的人生台阶。

第一个台阶，娶前宰相王珪的三女儿为妻。

王珪子女众多，为郑家开枝散叶，形成了庞大的家族关系网。他的长女嫁给了李格非，生下了李清照；他的孙女嫁给了秦桧。这样算起来，郑居中是李清照的三姨夫，又是秦桧的三姑父。

有了这个台阶，郑居中就算是宰相家人了。

第二个台阶，对外自称徽宗妃嫔郑贵妃的族弟。此言一出，惹得众人哂笑，笑他攀附权贵。谁料，不久后，郑贵妃真就见了他，还正式认下了这个弟弟。先前嘲笑的人里，有人惊掉了下巴。

他们之间是否真的有亲戚关系，已经完全不可考。可能的情况是，这位郑贵妃出身微贱，娘家又人丁不旺，宫里朝外正好缺个帮手，便顺水推舟认下了这份亲缘。

有了这个台阶，郑居中就算是皇亲国戚了。

这两个台阶，官场之人但凡跃过一个，就算是跃龙门了。郑居中连跃两阶，想不富贵都难啊。靠着郑贵妃的庇佑和过人的才华，郑居中在朝堂上站稳了脚跟。或许是郑贵妃的引荐，或许是蔡京爱才，他很快又获得了蔡京的赏识。不得不说，郑居中确实是个公关高手。

就这样，在王珪家族、郑贵妃和蔡京的协助下，郑居中仕途顺利，青云直上，先后出任中书舍人、知枢密院事，直至宰相。

指责他趋炎附势或者攀龙附凤是很容易的。但这样的指责，真的就那么站得住脚吗？

要知道，站在岸上的人，永远不知道水有多凉。仕途艰难，对于出身寒微、初涉官场的新人，急于找个靠山应是情有可原。

我们来看看，发迹后的郑居中是怎么做的。

比如，对待蔡京，他的官场伯乐。

令人诧异的是，郑居中对蔡京并不怎么样。

虽然蔡京是他的官场贵人，有赏识和提携之恩，但他得势后并没有成为其心腹，相反与蔡京的矛盾日益公开化，到后来甚至成为反蔡的旗手级人物。

这里面，自然有正邪之分。

晚年的蔡京，为了长期把持权力，打击压制政敌，生活奢靡颓废，俨然已是邪恶和腐败的代名词。站在蔡京的对立面，自然便带有正义的光环。郑居中作为反对蔡京的领袖人物，自然有着正义性。

这也从侧面说明，郑居中并非一味追求权力，而没有了原则底线。追求权力时，他的确是处心积虑；拥有权力后，他却有着明确的行为准则，有所为而有所不为。做人但凡有所顾忌，至少还是有底线、有追求的。

除此之外，这两人翻脸，更多还是因为权力的相互排斥。

官场上，无论两人是何关系，无论当初官位差距多大，无论一方对另一方曾有怎样的提携，随着宦海浮沉，两人职位变迁，彼此权力越接近便越容易生出嫌隙。

权力只要接近，就必定相互排斥。在联金灭辽问题上的严重分歧，不过是两人权力相斥的重要表现而已。

郑居中认为，澶渊之盟百余年，虽汉唐和亲之道，也不如大宋的安边之策，宋、辽兵不识刃、百姓安居乐业久矣。如今四方无虞，却要贸然毁约，必会招致天怒人怨。且战端一开，胜负难料，国运叵测。虽胜，国库必乏，民众必困；若败，更不知贻害几何。本朝初年，纵以太宗之神勇，收复燕云尚且两战皆败，今日如何轻启战端？

他甚至当面质问蔡京，君为朝廷重臣，国之栋梁，却不能遵守与辽国的盟约，刻意制造事端，这恐怕不是妙算。蔡京一时语塞，只好敷衍道，天子心疼每年给辽五十万匹两的岁币，故有此意。郑居中抓住话柄立即反驳道，相比开战军费，这点岁币何足道哉？如果由此造成天下生灵涂炭，那就是你的责任了。

蔡京，默然不语。

如果说，咄咄逼人的郑居中让蔡京默然无语。

那邓洵武，就让蔡京有点心寒了。这个人和蔡京交情更深。

邓洵武，字子常，成都双流人，御史中丞邓绾之子。说起来，蔡京和邓绾就颇有渊源，两人同为新党，都支持王安石变法。

邓绾此人，可谓官员"样本"，值得多说几句。遥想变法之初，举国哗然，朝堂内外反对者不可胜数，新法的推进面临着巨大的阻力。其时，邓绾任职甘肃宁州通判，这里是帝国的边陲，又是对西夏作战前线，是个做官的苦地。邓绾做梦都想回到京城，得知神宗、王安石君臣变法遇到巨大非议，意识到机会来了。

他立刻上书神宗，极力吹捧新法之好，言辞极尽谄媚。神宗读之如久旱逢甘霖，正好需要树立支持变法的典型，便急召邓绾入京奏对。面君之际，邓绾巧言令色，极力称赞新法，说得神宗心花怒放。神宗又担心这是新党的故意安排，便问他是否认识王安石、吕惠卿等新党重臣。邓绾慨然回答，素不相识，所言变法之利皆出于公心，为天下计而非为一人一姓。说得大义凛然、慷慨激昂，神宗很满意，以为其可为新法出力，便让他去找王安石。

邓绾获得神宗肯定，志得意满，立刻去找王安石，准备如法炮制。怎奈王安石执政地方多年，邓绾那套鬼话蒙蔽神宗绰绰有余，到了他这里就漏洞百出了。而邓绾越是谄媚、越是虚饰，王安石对他就越反感，匆匆打发走人了事。

不几日，朝廷下令，邓绾官升一级，但仍回甘肃任职。

这个结果让邓绾非常不满，他到处对人说，天子如此急切召我进京奏对，我知无不言，对答如流，难道还要再回那穷乡僻壤吗？有同乡闻之，打趣地问他，那你留在京城能做什么官啊？他大言不惭地回答，至少得是个馆职吧，或者谏官也可以。要知道，无论馆职还是谏官都是朝廷重臣，众人闻之哂笑不止。

令人意外的是，几日后朝廷竟然改了任命，将邓绾留在了京城。很显然，这是神宗和新党给的机会。当时，变法遭到强烈抵制，如邓绾这般不求论证、不求实效、无条件、无原则地支持新法的人并不多见。人是留下来了，只是如此这般没有底线，惹得朝野非议。同乡们笑骂他趋炎附势，邓绾听后并不生气，而是正色说道：笑骂从汝，好官我自为之。

这句话被写进了历史，流传了千年，邓绾也成为不问是非、但求好官的典型代表。

后来，邓绾一路见风使舵，王安石当政就拍王安石，王安石罢官就拍吕惠卿，王安石复相再告吕惠卿，等等，落井下石，砸得咣咣响，两面三刀，耍得虎虎生风。此人见风使舵之快，厚颜无耻之烈，真让人大开眼界。

邓绾如此行事，名声自然臭不可闻。神宗知道后，对他也心生厌恶，屡屡贬其官职。带着滚滚骂名的邓绾，经历了几上几下，却没熬过颠沛流离，最终病故任上，终年59岁。或许，他临死之际，想的还是那句话：笑骂从汝，好官我自为之。

有其父，必有其子。

父亲的人生起伏，并没有成为邓洵武的教训。相反，在求取富贵功名的路上，他剑走偏锋，比父亲有过之无不及。

邓洵武，进士出身，初为汝阳主簿。

哲宗刚刚亲政，他便猜度皇帝心思，立刻喊出罢黜旧党、恢复新法的主张。果然，他猜对了，得到了哲宗的召见。

他很好地继承了父亲的才华，有着三寸不烂之舌，面君之际口吐莲花，滔滔不绝。哲宗对其学识、口才颇为欣赏，任命其为秘书省正字、校书郎、国史院编修官，负责撰写《神宗实录》。

这个职位非同小可。在任何朝代，撰写帝王实录都是极其重要的职位，倒不在于职位的高低而在于其关键。坐在这个位置，就相当于拿到了合法书写历史的机会。

人人都知道作史者应当秉笔直书，却不是每个人都能有太史公那般胸怀和正直。既然一支笔可定乾坤，那或虚或实，或多或少，或深或浅，多少事可以扭曲，多少人可以抹黑，多少人可以洗白，这里面可以装的东西太多了，也太容易夹带私货了。

果然，邓洵武没有浪费这个机会。他极力吹捧蔡京、蔡卞等人，极力诋诬高太后和旧党，泼脏水、扣帽子的事没少干。想来，我们今日所见很多关于旧党的恶评，他应当出力不少。

邓洵武小肚鸡肠、挟私报复，在京城路人皆知，恶评如潮。徽宗继位后，他丢掉了史官之职，改任秘书少监。不过，他很快便恢复了史职，又重新拿起了笔。背后出力的人，正是他父亲的故交，他的官场贵人——蔡京。

蔡京被称为官场"变色龙"，在新党和旧党之间来回切换，但相比邓绾父子，他的手法要隐蔽得多，也高明得多。或许，他正是汲取了邓绾父子的教训，练就了更高级的变色之术。

朝廷有大臣提出异议：邓绾当年因谄媚王安石被神宗数次贬谪，如今任命其子邓洵武为史官，他岂能公心直笔发扬神宗之盛德，而不掩其父之恶名？且他才智、学问皆平凡，不足以当此职。

徽宗听后不以为然，邓洵武如期上任。

岂料，上任不久，他就搞出了大动静。

继位之初，徽宗的年号为建中靖国。

年号即政治，徽宗这是向天下人表明，他要调和新旧党争，走中间路线。为配合新的政治路线，保持朝堂势力均衡，徽宗罢黜了章惇、蔡京等新党领袖，蔡京被贬谪至杭州，任用旧党人物韩忠彦为宰相。

这时，邓洵武站了出来。他上奏徽宗，强烈建议重用新党，继承父兄的变法大业。他的理由冠冕堂皇：陛下乃先帝之子，韩忠彦乃韩琦之子。当年先帝行新法以利民，韩琦尝论其非，是为旧党领袖；如今任韩忠彦为相，改先帝之法，忠彦便可子承父志；然而陛下作为先帝之子，却不能承继父亲的路线。臣子称心如意，帝王却难遂心愿，岂非咄咄怪事？

这种局面，该怎么破解呢？

邓洵武给出了明确建议：陛下必欲继志述事，非用蔡京不可。

很显然，邓洵武的建议至少夹带了两重私货。首先，是为蔡京。这是他的贵人和恩主，他必须摇旗呐喊为蔡京回京造势。其次，是为自己。其父邓绾也是新党，如果徽宗子承父志，重用新党，走变法路线，那他自然也可发扬父志。

必须得说，如此诛心之论，实在高明。

那些说邓洵武没有才华的人，至少是眼神不好。

人品暂且不论，写史之人不可小觑啊。

为了说服徽宗，邓洵武再接再厉，又献上《爱莫助之图》。此图是自神宗朝以来新旧党人的任职统计表，有宰相、执政、侍从、台谏、郎官、馆阁、学校七个类别，分为左右两栏，左栏为新党，右栏为旧党。

纵观此图，一目了然。只见右栏，即旧党，密密麻麻写满了名字；左栏，即新党，则寥寥无几。

邓洵武想借此图告诉徽宗，这几十年来，朝政主要被旧党把持着，如今想要完成先帝未竟的事业，就要大量起用新党，首要的就是任命蔡京为宰相。

今人看来，此图稀松平常。放在千年之前，就有这等手法，实不简单。邓洵武作为首创者，的确才思敏锐，才华横溢。

为了蔡京，邓洵武真豁得出去，而且豁得漂亮。

果然，不久之后，蔡京就回京任了宰相。

当然，蔡京回京是多方因素使然，但其中少不了邓洵武的功劳。有了如此交情，蔡京对邓洵武更是刮目相看。

在蔡京的关照下，邓洵武仕途顺遂，日子过得富贵安逸，两人的关系也非常密切。谁曾想到，因为联金灭辽之议，他们却差点撕破了脸。这让早已习惯他们一唱一和的朝臣们，跌破了眼镜。

蔡京支持联金灭辽，邓洵武反对，而且反对得很激烈。其时，邓洵武官居知枢密院事，已是朝廷主管军事的重臣，他的意见自然也有千钧之重。

在他看来，朝廷与西夏、吐蕃连年作战，国力空虚，将士疲惫，根本没有能力再进行大规模征伐；再者，比起契丹人，女真人更加凶悍，也更为野蛮，保留辽国屏障女真，对大宋更有利。

关于蔡京、童贯等人提出的兼弱攻昧之理，他更是不屑一顾。他反驳说，根本的道理应该是扶弱抑强。由此，他反问道：与强金做伴，难道真的好过与弱辽为邻？

这句话问得好，可以说是振聋发聩。

这样的邓洵武，不禁让人另眼相看。

似乎，我们面对的又是另一个邓洵武了。其实，人还是那个人，并没有太大变化。只不过，时移世易，人处在不同环境，尤其是站在不同的位置上，看问题的角度不同罢了。

当年，他是在求富贵的路上，不择手段往上爬，甚至不惜冒险求偏；如今，他已身居高位，是在保富贵，自然是稳字当头。

当初，力挺蔡京，是为了富贵；如今，反对蔡京，还是为了富贵。归根结底，所求者，富贵耳。

郑居中也好，邓洵武也罢，这些人都曾经受恩于蔡京，却都在联金灭辽的问题上反对蔡京。他们这么做，可能的确是看到了这个政策背后巨大的风险，为了保住个人和家族的富贵，不惜和蔡京翻脸也要挺身站出来。当然，这里面也有他们为国家、为江山社稷的考量。

实际上，官员们尤其是高级官员的重大决策，从来都不是单一因素决定的，一定是各种复杂因素混合之后的结果。越是重要的决策，里面掺杂、包裹的因素就越是复杂。越是重要的决策，个人情感的因素就越是稀薄。

那个时候的官场之人最凉薄。即使是权势熏天的蔡京，在面对这些曾经的故人和僚属的反对和攻击时，内心可能也是冰凉的。

郑居中、邓洵武之外，反对联金灭辽的人还有很多。

据说，远在千里之外的高丽国王也向徽宗进言，称女真人狼子野心，不可为伍。高丽与女真相邻而居，对这位邻居的脾气秉性有足够的了解。

这些反对声音，无论出于怎样的考虑，至少说明一点：联金灭辽这样大开大合的战略，在大宋朝堂并没有达成充分的共识。换句话说，大宋朝还是有明白人的，只不过这些人没能拧过徽宗、蔡京、童贯等人而已。

此外，联金灭辽的争论，可能还被朝廷另一件大事裹挟了，那就是夺嫡之争。

公元 1115 年，徽宗立长子赵桓为太子。早立储君以安天下，这原本是件好事。可是，徽宗并不喜欢太子，他最中意的是皇三子郓王赵楷，而且把个人喜好弄得朝野皆知。上有所好，下必甚焉。面对如此巨大的缝隙，该有多少人削尖了脑袋往里钻啊。

仔细端详史书，我们会发现，在朝廷关于联金灭辽的争议中，太子和赵楷的争斗始终若隐若现。如果加入了夺嫡的权斗，再看郑居中、邓洵武等人的态度，就更容易理解了。当然，这是个非常复杂曲折的故事，我们留待以后再说吧。

内政、外交从来都是密不可分，内政是外交的投射，外交是内政的延续。在大宋朝堂之上，有新老权贵的较量，有文臣宦官的权斗，有太子亲王的夺嫡，经过复杂而激烈的博弈，联金灭辽最终成了大宋的国策。

站在大历史的角度，回头来看，联金灭辽并非就是下策，也并非一无是处，更不会注定导致山河破碎。关键的关键，是如何贯彻和执行好这个国策。令人遗憾的是，自此之后，徽宗君臣便开始了各种无脑操作，领着大宋朝在作死的道路上狂奔而去。

第六章

一错再错

联金灭辽，更多的是宋人的一厢情愿。

细细想来，真是何苦来哉？

原本，宋人握有战略主动权，进退自如，手握一把好牌。只是，徽宗君臣心态上妄自尊大，行动上犹豫不决，姿态上扭捏做作，细节上稀里糊涂，不仅贻误了战略时机，还暴露了自身虚弱颟顸的底牌。

在女真人眼里，大宋由高山仰止的天朝上国，变成了毫无信义的南蛮之邦；宋人由雄踞中原的猛虎，变成了软弱可欺的绵羊。

如此，嗜血成性的女真人，又怎能不露出锋利的牙齿？

随着军事上节节胜利，女真人对结盟更是不置可否了。结盟可以，不结盟他们独自灭辽也没问题；宋朝主动给岁币可以，不主动给，他们动手抢也没问题。

事情到了这个地步，大宋已经很被动了，但依然并非绝境。如果徽宗君臣充分认识到危险，恪守盟约不给金军借口，同时抓紧整军备战，即使不能阻止金军南下，至少可以迟滞金军行进速度，但凡双方能够相持而对，北宋也就不会突然灭亡了。

可惜的是，在盟约签订前，徽宗君臣已是朝三暮四，浑浑噩噩；盟约签订后，更是昏着迭出，蠢招不断，直到将女真人彻底激怒。

试问，外交狂悖，军事无能，却想与虎谋皮，岂能不亡？

迟来的天命

后面的故事，得从燕京说起。

燕京，辽的南京，燕云十六州的核心所在，也是风暴眼。

宋、金订立盟约后，北宋便从陕西六路抽调蕃汉精兵十五万，准备依约攻取燕京。这些精挑细选的百战之兵，与西夏、吐蕃作战多年，是大宋的精锐之师。

谁料，北伐未行，南方祸起。

方腊举起反宋大旗，一时间应者云集，声势浩大，起义军攻城略地，威震东南。江浙是朝廷赋税，粮草重地，不容有任何闪失，徽宗顾不上燕京了，急令童贯率这支精锐南下平乱。

童贯也算久历战阵，对付市井出身的方腊，倒是得心应手。公元1121年八月，在起事一年后，方腊兵败被俘，一家老小被押赴东京砍了脑袋。童贯凯旋回朝。

虽然平了方腊，但这横生的枝节打乱了宋、金的盟约。宋朝君臣注意力都在南方，根本无暇北顾，情况就这样起了变化。

其间，公元1121年二月，金国派使臣到东京催促按约出兵。宋朝方面分身乏术，又不便告知内乱之事，就编了各种理由拖延搪塞，直到八月才潦草地写了封国书让金使带回，也没有派使节回访。国书写的都是漂亮话，却没有任何实际内容。宋人如此敷衍，让金国君臣大为恼火，认定宋已悔约。

同年底，金军重新大举攻辽。次年正月，金军攻破辽中京大定府，天祚帝狼狈逃至燕京，后又出逃西京大同府。紧接着，天祚帝手下残兵又被追击的金军打得大败，他只得向西逃到夹山藏匿。至此，天祚帝和燕京方面的联系被金军完全切断，彼此音讯全无。

风雨飘摇之际，留守燕京的燕王耶律淳被拥立为帝，建立史称北辽的小朝廷。转眼间，大辽已到了分崩离析的前夜。

仅一年，北方已翻天覆地，局势变化之大让宋朝君臣如梦初醒。他们意识到，再不出兵，燕京势必要被金兵所占了。

慌乱之下，徽宗急令童贯统兵北上。

宋、金、北辽，还有天祚帝，四方围绕燕京的外交、军事大戏，就此上演。戏里戏外，人间冷暖，世态炎凉，蔚为大观。有人演得意气风发，有人演得灰头土脸，有人演得趾高气扬，有人演得摇尾乞怜，不一而足。

九百年前，燕京城的大戏徐徐开幕。

这是公元 1122 年，这年的燕京城，城头变幻大王旗，几番浮沉荣辱，皆是人间悲喜剧。

除夕，夜幕下，大雪纷飞。燕京城内，早已实行宵禁，全无往日喧嚣，偶有稀疏的烟花划破死寂的夜空，提醒着人们这原本是个欢乐的日子。

耶律淳，燕京城的主人，也是燕京故事的主角。他生于公元 1063 年，这年虚龄 60 岁，已是花甲暮年。此时，他正枯坐在王府大堂，内心空洞，双目失神。似乎，他是陷入了沉思，或者是回忆起了五味杂陈的往事。

他出身皇族，身份显赫，父亲是辽兴宗的次子、道宗的同母弟。算起来，他是辽兴宗的孙子、辽道宗的嫡亲侄子，天祚帝的堂叔，典型的金枝玉叶、皇亲贵胄。

据说，道宗非常疼爱弟弟，两人从小一起长大，感情非常之深。弟弟成年后，道宗依然将其留在皇宫居住。那时候，皇太后尚在人世，母慈子孝，兄友弟恭，一家人其乐融融。耶律淳便出生在皇宫内，由祖母也就是皇太后抚养长大。

俗话说，伴君如伴虎，老虎是吃人的。在皇家，血缘越亲猜忌越大，也更容易惹上灾祸。道宗兄弟情深实属难得，更难得的是这种关系还有延续，道宗对这位侄子从来都是另眼相看，更是疼爱有加。

或许，是因为道宗子嗣稀少，他一生只有独子独孙，太子耶律濬和皇孙天祚帝，所以才格外看中血脉亲情。

后来，耶律乙辛作乱，太子获罪被废，继而含冤而死。储君之位悬空，道宗一度想把皇位传给耶律淳，只是在大臣力谏下才作罢。这是耶律淳第一次与皇位擦肩而过。

道宗驾崩，天祚帝继位为君。

按照历史上常见的故事，天祚帝登基后，耶律淳父子作为曾经的皇位竞争者，大有可能被秋后算账。可天祚帝并没有这样做，相反，他特别礼遇耶律淳父子，尊耶律淳的父亲为皇太叔，后来更尊为义和仁圣皇太叔，并进封北平郡王耶律淳为郑王，由两字王成了一字王，由郡王成了亲王。

公元1110年，耶律淳的父亲去世，天祚帝下旨让耶律淳承袭其父的职务，担任燕京留守。燕京是大辽最富庶的大都市，也是辽帝国最璀璨的明珠。耶律淳父子两代，皆担任燕京留守，可见受宠之深。此后，每逢冬夏两季，耶律淳进京朝见天祚帝，各方面礼仪待遇也都在诸王之上。

可惜，这对叔侄的静好岁月，被阿骨打给彻底搅乱了。

阿骨打起兵反辽，金军威风八面。

天祚帝指挥不利，辽军屡战屡败，大片国土沦陷，引起了辽国部分贵族强烈不满，耶律章奴顺势发动叛乱，想推翻天祚帝，叛军选中的新皇帝正是耶律淳。

继乙辛之乱后，耶律淳再次直面皇位的诱惑，实际上这次可能离得更近。外有女真大军压境，内有叛军气势汹汹，天祚帝的皇位已在摇晃，这是天赐良机吗？这又是怎样的诱惑？

聪明人都知道，诱惑的背后往往就是深渊；诱惑越大，深渊越深。换句话说，耶律淳的人生再次迎来生死时速，走对一步是天堂，走错一步是地狱。他选择了在人间，立刻将劝进的叛臣抓捕，快马送到天祚帝的帐前。

很快，耶律章奴的叛乱被平定。事后，天祚帝并没有对耶律淳生出猜忌之心，反而更加礼遇这位堂叔，加封其为秦晋国王。

那么，问题来了，难道耶律淳对皇位真的无动于衷？显然不是。皇位人人爱，他也不能免俗，之所以装作不爱，只是局势不可为罢了。他的坚定选择，更多是源于对时局和实力的精准判断，预判了叛军的败局。

这些足以说明，耶律淳是很有些道行的。这种关键时刻的头脑冷静，关键时刻做出正确选择，才是真正厉害的角色，所谓遇大事不糊涂，说的就是这种人。

当然，他也有可能深受父亲的教诲和影响，看透了做皇帝的苦，真心想做个亲王，像父亲那般悠然一生。

九五之尊，固然有着致命诱惑，但审时度势后把持住自己的人，历史上也还是有的。这些人多出身皇族近支，自幼生活在帝王左右，看惯了权力争斗的尔虞我诈，见多了落败者的悲惨下场，明白了所谓功业不过眼前浮云，悟到了逍遥自在才是人间王道。

从耶律淳的出身看，他也许正是这样的人。殊不知，世人眼里的胸无大志，甚至庸碌无为，正是他看透之后的故作平淡。

不过，树欲静而风不止，乱世当道，他也得上台表演了。

金军连战连捷，辽军屡战屡败，天祚帝束手无策。

朝野内外，起用耶律淳统军的呼声越来越高。如此看来，他能两次被人拥向皇位，除血统高贵之外，能力也是被认可的。

公元 1116 年，天祚帝下诏任命耶律淳为都元帅，允许其自行招募军队抵抗金军。天祚帝究竟是顺应民意，还是不得已而为之，外人不得而知。可能多少会有些不情愿，尊重礼遇皇叔是一回事，赋予皇叔兵权又是另一回事了，尤其是在民意的裹挟之下，这种不情愿就更难免了。也许，任命诏书下达的同时，猜忌便在天祚帝的心里开始生长了。

接到旨意，耶律淳马上行动，竖起大旗招兵买马。

当时，辽东百姓遭受连连兵祸，饱受流离失所、饥寒交迫之苦，见耶律淳举起大旗，便纷纷投到其麾下。他见士兵们多数与金军有破家之仇、亡亲之恨，便将这支军队命名为怨军。

有时候，仇恨是最锐利的武器。怨军这个名字，表明了耶律淳对金军的态度和自己的志向。作为皇族近支、天潢贵胄，要说仇、要说恨，他有足够的理由痛恨女真人，说势不两立、不共戴天也不过分。

没用多久，怨军就招满了八个营，三万余人，再加上王府卫队，耶律淳麾下有了四万士兵。乱世里，这就是他手里的本钱。如何用这笔钱，用得怎么样，便是检验耶律淳的一把尺子。

他很快就做出了选择。没有顾盼自雄，更没有拥兵自重，他直接率领全军开往前线了。说起来，他也有别的选择，比如，带兵退守燕京，高筑城，广积粮，坐山观虎斗。一上来就押上全部本钱，这明摆着是不计后果的拼命行为。

乱世里，局势未明，闭城自守至少可为中策。再说，燕京富甲天下，粮草充足，不仅远离辽金战争前线，还有长城为屏障，的确是个自保的好地方。他身边不乏谋士幕僚，一定有人劝他如此行事，甚至有翔实的退守之策。再说，他的官职是南京留守，原本就有守土之责，以此为借口，任何人也挑不出毛病。

然而，耶律淳还是选择了主动进攻金军。毕竟，他的身体里流淌着太祖太宗的血。很显然，作为耶律家族的血性男儿，在大辽江山社稷面前，耶律淳并不含糊，也含糊不得。

公元 1117 年秋，耶律淳亲率怨军北上抗金。

没曾想，还未开战，军队内部先出了大乱子。

深秋的关外，寒风刺骨，百姓们裹上厚厚的冬装还瑟瑟发抖。北上的怨军将士，却依然身着轻薄的夏装行军，引起路边百姓议论纷纷。

寒风中，士兵们艰难跋涉，饥寒交迫，苦不堪言。有人开始抱怨，愤怒的情绪逐步蔓延，最后竟出现了哗变。在鼓噪之下，领头的军士们冲进中军大帐，准备杀了主帅投靠女真。好在耶律淳腿脚利索，早一步逃离了大营。

尽管哗变很快被平息，领头的军官被正法，但这件事还是留下了两个严重的后遗症。

第一，严重削弱了耶律淳的威信。后世多引此例，证明他是个平庸之辈。看上去，发生这样的事，耶律淳确实难辞其咎。要知道，这是他亲自招募、训练的军队，在亲自率军征战的情况下，未曾迎敌就先发生哗变，其领军、治军能力确实存疑。

不过，这事也有许多蹊跷之处。比如，冬装为何迟迟不到位？这肯定不是耶律淳故意为之，而是朝廷方面的后勤保障有问题。

还有，哗变的士兵是否受人指使？再往深里想，会不会是天祚帝授意呢？他虽然尊重礼遇堂叔，但在堂叔手握兵马之后，还能态度如一吗？不错，兵权是他授予的，但在汹涌的民意下，多少也有些迫不得已吧。相比外部之敌，手握兵权的皇族宗亲威胁更大，更应该加以提防，这点天祚帝自然明白。

所有这些问题，史书里都没有答案，更不会留下确有所指的线索和细节。凡是不合逻辑的事情，背后多有复杂的原因，只是不为人所知罢了。

第二，这场哗变种下了怨军的基因。在后来的岁月里，这支军队屡屡作乱，在辽、金、宋之间朝秦暮楚，来回倒戈，惹了很多是非，捅了很大娄子，甚至在一定程度上左右了三国的命运，根源即在于此。

虽然遭遇士兵哗变，但耶律淳并没有退缩，他收整好军队继续向北进发，一路攻到沈州（今辽宁沈阳）城下。他誓要拿下沈州，为怨军雪耻，为自己正名。

沈州，城高壕深，易守难攻。

耶律淳亲临城下，怨军士气大振，发动潮水般的强攻。守城金兵拼死抵抗，以弓箭刀枪和滚木礌石拒敌，死战不退。双方你来我往，冲杀了几个昼夜，也没有分出胜负，战斗陷入了胶着之中。

沈州是金军西进和南下的重要枢纽，战略位置极其重要，不容有失。阿骨打派兵星夜驰援，领军大将正是完颜娄室。

完颜娄室智勇双全，勇猛无敌，即使放在将星云集的大金开国初年，也同样星光熠熠，光彩照人，是个令人生畏的强大对手。得知完颜娄室率兵来援，有谋士急劝耶律淳撤兵以避锋芒。

谋士话说得委婉，毕竟前有坚城、后有敌兵，这是用兵的绝境，退军避让合情合理。显然，谋士是在给耶律淳找台阶下。直到此时，在有些人眼里，耶律淳的抗金仍是在作秀。既然如此，见好就收不失为精明。

令人意外的是，耶律淳选择了分兵迎战。

沈州城外，沈水之旁，耶律淳的怨军和完颜娄室的金军正面遭遇，迎头相击，双方杀得天昏地暗。战斗结果显而易见。在那个年代，完颜娄室和他率领的金军是真正的天下无敌，是能够横扫一切抵抗力量的铁军。

败给对手，耶律淳应该并不意外。他拼死迎战，不完全是为了输赢，更重要的是维护大辽的尊严。他是太祖子孙，大辽天子皇叔，国家支离破碎，朝廷风雨飘摇，辽军四散奔逃，国人已成惊弓之鸟，这时候需要他站出来，哪怕战死。

有时候，胜者是英雄；有时候，败者更是英雄。失败的英雄，论的不是成败，而是抗争的精神，是那种明知山有虎偏向虎山行的决绝，是明知不可为而为之的无畏，是虽死而无憾的凛然。

无论出于什么考虑，耶律淳做到了。这是他人生的高光时刻。

血战之后，耶律淳退守辽河南岸。

之后，他率怨军在显州（今辽宁北宁）、懿州（今辽宁阜新县）、徽州（今辽宁阜新县旧庙镇）等地接连与对手恶战，依旧胜少负多。好在金军没有穷追猛打，在洗劫了周边城镇后主动撤兵北返。历经艰难，耶律淳终于率残兵退回了燕京。他的北上抗金之路，惨淡收场。

其后三年，耶律淳悄无声息。

三年后，公元 1122 年。

在此之前，金军狂飙突进，接连攻陷辽的东京、上京、中京，大辽五都已失其三，只有南京（燕京）和西京仍在手中。

在金军的强大攻势下，天祚帝东躲西藏，亡命天涯，惶惶然如丧家之犬。不知道天祚帝是慌不择路，还是耶律淳主动接驾，这年初，天祚帝来到了燕京。

皇帝陛下驻跸燕京，自然就是这座城池的新主人，原本的主人耶律淳则只有恪守臣下的本分了。只是在这乱世，君臣名分已然开始松动。实际上，随着局势的恶化，对天祚帝的失望、恐惧、不满甚至愤怒的情绪，早已在辽国官员之间蔓延，很多人都想站出来拥立耶律淳取天祚帝而代之。

时移世易，此刻的耶律淳还是被动的吗？

如果仅从史书记载来看，他似乎依然是被动的。这也合乎逻辑，毕竟有过前两次经历，他已经习惯性被动了。

再有就是他的年纪，这年耶律淳快60岁了，已是花甲之年，在古代这个年龄已是高寿。青年时、壮年时他都没有觊觎皇位，花甲之年倒生出了豪情壮志，似乎很难说得通。

不过，事情也有例外。多数人随着年纪渐长，身体机能开始衰退，豪情不在，壮志渐渐远去。然而，有的人年纪越长，越觉得人生苦短、来日无多，就越想给自己纠偏，在时不我待的激励下，反而更能放手一搏。

花甲之年的耶律淳，会是怎样呢？每当夜深人静，他是否会想，当年他若登基为帝，大辽又将如何？再想想今日社稷之难，他是否会生出自责之心，觉得难辞其咎？

如此想，也是人之常情吧。毕竟，人生只有一次，难免有嗟叹；毕竟，他是皇族近支，对大辽江山社稷，有天生的责任感。

这次，耶律淳即使不是主动作为，至少也是顺势而为。

偏偏这时，天祚帝来到了燕京。

在此之前，面对危局，他仍然执迷不悟，竟听信谗言赐死皇子晋王及其生母，致使晋王的姨父耶律余睹举兵反叛，归顺大金。降金后，耶律余睹作为先锋，对天祚帝展开了围追堵截。

天祚帝此时已然是非之人。身为大辽天子，他是金军的头号打击目标，他逃到哪里，金军就会追到哪里。高高在上的皇帝，已成了祸水，耶律淳和燕京的官员也未必欢迎皇帝陛下的到来。

实际上，耶律淳还多了一分担心。他摸不准天祚帝此行的真正目的，只是单纯地避祸，还是获悉了朝臣们的小动作，借避祸为名来燕京拿下他。

落魄的天子和握有实权的封疆大吏，怎么看都是一对矛盾体。

尽管这叔侄俩过去还算亲密，可一旦加入了最高权力的明争暗斗，关系就迅速变味了，变得异常敏感而复杂。

然而，接下来发生的事，却是个罗生门。

从历史记载里，完全看不到耶律淳搞了什么小动作，也看不到天祚帝对他采取了任何行动。只知道，天祚帝到燕京不久，就急忙出城向居庸关方向逃窜而去，走得急切又仓促。

表面上看，他逃离燕京是因为耶律余睹率军来袭，至于背后是否还有其他原因，就不得而知了。比如，他察觉到了耶律淳有夺位的企图，在内忧外患之下，他更担心祸起萧墙，只得仓促离开。耶律淳父子经营燕京近二十年，强龙不压地头蛇，他即使心有不甘，也不得不走。

换句话说，天祚帝的来而复走，耶律淳应该起了作用。

这边，天祚帝前脚刚离开，耶律淳就登基称帝了。

看上去，他也是再三辞让，只是迫于官员们的集体拥戴和府衙官吏、僧道、父老乡亲等万余人的劝进，才不得已而为之。总之，登基前的戏码做得很足，虽然时间很紧，但该有的环节和动作一个也没少。

就这样，天祚帝正在西迁路上逃难时，耶律淳称帝了，改元天福，尊号天锡皇帝，史称北辽。

天无二日，国无二主。称帝后，耶律淳立即下旨，将天祚帝降为湘阴王。不知逃亡路上的天祚帝，接到堂叔的诏书是怎样的心情？是庆幸自己目光如炬溜得快，还是后悔当初瞎了眼，没有看穿堂叔的狼子野心？

实际上，这也怪不得耶律淳。对他来说，当初的淡泊和忠诚是真的，如今对皇位的渴望和豪夺也是真的。时移世易，此一时彼一时而已。

终归一句话，皇位太诱人。

所谓事不过三，耶律淳抓住第三次机会，成功登上皇位。

可惜的是，这实在不是个好时机，此刻坐在皇帝宝座上就如同坐在火山口，不仅被炙烤得异常难受，更随时可能被烈焰吞噬。

燕京城里的小朝廷，刚刚成立就陷入了三面重围。北面是虎视眈眈的金军，随时可能越过长城扑过来；南面是磨刀霍霍的宋军，正在秣马厉兵；西面是大辽的前任天子、现今的湘阴王，他对这群乱臣贼子更是恨得咬牙切齿。

登基的鼓乐声还没散去，如火的军情就如雪片而至。身处夹缝里、四面楚歌的天锡皇帝，又该如何是好？

他并没有多少选择。若想苟延残喘，只有四处求饶。

登基后，耶律淳立刻向大金上表，核心意思只有两条。一是道歉，把辽国以前对女真犯下的所有罪责，全部归结为天祚帝的无道，如今已废黜其帝位，算是帮女真人出了口恶气；二是虔诚地向大金称臣纳贡，对天盟誓甘做永远的附庸和藩篱。

对耶律淳的上表，女真人乐观其成却没有马上表态。可能是辽国的政权更迭过于突然，他们需要时间消化，以便出台对燕京政权的新政策。虽然没有表态，但好歹他们放慢了马蹄。

耶律淳刚想缓口气，又惊闻南边的大宋发兵了。

这真是前门刚驱虎，后门又进狼。

首鼠两端的北伐

宋军统帅，正是童贯。

这年三月，方腊余部被彻底平灭，童贯因功晋升为太师，封楚国公，以宦官之身封为国公，威风一时无两。

南方平定，北宋君臣目光向北，锁定了燕京。

耶律淳继位后，立即按照辽、宋百年传统派使节到东京，宣告新君登基。放在过往，大宋定会隆重接待来使，并回派恭贺的使节。然而，此一时彼一时，大宋现与女真结盟，早已视大辽为仇寇，对多少有些来路不明的天锡皇帝，更不会放在眼里。

大宋派往北方的不是恭贺的使者，而是北伐大军。

徽宗任命童贯为陕西、河北、河东路宣抚使，以蔡京之子蔡攸为宣抚副使、老将种师道为都统制，起十五万大军杀向燕京。

同时，徽宗下诏，由王黼坐镇朝廷负责大军后勤保障。为此，王黼专门在三省设经抚房，绕过枢密院直接联系北伐大军，并在全国征敛巨额赋税充作军费。

尽管出兵方针已定，但朝中仍有大批官员上书反对，态度坚决，言辞激烈，让徽宗不免也有些纠结和犹豫了。

临行前，徽宗自以为妥当地给童贯指出三策：燕人迫于宋军天威，主动献城投降，是为上策；耶律淳纳表称藩，是为中策；辽军誓死抵抗，大宋按兵巡边，是为下策。

体会徽宗的意思，就一句话，能不打还是不打。

不战而屈人之兵，这是用兵之道的最高境界。看上去，这并没有什么错，但这是有前提的，所谓不战并非什么都不干，相反可能要比战做得更多。可惜的是，徽宗君臣的不战，真的就是希望不战而胜。如此，出现后面的咄咄怪事，也就不足为奇了。

五月，徽宗在皇宫赐宴，为童贯、蔡攸、种师道等人壮行。

蔡攸不懂军事，受童贯等人乐观情绪感染，以为大功唾手可得，不禁有些得意忘形。在辞行时，他指着徽宗身边两位如花似玉的美嫔奏道：待臣功成归来，恳请陛下将她们赏赐给臣。闻听此言，徽宗笑而不语，童贯哈哈大笑，种师道则摇头不止。

选吉日，择良辰，北伐大军正式开拔。

童贯携蔡攸登高望远，只见宋军连绵几十里，旌旗蔽日，刀枪如林，好不壮哉。童贯立于马上，指点江山，豪气冲天，蔡攸及时送上奉承，两人配合得天衣无缝。

在童贯眼里，此番大军北上，吊民伐罪，燕地百姓心念故国，定会箪食壶浆以迎王师。至于燕京城里的耶律淳，除了束手就擒别无他选，光复汉家故地指日可待。他的这种乐观情绪传递给了蔡攸，传递给了身边人，进而传递给了三军将士。北伐之路轻松愉快，似乎成了集体踏青。

高阳关，宋辽边境军事重镇。

大军至此，童贯下令安营扎寨。

不日，他带领众将官巡视关口。当地百年无兵戈，驻军骄惰，战备松弛，为阻遏辽国铁骑而构筑的塘泊防线，也早已水源枯竭，堤防废坏。有人奏请，立即挖塘引水修复工事，童贯不屑地摆摆手，传令立即在关口附近广贴榜文。

榜文写得洋洋洒洒：此番奉旨出兵，吊民伐罪，实不得已而为之；王者之师，有征无战，敢杀辽兵一人一骑者，军法从事。

如此榜文，好不奇葩。有征无战，这就是不战而屈人之兵？不仅不战，还不让杀敌，杀敌反倒要军法从事，真是咄咄怪事。

榜文还出了赏格，凡有英雄豪杰能献燕京者，即授节度使。

从榜文里，可以看出童贯对燕地民意的误读有多深。可怕的是，这并不是童贯个人的误读，许多人都有这样的误解。

这些年，在北宋朝堂和士大夫群体中，很多人有一种近乎偏执的认识，那就是燕地汉人无不思念故土，无不渴望回归中原，无不遥望王师。马植这样的人的出现，又加深了他们的偏执。

很显然，这只能是盲目自信下的自我意淫。

　　燕地的汉人百姓中肯定有人心念故国，但这样的人有多少，又念到什么程度？这种心念，究竟是血脉上对民族的认同，文化上对华夏的尊崇，生活上对中原的向往，还只是精神层面的亲近感？这些都是问题。

　　可惜，没有多少人去认真研究问题，甚至还漠视问题的存在。多数人只是想当然地以为，既是同文同种、血脉相连，那就是血浓于水、南北一家亲了。这些人自鸣得意，自视甚高，可就忘了一点，老百姓要的究竟是什么？

　　对老百姓来说，需要宏大的叙事，需要民族的认同，需要血脉的亲近，需要文化的自豪，需要精神的交流，但更需要的是家人的平安、生活的安宁、财产的保全、人身的自由等。如果没有后面这些基本的东西，前面那些又有什么意义呢？道理并不复杂，有的人是真糊涂，有的人是装糊涂。

　　徽宗和童贯等人，就是真糊涂。

　　他们不明白，这些燕地的汉人在北国已经生活了几百年，在这里安居乐业、繁衍生息，早已习惯了辽朝的汉化统治，并没有中原汉人那种强烈的故土观念。实际上，这些汉人与中原百姓并无二致，不仅物质上并不贫穷，精神上也并不贫乏，泱泱大辽也自诩华夏，也赋予了他们巨大的荣耀。

　　如果非得说这些汉人在异族统治下活在水深火热里，那只能是出于军事斗争需要的政治宣传。如果只是作为政治宣传，或者作为瓦解对方的心理战，那未尝不可，更无可非议，问题的关键是，徽宗君臣居然真就信了。

　　不仅信了，还满心指望这些汉人倒戈一击，那就太天真了。

　　榜文张贴后，立刻引发两国边境军民的议论。

　　宋朝这边，最感到困惑的是将士们。身处边境，敌人就在不远处，抬头依稀可见，却不让斩杀对方，若是发生冲突，对方刀剑砍来，又该何以自保呢？将士们议论纷纷，却又无可奈何。

　　辽国方面，守军将士倒是反应直接，对着榜文所在方向一通乱箭齐发，很多榜文瞬间就被箭镞填满，他们用这种简单的方式做出了回应。辽地百姓们多是聚在一起评头论足，有人慷慨陈词，有人小声嘀咕，有人滔滔不绝，有人不置一言。不过，这样的聚会多是有头无尾，说着说着人就散了。

　　重赏之下，还真有勇夫。过了几日，便有人来揭榜。

　　这是两个从北边过来的汉人。他们拜见了童贯，表示愿意去燕京劝降耶律淳，并且当场立了军令状。童贯好一番勉励，赐酒壮行，并亲笔写好劝降信让他们随身携带。

史书里，关于这两个人的情况语焉不详，至少不会是平头百姓，更可能是当地汉族大户或者赋闲乡里的官员。毕竟，敢去面见天子并游说其投降的人，怎么着也是个人物。

这是什么样的心理和动机呢？

也许，他们正是徽宗和童贯期待的那种人，是真义士，为了收复故土和回归中原，宁愿冒杀头之险也在所不惜。

也许吧。或者说，我们更愿意相信他们是这样的人。

不过，他们也有可能是另外一种人。在王朝的末年、历史的转折处，这种人往往更常见，那就是投机分子。这些人没有太强的民族属性，也没有太强的道德感，只是纯粹的实用主义者，在动荡和危险来临时，为了自保主动向强者输诚，没有底线、没有原则地谄媚和讨好。

他们眼看大辽倾覆在即，耶律淳坐困愁城，宋朝大军压境，榜文写得清楚，有功即授节度使。如此，立下奇功，改换门庭，岂不美哉？时不我待，失不再来啊！

风险呢？当然有了。不过，既然是投机，就要承受风险；只要收益大过风险，那就值啊。这样的算计，应该反复推演过吧。

这是人性趋利避害使然，也是历史上常演的戏码。往前看，这些人如过江之鲫；往后看，后来者也不会少。

谁知，两人竟一去不还。

耶律淳给了他们个痛快，当场斩首示众。这不奇怪，耶律淳是天锡皇帝，虽然治下不过燕京一隅之地，但确是正牌天子。这两个人不揣冒昧，前来游说天子投降，动摇军心，难道不该斩吗？

有人会说，两国交战，不斩来使，两人还带有童贯的亲笔信，怎能斩之？道理很简单，在耶律淳眼里，他们是汉人，但更是大辽子民。一句话，他们不是宋使，而是心怀叵测的叛逆者。这样的叛逆者，不该斩吗？

消息传来，童贯稍有惊讶，却没有改弦更张。

接下来，他派出了手中的王牌——马扩。

马扩，还真是王牌。

他不仅是童贯的王牌，甚至可以称得上是大宋的王牌。

什么是王牌？未必是大牌，关键是能扭转乾坤，定输赢。

马扩就是这样的人。这是老天送给北宋王朝的，如果徽宗能够打好这张牌，那后来的历史可能就不同了。

令人遗憾的是，时至今日，许多人可能连他的名字都不熟悉。

马扩，字子充，熙州狄道（今甘肃临洮）人。

在那个风起云涌的大时代，马扩亲历了宋金海上之盟、收复燕京、北辽覆灭、金军南下、靖康国耻、南宋建立、义军抗金等重大历史事件。他是极少数同时见过宋徽宗、宋高宗、金太祖、金太宗、北辽天锡皇帝、西辽开国皇帝，和他们有过正面交往，并对他们产生过积极影响的传奇人物。

马扩的人生，可谓波澜壮阔，跌宕起伏，就如同那个巨变时代的一面镜子，见证了三个大帝国的起起伏伏。

令人遗憾的是，这么传奇的人物，我们竟不知道他出生的年份。这也难怪，他原本是个微不足道的小人物，阴错阳差登上了大历史的舞台。

少年时，马扩便聪颖过人，不仅熟读兵书战策，而且喜欢耍枪弄棒，弓马娴熟、骑射过人。公元1118年，马扩中了武举，朝廷赐武举上舍出身，授承节郎、京西北路武士教谕。如果没有意外，他会以中下级武官的身份，悄无声息地走完人生的路程。

转折点出现在公元1120年。这年，马政首次授命渡海出使大金，寻求与女真人结盟。马政，正是马扩的父亲。

这是破冰之旅，前途未卜，凶险异常。马政带上马扩，不知是为了锻炼儿子，还是马扩主动请缨，父亲拗不过，不得已带上了他。首次使金，两眼茫茫，更大的可能还是年轻的马扩既关心父亲的安危，又被伟大的使命所感召，主动争取随行的。

籍籍无名的青年马扩，就这样走进了历史。

后来的事实证明，马扩的随行恰是一步妙棋。马扩长得高大挺拔，身体孔武有力，性格玲珑剔透，在普遍尊重强者和智者的女真人那里很受欢迎，赢得了金国君臣的好感。

据说，阿骨打曾邀马扩一同行猎，有意试探他的骑射。只见猎场上，马扩手疾眼快，箭无虚发，女真人为之齐声喝彩，自此不再将南人羸弱挂在嘴边。

想来，阿骨打对宋朝的好感，很大程度上源于马扩带给他的良好印象。在两国交往的破冰期，马扩机敏练达、从容不迫、应对自如的近乎完美的表现，给他留下的记忆太深刻了。

正因为表现出色，马扩几乎全程参与了宋、金结盟的谈判。

当然，他个人的力量不足以改变谈判的大局。不过，他的人生却从此发生转折，进入了朝廷对金交往的核心层。

童贯北伐时，点名要求马扩随军。

童贯所看重的，正是马扩的外交专长。

接到命令，马扩没有推辞。无疑，这是个充满凶险的使命，毕竟耶律淳已经杀了两个劝降的人。马扩又有几个脑袋呢？不过，他依然慷慨而行，这就是马扩。

即刻起程，数日后到达燕京。

耶律淳知道马扩其人，亲自召见了他。

大殿上，他当面质问马扩，宋人为何背弃盟约攻打辽国？

这是个诛心的问题。马扩没有回避问题，而是换了个角度反戈一击。他说，天祚帝依然在世，耶律淳却僭越称帝，这与反叛无异，宋朝大军压境，正是替天行道，为了维护宋辽盟约。

这显然不是马扩的应急说辞，而是他的一贯主张。宋朝大军北伐燕京，与其打着收复汉家故土的名义，不如讨伐耶律淳僭越称帝、维护宋辽盟约更有正义性。毕竟，双方盟约并没有废止，依然存续有效，燕云之地是盟约默许辽国拥有的，出兵援辽平叛在法理上更站得住脚，也更能得到道义上的支持。

可惜，徽宗、童贯等人被民族情绪冲昏了头脑。他们总以为打着收复失地的旗号更光荣，更能得到燕地汉人的广泛支持；总想着大军一到，这些汉人们就纷纷响应，打开城门以迎王师。

殊不知，这是典型的自欺欺人。

马扩的主张，说服不了他们。

不过，他这反戈一击，的确击中了耶律淳的软肋。不过，当面质疑天锡皇帝的合法性，这一击也是异常的凶险。换个人，或许马扩当场就人头落地了。耶律淳到底是个厚道人，也到底有些心虚，他并没有为难马扩。相反，他露怯了，派出求和的使臣，随同马扩去见童贯。

劝降没有成功，马扩倒是在鬼门关上走了一遭。

马扩带着辽使，回见童贯。辽使表示，燕京绝不投降，但为表诚意，愿意自此免除岁币，双方世代保持和平。辽使对童贯说，救灾睦邻是古今通谊，女真背叛本朝，也应为南朝所恶，理应出手相助才对；而大宋却贪一时小利，抛弃百年之好，不惜兄弟反目而与豺狼做伴，种下了祸胎，却自以为得计，祸不远矣。

辽使言之凿凿，句句在理，童贯竟无言以对。

不过，童贯到底没有接受辽使的求和。

燕京的耶律淳听完奏报，怅然若失。既然求和一次不成，那就再派使节。这次，他也派出了王牌——韩昉。

韩昉，辽国汉人，燕京人氏，先祖仕辽，累世为官，自幼聪颖好学，是远近闻名的神童。5 岁时，其父病逝，小韩昉痛哭于灵前，竟也有成人般生离死别的哀婉，让人啧啧称奇。公元 1112 年，30 岁的韩昉科举独占鳌头，状元及第，在燕京城内披红挂彩，跨马游街，好不风光。之后，他仕途顺利，一路升迁，入主中枢、位居宰执已是隐然在望。

怎料，大辽国运颓唐，韩昉也只能困在燕京，无力回天。

接到皇帝任命，韩昉不敢推辞，立刻启程赶往宋军大营。

临行之际，耶律淳给他交了底，只要宋朝退兵，辽国不仅愿意放弃岁币，甚至自降为大宋臣属，为宋屏藩北疆，共同抵御女真。总之一句话，无论如何屈辱，也要保住大辽社稷。

韩昉状元之才，对天下大势洞若观火。

在他看来，辽、宋缔结和约百年，早已渐行渐近，日益趋同，虽不同种但贵在同文，习的都是孔孟之道，读的都是四书五经，虽偶有摩擦却也只是兄弟意气。女真则完全不同，茹毛饮血，刀耕火种，实属还未开化之蛮族，大金若夺得天下，宋、辽不仅有国破家亡、斯文扫地之痛，更有文明涂炭、亡国灭种之忧。如此危局之下，宋、辽怎能兄弟相煎，让女真渔人得利？

他自信，只要剖陈利害，讲清缘由，当能说服童贯。当然，作为辽国大儒，他在内心里，也未必看得上宦官出身的童贯。在这点上，他和大宋的士大夫们并无太大分别。

可惜，他失望透顶。

童贯完全没给他说话的机会。或许，童贯是将对大宋文官们的不满，转而发泄到了这位辽国状元身上，对他百般羞辱，甚至令兵士直接将他拖出帐外。

韩昉，这位辽国大儒、科举状元，衣衫不整，鞋帽皆失，狼狈不堪。他不禁号啕大哭，为个人的耻辱，为大辽的尊严，为儒家的斯文。

韩昉伤心欲绝，当场痛骂不止：辽宋两国，百年和好；盟约誓书，字字俱在；尔能欺国，不能欺天！

韩昉，一语成谶。

后来，他不得已降了金。在降金的辽国大臣里，很多人都怂恿金军南下攻宋。在取悦新主、投机富贵之外，像韩昉这样被宋人伤了心，执意报复的也不在少数。

再看看韩昉的咒言：尔能欺国，不能欺天。虽说国家之间，只有利益，没有道义；但个人之间，可以有欣赏、有尊重；文明之间，更要惺惺相惜。再说，泱泱华夏，礼仪之邦，纵是一时得势，又岂能欺人太甚，以至斯文扫地？

想来，如果童贯之流，能够少些盛气凌人，收起小人嘴脸，善待辽国臣民，展现宽宏大量，也能为大宋和自己多积些福报吧。

赶走了韩昉，童贯更加得意了。

不过，他也更加不耐烦，不想再跟辽人废话了。既然耶律淳不愿投降，那就只有武力进攻。他把大军分成两路，种师道指挥东路军向白沟进发，辛兴宗率西路军直逼范村。

白沟、范村都是边境重要据点，距离辽军一箭之地。

种师道是老将，也是威震西北的名将。对于伐辽，他始终不以为然。在他看来，辽是兄弟之邦，现在辽国内乱，不出兵相助已是不妥，背后捅刀子更是不义。

他曾对童贯说：今日之事譬如盗入邻舍不能救，又乘之而分其室。且师出无名，事固无成，发踪之初，宜有所失。

童贯回应说，命你统军是天子圣意，是皇帝想恩赐你功绩，收复燕京易如反掌，无须多言。话说得虽然漂亮，却暗含讥讽之意。西北时期，种师道就经常和他唱对台戏，惹得他不胜其烦；北伐燕京，徽宗又钦定种师道为将，让童贯心里颇不舒服。

这次北伐大军，主要由西北而来，种师道在西北军中拥有巨大声望，这是徽宗选他出征的重要原因。既是天子诏令，种师道作为军人，只能遵从君命，来到军前效力。按照种师道都统制的官职，理应由其担任前线总指挥，统一指挥军事行动。过往在西北作战，也常是这样的配置，童贯稳坐大帐听捷报功，种师道负责前线军事指挥，各得其所。

或是两人结怨太深，童贯有意刁难；或是这次功名太大，童贯想亲自上阵。总之，他没有将前线指挥权交给种师道。相反，他为制衡种师道，竟将前线大军一分为二，种师道只担任东路军指挥，西路军指挥辛兴宗是军中晚辈，也是童贯的心腹。

如此安排，种师道感到了羞辱，怒不可遏，却也无可奈何。

不仅如此，童贯为防止种师道立下头功，竟不许他主动进攻辽军，遇有辽军挑衅也要保持克制。换句话说，面对敌人要骂不还口、打不还手。这仗该怎么打呢？

种师道两鬓斑白，征战多年，何曾受过这样的窝囊气？

看着趾高气扬又扬扬得意的童贯，种师道直摇头。

任何时候，将帅不和都是大忌。

这个道理，童贯应该懂。放在以前，为了取得战争胜利，童贯即使看不上这些武将，或者这些武将对他不够尊重，他也会忍受并且能够尽量用人所长。这次他之所以这么强硬，完全不再顾及种师道等人的情绪，除了位高权重之后的跋扈傲慢，很大可能还是出于对辽军的轻视和对战争本身的纠结。

一方面，他率十余万大军北伐，雄赳赳、气昂昂，一副不拿下燕京誓不罢休的样子，根本不把辽军放在眼里，以为击败辽军易如反掌，对待辽使的态度就很能说明问题。既然胜利唾手可得，那种师道等人的价值就大打折扣，有他们不多，无他们不少。

另一方面，他又要坚决落实徽宗不战而胜的指示，这便有了招降的榜文和说服的使者。即使宋军向边境开拔，也还是磨磨蹭蹭且有诸多限制，对开战留有很大余地。这段时间，辽国也的确有部分官员开始私下联系宋军，有献城纳降的计划，不战而胜似乎有可能实现。不过，这些属于绝密信息，童贯无法向众将明示。

战争即将打响，宋军不仅将帅失和，全军上下思想还不统一。如此这般，这仗怎么打？大军作战，上下一心，众志成城，方能披坚执锐，攻城略地。童贯如此瞻前顾后，小肚鸡肠，又怎能不坏事呢？

果然，宋军的行动迟缓，先引起了女真人的不满。

当初，他们得知宋朝大军开拔，便开始履行盟约，在北方同时展开军事行动。金军雷厉风行，强势进攻，杀得辽军丢盔弃甲。转头一看，童贯的大军居然还在宋、辽边境迁延观望。

这让女真人大惑不解，派出高庆裔为使来见童贯。金使话说得很客气，但意思很明显，就是督促宋朝方面抓紧进兵，毕竟按照盟约，宋、金双方要共同出兵夹攻辽国。

此外，按照宋、金约定，双方不得单独与辽国媾和，所以童贯的招降工作还得避着女真人做，不战而胜的战略也不能让他们知道，这些都是童贯的纠结所在。面对金使的发问，童贯除了打哈哈，几乎说不出什么来。宋人的这些操作，让直来直去、重诺守约的女真人感到莫名其妙。他们不明白，既然结盟，那就要履约；既然出兵，那就全力进攻，多么简单的事。

眼看实在无法拖延，童贯不得已下令全军加快前进。

有属下得到命令，请示童贯是否有取胜之计。换句话说，宋军总得有个具体的作战方案吧。谁知童贯还是老调重弹，只是让军队向前，至于怎么打并没有具体部署，反而不停地告诉将士们，宋军是仁义之师，伐辽是顺天而为，大军一到，汉民必箪食壶浆出迎王师，辽军必倒戈卸甲望风而降。

童贯不仅自己做梦，还劝大家一起做梦。

燕京城内，耶律淳苟且求和的梦，早就醒了。

为了保住宗庙社稷，他多次求和，不断妥协，甚至不惜免除岁币，向宋称藩，都未能换来一纸承诺。

既然不可偷生，不如放手一搏。在朝中主战派大臣力挺下，耶律淳终于下定决心，誓死保卫燕京，与宋军血战到底。

他拿出了拼命的架势，也亮出了手里最后的王牌。

这张王牌，就是声名赫赫的耶律大石。

耶律大石，字重德，皇族血脉，太祖耶律阿保机八世孙，公元 1087 年，辽道宗年间，出生于大辽上京城。

他好学聪慧，熟读经史，骑射精湛，文武全才。公元 1115 年，大石参加科举，进士及第并进入翰林院，初为翰林应奉，累迁翰林承旨。在契丹语里，翰林被称为林牙，人们便尊称其大石林牙或林牙大石。提起契丹，人们想到的多是剽悍的武士，提起翰林，人们想到的多是博学的儒者，大石将这两者合而为一，这是无上的光荣。

相比中原王朝，辽国翰林院的选拔非常严格，据说只有殿试头名即状元，才能入职翰林院。由此推测，大石很可能是高中了状元。当然，这只是逻辑的推理，史书并没有明确记载。可以确定的是，大辽绵延二百余年，大石是仅有的两名契丹族进士之一。

大石出身皇族又天纵英才，这样的人物放在任何地方都金光闪闪。他后来离开翰林院，历任泰州、祥州刺史，辽兴军节度使。女真起兵后，大石升任辽兴军节度使，镇守南京道，负责拱卫燕京的安危。

公元 1122 年，燕京城内风云变幻，35 岁的大石手握兵权，是举足轻重的关键人物。回头来看，耶律淳能登上帝位，大石是关键的拥立者。面对三方之敌，他也是小朝廷最重要的守护者。

大石的名号，童贯应该知道，可能还知道他是翰林出身。不过，或许正因为如此，他反而没把大石放在眼里。毕竟，大宋的翰林他见多了。殊不知，此翰林非彼翰林。

童贯和宋军将士很快就会知道，大石究竟有多厉害。

宋军来犯，大石领兵拒敌。

相比铺天盖地的宋军，大石只率两千精锐骑兵迎战。即使是这点微不足道的军队，大石依然信心满满。

他遭遇的第一个对手，是宋将杨可世，西路军先锋。

杨可世，生卒年不详，历任泾原军兵马钤辖、华州观察使等，长期驻守西北，镇防西夏，参加了童贯平定方腊之役。西路军总指挥是童贯心腹，杨可世能出任先锋，应该也是童贯信任的人，也应当是员猛将。

为抢得头功，他率轻骑数千奇袭燕京。这个作战计划，应该是得到童贯批准的。只是不知道这是杨可世自己争来的，还是童贯为压制种师道做出的决定。

很显然，这种奇袭的背后是极度的自信。实际上，不仅是杨可世，宋军上下都弥漫着盲目乐观的情绪，以为辽军不堪一击，燕京唾手可得。在战场上，这种无由头的一厢情愿，无异于自杀。

果然，杨可世所部行至半途，便遭到大石的截杀。

宋、辽双方休战久矣，这是场跨越百年的遭遇战。

狭路相逢勇者胜。战斗中，大石亲冒箭矢率军冲锋，两千铁骑如同两千头猛虎，将杨可世的部队截成数断，杀得落花流水。宋军几乎全军覆灭，杨可世侥幸逃脱。

此战，虽然规模较小，但意义十分重大。自女真崛起以来，辽军屡战屡败，将士们太需要一场胜利来重建自信了。骄狂的杨可世和他可怜的部下们，不幸被大石拿来祭旗了。这场胜利也让辽军将士发现，即使百年之后，大宋依然是大辽的手下败将。这种自信心，对身处困境、连连挫败的辽军，比黄金还珍贵。

燕京城内，耶律淳收到捷报，顿时喜极而泣，口中不禁喃喃自语，燕京有救了。他随即下旨，再向前线增兵三万，全部交由大石统一指挥。这几乎是北辽的全部家底了。

杨可世惨败而归，令童贯大惊失色。他连下数道军令，约束宋军各部不许再轻举妄动。

宋、辽大军，隔着白沟河对峙而立。

白沟河，宋、辽双方的界河。

在河两岸，百余年来，双方接待来使，拱手作揖，迎来送往；如今，两军严阵以待，剑拔弩张，兵戈相见。此情此景，双方将士的心里恐怕也是五味杂陈。

宋朝东、西两路大军，沿着河岸布防。

东路军是老将种师道所部，西路军是童贯心腹辛兴宗所部。先前，杨可世已经败了一阵，童贯依然没有清醒过来。面对士气正旺的辽军，他想的不是破敌之策，而是继续劝降，重点劝降对象居然是耶律大石。童贯的天真和偏执真让人哭笑不得。

宋人如此迂腐，让大石感受到了侮辱，他要教训一下对手。

夜半时分，大石亲率精锐骑兵从浅滩处渡河，从左右两边包抄、夜袭对岸的宋军。西路军的成色，他已经检验过了，这次他瞄准的是种师道统领的东路军。擒贼先擒王，种师道大名鼎鼎，威震西北，是宋军的旗帜，如能一战击溃种师道，则宋军必败。

过河后，辽军发起猛烈的冲锋，宋军在睡梦中被惊醒。好在种师道有所准备，虽然事出仓促，但还是迅速组织人马反抗，大军勉强稳住了阵脚，尽管如此，在辽军重击下，东路军还是损失惨重。

东路军稳住了。西路军就没那么好运气了，他们几乎同时遭到辽军的猛烈突袭，很快便陷入混乱，全军开始溃退。

如此，种师道的东路军面临着腹背受敌的危险，他不得已下令撤兵。西路军溃败、东路军撤退，两军相互争道，很快就乱成一团。如此天赐良机，大石岂能无视？他亲率铁骑追击。

宋军的溃退变成大溃败，辽军的追击变成大屠杀。又赶上天气突变，狂风大作，冰雹交加，道路泥泞，溃败的宋军步履维艰，士兵脸上的汗水、泪水和雪水、血水交织在了一起，纷纷倒毙在辽军的刀枪剑戟之下，哀号声响彻天地。自雄州以南，莫州以北，塘泊之间及雄州以西保州、真定一带，宋军死伤枕藉，不可胜记。

据说，撤退途中，种师道竟差点被俘，可见当时形势之乱。

就这样，宋军狼狈逃窜，辽军一路追杀，直到雄州。

此时，童贯正在雄州城内，他见宋军背后是急速追赶的辽军，担心混乱中辽军攻入城内，便严禁打开城门接纳溃军。城头的守军，只能眼看着惊魂未定的宋军残部，在城下被杀得血流成河。

至此，宋军的首次北伐，以惨败收场。

这场惨败，输得莫名其妙。

北伐大军是宋朝从西北选拔的精锐之师，这支军队在西北与西夏、吐蕃征战多年，立下了赫赫战功，此前平定方腊，也是威风凛凛，手到擒来。北伐之将，种师道纵横西北多年，是百战名将，即使是辛兴宗、杨可世之辈，也都算得沙场老将。

人们不禁都在问，不过短短数年，将还是那些将、兵还是那些兵，甚至连帅都还是童贯，何以惨败至此？

是啊，何以至此呢？这是所有人的心头之惑。

按照童贯的说法，原因非常简单，这都是种师道的错。他告诉徽宗和群臣：正是种师道指挥无方，才造成如此大败。

他的奏表写得清楚：种师道天姿好杀，临阵肩舆，助贼为谋，以沮圣意，和诜不从节制，乞行军法。

他给种师道列了四条大罪：为人嗜血好杀；平日作风骄横，作为武官，临阵不骑马而坐人抬的肩舆；与燕人有所勾连；在军中散布消极言论。

种师道成了最大的祸首。既已铸下如此大错，那该怎么处理呢？童贯给出了建议，那就是军法从事，斩了种师道。

对童贯来说，这通操作早已驾轻就熟。他不仅自己上表，还发动心腹们纷纷上书弹劾，要置种师道于死地。如此不仅能把战败的责任推干净，还能一泄心头之愤。

好在徽宗还没糊涂透顶，没杀种师道。不过，他也不打算再用这位老将了，令其以右卫将军身份致仕退休。

这年，种师道已年过七旬，71 岁了，这位沙场老将就这样身负巨大的屈辱，黯然脱下军装，愤而离开了军营。

童贯奏表里提到的和诜，也值得说两句。

和诜，将门之后，濮州鄄城（今河南濮阳）人，其父和斌也是征战西北的老将。青年时，和诜以恩荫入仕，初为河北副将，后累官至右武大夫、威州刺史、知雄州。据说，他发明了一种强弓，名为凤凰弓，能在三百步外穿透甲胄。

童贯伐燕，令和诜随种师道的东路军进发，后随之败退。既然都在东路军中，又是种师道部下，童贯便也将其抓做替罪羊。后来，他被朝廷贬为濠州团练副使，筠州安置。

联金灭辽，和诜是最初的拥护者。不过，他后来看到局势变化，又极力反对。或许，这才是童贯借机整肃他的主要原因。

就这样，找了两个替罪羊，主帅童贯竟安然无恙了。

很显然，这场失败，童贯难辞其咎。

那么，他又错在哪里呢？细究起来，他至少有三大错误。

一曰，私心作祟。联金灭辽之策，由马植和他首倡，如今又由他统兵北伐。千古伟业就在眼前，他实在太想要这功名了。何况，神宗当年有言，恢复燕地者可为王，他太想做王了。正因为私欲膨胀，他才将北伐大业置于个人的小算盘之下，这就包括打压种师道及其他无脑操作，他不希望任何人抢了他的风头，而是要将这天大之功据为己有。

二曰，首鼠两端。手握百战雄兵，又挟平定方腊之威，既已北伐，就当奏明天子，一鼓作气，迅速进兵，直接杀奔燕京。可徽宗君臣定下的战略，却是以不战而屈人之兵为上。即使这是徽宗的意思，可将在外君令有所不受，战场形势瞬息万变，童贯也应当权宜行事。既不立足于战，又不立足于谈，童贯的犹豫踌躇，不仅让宋军将士进退失据，也一再贻误战机。

三曰，傲慢轻敌。从他最初贴出的榜文，连续派出劝降的使者，对辽使不加节制地肆意羞辱，到兵败后仍不忘诱降耶律大石，都可以看出来童贯骨子里的傲慢和轻敌。不知道，究竟是谁给了他那谜一般的自负，近乎偏执地觉得辽军不堪为敌，自信宋军稳操胜券，燕京唾手可得。

有如此统帅，宋军焉能不败？可悲的是背黑锅的种师道与和诜，可怜的是那些在风雪中死难的宋军将士，可叹的是恢复汉家故土的大业。

童贯，罪在不赦。

那么，童贯背后的徽宗呢，他又当如何？

很显然，徽宗也难辞其咎。

单就这场北伐之败，徽宗之错，至少也有三条。

一曰，用人失察。任何时候，人的问题都是最关键的。

来看看徽宗为这次北伐安排的将帅，童贯为主帅、蔡攸为副帅、种师道为都统制。或许，有人质疑童贯为帅，其实这未必是最大的问题，毕竟他在西北征战多年，且刚刚平了方腊，军事能力还是有的。此外，前期宋、金谈判，童贯是核心人员，北伐涉及与金军协同的问题，童贯显然是合适的人选。

问题的关键是，人员组合。蔡攸是蔡京的儿子，这时已经比其父更受宠于徽宗。他是个文官，根本不懂军事，派他为副，显然是徽宗制约童贯的棋子。此外，众人皆知，种师道素来不服童贯，两人积怨很深。徽宗偏偏安排种师道统兵，就是要分童贯的兵权。蔡攸、种师道，一文一武，位列童贯左右，名为属下，实为牵制。对此，童贯应该心中有数。

再说，以蔡攸的恩宠、种师道的性格，这两人也未必能相处愉快。如此，这三个人在一起，会产生怎样的化学反应？

很显然，徽宗如此安排，还是重文抑武的祖宗家法的延续。童贯虽是宦官出身，然而已是统兵大将，自然也适应这套家法。

或许，徽宗还为此安排感到得意呢。

殊不知，这恰是兵败的祸根之一。

二曰，犹豫不决。在这场北伐里，徽宗至少在道义和功业之间纠结很深。大辽是百年盟友，双方曾对天盟誓世代修好，如今兵戈相见，徽宗始终心有不忍，内心被道义感折磨。然而，徽宗又特别迫切希望收回故土，建立千古功业，为了这份功业，他宁愿舍弃盟友，宁愿冒着不义之名也要挥军北上。这种道义和功业的纠结，正是后来战场上、外交上，很多看似矛盾的问题的根源。

此外，他还对燕地汉民心向中原，抱有不切实际的幻想。他总有种误解，觉得燕云既是中原故土，燕云百姓便是大宋子民，仗还没有开打，他已经被道德和偏见捆住了手脚。

在徽宗这种纠结思维的主导下，北伐大军看似杀气腾腾，实则投鼠忌器，手持钢刃，却不知道敌人在何方。

三曰，指挥不当。这是宋朝天子的老毛病，从太宗时代就是如此，他们总以为自己是孙武再世，纵是坐镇京城，也能决胜于千里之外。北伐途中，徽宗不停地向童贯、种师道等人发号施令。童贯在私心和蔡攸、种师道的掣肘下，原本就已经难以决断，再加上徽宗的指令，更是莫衷一是。各方有令，直接造成大军指挥系统混乱，部队各行其是，各吹各调，焉能不败？

客观地说，老将种师道也有责任。在国事面前，他还是多了些意气之争，没能放下小我，更好地去配合主帅的工作。

当然，这可能也是苛责老将军了。毕竟，有徽宗这样的天子，童贯这样的主帅，种师道纵有再大的本事、再大的胸怀，也未必能带领宋军逃脱失败的命运。

这是宋军的失败，这是徽宗、童贯的失败，也是种师道的失败，却是耶律大石的胜利，更是耶律淳的胜利。

大石用这场漂亮的战役，告诉了所有人，什么是真正的文武双全；也用这场大胜，告诉了宋人，契丹铁骑铁血依然；也用这场反击，告诉了女真人，大辽国并非都是无能之辈。

对大石来说，他更想证明的是，他是当之无愧的太祖子孙。

无疑，这场胜利对耶律淳来说更加重要，这是北辽小朝廷的生存死亡之战。有此胜利，燕京的危局稍稍缓和了些。

可惜，耶律淳来日无多了。他病了，病势如山倒，且越发沉重。

岂料，屋漏偏逢连夜雨。据报，天祚帝已聚集五万骑兵，即将从夹山攻伐燕京。相比金、宋的步步紧逼，天祚帝对耶律淳的僭越更加怒不可遏，誓言要踏破燕山，诛灭叛逆。

病榻上，耶律淳惊骇不已，慨然叹道，若天祚果然来此，吾唯有死尔，有何面目相见？

的确，国事糜烂如此，兄弟还要同室操戈，在敌人的屠刀旁展开生死决斗。这样的场景，即使想想，都让人肝肠寸断。

好在，这场仗没打起来。隔在中间的女真人帮了耶律淳一把，天祚帝的军队刚出夹山就遭到金军迎头痛击，大溃而回。

消息传来，生命垂危的耶律淳老泪纵横，心中五味杂陈。虽是虚惊一场，却也是致命一击，犹如炙烤的皇位，三方绞杀的危局，朝不保夕的惊恐，终于将耶律淳送到了生命尽头。

从登基到驾崩，天锡皇帝在位仅 98 天，终年 59 岁，死后谥号孝章皇帝，庙号宣宗，葬于燕京西香山永安陵。

好了，终于结束了，这个世界安静了。

这是一种解脱吧。毕竟，人死万事空，所有的痛苦和烦恼都烟消云散。这更是一种福气。毕竟，他死在皇位上，死在皇宫里，死后能入葬皇陵。

至少，是死得其时。

回望历史，耶律淳这一个甲子的人生，又当如何？

他有太多显赫的身份。他出身大辽皇族，爷爷、伯父、侄子都是皇帝，他是皇孙、皇侄，是亲王，是皇叔，后来自己也做了皇帝。这些显赫的身份，任何一个都是普通人高攀不起的。

我们还是从头来看吧。

作为皇孙，他享尽荣华，出生在皇宫内苑，集万千宠爱于一身。那时的大辽，依然如日中天，皇孙生活好似云端上的幸福。

作为皇侄，他非常幸运，有个非常疼爱自己的皇伯父，甚至一度要将皇冠戴在他的头上。这样的幸福，大辽成千上万的龙子凤孙里，又有几人得享？

作为皇叔，他悠然自得，有个非常礼遇自己的皇帝侄子。甚至他有叛乱之嫌，也依然能够全身而退，恩宠不减。

直到此时，这些身份带给他的除了荣耀就是富贵，除了富贵就是尊严，除了尊严就是悠然。

如果生命就此终结，耶律淳的人生堪称圆满。

只不过，他还有个最显赫的身份——天锡皇帝。

这个身份可能是他自己争来的，也可能是别人替他争来的。不管怎么说，他坐在皇位上，成了皇帝。

可这是个什么样的皇帝啊？麾下无兵，手中无财，疆土不过区区之地，却有三头虎狼环伺，随时准备扑上来将他撕得粉碎。

好在，他在拼命挡过第一轮撕咬后，及时地病了，及时地死了。虽死在风雨之际，总好过之后的白浪滔天。

不过，耶律淳显然不是雄才大略之主。即使亲率大军北上抗金，即使登基做了皇帝，他也算不上是大英雄，既不是时势造的英雄，更不是造时势的英雄。

除去那些眼花缭乱的名头，他不过是个普通人，普通得有些平庸的人。他的人生原本只是随波逐流，只是生命的下半场被乱世所迫，不得已被赶着往前走。

其实，很多所谓的大人物都只是普通人。只是，他们赢了之后，给自己反复涂抹，再戴上层层面纱，显得不那么普通而已。

耶律淳，一个普通人、一个平庸的王爷，被乱世推上了风口浪尖，扑腾了几下，激起了几朵浪花，仅此而已。

此外，值得一提的是他的皇陵。

历史上，耶律淳是首位葬在北京的皇帝，他的永安陵也是北京的首座皇陵。永安陵，又称辽王坟，陵址在香山蟾蜍峰附近。

契丹人有崇拜大山的习俗，又继承了唐代以山为陵的制度，所以辽代帝陵多选择风景秀丽之处依山而建，地表没有高大的封土，陵前建有平面呈正方形的享殿。

相较其他辽代帝陵，永安陵修筑在强敌环伺之下，规模应该大为逊色。江山易主后，因耶律淳称帝有名不正言不顺之嫌，其陵墓的保护和修缮也不受后世重视。

历史上，关于其陵墓的记载也很少。据说，民国时的香山测绘图上，蟾蜍峰之东仍标有永安陵的位置。如今，该陵寝早已踪迹全无，以至无处寻觅了。

除了永安陵，耶律淳还为北京留下了一座塔。

天宁寺塔。

这座矗立近千年的古塔，由耶律淳在公元 1119 年主持建造，是北京仅存的辽代建筑。20 世纪 90 年代，古塔重修，人们在塔顶发现了《大辽燕京天王寺建舍利塔记》刻石：皇叔判留守诸路兵马都元帅府事、秦晋国王，天庆九年五月二十三日奉圣旨起建天王寺砖塔一座。举高二百三尺，相计共一十个月了毕。

一座若隐若现的陵墓，一座千年挺立的佛塔，这就是耶律淳这位辽国皇帝留给北京和世人最后的念想。

临终前，耶律淳遗命，迎立天祚帝之子秦王耶律定即位。

这点，倒是颇为耐人寻味。

要知道，此时秦王并不在燕京城内，而是正随父亲在夹山附近东躲西藏，所以需要迎立。既然如此，耶律淳为何不将皇位传给儿子，难道他没有子嗣？当然不是。据记载，他至少有个名叫耶律阿撒的儿子。

耶律淳遗命如此，可能也是不得已而为之。真要论起来，他的帝位即使不是豪夺也是巧取，在合法性上打了大折扣，这应该让他深感不安。他将皇位还给天祚帝一系，既有赎罪的成分，也是和天祚帝的和解。对于天祚帝本人，耶律淳是不能还了，也没法还，总不能把自己全否定了，只好还给天祚帝的儿子。再说，秦王素有贤名，有些号召力和凝聚力，可能会保住大辽的香火。如此，他也算是用心良苦了。

当然，作为帝王，耶律淳洞悉时局，知道燕京根本守不住，这时候把皇位传给儿子，儿子不仅坐不稳还异常凶险。顶着天子之名，一旦城破将很难善终；没有皇帝的空名，做个普通的宗室，反而多了几分活下来的希望。如此考虑的耶律淳，是帝王更是父亲，人之将死，更显舐犊情深。

后来的历史证明，耶律淳的考虑是完全正确的。据明初《施甸长官司族谱》记载，耶律阿撒后来被金军俘获，任桓州（今内蒙古正蓝旗）尹。后来，其孙耶律秃花率众归附成吉思汗，随元军南征并在元末落籍云南，成为施甸长官司的世袭土司。从元末到公元1949年，土司传袭六百余年，直系后裔有十余万，分布在滇西南的大理、保山、临沧、德宏和西双版纳等地，少数居于缅甸。耶律淳虽含恨而死，若知晓子孙繁茂、开枝散叶，也能慰藉九泉了。

倒是那位被遥尊为帝，成为北辽名义上第二位皇帝的秦王，不仅没做过一天的皇帝，还在被金兵俘获后就杳无音信了。顶着皇帝的空名，带给他的只有更大的凶险。

说到底，乱世居于庙堂，实在不是可喜之事。反倒是那些普通人，混杂在社会底层，无人关注，没有名利累赘，更容易活下来。

耶律淳死了，北辽小朝廷还在。

众臣按先帝遗命遥尊秦王为帝，同时推举耶律淳的德妃萧普贤女为太后，临朝摄政，改元德兴。不过数月而已，燕京城内已有了三个年号：年初的保大三年，之后的建福元年和德兴元年。

先帝驾崩，太后摄政，开始了新一轮权力重组。其时，小朝廷至少有四个实力派人物：皇太后萧普贤女、四军（契丹、奚、汉、渤海）大王萧干、太师耶律大石、太尉李处温。

萧干，萧普贤女之兄，奚族首领。四军大王，名义上的北辽最高军事统帅。国难当头，太后自然更信任亲兄弟。

李处温，此人在北辽非常活跃，值得多说几句。

他是汉人，世居燕京，出身名门望族。他的叔父李俨，曾任宰执多年，皇帝赐姓耶律，封漆水郡王，死后赠尚父，谥号忠懿。入仕后，他凭着家族恩荫，又攀附上了权臣萧奉先，官运亨通，是辽国汉人中的翘楚。

在萧奉先失势后，李处温及时调整方向，改为押宝耶律淳，是拥立其称帝的核心人物。据说，他与弟弟李处能、儿子李奭谋于密室，先成功争取到了四军大王萧干，再发动百官劝进拥立。

在李氏父子的鼓动下，百官来到王府门前聚集，人声鼎沸，群情激动，官员们人人表态拥立，不甘人后，也不敢居于人后。趁耶律淳出门探望之际，李奭手疾眼快将一件赭袍披在他身上，李处温见状立刻率百官跪地拜贺，山呼万岁。就这样，在这对父子的默契配合下，耶律淳赭袍加身做了皇帝。

如此，李处温有了拥立之功，成为耶律淳最信任的心腹重臣。耶律淳也投桃报李，任命李处温为太尉、李处能为知枢密院事、李奭为少府少监，李氏满门朱紫，显赫一时。

从萧奉先到耶律淳，李处温眼光锐利、魄力过人，这助他在盛世青云直上，在乱世位极人臣。可惜，他千算万算，就是没算准耶律淳的寿命。耶律淳死得太突然，让李处温措手不及，可能有的后手棋还没来得及下。

好在，抢在耶律淳驾崩前，李处温拿到了最后的红利，出任蕃汉马步军都元帅。这就是说，至少名义上李处温拿到了军权，这才是乱世里真正的撒手锏。

他不禁得意，以为如此可攻可守，谁料竟招来杀身之祸。

杀他的人，正是萧干。

这很好理解。拥立耶律淳，萧干当然没意见，也乐得与李处温结盟。论亲疏，他是萧妃的兄长，耶律淳称帝，他便是最大的外戚，这等富贵岂能拒之？但是，皇帝死后，李处温却抢先拿到了军权，这就触动了萧干的敏感神经。不要忘了，李处温是汉人，而城外不远处就是大宋的军队，这让萧干怎能安心？

意识到危险的萧干，立刻向萧太后禀报，还给李处温扣了顶大帽子——密谋劫持太后归降大宋。此说法，真真假假、假假真真，后世早已无法辨别。

想来，李处温左右逢源，善于押宝，利用汉人身份与大宋周旋盘桓，再利用手中兵权与大金讨价还价，也是有可能的事。至于是否密谋降宋和劫持太后等，那就只有天知道了。

总之，萧太后感到了极大的恐惧和愤怒，萧干如愿拿到了诏命，即刻派兵将李处温的府邸团团围住。

至此，李处温已无力回天。

实际上，他早已嗅到了危机。之前，萧干假借太后之名，招李处温等宰执大臣入宫议事，众人都去了，唯独他托病不往。他还私下里招募死士，以备不虞，怎奈萧干动手更快。

李处温父子被押到宫里。萧太后当面质问他，是否有不臣之心？他跪地求饶，痛哭流涕，反复辩解，李家世受皇恩，不敢背弃朝廷，在宣宗继位上更有定策之功，忠诚之心日月可鉴。

萧太后听完，不为所动，冷笑之余说出心中压抑许久的话。在她看来，李处温所谓定策之功实属误人不浅。假如当初耶律淳不登皇位，还可以周公的美名流传后世。正是李处温，为了自家富贵，将耶律淳引入歧途，进而因忧愤早亡。

这究竟是功还是过？这究竟是为了宣宗还是为了自己？

李处温无言以对。父子俩同时被斩，身首异处。

李处温，忙忙碌碌，处心积虑，到头来却是一场空。

关于李处温，后世有些争议。

因其是汉人，又有劫持辽太后降宋的传言，在华夏正统的叙事里，在后世汉人笔下，他被有意无意地描绘成了悲情英雄。这实在是一厢情愿。

观人，不能观一时，而要观一生。

观李处温平生，就是个政治投机者，所为皆是富贵名利。且不说他是否有所行动，即使他真的劫持太后归降成功，恐怕更多的也是政治投机，并不能证明其道义上的高尚，更与汉人身份毫不相干。

李处温的汉人身份，的确扰乱了许多人正常的思维。

这些辽国汉人的确是汉人，但与宋朝的汉人早已大为迥异。他们在北方生活了几百年，享受着大辽的庇护和福泽，父子相袭、子孙传承，很多甚至发展成了名门大族。除了长着汉人的面孔，他们在身份认同上早已是辽人。对他们来说，所谓中原、所谓故土，可能连遥远的回忆都算不上。

所谓辽国汉人对故国的怀念和向往，多是宋人的一厢情愿。而且，这种一厢情愿竟是那么普遍，上自徽宗君臣、下至军校百姓，许多人竟然都深信不疑。宋军北伐的失败，与这种不切实际的幻想和期待有莫大关系。

杀了李处温，皇太后临朝称制，萧干以北枢密使身份代理朝政，耶律大石负责军事，北辽小朝廷内部稳定了些。

不过，外部局势依然紧张，他们最担心的还是女真人。

短短数月内，在萧干等人的支持下，萧太后接连向大金上了五道表章，核心都是称臣纳贡，唯一的条件是保留秦王帝位，保有燕京一隅之地，延续大辽宗庙社稷。雄武血性的巍巍大辽，竟卑躬屈膝至此，真让人感慨。

可女真人更铁血，对契丹人的屈膝所求，竟一口回绝。他们早已铁了心要灭北辽小朝廷。不过，虽然话说得很严厉，金军却并没有实际动作，这让辽国君臣有些疑惑。

实际上，金国君臣有难言之隐。

按照宋、金盟约，燕京应由宋军攻下后划归大宋版图。可宋人不争气，十五万大军北伐，竟被缺兵少将的耶律大石杀得大败。

金国内部有人看不下去了，纷纷上书阿骨打请求攻打燕京，唯阿骨打不想破坏盟约授人以柄。他一方面强势拒绝北辽，做出随时南下的威慑姿态，另一方面照会大宋，催促其尽快发兵攻燕。面对宋朝官员，金使说得很直接，宋军若再不行动，大金铁骑就不等了。这意思，意味深长了。

宋朝方面，北伐失败的残局还未收拾好，但恐金军南下独自攻燕，只能立即着手开始二次北伐。

这次是二十万大军，主帅依然是童贯。

宋人既已出兵，女真人乐得一旁观战。在他们看来，大辽衰朽不堪，北辽小朝廷苟延残喘，宋军吸取教训，这次应能雪耻吧。

结果呢，令金国君臣再次大跌眼镜。

宋军首次北伐，遇到的克星是耶律大石。

这次，他们遇到了萧干。

快刀斩杀李处温的萧干，同样很不一般。

萧干，小字回离保，出身奚族的王族。奚与契丹同源，属于近亲。在一定程度上，大辽是契丹与奚族共治的帝国。奚族首领在大辽朝堂举足轻重，历代萧氏皇后和妃嫔也多出自奚族。

少年萧干，不仅精于骑射，熟读兵法战策，还是远近闻名的狩猎高手。辽道宗巡视奚族部落，听闻萧干美名，便特旨召见，一看果然英武少年，便收作贴身护卫，留在身边悉心培养。

公元 1095 年，萧干被任命为奚族本部大王；四年后，任行宫都部署，即皇帝行宫卫戍司令。很显然，道宗不仅认同萧干的能力，更认同他的忠心。

天祚帝继位后，萧干继续得到重用。

公元 1111 年，萧干任北女真详稳兼知咸州路兵马事，后改任东京统军。详稳司是大辽管理女真事务的地方官署，详稳司官员多由契丹人、奚人和渤海人担任。咸州路，治所在咸平，今辽宁开原。东京，今辽宁辽阳。

如此说来，萧干对女真应该非常熟悉，对阿骨打等女真首领应该也不陌生，作为直接管理者，他们应该打过交道。阿骨打起兵后，萧干身处对抗金军前线，双方有过多次正面对抗。

公元 1117 年十二月，萧干以战功迁为奚六部大王，即整个奚族的总首领，兼总知东北路兵马事。辽设有东北路统军使司，统遥里、伯德、奥里等九部族及长春、宁江等州兵马，以控制女真等部落。东北路所辖之地，是辽金战争初年主战场，萧干此职相当于对金作战前线总司令。

之后，辽国内部烽烟四起，很多流民起事，萧干又受命平叛，因功升为四军太师。

随着金军进攻，萧干所部节节往南后撤。就在这时，萧干遇上了郭药师，也铸成了萧干平生最后悔的一件事。

事情源于怨军的再次叛乱。

自耶律淳率军首次出征，因为冬装问题发生哗变后，这支军队就种下了叛乱的基因。

公元 1121 年，怨军将领董小丑因作战不力，被处以军法，其属下罗青汉、董仲孙等不满判罚，以此为借口率部作乱。天祚帝大怒，严令耶律余睹、萧干率兵平叛。辽国后期，除耶律大石外，余睹和萧干几乎是最能打的将军了。果然，叛军无法招架，节节败退，覆灭在即。

这时候，参与叛乱的郭药师站了出来。他趁着夜色，率亲信摸进营帐，将罗青汉等人斩杀殆尽，然后带领叛军归降。

面对郭药师的投降，余睹和萧干的意见发生了冲突。余睹认为，怨军成军不过数年，没有抱怨于金人，反倒屡屡叛乱，先前有两营哗变，这次叛乱的人更多，如果不及时镇压，后果不堪设想，当下正好乘其卸甲，派兵杀尽，永绝后患。

余睹之策，杀气腾腾，确实比较冷血。但乱世之中，对这群嗜血唯利的乱军，未尝不是解决问题的良策。当然，如此行事，必会牵连众多无辜的兵士，很多人应该是被将官裹挟的。两害相权取其轻，如果知道他们以后会惹下多大麻烦，就知道这个提议有多么正确。可惜，萧干坚决不同意。他的理由和多数人看法相同，认为怨军中很多兵士是无辜的，岂能尽杀之？

最后的处理意见，是双方各退一步。将怨军拆分重组，只留下两千人，编为四营，由郭药师等四人各自统领。其余六千人打散建制，再分送到各路辽军之中。

这在当时看来可能是良策，却种下了恶果。

将叛军打散重组，是个好办法。不过，对于叛军骨干，是不是要首犯必诛呢？这样说来，就应该将郭药师等首领诛杀，这样就安全多了。

也许，余睹和萧干念及他的反正归顺之功。只不过这样的功劳，恰恰证明此人反复无常，对待袍泽心狠手辣。也许是考虑战争年代一将难求，也许是郭药师善于言辞、精于谄媚，把自己塑造成了被裹挟而反叛，再毅然回归的忠勇形象。

因为恻隐之心，萧干放过了郭药师，就如同放生了一个魔鬼。这个魔鬼后来惹出了很多事，甚至对萧干发起反戈一击。

日后追忆，这应是萧干一生最后悔的事。

镇压怨军叛乱不久，耶律余睹被权臣萧奉先诬陷，不得已投降大金，成了进攻大辽的急先锋。

短短数月，余睹和萧干就由亲密战友变成了战场死敌。乱世里，人生格外残酷，求生的本能让生活的轨迹乱如蛛网。

转年，即公元1122年，由于余睹率军来袭，天祚帝逃离燕京，这才有了萧干、李处温等人拥戴耶律淳为帝。

到耶律淳驾崩，萧干再杀李处温。

燕京城内稍稍安定，更大的风暴却再度袭来。

萧干再次披挂上阵，大放异彩。

再伐再败

这是宋军的二次伐辽。

此时，王黼任宰相，他恐金军单独攻下燕京，大宋将失去收复故土的机会，便向徽宗提出双管齐下的策略：立刻组织二次伐辽；如果进攻受阻，再邀金军夹攻燕京。

很显然，这是宋朝君臣耍的小聪明。如能独自攻取固然最好，拿回燕京名正言顺，如不能独取则再与金军合作，无论哪一条，燕京都是囊中之物。徽宗同意了王黼的建议，派马植出使金朝，讨论双方履约事宜。

北伐大军，主帅还是童贯，副帅还是蔡攸。所不同的是，在罢免老将种师道之后，都统制换成了刘延庆。

刘延庆，公元 1068 年出生，时年 54 岁，保安军金明县（今陕西志丹县）人，将门之后，祖父刘绍能、父亲刘永年都在西北为将。他的儿子名声更响，是南宋中兴四将之一的刘光世。

刘延庆驻防西北，长期与西夏作战，累迁鄜延路总管、泰宁军和保信军节度使，后跟随童贯平定方腊。

能够取代种师道，说明他深受徽宗赏识。

此刻挂帅出征，也有临危受命之意。此前已经败了一场，这次不容有失了。因有前车之鉴，刘延庆的大军行动迟缓。此外，他还大搞舆论战和攻心战，大军未至，招降檄文已传遍燕地各城。

别说，这次还真钓到了大鱼。

大鱼便是郭药师。

郭药师，辽东京道铁州（今辽宁营口）人。

公元 1116 年，他正式在历史舞台上亮相，人生也从这里开始，之前的过往无人知晓。

这年耶律淳招兵买马，组建怨军，共有八个营，郭药师是其中一位将领。据说，郭药师生得相貌堂堂，魁梧伟岸，颇有威仪，在军中很有些威信，众人都很畏服。

在怨军董小丑之乱中，他是骨干分子，只是后来见到形势不妙，转而杀了袍泽向萧干、耶律余睹投降。余睹主张杀了郭药师以绝后患，萧干惜才保下了他。

不过，经由此事，郭药师生性多变、反复无常的特点已露端倪。萧干的恻隐之心和妇人之仁，让郭药师后来有了机会再做下大恶。

北辽建立后，耶律淳为讨吉利，将怨军改名为常胜军。郭药师被派往涿（今河北涿州）、易（今河北易县）二州驻防，负责拱卫燕京。

乱世之秋，有兵就是草头王。到达驻地，郭药师立即招兵买马，扩充自己的实力。朝廷上，他也找到了新靠山，便是李处温。这种结盟，应该是一拍即合。面对带兵的萧干和耶律大石，李处温是文官，心里很难踏实，如果说他真有劫持太后降宋的方案，那郭药师便是他的王牌。

没想到，耶律淳刚死，李处温父子就被诛杀，这让郭药师惊愕之余，顿感大事不妙。也许是害怕遭到萧干的清算，也许是觉得小朝廷朝不保夕，郭药师又开始活动心思了。

恰在此时，宋军再次北伐，招降文书也已送到城中。几乎不假思索，他立即率领八千常胜军挟涿、易二州降了大宋，归到刘延庆麾下。

投降反叛这种事，郭药师干得多了，轻车熟路。也有可能，他早就与大宋有过接触，只是先前价码没谈拢，如今形势危急，也就不再迁延观望了。

郭药师率劲旅来降，刘延庆兵不血刃，仅靠一道檄文便收复了大片失地。消息传到京城，王黼等人热情颂扬，徽宗忘乎所以，重赏郭药师的同时，御笔改燕京为燕山府。

在徽宗眼里，燕京似乎已经归了大宋。

天子如此豪情，宰相如此乐观，前线将士更一扫前期兵败的阴霾，人人欢天喜地、个个兴高采烈，似乎已兵入燕京城。

以郭药师为先导，刘延庆率大军渡过白沟，深入辽国腹地。

令郭药师有些不解的是，刘延庆的军队纪律很差，松松垮垮。他委婉地提出劝诫，大军出战必须军纪严明，令行禁止，如此即使遭遇伏击，也能临阵不危，力战破敌，否则难逃失败的结局。

刘延庆听后哈哈大笑，不置可否。

在他看来，降将就是降将，胆小如鼠。浩浩荡荡的宋军继续前行，不像出征，倒像是游行的队伍。

下一站，燕京。

途中，宋军遇到了萧干。

当萧干得知郭药师投宋，是何滋味呢？定是懊恼不已吧。没想到当初的一念之差，恶果这么快就出现了。

郭药师降宋，献上涿、易二州，燕京门户大开，对宋军敞开了大门。何况，郭药师对燕京周围的山川地理、城防部署非常熟悉，如今倒戈一击，后果非常严重。

军情如火，萧干只得亲自率军拒敌。

在良乡附近（今属北京），萧干迎面撞上刘延庆、郭药师率领的宋朝大军。史书没有记载萧干所率军队数量，但显然远远少于宋军。兵虽少，但要论战斗意志和必死之心，萧干和辽军显然更胜一筹，毕竟身后不远就是国都，他们已退无可退。

果然，两军稍有接触，宋军便败下阵来。好在刘延庆稳住了队伍，就此屯兵驻守，闭垒不出。

从战术上看，刘延世此举无可厚非，毕竟时间站在他这边，宋军兵多将广、后勤保障充足，稳扎稳打没问题。倒是萧干面临金、宋南北夹击，急欲速败宋军，以求得一时喘息。

刘延庆不急，郭药师却立功心切。

他降宋，已将旧主绊倒，还想上去再猛踹几脚。

他向刘延庆献策。根据军报，北方金军有所动作，萧干已急率辽军北上防御，辽军原本就兵少将寡，再分南北拒敌，燕京城内必然空虚。此时，如突袭燕京，必能一战得手。

不等刘延庆询问，他毛遂自荐表示愿亲率五千骑兵突袭。他熟悉燕京城防，负责肃清城中守军，再请延庆之子刘光世带兵接应，里应外合拿下燕京城。

不得不说，作为军人，郭药师的眼光是锋利的，一眼便看出了决定战争胜负的关键节点，并能主动请缨去解决问题。

此计之妙，让刘延庆无法拒绝，立刻下了将令。

事情的发展，确如郭药师所料。

燕京城内果然空虚，宋军轻易杀进了城内。

回头来看，这是个极其重要的历史节点。历史给了宋人机会，可稍稍有些滑稽的是，这机会却被握在了降将郭药师手里。

宋朝大军从天而降，燕京城瞬间炸了锅。城中辽军原本就兵力不足，还多是老弱病残，惊惧之下纷纷四散逃命，只有少数将士仍在拼死抵抗。萧太后人在深宫，登高望远，只见城内火光冲天，杀声四起，不禁泪如雨下。她知道，大辽今晚要亡了。

城里的王公大臣们，也呈现出了人间百态。有人誓死抵抗，有人举家自杀，有人忙着给宋军带路，降者可能更多。很显然，即使李处温已死，愿意降宋保全富贵者，仍大有人在。

此刻，郭药师如果统筹得当、恩威并施，完全可以争得城中投降派的支持，以其为先导，迅速瓦解辽军残部的抵抗意志，冲入皇宫生擒萧太后，如此，大事成矣。

可惜，郭药师杀气太重、报复心太强，他的军令是杀无赦，无论契丹人、奚人、渤海人、汉人，一律杀无赦，并且纵兵大肆抢劫。如此一来，那些原本想投机的人都没了机会，城中军民只能誓死抵抗，与宋军展开殊死血战。

两军在城中血战三日，宋军一度攻到皇宫附近，却始终没能再进一步。当此十万火急之际，得知消息的萧干火速率军杀回燕京。城内的郭药师腹背受敌，陷入内外夹击的苦战。更要命的是，原本应该率军接应的刘光世，却始终不见踪影。

血战到最后，郭药师部全面崩溃。除了他带着几名亲信缒城而下、侥幸逃脱以外，城中宋军全部阵亡。

几乎到手的燕京城，就这样功亏一篑，实在令人惋惜。

郭药师的五千精锐，也全部葬送城内。

就这样，奇袭变成相持，再变成腹背受敌、内外夹击，最终先赢后败，输了个干干净净。一步妙棋，硬是变成了臭棋。

此战失利的后果影响深远。后来，应该有无数人感慨，要是这场仗打赢了该多好。是啊,如果就此拿下了燕京,那后面的很多事情都完全不同了。

郭药师在燕京血战时,刘延庆在做什么?实在令人费解。

还有,刘光世为何没能如约接应?如果他按期到达,在城外截住回援的萧干,那郭药师拿下全城就是必然的。这样的话,两人再合兵进攻萧干所部,料萧干也难抵挡。再有,萧干由前线火速回援燕京,这么大的动静,难道刘延庆没有丝毫察觉?

所有这些细节,都湮没在了历史里。不过,任何看似不合理的事,背后都有相应的逻辑。我们可以做些合理的推测。这就得说到刘光世对郭药师的态度,以及对他奇袭燕京的看法。

作为大军统帅,刘延庆绝非等闲之辈,更非庸碌之人,他在西北与西夏对垒多年,屡建功勋,绝不仅仅是童贯的心腹那么简单。

在这次战斗中,刘延庆令人迷惑的安排,除了他生性谨慎外,更大的可能是他并不信任郭药师。想来,郭药师此前屡屡反叛的种种劣迹,他应该是知道的。

郭药师献计,他顺水推舟接受建议,让其带领本部兵马去实施,就是要让郭药师和辽人对抗。若能顺利拿下燕京,千好万好,功劳是他刘延庆的;若拿不下燕京,任其两军血战,相互消耗也不错。至于燕京,他自信有二十万大军在手,破城不过是早晚的事情。刘光世未能如约赶到燕京城下,或许是因故延误了军机,或许根本就是刘延庆的将令;也可能是父子连心,刘光世读懂了父亲的意图,行军途中故意迁延观望。

再来说郭药师,他献上计策并且拼死夺城,至少说明在降宋之初他是有诚意的,渴望建功立业,以赢得宋朝君臣的信赖。不过,等他日后知道了战斗背后的隐情,这个原本就反复无常的小人,心中生出的怨恨怕是怎么也解不开了。

此战获胜,侥幸保住燕京,最高兴的莫过于萧太后和萧干。萧太后庆幸宗庙终于守住了;萧干则是发现,宋军实在不堪一击。

稳住燕京后,萧干再次率军赶往前线。

随后,他派兵袭击宋军后防,切断了宋军粮道,还顺手牵羊抓住了护粮将王渊等人。

王渊,出生在西北,从军后长期与西夏作战。此前,他也跟随童贯平定了方腊，此战作为护粮官出征。

萧干俘获王渊，知道他是西北名将、童贯的心腹，不仅没有为难他，还好酒好食款待，并让他留宿在自己帐内。夜半时分，王渊被说话声惊醒，原来是萧干正与手下将军筹划进军事宜。

尽管他们压低了声音，但王渊还是听到了萧干的谈话。听得萧干言道：尽管宋人大军来袭，但我各路援军已至，现已三倍于他，待明日起火为号，将大军分为三路，左右两翼包抄，中间主力突击，一举击败宋军。

王渊听得真切，惊得冷汗涔涔。待萧干睡下后，王渊发现守卫松弛，竟然只身逃出并顺利回到了宋营。

军情如火，王渊立即向刘延庆报告所闻之事。刘延庆正在迟疑，探马来报，辽军阵前火光四起。刘延庆、王渊四目相对，确认情报无疑，刘延庆不再犹豫，立刻下令烧营撤兵。

这下坏了大事。由于军令下得过于仓促，大军撤退变成了乱哄哄的大溃逃，再加上流言四起，军士们争先恐后，很快就完全没了秩序。在他们身后，萧干亲率辽军铁骑奋力追杀。宋军抱头鼠窜数百里，直至退入雄州城内。

一路之上，宋军死伤枕藉，不仅死于辽军之手，踩踏致死、落水而死者亦不计其数。宋军所丢弃的军用物资更是堆积如山，以致自神宗变法以来，国家储备的军用物资几乎损失殆尽。据说，徽宗以为此战必胜，甚至将犒劳将士们的赏赐都提前带上了。这下可好，全部送给了萧干和辽军将士。

看着熟悉吧，很多人可能会说，这不是蒋干盗书的故事吗？王渊就是蒋干啊。

要知道，到了北宋时期，三国的故事已在民间广为流传，更在勾栏瓦肆间被说书人反复演绎。宋、辽交往百年，萧干熟悉三国的故事也并不奇怪。

无论怎样，可怜宋军数万将士命丧九泉。二次伐燕，再败。

宋军一败再败，让早已勒马长城下的女真人目瞪口呆。

不久之前，金军又攻下了西京，辽的五京唯存燕京而已。此时，宋使马植、马扩等人正在金军帐中谈判。

按照王黼、童贯此前谋划，如果宋军独自攻下燕京，是为上策。如此，按照宋、金盟约规定，北宋收回燕云理所当然。如果宋军进攻不利，则邀请金军夹攻北辽，双方共取燕京。

金军大营中，马植、马扩正密切关注着燕京战局。当两人听到宋军已攻入了燕京城，激动得难以自持。很显然，只要宋军拿下燕京，那谈判就容易多了。而宋军的攻势，也确实加快了女真人决策的步伐，他们也判断宋军拿下燕京不成问题。

正当宋、辽在燕京城血战时，在金军大营，宋、金达成了协议。主要内容是：金国将山前六州还给大宋，宋将给辽五十万的岁币转给金；六州的汉人归宋，其余各族人以及各类物资归金；西京和山后诸州除外，营、平、滦三州也不在归还之列。

宋朝原计划拿回燕云十六州及营、平、滦三州，此协议与之相差甚远。不过，由于宋朝屡屡违约，再加上军队不争气，任马植和马扩据理力争，女真人寸步不让，便只能如此了。

当"二马"准备带着国书返回，女真人再次提出要求，要求留下一人作为人质，以防宋军占领燕京后背信弃义，守住各路关口将金军拒之门外。

这么看来，金国君臣还真以为宋军能拿下燕京。

两人商量后，马植带着金使及国书返宋，马扩留在金营。

没想到，马植走后不久，郭药师兵败，燕京得而复失，继而宋军主力大败的消息就陆续传到了金军大营，马扩惊愕不已，女真人喜笑颜开。

很快，童贯再向金营派出密使，正式请求金军出兵攻燕。

也就在这一年年底，公元 1122 年十二月，金军挥师南下，目标燕京。

光复一座空城

北辽小朝廷，早已乱成了一锅粥。

虽然两次大胜宋军，但面对杀气腾腾的金军，北辽君臣并没有殊死血战的底气，更没有守住燕京的信心。

是战是和，是走是留，朝堂上吵得不可开交。

主张战与走的，多是契丹和奚族大臣，主张和与留的，多是汉族大臣。这里的和与留，不过是投降的另一种说法。

当然，更多的汉族大臣，早已找各种理由不上朝了，即使上朝也是一言不发。时局如此，所有人都知道，燕京必破，大辽灭亡已经倒计时了。更多的人，已在坐等改朝换代。

战，实际上已无可能；剩下的，只有走和降了。

萧太后、萧干和耶律大石等人，誓死不降。

那只有一条路，就是弃城而走。问题是，往哪儿走？

令人有些意外的是，萧太后和萧干的意见并不统一。两人都主张放弃燕京，但出城之后的道路选择大相径庭，萧太后主张往西投奔秦王，萧干主张往北重回奚人故地。双方意见相持不下，耶律大石成了仲裁者。最终，耶律大石选择力挺萧太后。

十二月的燕京，寒风凛冽，滴水成冰。

金军的马蹄声依稀可闻，到了最后的时刻了。

当日下午，萧太后、萧干、耶律大石等人，最后祭拜了太庙、祭扫了永安陵，求得列祖列宗在天之灵最后的护佑。二百余年的大辽，亡国就在眼前，萧太后哭得肝肠寸断，萧干、耶律大石这般铁血男儿，也是泪如雨下。

夜半时分，大雪纷飞，众人在城门口挥泪告别，各奔东西。

这一别，就是永诀。

道路两旁，来送别的大臣很少，多是那些老迈衰朽骑不了马的契丹贵族，他们跪下去几乎就起不来了。那些汉族、渤海族的大臣们则不太多见。也许，他们是不知道信儿吧。也许，他们正忙着收拾朝堂，准备迎接新主人。

是啊，无论谁做天子，日子总得过啊。

燕京一别，萧太后、萧干、耶律大石的命运，迥然不同。

先来说说萧太后。

应该说，她做出投奔秦王的决策有些令人意外。所有人都知道，秦王和天祚帝在一起，秦王只是纸面上的天子，甚至他本人都未必知道耶律淳遗命传位给他，真正的皇帝还是天祚帝，投奔秦王就等于投奔天祚帝。那这样的投奔意味着什么？

毕竟，她的丈夫抢了皇位，还废黜了天祚帝的名号，这在天祚帝眼里是什么，当然是僭越和叛逆，耶律淳当然是乱臣贼子。尽管耶律淳遗命秦王继位，算是一种和解，但天祚帝会认账吗？再说，她还做了太后、临朝称制，天祚帝能容忍这些吗？

萧干极力反对萧太后投奔秦王，在君臣大义之外，也一定用兄妹之情力劝过她。道理很简单，以天祚帝的性格，她去投奔无异于自寻死路。

这个道理，萧太后难道不懂吗？当然懂。那她为何还要这么做呢？可能会有一丝侥幸心理，希望能说服天祚帝，那些选择都是不得已而为之，都是为了大辽江山社稷。但更多的，应该还是抱了必死之心。她毕竟是太后，代表着大辽社稷，既然立了秦王为帝，那她只能投奔秦王，哪怕明知道有去无回，也只能这么做。至于回奚族故地，在一定程度上就是脱离大辽自立了，萧干可以这么做，她是大辽太后，她不能这么做。

就这样，在耶律大石的拼死护卫下，萧太后一行冲破金军的围追堵截，历经艰难跋涉，终于在夹山找到了天祚帝和秦王。

所有的期待，在见面的刹那化成了齑粉。

天祚帝根本没给她说话的机会，直接赐死。立在一旁的秦王惊愕不已，他需要更多的时间去理解这一切。

三尺白绫，送走了这位曾经的燕王妃、北辽的萧妃、后来的萧太后。既是意料之中，想必她也死而无憾吧。她到底还是见到了秦王，也将这点残兵败将带了出来。

大辽多巾帼英雄，萧氏后妃更是能人辈出。这位萧氏，在狂风暴雨中，拼命守护着大辽最后的尊严，她毫不逊色于那些萧姓先祖们。她们的故事也注定会源远流长，为后人所传诵。

对耶律大石，天祚帝自然也相当不满。

他当面质问，为何要拥立耶律淳僭越称帝？大石慨然回答，陛下富有四海，拥有举国之兵，却一败再败，甚至抛离社稷远遁不知去处。如此危急关头，扶立太祖子孙为帝，挽社稷之既倒，救万民于水火，难道有错吗？天祚帝一时语塞，竟不知如何回答。

耶律大石文武全才，绝非萧氏可比。国难思良将，天祚帝如今缺兵少将，纵有千般不满，他也绝不能杀了耶律大石。

不过，这两个人最终还是分道扬镳了。

说到底，两人的想法差异太大了。天祚帝虽然是天子，却似乎习惯了东躲西藏的生活，对收复失地、重振大辽缺乏足够的兴趣，更多时候，他乐于今朝有酒今朝醉。耶律大石则不同，他心心念念的是光复疆土、重建大辽。

后来，耶律大石离开天祚帝，一路西行，历经千辛万苦，终于在公元1124 年重建大辽，史称西辽。耶律大石是西辽开国之君，号天祐皇帝，又称菊儿汗。他于危难之际百折不挠、永不放弃，终成正果，令人钦佩。

由于受金国阻隔，西辽与中原交往不畅，耶律大石和他的继承人，在中原王朝的历史记载里渐渐消失了。不过，在中亚历史里，西辽强盛一时，是不折不扣的地区霸主，威名甚至远播欧洲，共历三世三帝两后，国祚 94 年，直到公元1218 年被蒙古所灭。

再来说说萧干。

离开燕京，萧干往北回到奚族故地，大约在今辽宁西北地区，不久便自立为大奚国神圣皇帝，改元天富。这个大奚国，自诞生之日起，便身处宋军和金军的夹击包围中，可谓险象环生。萧干选择称帝，恐怕不是为了过把皇帝瘾，而是以此来凝聚人心、振奋士气，在乱世里为部族赢得一线生机。

相比如狼似虎的金军，萧干自然将进攻的重点放在软弱可欺的宋军身上。在打了几场胜仗之后，他遇上了老对手、燕京城一战的手下败将——郭药师。

不过，此一时彼一时，如今的郭药师兵强马壮，萧干则明显实力不济。除了军事实力上的悬殊，两人的心气也大不一样了。逃出燕京的萧干，失去了大辽的旗帜，犹如无根之水，虽然自立为帝，不过是个草台班子，也没有稳定的后防基地，萧干的脚下和心里都是虚的。郭药师则不同，常胜军的战斗力在宋军中鹤立鸡群，童贯等人又对他极力拉拢褒奖，还有大宋雄厚的后勤保障，郭药师可谓志得意满、气定神闲。

公元1123年五月，双方展开了生死恶战，萧干大败而走，兵马损失殆尽。不久，他被部下所杀，首级献于宋朝。对郭药师来说，燕京之仇终于得报。

至此，萧干立国称帝不足半年，身死国灭。这位奚族首领，在人生的最后几年，日子过得异常艰难。他先保天祚帝，再扶耶律淳，最后不得已而自立，颠沛流离，疲于奔命，无奈国运衰微，大厦将倾，任他拼死相争，终究无济于事。

萧干，虽兵败身死，仍不失为悲情英雄，依然值得尊敬。

燕京，迎来了新主人。

天祚帝、耶律淳、萧太后、萧干、耶律大石、李处温等人，还有曾经的大辽、不远的北辽，俱往矣。

公元1122年岁末，金军兵不血刃，进了燕京城。据说，阿骨打得知城头大炮的炮衣都没有解开，可见辽人确无反抗之意，便下旨赦免了所有辽国官员和百姓。死里逃生的北辽朝臣们集体步行出城，在郊外跪迎大金皇帝、太祖阿骨打。

入城后，阿骨打登上燕京城楼，极目远眺，江山如画，真乃虎踞龙盘的形胜之地。这一刻，他才真正明白宋人为何对燕京念兹在兹，想到即将要拱手相让，内心深处不免生出些许悔意。

一同进城的，还是宋使马扩。

相比女真人的满面春风，马扩的心情可谓五味杂陈。

这段时间在金营里，他有了冰火两重天的体验。生活上，女真人对他的关心无微不至，不仅配有中原厨娘，专门供其一日三餐，还为他布置了雅致的书房和庭院，供他读书休憩。然而，在谈判桌上，他却感受到了无尽的嘲讽和羞辱，特别是在燕京得而复失后，女真人对大宋的不屑已经溢于言表了。

很显然，对私和公，对马扩和他代表的大宋，女真人分得很清楚。这正是让马扩格外难过的地方。说到底，他个人再怎么殚精竭虑、纵横捭阖，也不可能在谈判桌上拿回大宋在战场上失去的尊严和体面。

在金营期间，他还充分见识了金军强悍的战斗力。作为旁观者，他看得很清楚，北辽萧太后等人弃城而走是理性和明智的，燕京的城墙再高、壕沟再深，也挡不住如狼似虎的金军。

只是唇亡齿寒，辽国的藩篱拆除了，金、宋已经接壤。这个铁血的盟友如果撕毁盟约挥师南下，大宋又将如何应对？这个问题长期萦绕着马扩，才下眉头，却上心头，让他痛苦不堪，却又苦无良策。

不过，当下最重要的还是燕京。必须先拿回燕京，这已经不是收复失地的问题了，至少燕京是最重要的屏障。

很显然，从金军手里顺利拿回燕京，没那么容易。

不管多难，也要办到，这正是马扩最重要的使命。

正式谈判之前，他还要等马植带来朝廷最新的指示。此前，他陪同金使，带着初步达成的协议回了东京。

宋朝方面，看到协议如此苛刻，表示断难接受。唇枪舌剑之下，金使态度强硬，不做丝毫让步，徽宗君臣也是无可奈何。时间紧迫，朝廷只能再修国书，让马植陪同金使带回北方。

在国书里，宋朝明确表达了四点意见：同意西京和山后诸州暂且搁置，留待以后商讨；同意燕京的汉人归宋，其他族人及物资归金，具体细节待商讨；同意将给辽的五十万岁币转付给金；依然希望拿回营、平、滦三州，为此愿意多付金国十万岁币。

马植陪同金使离开东京北上。三天后，金军拿下燕京。

得知消息，他直奔燕京而去。

交割燕京，马植、马扩的任务非常艰巨。

虽然金军兵不血刃，但毕竟是他们拿下了燕京。按照双方最初的约定，两国南北夹击辽国，宋要拿回燕京必须出兵攻下。结果宋军两次攻燕都惨败而归，金军则不费吹灰之力轻松拿下，这与当初的约定大相径庭。

果然，女真人开始坐地起价了。

他们提出，宋朝可以拿回燕京，但燕京地区每年的赋税要归金所有。这赋税类似"赎城费"。只不过，赎城费是一次性的，赋税是年年有，这是无限期的。很显然，这是条极其苛刻的要求。"二马"闻之，火冒三丈，地税分离乃自古未闻之事，哪有这样的道理？对这个荒唐的要求，他们严词拒绝，表示断难接受。

女真人则表示，从宋军最初独自攻燕，到约金夹攻，再到金独力拿下燕京，宋军没有寸功。即使如此，大金仍然愿意把燕京还给宋朝，这难道不是天大的恩惠吗？大金要些燕京赋税，又岂不是理所当然？

双方经过艰苦谈判，拉锯了数个回合，最终同意将每年赋税改为一次性支付代税钱一百万贯。一贯约合一两白银。

价码谈妥了，后面的事就相对容易了。

公元 1123 年四月，宋、金双方最终达成和约：金将燕京和周边六州（涿州、易州、檀州、景州、蓟州）及下辖二十六个县，交割给宋；宋每年给金二十万两白银和三十万匹丝绸的岁币；宋一次性付给金一百万贯代税钱，作为赎燕之资；双方严控边境，不得招降纳叛。

马植、马扩能在宋军两战皆败、未立寸功的情况下，仅凭两张嘴谈下这样的和约，可谓万般不易。可能有人会心疼钱，可仔细算算，五十万岁币是以前给辽的，如今转给金而已，并没有增加。那一百万贯"赎燕费"，是有些冤大头，但想想宋军糟糕的战斗力，还有战败后丢弃的军事物资，就是再拿一百万贯充作军费，宋军能攻下燕京吗？

都说但凡拿钱能解决的事，都不是大问题。相比较高昂的军费开支，这些还不是天价，账还是能算明白的，但是大宋的尊严和脸面确实丢尽了。

当然，距离宋人最初拿回整个燕云的设想，这份和约还是相去甚远了。问题是，实力如此，就只能面对现实了。回头来看，如果大宋就此守住这份成果，海上之盟仍不失为成功。

就在和约最终签字之际，金军又提出新要求。

他们提出，有许多辽国朝臣和契丹人、渤海人等逃入了宋境，希望宋朝协助将这些人遣返。金军甚至还列出了一份重要人物名单，比如赵温信、李处能（李处温之弟）、韩昉等人。

这几乎是不可能完成的任务。战争年代，兵荒马乱，根本无法准确统计出到底有多少人由边境逃入了宋朝。可金军态度强硬，不交人就不签和约、不交割燕京，这让马植和马扩非常头疼。

天气渐渐炎热，马扩看出了金军急于北归，主张拒不交人，以拖待变。马植则主张抓紧交人签约，以免夜长梦多。

就这样，赵温信被抓住交给了金军。

赵温信，辽国官员，个人信息不详，在北辽灭亡前后逃入大宋境内。在辽国汉臣中，李处温代表一类人，这些人左右逢源，哪里富贵往哪里走，十足的政治投机者。赵温信可能代表另一类人，他们未必真正向往中原故土，只是相对于女真的大金，在文化上更亲近大宋，大辽覆灭在即，避祸宋境总好过留待金军的屠刀。

当然，也有真正仰慕华夏，借机回归故土的汉族大臣。不过，需要警惕的是，民族和文化因素在他们的选择中所占的比重。毕竟乱世中人，犹如落水者，爬上岸才是最重要的事，至于从哪边上岸、由谁拉上岸，应该不是最关键的问题。

临别之际，赵温信在宋朝使节面前长跪不起。马植见状也多有不忍，急忙上前搀扶并安慰道：大丈夫生死有道，能以一己之身换取宋、金百年和好，亦不枉此生。

宋人皆以为，金军必杀赵温信等人。可实际情况是，女真人不仅没有杀，还授予官职，让他们为大金效力。

类似赵温信这样的辽国官员，宋朝方面都找不齐，何况其他普通辽国百姓？宋人拖拖拉拉，引起金军强烈不满，以为他们有意拖延。在马扩等人讲明实际困难后，金军又提出替补方案，将郭药师的常胜军交给金国，以代替那些南下的逃亡者。

女真人的算盘打得真是精明。对宋朝来说，这方案更不可行。宋朝两次伐燕兵败，此刻燕京地区最倚重的军事力量便是郭药师所部，岂能送给金国？迫于压力，宋朝方面提出了折中方案，即用燕京城内的百姓来代替常胜军。

如此，正中女真人下怀，或许这才是他们的本意，他们素来最看重人口。就这样，数日之内，燕京地区家业一百五十贯以上的小康人家，约三万户、十多万人，被勒令立刻北迁。这无异于一场浩劫。燕京内外，哭声震天。

这些人多数是汉人，也是燕京地区的社会中坚力量。把这些人连根拔起，整个社会生态便遭到严重破坏。虽然不施刀兵，女真人还是将燕京变成了一片废墟。

更要命的是，女真人还玩攻心战。他们告诉燕京父老，你们是被宋朝抛弃的，之所以要背井离乡，是宋朝用你们换取了常胜军。口口相传，添油加醋，让原本对宋朝还抱有好感的燕京父老，无论是北迁的还是留下的，都恨得咬牙切齿。

迁走了燕京父老，女真人意犹未尽。他们又找借口，讹诈二十万石军粮，在得到马植口头应允后，燕京的交割才终于开始。

公元 1123 年四月，燕京。

金军走了，宋军来了。自石敬瑭将燕京割让给辽，这座被异族统治了二百余年的汉家故城，终于重新回到了汉人的治下。

如果单纯这么看，这似乎是件特别值得庆贺的事。

实际上，宋朝君臣正是这么看的，他们兴高采烈，自鸣得意，朝野上下一片欢腾。连续的军事失利，损兵折将，谈判桌上的一再受辱，似乎都烟消云散了。

宋朝方面举行了盛大的入城仪式。入城军队有十多万人，有河东兵马、陕西兵马、河北兵马，还有郭药师的常胜军，从东、南、西、北四个方向的城门依次进入燕京城。目之所及，旌旗蔽日，铠甲明亮，刀枪耀眼，真是威风八面，尽显大宋国威、军威。

所有人好像都忘了，不过在几个月前，正是这支军队，被辽军打得丢盔弃甲，鬼哭狼嚎，惨不忍睹。

入城仪式上，还发生了个小插曲。常胜军的将士多是少数民族，当他们出现时，先期入城的宋军以为辽人又杀回来了，居然吓得四散奔逃，好在郭药师及时上前安抚，消除了误会，才避免引起更大的骚动，丢更大的脸。

仪式的高潮，是宋军正、副元帅童贯和蔡攸的骑马入城。此时的童贯官居太师、剑南东川节度使、领枢密院事、陕西河东河北路宣抚司；蔡攸官居少傅、镇海节度使、陕西河东河北路宣抚副司。在他们入城的时候，响起了震天的锣鼓声，城内残余的百姓也被组织起来走上街头，加入欢迎的行列。

这些燕京百姓，身处乱世，时局动荡，一年内换了三任主人，更惨遭辽军、宋军、金军的轮番洗劫，很多人早已居无定所、身无长物、一贫如洗了。如今他们却要顾全大局，拼命挤出笑脸，欢迎这些宋朝的大人物们。

可怜不？可笑不？可叹不？

大宋终于拿回了燕京，汉人终于成为这座城的主人。

可这是一座什么样的城啊？

根据宋、金协议，金军最大限度地洗劫了这座城市，几乎把所有的财富都掳掠一空，能搬走的都搬走了，一座空城而已。

最重要的是，城中人口被大量迁走了。没有人，那还算什么城市呢？如今的燕京，不仅是失去了财富的空城，也几乎是一座废城。据说，燕京空旷的街头，居然有狐狸出没。

这就是宋朝收回的燕京，在牺牲了无数将士，耗费了无数金银，使节们受尽屈辱后，收回来的燕京城。

当然，毕竟是收回来了。无论如何，也算是一场胜利。

有胜利，当然要宣传。

从大宋的角度，正确而及时地宣传胜利，对鼓舞士气、凝聚人心是大有好处的。问题是，宣传和吹嘘有本质的不同。当政者要分得清楚，不能模糊了两者的界限，不能把宣传变成了吹嘘，更不能把吹嘘的事当成了真相，那就是灾难了。

可惜的是，徽宗君臣入戏太深了。

在童贯的吹嘘之下，收复燕京，是大宋开国以来最伟大、最辉煌的胜利。他给朝廷上奏的表文称，在十多年前，徽宗就以无比睿智的眼光预见到大辽将亡，主动提出与女真结盟；之后，皇帝顺天应人，在辽地汉人的殷切期盼下，发正义之师北伐燕京；天子运筹帷幄，宋军将士百战百胜，辽军里的忠勇之士如郭药师等纷纷起兵响应，金军畏惧王师，主动撤兵退去，宋军顺利光复国土。总之，功绩都归于徽宗，一切都有赖于皇帝的英明神武。

在童贯的示范下，满朝文武纷纷向徽宗上表恭贺。就连已经退休的前宰相蔡京，也不甘错过这样的机会，用他那独步天下的书法给皇帝上了贺表。在蔡京笔下，徽宗收复失地、开疆拓土，功绩可比肩秦皇汉武、唐宗宋祖。

如果没有后来的靖康之耻，如果北宋国祚绵长，那后世了解的历史，或许就是童贯、蔡京和众臣表奏里的历史了。收复燕京，将会作为徽宗最大的历史功绩彪炳史册，童贯、蔡京等人也会作为功勋之臣留名青史。如此，还真是皆大欢喜。至于那些乱世的悲剧、战争的创伤、小民的苦难，就永远不会有人知晓了。

可惜啊，历史就是历史。

徽宗被吹捧上了天，不禁飘飘然，大肆论功行赏。

童贯为首功，晋为徐豫国公。蔡攸升为少师，封英国公，后又领枢密院事。王黼升为太傅，总治三省事，赐玉带。就连反对联金灭辽的郑居中，也被封为太保。

对多次出使金国，在谈判桌上与女真人苦战的马植、马扩等人，朝廷也有赏赐。马植加官光禄大夫、晋升为延康殿学士；马扩担任武功大夫兼和州防御使。

看上去，还真是举国同庆。只是，熟悉内情的人，对这样的结局，这样的封赏，恐怕更多的是百感交集，感伤莫名。

感触最深的人，肯定是马植了。

马植，一个曾经的辽国汉人。

有些令人意外的是，他很快便上书朝廷，请求辞官归隐，称准备买块土地、盖座小院，安度余生。谈到个人的功绩，他曾对朋友言道，希望日后有人看到他在田间耕种时，能够说上一句，这就是谋燕的首席功臣啊。

不求富贵，功成身退，安然乡下，这个理想太美妙了。不过理想能否实现，他心里也没底。据说，他私下曾对朋友讲，宋、金的和平大概只能维持三年。

别人这么说也就罢了，马植这么说就非比寻常了。毕竟，宋朝上下、朝野内外，有几个人能比他更了解女真？又有谁比他更了解宋朝君臣的颠三倒西和反复无常？

他此时提出归隐，更大的可能还是出于避祸。他已经预感到，在一片祥和之下，即将天下大乱，洪水滔天。

也可能是内心的不安，让他不敢享受这样的富贵。毕竟，是他打开了潘多拉的盒子，他亲眼所见曾经的故土大辽灰飞烟灭，亲眼所见曾经的家乡燕京变成了空城废城，亲眼所见无数人流离失所，亲眼所见无数家庭支离破碎。所有这些，他不可能无动于衷，不可能不扪心自问。想想曾经的欲望和野心，想想曾经的豪情和壮志，如今这一切都实现了吗？如果实现了，这些真的是自己追求的吗？或者说，他就想问自己一个问题，这么做真的对吗？这个问题没有答案，或者说其实有答案，只是他不愿意面对。这样的自问自答，日日夜夜折磨着他。

只不过，木已成舟，大错已经铸成。

而他的人生也快走到头了。此后不久，马植因为强烈反对朝廷违背和约，在燕京地区招降纳叛，惹怒了徽宗，被削去官职。再后来，金军大举南下，马植作为这一切事情的始作俑者，被贬郴州（今湖南郴州）处死。

他死时，距离收复燕京尚不足三年。

必须得说，他预测得很准。

马植的人生谢幕了。

这个人，真是一言难尽啊。

论人生的无常、人性的复杂，马植是个非常好的例子。

这是个怎样的人呢？我们无法用简单的标准，无论是红与黑，还是黑与白，没有任何一种颜色能准确描述这个人，他是个大花脸，脸上涂抹了各种油彩。

有的人捧他，把他说成了心怀故土、为故国九死一生的义士；有的人踩他，把他说成了野心勃勃、唯恐天下不乱的贼子；有的人赞他，说他忍辱负重、百折不挠、功成不居、急流勇退；有的人骂他，说他寡廉鲜耻、居心叵测、不择手段、无所顾忌。

这些人说得都对，这都是马植，他是个复杂的综合体。

即使他自己回顾平生，也未必能给出合适的评价。

就拿联金灭辽来说，目标实现了吗？

实现了。宋、金结盟成功，灭了大辽，大宋收回了失地。

如此，他志得意满了吗？

没有，更多的恐怕是不安。毕竟大辽也是故国，毕竟燕京也是故乡，毕竟辽国官员也是同僚，毕竟燕地百姓也是同胞，看着这一切或灰飞烟灭，或残破不全，或生离死别，或家破人亡，他能安然于心吗？他不能，否则就不会想着告老还乡。

更可怕的是，随着金军南下，一切都化为齑粉。

人生短短几十年，却复杂异常，甚至是杂乱无序。

有的人由善念出发，最终却结下恶果；有的人由恶念出发，最后却结下善缘；有的人带着淡泊踱步，最后却富贵白头；有的人带着野心狂奔，最后却两手空空。

马植的人生，最初被欲望和野心包裹，不惜搅动天下去推动宋、金联盟灭辽。后来，他见得太多，想得太多，人也变了。在谈判桌上，为大宋、为燕京百姓，他寸步不让、斗智斗勇，不惜与女真人拼死相争；为避免宋、金开战，更不惜冒死向徽宗谏言。这时候，他还是那个被名利包裹的野心家吗？当然不是，反倒更像个有着家国情怀的士大夫。

马植，因为联金灭辽而登上历史舞台，不仅个人的人生大放异彩，也左右了历史发展的进程，成为那个时代的风云人物。最后，金军南下，中原生灵涂炭，他作为始作俑者被处死，算是有始有终。千秋功过，是非难评，他留给后人的只有苦笑。

郴州街头，马植坦然受死。

在生命的尽头，他最想念的，也许还是儿时的燕京。

燕京，他的故乡；大辽，他的故土。

在马植之外，童贯等人也意识到危险正在袭来。

在风光入城后，童贯和蔡攸只是象征性地驻扎了半个月，便匆匆离开了燕京。他们很清楚，这座城根本就是凶险之地。

燕京，徽宗已赐名燕山府（为行文统一，仍称燕京），并任命王安中、詹度、郭药师三人为主要官员。这新的三驾马车，将负责处理复杂的燕京局势。

王安中，公元1075年出生，字履道，号初寮，中山曲阳（今河北曲阳县）人。虽姓王，名安中，却与王安石没有任何关系。两人相差54岁，他出生时王安石已是暮年，再说他是河北人，王安石是江西人，纯属名字相近而已。

王安中，少时聪颖，素有才名，曾师从苏东坡，诗词歌赋样样不俗。25岁时，他进士及第，步入仕途。

他官场刚起步，即赶上了徽宗初登大宝。当时朝臣多言祥瑞，争向新君献媚。王安中也夹杂其中，写了几篇这样的文章。徽宗读后大为欣赏，称其为奇才，王安中从此进入官场快车道。

徽宗朝，朝政长期被蔡京、童贯、王黼等人把持。有种说法是，王安中的快速升迁，正是因为巴结这些权臣，得到了他们的提携。往事千年，这些是非早已无从考证。可以确认的是，在联金灭辽这件事上，他是坚定的支持派，始终站在王黼、童贯这边。

燕京收复时，王安中已位列宰执重臣。当时，朝廷研究派谁坐镇燕京，着实费了番心思，毕竟这是新收复国土的首任主官，不仅要能镇得住局面，还要能代表大宋气象，让一旁的女真人不敢小觑。据说，徽宗心中的最佳人选是蔡攸，可他知道此地凶险，极力上表推辞。

正在此时，王安中主动提出愿意去燕京赴任。王黼得知后非常高兴，在徽宗面前大力夸奖他的忠诚和勇气。徽宗颔首应允，授予王安中庆远军节度使、河北河东燕山府路宣抚使、知燕山府。总而言之，王安中是燕京地区的最高军政长官。

放弃京城宰执重臣之位，自请去边塞新收复的燕京主政，这样的王安中，无论其政治立场如何，都是为国尽忠、为君分忧的朝廷栋梁。

以王安中的地位，对燕京的实际情况应该有所知晓，对可能的困难和危险，也应该有充分的心理准备。尽管如此，当他离京赴任时，心中还是难免会生出悲壮之情。

此行，究竟是福是祸，他未必心中有数。

燕京实际的复杂程度，远超王安中的想象。

城外，到处硝烟弥漫，各方力量混杂，不仅有辽国残余势力、奚人武装和汉人起义军，还有金国大军在居庸关外虎视眈眈。城内，社会秩序重建、经济生产恢复、人心回归教化，都是极其棘手的难题。这些问题虽然严重，仍不过是癣疥之疾，真正的心腹大患恰恰就在身边，那便是蠢蠢欲动的郭药师。

燕京的三驾马车，按照官阶排序，王安中居首，是最高长官；詹度和郭药师同知燕山府，詹度管行政、排名在前，郭药师管军事、排名在后。不过，郭药师仗着手里有兵，根本不把詹度放在眼里，对王安中也只是表面上敷衍，我行我素，跋扈得很。

收复燕京后，郭药师专制一路军事，大肆招兵买马，手下号称有三十万大军。有大本钱在手，他日益骄横，在击败自立为帝的萧干后，更是不可一世。尽管如此，由于燕京新复，周边局势复杂，朝廷还得笼络和倚重郭药师，指望他和常胜军来维持地区稳定。如此做法，更助长了郭药师的气焰，无异于饮鸩止渴。

非我族类，其心必异。王安中进士及第，饱读诗书，对历史上那些血淋淋的教训一定非常熟悉，再联想郭药师过往的劣迹，内心必是深感不安。

郭药师渐成心腹大患，如何除掉这个隐患，是非常棘手的难题，稍有不慎就会引发大祸。赴任燕京不久，王安中便将对郭药师的深切担忧，向徽宗如实做了报告。

徽宗也意识到了问题的严重性，担心郭药师尾大不掉，遗祸燕京，在大臣的建议下，朝廷晋升郭药师为太尉并召其进京。

郭药师何等聪明，知道朝廷这是明升暗降，升其官位，夺其军权，到了京城荣华富贵可能会有，但再想回到北方可就难了。他借故推辞，迟迟不肯上路。越是这样，朝廷对他越不放心。

恰在此时，燕京又出了大事。

糊涂人办糊涂事

这件事，就是张觉事件。

这件事，也成了压倒宋、金关系的最后一根稻草。

张觉，也有记载为张珏、张毅，辽国平州义丰（今河北滦县）人。这是个突然出现在历史里的人物，生年不详，早年经历几乎一片空白，只知道他甚有才华，进士及第，官至辽兴军节度副使。

公元 1122 年，在燕京城内上演一幕幕风云变幻时，张觉正驻守平州。这个平州，正是宋朝希望能和燕云十六州一同收回的营、平、滦三州之一，是燕京的北方门户。北辽小朝廷风雨飘摇之际，张觉肩负防卫平州的重任，可见北辽君臣对其之器重。

很显然，张觉是个识时务的人，更不是个死脑筋。得知萧太后、耶律大石等人逃离燕京，张觉立刻率军降了大金。女真人投桃报李，任命张觉为临海军节度使、知平州，继续原地驻守。

公元 1123 年，宋、金和约订立，燕京等地交割给了大宋。平州就成了宋、金边境最前沿，战略地位陡然提升，阿骨打遂将平州升为大金的南京，任命张觉为南京留守。

可见，大金对平州的重视，对张觉的器重。

张觉在乱世里迅速蹿升，成了炙手可热的人物。除金人的拉拢之外，宋朝方面也不断地向他递橄榄枝。对大宋来说，张觉手握重兵，即使不能争取其降宋，也不能让其成为金军先锋或者与残辽势力勾结，危及燕京安全。

此时，平州城内鱼龙混杂，各方人等来来往往，什么人都有、什么声音也都有。识时务的张觉听多了、见多了，特别是看到北宋接收了燕京，金军即将回到北方，心思又活络了起来。

私底下，王安中应该做了不少工作。虽然宋、金和约明确规定，双方人员不得越界，更不能招降纳叛，但考虑到宋朝君臣几乎习惯性地违约，再加上对营、平、滦三州的念念不忘，徽宗极有可能授权王安中在私下里与张觉进行了接触。

也可能是，王安中和张觉彼此都有意。

不管怎样，张觉的立场确实动摇了，闹出的动静还不小，甚至连阿骨打也有所耳闻。他特意下了一道诏书，让人送给张觉。大概意思是说：你虽为降将，但大金用人不拘一格。大金已将平州升为南京，让你做了留守，待你不可谓不厚，望好自为之。

如此诏书，可见阿骨打的大气和磊落。不过，对张觉来说，应是后背发凉、冷汗涔涔吧。事情既已败露，他不敢相信阿骨打会既往不咎，如此好言宽慰，恐怕只是麻痹拖延之术。

张觉如热锅上的蚂蚁，亟待做出最后的选择。

这些日子，张觉天天遥望南方，焦急地等待燕京的消息。

至于燕京有没有动作，史书语焉不详。这也正常，王安中即使做了什么，也不会留下白纸黑字授人以柄。

接下来，事情又有了变化。

当时，大批燕地百姓和辽国降臣被迁往北方，途中必经平州。很多人曾是张觉的同僚旧友，张觉难免要出城迎送。这些人多数不愿北往，见到张觉已是金国新贵，位高权重又手握重兵，便将希望放在他的身上。他们鼓动张觉举旗叛金，带领大家投降宋朝，回归燕京家园。

说的人多了，张觉便觉得民气可用。宋朝这边，王安中应该也有所许诺。这些都在坚定他的决心和信心。

主意已定，就坐等良机了。

公元1123年五月，深受阿骨打器重的辽国降臣左企弓、虞仲文等人，经平州到广宁府枢密院任职。

左企弓，辽国名臣，在拥立耶律淳称帝上出力不少。不过，后来也正是他打开了燕京城门，带领众臣在郊外跪迎阿骨打。如此看来，乱世之中识时务者还是大有人在的。

降金后，他得到了阿骨打的礼遇，被任命为太傅、中书令并授金牌。左企弓感念阿骨打的知遇之恩，在宋、金谈判中不遗余力地为女真人出谋划策，甚至建议不要将燕京还给大宋。为此，他还写诗劝诫金太祖：并力攻辽盟共寻，功成力有浅和深，君王莫听捐燕议，一寸山河一寸金。

在此之外，他还献计阿骨打，东迁辽朝遗民充实大金首都上京会宁府。上京虽是大金都城，但与燕京相比，那真是千里之外的苦寒之地。左企弓此策一出，深为辽国遗民憎恨。

如此种种，左企弓将辽国遗民和大宋方面，都深深伤害了。

这样的左企弓，正是张觉献给大宋最好的见面礼。

张觉算准时辰，在平州城外栗林中截杀了左企弓等人。

他以左企弓的人头祭旗，正式叛金降宋。

得知张觉叛乱，阿骨打再次降旨给平州官民：朕当初暂住燕京，嘉奖汝等官民率先来附，把平州升为南京，削减徭役，减少赋税，恩惠既已到，汝等何苦再做叛逆？大金铁骑攻破南京，不费吹灰之力，奈何正值农时，不忍因一人而危害众百姓。今辽举国已为大金所有，尔等孤城自守，终究又能何为？

阿骨打的诏书绵里藏针，并将张觉和百姓进行了切割。很显然，即使阿骨打真的宽恕平州百姓，张觉作为首恶也难以赦免。

既已举旗，张觉便是开弓没有回头箭，只能向前了。他即刻率兵五万进驻润州近郊，胁迫迁、来、润、隰四州一并归附大宋。既然要降，多带些见面礼总是好的。

张觉叛金降宋的消息，很快传到大宋的东京。

朝廷展开了激烈的争论。童贯、王黼等人自是又一番吹捧，这被看作徽宗的天威所致，天朝的巨大感召力，北地汉人回归故土的坚强决心，等等。总之，这又是一场伟大的胜利。

当然，头脑清醒的人还是有的。比如，马植就极力反对接纳张觉。他全程参与了宋、金谈判，最清楚和约条款和女真人的秉性，深知招降纳叛必定会激怒女真人，给大宋招来滔天大祸。

不过，他的忠言却被孤立了，各种嘲讽之声铺天盖地而来，让他几乎百口莫辩。更重要的是，徽宗根本就听不进去，不仅如此，他还罢了马植的官职，以示惩戒。

当然，宋朝方面也不敢公开接纳张觉，只能私下里频繁地搞小动作，给张觉赏官赐爵、送财送物。至于张觉提出的两条，公开支持和派兵支援，宋朝都顾左右而言他。很显然，宋朝君臣的如意算盘是，先观望事态发展，张觉能扛过金军打击就接纳，扛不过就撒手不管并拒不认账。

这下，张觉只能心里叫苦、哭笑不得了。

六月，金国大将完颜阇母引兵杀到。

张觉，只能独自迎战。

不知何故，阇母所率只有两千兵马。也许，他认为张觉不堪一击，也可能还是立足于谈判。不过，双方显然没谈拢，很快就刀兵相见了。

营、平、滦三州中，平州是张觉的大本营，城防也最为坚固。比较之后，阇母将进攻重点放在了营州。不过，营州也防守严密，双方小规模战斗后便陷入了僵持。之后，阇母命人在营州城门上写了四个大字——今冬复来，便主动撤军了。

金军的主动撤退，被张觉渲染成大胜并向宋朝报捷。这让徽宗兴奋不已，亲笔书写诏书，下诏在平州组建泰宁军，任命张觉为世袭的泰军节度使。对张觉手下众将，朝廷也一并封赏，同时拿出数万两银子、数万匹绢犒赏三军将士。

很显然，经过自以为是的观望，宋朝君臣认为张觉扛住了，收复营、平、滦三州有望，便开始下了大本钱。

很快，朝廷敕封张觉的诰命和诏书等被送往平州，张觉大喜，率亲兵出城迎接。不料，金军事先已经知晓，派兵在半途截杀。乱军中，张觉侥幸逃脱，亡命燕京而去。那些诰命和徽宗御笔的诏书，都统统落入了金军手中，这下可是铁证如山了。

在燕京，王安中对张觉打开了城门。

这是大宋走向深渊的开始。

有迹象表明，完颜阇母主动退兵，是因为金国发生了大事。

果然，稍后不久，金太祖完颜阿骨打驾崩了。

公元 1123 年九月，在宋、金和约签订数月后，这位大金的开国皇帝与世长辞了，享年 55 岁。

阿骨打的离世，很快就产生了雪崩效应。

纵观阿骨打与宋朝打交道的全过程，尽管他全力为金国争取最大利益，但总体上看，他是信守诺言的君子。当初，以金军的强悍和独力拿下燕京的事实，他完全能以宋人违约为由，拒绝交割燕京地区，但他没有那么做。是的，他以交割为名拿走了很多东西，他也必须这么做，否则便无法统率这支虎狼之师。要知道，金军是没有后勤、没有军饷的，将士出征就是要掠夺财富。阿骨打即使是皇帝，也不能让这些人空着手回家。

阿骨打信守诺言交割燕京，与他的欲望和年纪也大有关系。

如果做个比较，他和成吉思汗有类似的地方，却又迥然不同。从欲望上来说，阿骨打与成吉思汗明显不同，他没有统治天下的雄心，开基立国、打垮大辽，得到大宋天子在国书上对他大圣皇帝的尊称，可能已经让他体会到了欲望的极限。换句话说，他没有更多想要的东西了。

还有就是年纪，阿骨打已进入了暮年，精力不济，身体衰朽，戎马一生的他，更渴望回到女真故地安享晚年，对燕京，还有更遥远的西京等地，他实在没有太大的兴趣。

如此，做个顺水人情将这些还给大宋，不仅能博得守约重诺的好名声，还能拿到天文数字般的岁币和代税钱，已经足够了。

对大宋来说，如果阿骨打能够福寿绵长，或许后面的事就是另外的结局。对大宋江山社稷和千万子民，更是莫大的福气。

站在大金的角度，开国之君驾崩，无异于失去擎天之柱。但换个角度说，伴随阿骨打离去的，还有老一辈人的小富即安、保守克制这种固化的思维，这限制了大金的扩张和壮大。

阿骨打驾崩了，大金也迎来了更加躁动和更有活力的年轻一代，这群年轻人迅速撑起了大金国，他们更有朝气，更加进取，也更加野心勃勃。他们见识了大辽的富足繁华，知道了大宋更加繁华绚烂，对他们来说，女真故地，那只是故地，他们更渴望往南、再往南，去占有、掠夺那片繁华地和温柔乡。

这些人，是推动大金蒸蒸日上、再上层楼的功臣；这些人，也正是大宋的掘墓人。

新登基的金太宗在群臣强烈要求下，决定对张觉事件采取更加强硬的态度。大金派出使节与宋朝交涉，要求决不能收留或支持张觉，否则后果自负。

同年十一月，大将完颜宗望率大军前往平叛。

张觉虽然逃走了，但平州并没有投降。

眼看宗望的大军包围了平州城，可宋军并不敢有丝毫动作，更不敢发一兵一卒支援。甚至，当宗望以盟友之名向宋朝索要军粮时，王安中还得给送过去。想想看，这算怎么回事啊？

很快，女真人得知了张觉逃亡燕京的确切消息。宗望便派使者到燕京，指名道姓要王安中交出张觉。

王安中收留张觉，究竟是他个人的决定，还是有朝廷的授权，现在已完全不可考。可能的情况是，当时情况紧急，王安中先收留了他，再向朝廷报告并得到了批准。

为保机密，王安中将其藏匿在府中的甲仗库里。

金使气势汹汹，无论王安中如何解释，根本不为所动，见不到人誓不罢休。情急之下，王安中走了步臭棋。他找了个与张觉面貌相似的死囚，砍了脑袋给金使送去，想蒙混过关。他这么做，等于坐实了宋朝收留了张觉，否则又何必以假乱真呢？

王安中，还真是书生意气啊。

不料，宗望一眼就识破真伪，并再次派使索要。这回，金使更加直接，明确告诉王安中，真张觉就藏在贵府的甲仗库里。

王安中闻之，惊惧不已，赶紧将张觉从府中迁出。思虑再三，他考虑到张觉与郭药师都曾在辽国为官，两人还有些旧交情，便将张觉转而藏匿在常胜军的军营里。

王安中的小伎俩，又岂能骗过宗望？未过几日，金使面见王安中，又当面指出张觉新的藏身地点，甚至连其化名等信息都准确无误。这下，王安中无可奈何了。

正在此时，朝廷密旨到了，赐死张觉父子，首级送往金营。很显然，东京的徽宗君臣也知道这步棋走砸了，想着赶紧平息事端。

杀张觉，应该不是王安中的本意。在宋朝君臣里，王安中应该是最初和张觉取得联系的，两人之间的交往也应该最多。换句话说，张觉走到这一步，王安中的推波助澜必不可少。不过，圣谕煌煌，他也是无能为力。

王安中手持诏书，来到常胜军的军营。他先见了郭药师，传达了朝廷的旨意。郭药师极力反对，他反复陈述此时杀了张觉，不仅女真人不会善罢甘休，更会彻底寒了北国汉人的心，民心有变也会动摇军心，会加剧燕京的局势动荡。

　　郭药师此言，倒未必完全是念及旧情，单纯为张觉父子请命，他讲的这些大道理还是很正确的。此外，更重要的是，物伤其类，毕竟他也是辽国降将。

　　怎奈王安中不听，执意按诏书执行。张觉和两个儿子被带出跪领诏书后，也甚为不服，当场大骂宋朝君臣不仁不义。王安中为避免节外生枝，竟令武士上前按住他们，直接砍了脑袋。

　　这一切，就发生在郭药师和其部将面前，血腥的场面极大地刺激了他们。事后，郭药师向众将感慨道，女真人索要张觉首级，朝廷就献上张觉人头，如果他们索要我等人头，朝廷又将如何？

　　张觉父子首级很快被送到了宗望手中。

　　从五月起兵，到十一月被杀，张觉仅折腾了半年而已。只是经他这么一折腾，原本已经岌岌可危的宋金同盟更加摇摇欲坠。

　　自宋金和约签订，短短半年内，金太祖驾崩，金太宗继位，张觉叛金降宋，这发生的一连串的事，让所有人心里都有了预期，宋金之战恐是不可避免了。

　　后面的事，更是火上浇油。

山雨欲来风满楼

事情的缘起，是二十万石军粮。

当初，金军从燕京撤兵，马植曾口头应允赠送二十万石军粮。张觉事件之后，公元1124年三月，女真人便开始向宋朝索要。只是这回双方交涉的地点，由燕京转到了云州（今山西大同），主角也由王安中和完颜宗望变为谭稹和完颜宗翰。

谭稹是宋朝在山西的最高军政长官。山西原是童贯的大本营。收复燕京后，徽宗渐渐知道了很多内幕，对童贯心生不满，罢了他的官职，取代他的就是谭稹。

谭稹，生卒年不详，也是宦官出身，曾在西北军中历练，后来投靠梁师成，在其提携下节节高升，很受徽宗器重。

方腊起事后，徽宗首先派的平叛大臣就是谭稹。只是由于他进军不利，朝廷才改派童贯带西北大军讨伐。事后论功，谭稹也被加常德军节度使，后又晋升为太尉、武信军节度使，隐约已是与童贯并驾齐驱的人物。

从谭稹的经历来看，他很可能是徽宗刻意培养的人，目的就是用来制约童贯，避免他尾大不掉。果然，宋金和约签订不久，徽宗便让谭稹取代童贯主持山西防务，并全权负责与金国商议交割云州及朔、武、应、蔚等各州之事。

云州，曾经的大辽西京。这些地方统称西京和山后诸州，大体上可分三块：云州，是核心地区；西京以北诸州，靠近河北和北方草原，距离金国控制区较近；西京以南的朔、应、蔚州，靠近宋朝边境，女真人有些鞭长莫及。

双方谈判时，女真人起初只答应移交土地，人口则全部北迁，后经宋朝方面力争，金太祖才允诺全部交割西京及山后诸州的土地、人口，不过要参照燕京例，宋朝再付一百万两作为犒军费。

公元1123年七月，谭稹到了山西。上任之初，他处处都表现得与童贯不同，童贯说往西他就往东，童贯说往东他就往西，很有拨乱反正的意味。

此外，他还干了件大事——组建义胜军。张觉事件后，郭药师越发跋扈，朝廷上下忧心忡忡，担心他一旦无法节制，北方局势会有失控的风险。

义胜军，正是为制约常胜军而建。在待遇上，义胜军要大大高于常胜军，故意吸引对方将士来投。看上去日益强大的义胜军，正是谭稹的杰出政绩。

尽管谭稹很努力，但土地交割办得很不顺利。张觉事件发生后，更引发女真人的强烈不满，移交之事几乎被冻结。之后，又赶上金太祖驾崩，金国上下反对交割西京及山后诸州的声音，几乎成为主流。不过，国有新丧，女真人暂时也无暇顾及。

这时候，谭稹耍了个小聪明，居然乘机成功招降了朔、应、蔚三州，并立即奏请朝廷设立朔宁军。岂料，宋朝任命刚下，完颜宗翰便发兵又夺回了三州。

无奈，谭稹只好回到谈判桌上，再与女真人交涉。宗翰态度很强硬，只同意交割武州、朔州，其他的一概免谈。宗翰还向太宗反复陈述利害，表示山西其余州县绝不能再交割了。太宗顾及太祖有言在先，悔之有所不忍。宗翰则强调，如果尽割山西诸地，则大军无驻屯之所，实为兵家大忌。如此，太宗便默许了。

很显然，宗翰考虑的已不是如何交割，而是用兵的问题了。

兵马未动，粮草先行。

宗翰想起当初马植的口头承诺，便派人找到谭稹，要求拨付二十万石军粮。在攻宋之前，让宋人先备齐粮草，宗望考虑得真是周到。可谭稹并不认账，坚持要对方出具凭据。口头承诺，哪有凭据呢？女真人自然拿不出。

这件事，后来成为无头公案。

推测起来，应该确有其事，不是女真人的刻意编造。当时他们处于强势地位，如果仅仅想找宋人的不痛快，有的是借口，没必要非得编这么个很容易对质的理由。毕竟，马植人在东京，谭稹只需快马传信，数日内就能有准确的回应。

可能的情况是，谭稹对此事确不知情；也有可能，谭稹是知道的，但本着新官不理旧账的原则，再加上当时山西发生地震，朝廷亟须赈灾，自家粮草都紧张，又哪有余粮给金军呢？所以，谭稹只能以口说无凭拒绝女真人的要求。

双方来回交涉多次，谭稹就是不认账。

谭稹的态度让宗翰在心里又记上了一笔，也让他更加笃定，宋人反复无常，讲道理根本没用，只有用刀剑来说话。

很快，宗翰便出兵进犯，谭稹派义胜军迎战。

谭稹对这支军队寄予厚望，这也是他立足山西对抗金军的最大本钱。没想到，这支待遇优厚、耗费钱粮无数的军队，完全是花拳绣腿，根本不堪一击。金军很容易就夺取了飞狐县（今河北保定涞源县）和灵丘县（今山西大同灵丘县）。这飞狐县是连接山西和河北的枢纽，战略位置非常重要。丢了飞狐县，意味着宋军的燕京和山西防线被从中隔开了。

这是个非常危险的信号。

徽宗也看到了山西的危局，意识到谭稹并不能胜任，只好走马换将。公元1124 年九月，在山西任职十四个月后，谭稹被罢免太尉、宣抚使等职，贬顺昌军节度副使致仕，直接退休了。

他的晚年正赶上乱世，过得很不顺遂。靖康年间，他被认为是导致宋、金开战的祸首之一，有人论其罪甚至超过童贯。钦宗下诏夺了他全部的爵位，还抄了他的家。抄家所得白米二千石、豆粟二千石，直接用来赈济灾民了。至于他的结局，并不见于史籍记载，估计也好不到哪里去。

这个被徽宗刻意培养，作为童贯"备胎"的人，在关键时刻被推上台，站在了舞台中央的聚光灯下。可惜，他并无扭转乾坤的才华，误了国家也误了自己。说起来，他只是个善于谄媚逢迎的宦官，却硬被推上高位，担负他根本担不了的职责。他是有错，但用他的人，包括皇帝徽宗、宰相王黼等人，可能责任更大。说到底，他不过是个可怜的背锅者。

谭稹被换，接替他的正是童贯。

关键时刻，徽宗还是得用童贯，而他也没推辞。

童贯再次走马前线，肩负三大使命：招降天祚帝，与女真人谈判，弹压郭药师。

先来说招降的事。

在童贯离京前，徽宗和他有过密谈，并亲笔手书了一封给天祚帝的诏书。此前，徽宗曾在丝绢上写过亲笔信，交给一名番僧千里跋涉去找天祚帝，劝其归宋。天祚帝见信后，答应归顺宋朝，只是后来没了音信。这次，徽宗改书信为诏书，允诺天祚帝以皇弟之礼相待，地位还要高于燕、越两位亲王，在东京为其修建有一千间屋子的大宅子，并赐女乐三百人。

这时候，徽宗君臣又开始合谋宋辽同盟，看似无厘头，但多少也有些亡羊补牢的味道。毕竟收复燕京以来，宋、金摩擦不断升级，金军南下似乎已不可逆转，此时结盟天祚帝，未必有多大作用，聊胜于无吧。

此时，天祚帝在金军的追捕下，正在夹山东躲西藏，整日飘忽不定、居无定所，找到他可不是件容易的事。

童贯还是很有办法的。他比女真人厉害，至少他派人找到了天祚帝，把徽宗的亲笔诏书送到了他手中。只不过，徽宗君臣的好意，倒是加快了天祚帝的覆灭。

此时，天祚帝有三条路可以选：第一，去西夏，但西夏方面口惠而实不至，在金军威胁之下，迟迟不派人接应；第二，接受耶律大石的建议，继续往西去可敦城，在那里重新积聚力量；第三，接受宋朝招抚，去东京做个潇洒王爷。

最终，天祚帝选择南下。

正是在南下的路上，在距离宋朝边境不远处，天祚帝中了金军埋伏，被完颜娄室生擒，宣告大辽正式灭亡。

不过，可能天祚帝没想到的是，他为之懊恼的"只差一步"，却是个巨大的陷阱。在宋朝边境那边，迎接他的并不是美酒佳人，而是刀枪剑戟。

原来，童贯与天祚帝的往来，早已被宗翰获悉。他派使节告诫童贯，如果宋朝接纳天祚帝，两国盟约立即失效，金军即刻南下。面对宗翰的恫吓，童贯一面死不认账，一面下令边境宋军，凡发现契丹人，无论皇帝还是士兵一律斩杀，首级送给金军。

如此说来，天祚帝没到宋境，反倒是幸事了。又或者说，跑路高手天祚帝这次之所以落网，也许就是金军从童贯那里得到了精准的情报。至于是不是童贯把天祚帝出卖了，并没有确切的证据。考虑到宋朝有出卖张觉的前科，出卖天祚帝也不是没有可能。

要命的是，金军在天祚帝身上，再次搜到了徽宗的亲笔信。是的，正是他的御笔，毕竟他的瘦金体天下无双，无人不识。

又是铁证如山。金军南下，又加了重磅理由。

宋金之战一触即发。

如此，解决郭药师这个心腹大患，就更有必要了。

问题是，此时的燕京地区，大宋能战的军队只有郭药师的常胜军。谭稹费尽心血建立的义胜军，没能经过实战的检验，白白浪费了朝廷的大把军费。那么，该如何解决郭药师的问题呢？

公元1125年三月，童贯从山西出发前往燕京，名义上是犒劳常胜军，实际上是对郭药师进行最终考察。

行前，为制约常胜军，童贯接受了马扩的建议，将河北一分为四，即中山府、河中府、大名府、真定府，分别任命四位指挥官，每人招募两到三万名士兵，这样四府加起来就有十多万名士兵。郭药师的常胜军约有三万人。按童贯和马扩的设想，如果郭药师真有异心，四府拥有数倍于他的军队，当能与之一战。

其实，这算不上好主意，谭稹的义胜军便是这个思路。再说，十万兵马哪是那么容易招募的，即使招募成功，将十万人的军队训练形成战斗力，又岂是朝夕之功？这些问题，带兵多年的童贯当然知道，只是事态紧急，只能抱佛脚了。

童贯来者不善，郭药师心知肚明，便玩了个花招。

知道他要来，郭药师算好时间，仅带领几名随从在边界迎接。见到童贯车驾，郭药师倒头便拜。这让童贯大为感动，心有不忍地说道，你现在已是太尉，是朝廷宰执大臣，地位与我不相上下，何必行此大礼？郭药师正色答道，太师就是父亲，我只知道拜父，哪管别的什么？

郭药师拜得干脆，说得真诚，打消了童贯的疑虑。

接风酒宴过后，郭药师邀请童贯检阅军队。众人骑马来到郊外山岭上，只见四周静悄悄的，并无人迹。童贯正觉得奇怪，只见郭药师跳下马，举起一面旗帜随手一挥，刹那间，四周山谷里尘土飞扬、刀枪林立，三军将士的喊杀声响彻天际。童贯的随从们大惊失色，童贯也吃惊不小，靠着老谋深算才勉强保持了镇定。

事后，童贯上书徽宗，在夸奖郭药师忠心的同时，还极力称赞他治军有方，常胜军训练有素、军容壮盛，定能替国家保卫边疆。

如此，徽宗心里稍安，童贯又立功一件。

公元1125年六月，徽宗援引神宗遗训，能复全燕之境者，胙土，锡以王爵，正式封童贯为广阳郡王。

宦官封王，童贯再次创造了历史。

虽然暂时安抚了郭药师，但童贯内心并不踏实。

实际上，从山西到燕京，童贯的感受是一致的，那就是战云密布。不过，他还是抱有侥幸心理，也想最后摸摸女真人的底。

他找来了马扩。与女真人打交道，马扩是最佳人选。

公元 1125 年十一月，童贯以马扩为正使、辛兴宗为副使，以交割蔚、应二州为名，来到宗翰的军中。

相比童贯等人的侥幸，马扩的头脑是很清醒的。他早就在朝堂上大声疾呼，希望徽宗放弃幻想，立刻整军备战。接到童贯的任命，马扩并没有迟疑，欣然接受了任务，他想用最后的出使来彻底唤醒徽宗、童贯等人。

果然，当马扩到达金军大营，宗翰的态度就说明了一切。说起来，他和马扩是老相识了，马扩也是他最熟悉的宋朝官员，双方曾有过多次愉快的交流。

不过，这次宗翰的态度非常傲慢，对马扩提出交割土地的要求，仅仅是报以轻蔑一笑，多余的话都懒得说。在马扩再三追问下，宗翰却谈起了张觉事件，他认为宋朝公然违背盟约，应该立即向大金割地赔罪。

彼此隔阂太深，根本无法沟通，这注定是不欢而散的谈判。

令马扩意外的是，在最后告别时，宗翰举办了盛大的宴会。酒酣耳热之际，宗翰郑重地对马扩说，这是我们最后一次把酒言欢了，再见面就是战场上，你我就是敌人了。

尽管是意料中的事，但听到宗翰说得如此坦白，马扩还是非常吃惊。他死死地盯着对方，只见宗翰眼神坚定，不容置疑。

毫无疑问了，战争即将开打。

此前，大金对发兵攻宋还有所顾虑，是有两个因素掣肘。

西夏是头一个。公元 1124 年，金、夏之间接连爆发三场战役，除了首战，夏军以优势兵力袭击金军先遣军获胜外，后面的宜水野谷和天德军之战，金、夏两国尽遣主力对决，金军都取得了大胜。李乾顺认清形势，及时调整政策，这年年底向金派出使者贺正旦，正式承认了金的宗主国地位。

另一个就是亡命天涯的天祚帝。虽然他已经被打得四处奔逃，但毕竟曾是威震海内的大辽天子，只要他人在一天，女真人始终觉得不踏实。直到天祚帝被生擒，女真人心安了。

打服了西夏，活捉了天祚帝，金军已完全没有后顾之忧。如此，女真人又岂能放过反复无常、屡屡违约的大宋？而这个大宋朝，偏偏又是那么富足繁华，那么弱不禁风。

马扩的出使，是宋朝和金朝最后的正式谈判。

宋、金之间的同盟，从马扩开始，到马扩结束，他见证了全部的过程。只是，马扩纵有三头六臂，也抵不住徽宗、童贯等人昏着迭出；他纵有万般不甘，也无力回天，只能仰天长叹。

双方正式决裂，兵戎相见在所难免。

后 记

公元 1125 年十月，金太宗正式下诏，任命皇弟完颜杲为都元帅，分两路大军南下伐宋。西路军，由左副元帅完颜宗翰统领，出云中攻太原；东路军，由右副元帅完颜宗望统领，出平州攻燕京；东西合击，会师于大宋东京城下。

不过，女真人确实是狩猎高手，迷惑猎物到了最后一刻。

就在九月份，金国还派使团出使东京，向徽宗报告擒获天祚帝的捷报。很显然，这是女真人释放的烟幕弹，他们像在猎场上一样，抓住最后的机会，尽可能地麻痹猎物。北宋君臣殷勤招待金使的同时，那丝残存的侥幸又开始生长了。

很快，燕京的王安中、太原的童贯，几乎同时接到金兵南下的消息。这个消息就像长了翅膀，由河北、山西一路往南，越过黄河，飞进了东京城，飞入了徽宗的耳朵里。

金兵杀来了。

顿时，黄河南北、东京内外，乱成了一锅粥。虽然马扩等人早就呼吁要备战、要备战，但当金军真的发起进攻时，所有人才惊讶地发现，偌大的帝国居然完全没有做好准备。

巨大的海啸来了，所有人却还傻傻地站在海滩上。

一场巨大的悲剧，即将上演。成千上万的生命被揉碎，无数人的命运被改变，百余年累积的繁华化为灰烬。

北宋，在平稳运行一百六十余年后，戛然而止，瞬间死亡。

2022 年 1 月 20 日夜，
完稿于上海逸仙路隔离酒店。
欲知后事如何，敬请关注《宋徽宗时代》第 4 卷之兵临城下。

本卷涉及主要人物简介

北宋部分

宋英宗（1032—1067），赵曙，北宋第五帝。仁宗无子，英宗以旁系入继大统。

宋神宗（1048—1185），赵顼，英宗长子，北宋第六帝。重用王安石，厉行变法。

宋哲宗（1077—1100），赵煦，神宗之子，北宋第七帝。驾崩后，无子。

宋徽宗（1082—1135），赵佶，哲宗之弟，北宋第八帝。被金军掳走，客死他乡。

高太后（1032—1093），名滔滔，英宗的皇后，神宗之母，哲宗、徽宗的祖母。

向太后（1046—1101），神宗的皇后。哲宗驾崩，力主端王赵佶继位。

朱太妃（1052—1102），神宗的嫔妃，哲宗的生母。

赵颢（1050—1096），英宗次子，母高滔滔，神宗同母弟，亡于哲宗亲政之后。

冯氏（？—？），赵颢发妻，遭诬陷被贬出家；赵灏死后归王府，因私情再被贬。

赵頵（1056—1088），英宗四子，母高滔滔，神宗同母弟，亡于哲宗继位初年。

孟皇后（1073—1131），哲宗的皇后，几番废立。靖康之后，拥立赵构继位。

刘皇后（1079—1113），哲宗的第二任皇后，徽宗年间自缢身亡。

赵世居（？—1075），太祖赵匡胤五世孙，卷入谋反大案，被赐死。

赵佖（1082—1106），徽宗之兄，哲宗驾崩后，因目疾失去争皇位的资格。

赵似（1083—1106），徽宗之弟，哲宗同母弟，生母朱太妃。

赵俣（1083—1127），徽宗之弟，封燕王，靖康国灭被掳北上，饿死途中。

赵偲（1085—1129），徽宗之弟，封越王，靖康国灭被掳北上，客死北国。

蔡京（1047—1126），宰相、书法家，徽宗在位 25 年，其任宰相 17 年，四起四落。

王韶（1030—1081），苏轼的进士同年，神宗初年上《平戎策》，主导熙河开边。

王厚（？—1106），王韶之子，徽宗初年，子承父业，打垮河湟吐蕃，开疆千里。

景泰（？—？），进士及第，为将西北，死于任上，曾预言西夏李元昊必反。

景思忠（？—？），景泰长子，曾与四川蛮夷作战，奋剑疾战而死。

景思立（？—1074），思忠之弟，误中吐蕃大将鬼章之计，陷入重围，力战殉国。

高永年（？—？），宋军悍将，兵败被吐蕃酋长所俘，遭剖心挖肝而死。

种师道（1051—1126），名将种世衡之孙，长年征战西北，参与首次北伐燕京。

陶节夫（？—？），徽宗初年，对西夏作战屡建功勋。福建人，与蔡京交好。

李宪（1042—1092），宦官、将领，曾率大军伐夏、与王韶同开熙河，童贯恩师。

刘仲武（？—？），长年与西夏作战，参与熙河开边，南宋名将刘锜之父。

刘法（？—1119），统安城之战被夏军枭首，其子刘正彦，南宋苗刘兵变主谋。

童贯（1054—1126），宦官、将领，征西北、平方腊，主导联金灭辽，六贼之一。

马植（？—1126），辽国汉臣，联金灭辽的首倡者和参与者，靖康年间被赐死。

马政（？—？），首位出使金的宋朝使节，促成宋金海上之盟。

马扩（？—1152），马政之子，全程参与海上之盟谈判，后期奔走呼吁备战金军。

郑居中（1059—1123），徽宗朝大臣，宰相王珪之婿，反对联金灭辽。

邓绾（1028—1086），吹捧新法，善于投机钻营，先后攀附王安石、吕惠卿等。

邓洵武（1057—1121），邓绾之子，攀附宰相蔡京，反对联金灭辽。

蔡攸（1077—1126），蔡京长子，深受徽宗宠幸，甚于其父，参与宋军两次伐燕。

王安中（1076—1134），北宋复燕后，任燕京最高军政长官，参与张觉事件。

谭稹（？—？），宦官、将领，曾征方腊，复燕后取代童贯坐镇太原，组建义胜军。

辽国部分

天祚帝（1075—1128），辽道宗之孙，公元1101—1125年在位，后被金军俘虏。

耶律淳（1063—1122），辽国宗室，公元1122年称帝，号天锡皇帝，庙号宣宗。

萧普贤女（？—1122），宣宗的德妃，作为太后临朝称制，后被天祚帝赐死。

萧干（？—1123），奚族首领，萧普贤女之兄，后自立为帝，兵败被部下所杀。

耶律大石（1087—1143），辽太祖八世孙，进士及第，文武双全，西辽开国皇帝。

李处温（？—1122），辽国汉臣，拥立耶律淳为帝，后被萧干所杀。

韩昉（1082—1149），辽国汉臣，状元及第，曾出使宋营，后降金。

郭药师（？—？），耶律淳招募的怨军将领，先降宋再降金，为金军南下先锋。

高药师（？—？），辽国汉人流民，逃亡至宋，受命渡海接触女真，无功而返。

张觉（？—1123），辽国汉臣，先降金再投宋，宋迫于压力杀之，函首送金。

左企弓（1051—1123），辽国汉臣，降金，在燕京城外跪迎金太祖，被张觉所杀。

西夏部分

李乾顺（1083—1139），西夏第四位皇帝，三岁登基，夏惠宗长子，母小梁后。

耶律南仙（？—1125），辽国宗室女，封成安公主，嫁李乾顺为皇后。

李至忠（？—？），西夏大臣，曾出使辽国为李乾顺请婚。

李仁爱（1108—1125），李乾顺的太子，生母耶律南仙。

仁多嵬丁（？—？），西夏部落首领，纵横边疆、作战勇猛，遭宋军伏击身亡。

仁多保忠（？—？），嵬丁之侄，小梁后手下大将，乾顺亲政后，因谋降宋被捕。

仁多楚清（？—？），嵬丁之子，官至御史中丞，保忠掌权后，为自保降宋。

察哥（？—1156），李乾顺庶弟，封晋王，文武双全，长期统军，多次与宋作战。

李讹移（？—？），党项人，降宋多年又归夏，引发宋夏冲突，后被宋军捕杀。

吐蕃部分

潘罗支（？—1004），吐蕃六谷部首领，诈降杀李继迁，后被继迁子德明所杀。

唃厮啰（997—1065），吐蕃王朝赞普后裔，青唐吐蕃首领，唃厮啰政权创立者。

董毡（1032—1083），唃厮啰第三子，娶辽国公主，青唐吐蕃第二代赞普。

阿里骨（1040—1096），董毡的养子，青唐吐蕃第三代赞普。

瞎征（？—1102），阿里骨之子，青唐吐蕃第四代赞普，降宋，迁居中原。

陇拶（？—？），出身唃厮啰家族，青唐吐蕃第五代赞普，降宋，赐名赵怀德。

溪赊罗撒（？—？），陇拶弟，末代赞普，被宋军击败亡命西夏，复国未果。

鬼章（？—？），吐蕃大将，计杀宋将景思立，后被宋军俘虏至东京，哲宗亲释。

附录 1

北宋帝后年表

（皇帝年份为在位时间，部分皇后年份为生卒年）

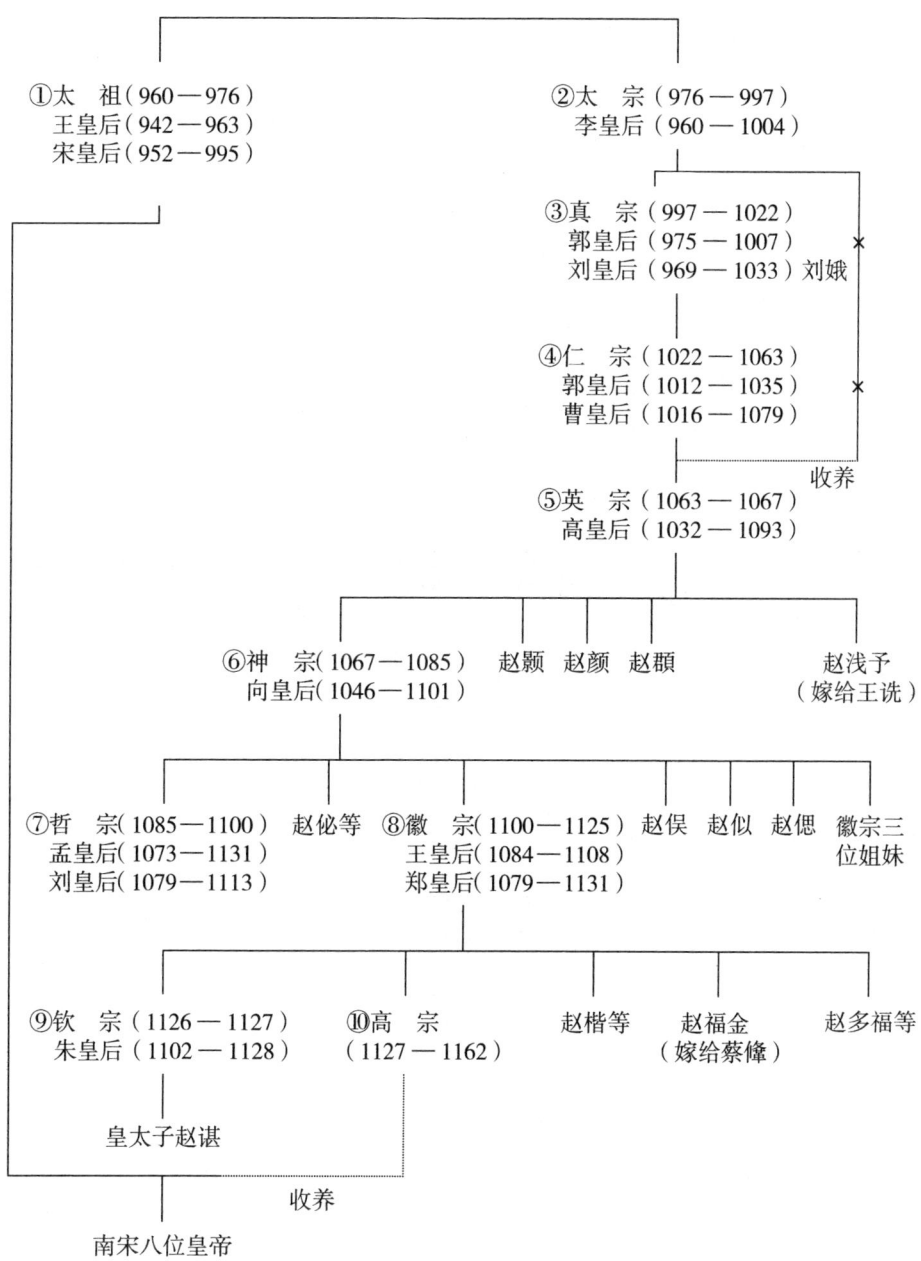

①太　祖（960—976）
王皇后（942—963）
宋皇后（952—995）

②太　宗（976—997）
李皇后（960—1004）

③真　宗（997—1022）
郭皇后（975—1007）
刘皇后（969—1033）刘娥 ✕

④仁　宗（1022—1063）
郭皇后（1012—1035）
曹皇后（1016—1079） ✕

收养

⑤英　宗（1063—1067）
高皇后（1032—1093）

⑥神　宗（1067—1085）
向皇后（1046—1101）　　赵颢　赵颜　赵頵　　　赵浅予
（嫁给王诜）

⑦哲　宗（1085—1100）　赵佖等　⑧徽　宗（1100—1125）　赵俣　赵似　赵偲　徽宗三
孟皇后（1073—1131）　　　　　王皇后（1084—1108）　　　　　　　　　位姐妹
刘皇后（1079—1113）　　　　　郑皇后（1079—1131）

⑨钦　宗（1126—1127）　⑩高　宗　　　　赵楷等　　赵福金　　赵多福等
朱皇后（1102—1128）　（1127—1162）　　　　　　（嫁给蔡鞗）

皇太子赵谌

收养

南宋八位皇帝

附录 2

辽朝世系表
（标注年份为皇帝在位时间）

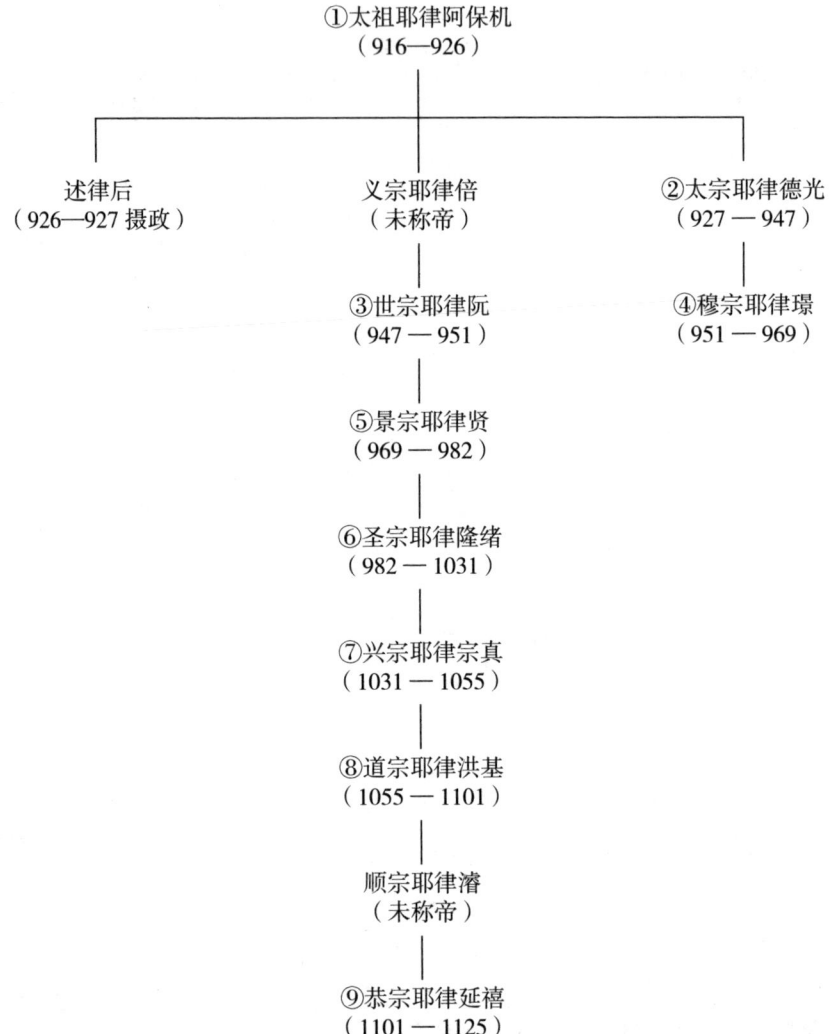

①太祖耶律阿保机
（916—926）

述律后
（926—927 摄政）

义宗耶律倍
（未称帝）

②太宗耶律德光
（927—947）

③世宗耶律阮
（947—951）

④穆宗耶律璟
（951—969）

⑤景宗耶律贤
（969—982）

⑥圣宗耶律隆绪
（982—1031）

⑦兴宗耶律宗真
（1031—1055）

⑧道宗耶律洪基
（1055—1101）

顺宗耶律濬
（未称帝）

⑨恭宗耶律延禧
（1101—1125）

附录 3

党项、西夏世系表
（标注年份为皇帝在位时间）

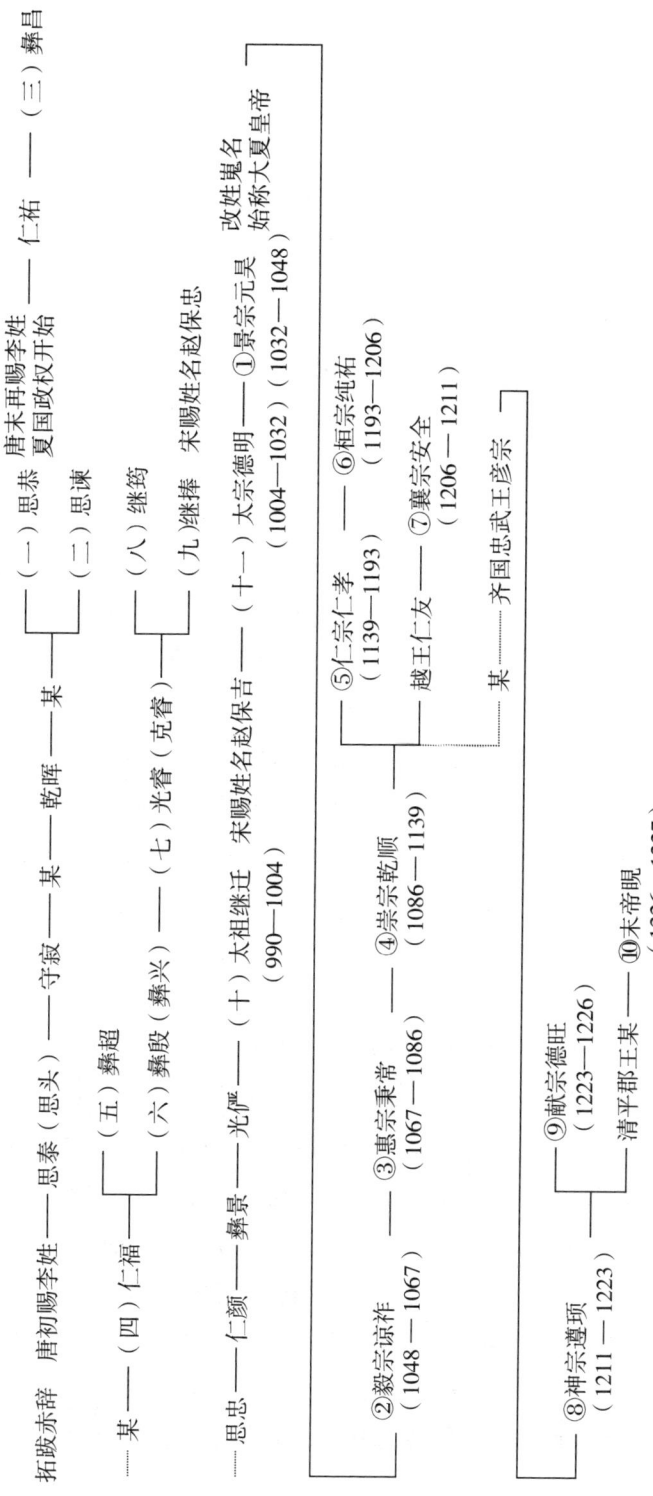

拓跋赤辞 唐初赐李姓 —— 思泰（思头） —— 守寂 —— 某 —— 乾晖 —— 某 —— （一）思恭 唐末再赐李姓 夏国政权开始 —— 仁祐 —— （三）彝昌

（二）思谏

（四）仁福

—— 某 —— （五）彝超

（六）彝殷（彝兴） —— （七）光睿（克睿） —— （八）继筠

（九）继捧 宋赐姓名赵保忠

—— 思忠 —— 仁颜 —— 彝景 —— 光俨 —— （十）太祖继迁 宋赐姓名赵保吉 （990—1004） —— （十一）太宗德明 宋赐姓名赵德昌 （1004—1032） —— ①景宗元昊 改姓嵬名 始称大夏皇帝 （1032—1048）

②毅宗谅祚 （1048—1067） —— ③惠宗秉常 （1067—1086） —— ④崇宗乾顺 （1086—1139） —— ⑤仁宗仁孝 （1139—1193） —— ⑥桓宗纯祐 （1193—1206）

越王仁友 —— ⑦襄宗安全 （1206—1211）

某 —— 齐国忠武王彦宗 —— ⑧神宗遵顼 （1211—1223） —— ⑨献宗德旺 （1223—1226）

清平郡王某 —— ⑩末帝睍 （1226—1227）

附录 4

北宋大事年表

公元 960 年，赵匡胤发动陈桥兵变，黄袍加身，是为太祖。

公元 975 年，南唐后主李煜兵败国灭，被俘至东京。至此，太祖先后灭后蜀、南汉、南唐等割据政权，中原主要地区归于一统。

公元 976 年，斧声烛影，太祖暴卒，弟弟赵光义继位，是为太宗。

公元 979 年，太宗灭北汉后乘势伐辽，高粱河一战惨败于辽军，乘驴车南逃。

公元 986 年，太宗派三路大军伐辽，先赢后输，再次兵败，杨业被俘绝食而死。

公元 997 年，太宗驾崩，皇三子赵恒继位，是为真宗。

公元 1004 年，辽军大举南下，宋、辽签订《澶渊之盟》，开启两国百年和平。

公元 1022 年，真宗驾崩，独子赵祯继位，是为仁宗，皇太后刘娥临朝称制。

公元 1024 年，刘娥身穿帝王龙袍，参加朝廷册封大典。

公元 1042 年，富弼使辽谈判，以增加岁币方式化解辽国威慑，史称"庆历增币"。

公元 1044 年，在经历三川口、好水川、定川寨等战役后，北宋与西夏达成和平协议，史称"庆历和议"。

公元 1057 年，仁宗嘉祐二年，诞生千年科举龙虎榜，欧阳修任主考官，登科进士有苏洵、苏轼、苏辙、张载、程颢、程颐、曾巩、曾布、吕惠卿、章惇、王韶等人。

公元 1063 年，仁宗驾崩，在位四十一年，史称"仁宗盛治"。仁宗无子，由真宗弟商王之孙、濮王之子赵曙即位，是为英宗。

公元 1067 年，英宗赵曙驾崩，太子赵顼即位，是为神宗。

公元 1069 年，以王安石为参知政事，厉行改革，史称"熙宁变法"。

公元 1076 年，王安石第二次离开相位，变法受挫。

公元 1079 年，苏轼下狱，被贬黄州。

公元 1081 年，趁西夏国内动荡，神宗派五路大军伐夏，损兵折将，收获甚微。

公元 1082 年，西夏军攻破永乐城，主将徐禧殉国，军民伤亡二十余万人。

公元 1085 年，神宗驾崩，太子赵煦即位，是为哲宗。太皇太后高滔滔垂帘听政，
　　　　　　引旧党，罢新法。

公元 1086 年，司马光拜相，尽废新法。王安石、司马光病逝。

公元 1093 年，高滔滔卒，哲宗亲政，用章惇为宰相，全面恢复新法。

公元 1100 年，哲宗驾崩，弟赵佶即位，是为徽宗。

公元 1101 年，苏轼病逝。

公元 1107 年，高宗赵构出生。

公元 1111 年，童贯使辽，携辽人马植归开封，献上联金灭辽之计。

公元 1118 年，遣使女真，相约共同夹击辽国，史称"海上之盟"。

公元 1125 年，辽天祚帝被俘。金军南下。

公元 1126 年，徽宗逃离开封，宋金签约、金兵退后回京被软禁。金兵再次南下。
　　　　　　徽宗传位太子，赵桓即位，是为钦宗。

公元 1127 年，徽宗、钦宗被掳往北方，北宋亡。赵构即位，是为高宗，南宋始。

附录 5

辽朝大事年表

公元 907 年，耶律阿保机即可汗位。

公元 916 年，阿保机称帝，建元神册，是为辽太祖。

公元 920 年，制契丹大字，诏颁行之。后又制小字。

公元 926 年，阿保机驾崩，述律后摄政。

公元 927 年，述律后主持选汗，德光即位，是为辽太宗。

公元 936 年，石敬瑭称帝建后晋，割让燕云十六州给契丹，并向德光称臣。

公元 947 年，太宗率军攻陷开封，灭后晋。太宗北返途中驾崩，侄子耶律阮在军中即位，是为世宗。

公元 951 年，世宗被察割所弑，太宗之长子耶律景即位，是为穆宗。

公元 969 年，穆宗被近侍所弑，世宗子耶律贤即位，是为景宗，娶萧绰为皇后。

公元 982 年，景宗驾崩，子耶律隆绪即位，是为圣宗，萧绰摄政。

公元 986 年，辽军重挫北宋三路大军。

公元 999 年，韩德让兼领北南枢密院。

公元 1004 年，与宋签订《澶渊之盟》，宋每年向辽进岁币。

公元 1009 年，承天太后萧绰病故。

公元 1011 年，皇帝赐名为耶律隆运的韩德让病故。

公元 1031 年，圣宗驾崩，子宗真即位，是为兴宗，生母拘禁皇后，自封法天太后。

公元 1034 年，法天太后策划废兴宗而立少子重元。重元密报，兴宗将太后幽禁。

公元 1042 年，遣使到宋，提出领土要求并以军事威胁，后以宋增加岁币平息事端。

公元 1055 年，兴宗驾崩，子洪基即位，是为道宗，以重元为皇太叔。

公元 1063 年，平定重元叛乱。

公元 1075 年，以《十香词》冤案赐皇后萧观音自尽。

公元 1080 年，封废太子耶律濬之子耶律延禧为梁王。

公元 1091 年，在诛灭耶律乙辛后，以延禧为天下兵马大元师，总领北南枢密
　　　　　　　院事。

公元 1101 年，道宗驾崩，在位四十六年，辽帝中享国最久，延禧即位，是为
　　　　　　　天祚帝。

公元 1112 年，天祚帝钩鱼混同江，完颜阿骨打头鱼宴逆命。

公元 1115 年，阿骨打称帝，建大金。金陷黄龙府。天祚帝亲征，耶律章奴谋反。

公元 1116 年，渤海人高永昌在东京谋反。金陷东京。

公元 1122 年，天祚帝出逃中京。耶律淳在燕京即位，称天锡皇帝。

公元 1123 年，金太祖阿骨打驾崩，弟完颜吴乞买即位，是为金太宗。

公元 1125 年，天祚帝为金将完颜娄室所获。辽亡。

附录 6

西夏大事年表

公元 963 年，李继迁出生在银州（今陕西榆林）无定河。

公元 982 年，继迁拒绝内迁宋境，起兵攻打夏州，走上与宋对抗之路。

公元 989 年，继迁依辽抗宋。辽封其为定难军节度使，嫁以宗室女义成公主。

公元 991 年，继迁又归附宋。宋授继迁银州观察使，赐姓名赵保吉。

公元 996 年，继迁设伏，佯弱诱敌，大败宋军，获粮四十万石。

公元 997 年，继迁复上表归宋，被授夏州刺史、定难军节度使。

公元 1003 年，元昊出生在灵州（今宁夏灵武）。

公元 1004 年，继迁中吐蕃首领潘罗支之计，被乱箭射亡。后被孙元昊追谥神武皇帝，庙号太祖。子德明即位，采用"依辽和宋"之策，同时向辽、宋称臣。辽封德明为西平王。

公元 1006 年，宋封德明为西平王。

公元 1008 年，宋封德明为大夏国王。

公元 1020 年，辽圣宗亲率五十万大军伐夏，德明大败辽军。迁都怀远镇（今宁夏银川），改名兴州。

公元 1032 年，德明在准备称帝建国之际，突然去世。后被追谥光圣皇帝，庙号太宗。子元昊即位，自称"兀卒"（天子）。

公元 1036 年，元昊攻回鹘，取瓜、沙、肃三州。定兵制，设十二监军司。颁新制夏文字。

公元 1038 年，元昊更名嵬名曩霄，称帝建国，国号大夏。

公元 1040 年，夏宋三川口之战，夏胜。

公元 1041 年，夏宋好水川之战，夏胜。

公元 1042 年，夏宋定川寨之战，夏胜。

公元 1044 年，夏宋和议成，元昊称臣，宋册封元昊夏国王，赐银绢茶。辽兴宗亲征西夏，战败。

公元 1047 年，元昊子谅祚生。建高台寺和佛塔于兴庆府东，建离宫于贺兰山。

公元 1048 年，元昊被太子宁令哥所弑。谅祚即位，母没藏黑云摄政。宋册封谅祚夏国王。

公元 1049 年，辽兴宗征西夏，俘元昊妻没移氏等。

公元 1056 年，太后没藏黑云被刺杀。

公元 1061 年，谅祚诛杀舅没藏峨博后亲政，立梁氏为后，以梁乙埋为国相。废蕃礼改汉礼。

公元 1067 年，谅祚驾崩，子秉常继位。大梁太后摄政。

公元 1069 年，宋册封秉常为夏国王。大梁太后罢汉礼，复行蕃礼。

公元 1076 年，秉常亲政。

公元 1081 年，大梁太后幽禁秉常，国内动乱。宋起陕西、河东五路大军伐夏。

公元 1083 年，秉常复位。

公元 1085 年，梁乙埋死、子乙逋为国相。大梁太后卒。

公元 1086 年，秉常驾崩，子乾顺继位。小梁太后摄政。

公元 1094 年，小梁太后诛杀其兄梁乙逋。重修凉州护国寺，立《凉州重修护国寺感通塔碑铭》。

公元 1098 年，小梁太后与乾顺领兵四十万攻宋平夏城，溃还。

公元 1099 年，辽遣使鸩杀小梁太后，乾顺开始亲政。在甘州建卧佛寺。

公元 1103 年，乾顺封庶弟察哥为晋国王，使掌兵政。

公元 1105 年，辽封宗室女南仙为成安公主嫁乾顺。

公元 1122 年，派大将李良辅援辽天祚帝，与金兵战于阴山。遣使问候天祚帝起居，赠以粮。

公元 1123 年，遣使请辽天祚帝到夏国避难，辽册封乾顺为夏国皇帝。

公元 1124 年，乾顺遣使向金国上誓表称臣，金以阴山南吐鲁泊以西地归夏。

公元 1138 年，乾顺立任得敬之女为皇后。

公元 1139 年，乾顺驾崩，子仁孝即位。

公元 1140 年，金册封仁孝为夏国王。萧合达起兵叛乱，任得敬平叛，封西平公。

公元 1146 年，尊孔子为文宣帝，令州郡立庙祭祀。

公元 1156 年，晋王察哥卒，任得敬升任国相。

公元 1160 年，封任得敬为楚王。

公元 1170 年，任得敬强迫仁孝划部分国土给己，自建国号楚。仁孝诛杀任得敬。

公元 1190 年，骨勒茂才撰夏汉双解词典《番汉合时掌中珠》。

公元 1193 年，仁孝驾崩，子纯祐即位。

公元 1205 年，蒙古铁木真侵西夏，大掠。兴庆府改中兴府。

公元 1206 年，安全废纯祐自立。金册封安全为夏国王。纯佑卒。

公元 1209 年，成吉思汗伐夏，围中兴府，安全献女求和。

公元 1211 年，遵顼废安全自立，安全卒。

公元 1217 年，成吉思汗伐夏，围中兴府，遵顼留太子守京，自往西凉。遣使请降，
　　　　　蒙古退兵。

公元 1223 年，遵顼废太子，立德旺为新太子。遵顼禅位德旺，自称上皇。

公元 1225 年，南院宣徽使知国将亡，撰《夏国世次》二十卷藏于家。

公元 1226 年，成吉思汗伐夏，破黑水城。遵顼驾崩。得旺驾崩，侄子睍即位。
　　　　　蒙军围中兴府。

公元 1227 年，末帝李睍力屈出降，被杀。西夏亡。